독일 노동운동사

역사도서관 021

독일 노동운동사

1848년 혁명부터 21세기까지

헬가 그레빙 지음 | 이진일 옮김

도서출판 길

지은이 **헬가 그레빙**(Helga Grebing, 1930~2017)은 독일 베를린의 전형적인 노동자 가정에서 태어나 베를린 훔볼트 대학과 자유대학에서 역사, 철학, 정치학, 독문학 등을 공부하였으며, 1948년 독일사회민주당(SPD)에 입당하였다. 1949년 베를린 자유대학 역사학부에 게르하르트 A. 리터(Gerhard A. Ritter) 등과 함께 박사과정으로 입학해, 한스 헤르츠펠트(Hans Herzfeld) 교수의 지도 아래 1952년 「바이마르 공화국 시대 중앙당과 가톨릭 노동자」라는 논문으로 박사학위를 취득하였다. 이후 뮌헨에서 출판사 편집자 생활을 시작하였으며, 1969년 프랑크푸르트 대학 정치학부에서 이링 페처(Iring Fetscher) 교수의 지도 아래 「1945년 이후 서독에서의 민주주의에 대한 보수주의적 비판」으로 교수자격취득논문(Habilitation)이 통과된 후, 1972년 괴팅겐 대학 역사학부 교수, 1987년 보훔 대학 역사학부로 옮겨 1995년 퇴임 때까지 재직하였다. 보훔 대학 재직 시절에 유럽노동운동연구소(Institut zur Erforschung der europäischen Arbeiterbewegung, 현재 사회운동연구소Institut für soziale Bewegungen) 소장을 지냈으며, 1981년 창설된 독일사회민주당 내의 역사위원회(Historische Kommission) 구성에 참여해 평생을 SPD 역사위원으로 활동하기도 하였다. 저서로 *Der Nationalsozialismus: Ursprung und Wesen*(1959), *Arbeiterbewegung und Faschismus*(1990), *Das „andere Deutschland" im Widerstand gegen den Nationalsozialismus*(1994), *Geschichte der sozialen Ideen in Deutschland*(2000) 등 독일 근현대 사회사 및 바이마르와 나치의 역사, 독일 노동운동의 역사, 독일 사회주의자 등에 관한 20여 권이 넘는 연구서가 있으며, 그 밖에도 많은 논문 집필과 언론매체 기고 및 교육 활동에 전념하였다. 퇴임 이후에도 활발한 연구 활동을 지속해 *Die Worringers. Bildungsbürgerlichkeit als Lebenssinn*(2004), *Willy Brandt: Der andere Deutsche*(2008), *Streiten für eine Welt jenseits des Kapitalismus. Fritz Sternberg*(2017) 등의 저서를 출간하였다. 특히 2012년에는 「내가 생각했던 자유: 베를린에 대한 기억」(*Freiheit, die ich meinte: Erinnerungen an Berlin*)이라는 제목의 회고록을 펴낸바 있다. 2017년 9월, 베를린에서 87세의 나이로 세상을 떠났다.

옮긴이 **이진일**(李眞一)은 서울에서 태어나 성균관대 사학과에서 석사학위를 마친 후 독일 튀빙겐 대학 역사학부에서 「바이마르 공화국 시대 베를린에서의 노동조합의 노동자 교육과 Fritz Fricke의 노동자 교육 활동」으로 박사학위를 받았다. 이후 성균관대 사학과와 같은 대학교 소속 동아시아역사연구소에서 연구교수로 재직하면서 독일의 20세기 역사와 관련된 글들을 발표해왔다. 특히 서양 인문학의 동아시아로의 전이(轉移), 서양 지정학이 독일에서의 확산과 일본으로의 전이 등에 관한 논문 등을 발표하였으며, 최근에는 지정학자 카를 하우스호퍼(Karl Haushofer)와 법학자 카를 슈미트(Carl Schmitt)로 이어지는 유럽 지정학의 확산과 전이에 대해 관심을 갖고 연구하고 있다. 주요 논문으로 「냉전의 지정학과 동아시아 '지역'의 구성」(2020), 「해양과 '공간혁명': 칼 슈미트의 『땅과 바다』를 중심으로」(2018), 「통일 후 분단 독일 역사 다시 쓰기와 역사의식의 공유」(2016) 등이 있으며, 역서로는 「코젤렉의 개념사 사전 14: 보수주의」(라인하르트 코젤렉, 푸른역사, 2019)가 있다. 그 밖에 다수의 공저가 있다. 현재 성균관대 동아시아역사연구소 연구교수로 있다.

역사도서관 021

독일 노동운동사
1848년 혁명부터 21세기까지

2020년 2월 15일 제1판 제1쇄 인쇄
2020년 2월 25일 제1판 제1쇄 발행

지은이 | 헬가 그레빙
옮긴이 | 이진일
펴낸이 | 박우정

기획 | 이승우
편집 | 권나명
전산 | 한향림

펴낸곳 | 도서출판 길
주소 | 06032 서울 강남구 도산대로 25길 16 우리빌딩 201호
전화 | 02) 595-3153   팩스 | 02) 595-3165
등록 | 1997년 6월 17일 제113호

한국어판ⓒ 도서출판 길, 2020. Printed in Seoul, Korea

ISBN 978-89-6445-220-2 93920

머리말

독일 노동운동에 대한 이 역사 속에는 남성과 여성, 노인과 젊은이, 어린이, 도시와 농촌, 또 농촌도 아니고 아직 도시도 되지 못하면서 도시 주변에 집단적으로 모여든 곳에 사는 '민중'(das Volk)과 '보통 사람들'(kleine Leute)에 대한 보고들이 들어 있다. 그들 모두는 한 가지 공통점을 갖고 있다. 그것은 그들 모두가 노동자(Arbeiter)였다는 점이다. 물론 1830년대 초창기에 그들은 아직 스스로를 노동자로 부르지는 않았다. 이들의 존재 형태를 규정하는 표지(標識)가 된 것이 바로 노동이었다. 그것도 모두가 공통적으로 갖고 있던 특정한 하나의 형태, 즉 임금노동(Lohnarbeit)이 그것이었다. 임금노동은 시장의 잣대에 따른 노동력의 사용, 임금과 노동 행위의 맞교환, 노동력의 판매 등을 그 특징으로 하였으며, 사람들은 토지, 공구, 기계, 원료 등 생산도구들에 접근함으로써 노동할 의사와 노동할 수 있는 능력을 실현할 수 있었다.

노동력 소유자의 반대편에는 생산수단 소유자가 있었다. 그는 자본을 갖고 있으며, 그 자본으로 노동력을 구매하고, 생산수단을 확보하며, 생산물, 즉 상품을 만들 수 있도록 함으로써 자본가에 속하게 된다. 임금노동자에 속한다는 것은 시장 상황이라는 객관적 요소와 고용주, 즉 임금 지급자라는 이 두 요소에 의해 이중적 종속에 놓임을 의미한다. 전자인 시장 상황이란 노동자에게 실직이라는 형태의 구조적 폭력을 행사할 수 있는 반면, 후자의 경우 비록 노동계약이라는 겉으로 드러나지 않는 형식의 폭력적 관계에 바탕하고 있지만 임금노동자는 대단히 자주, 또 장기간에 걸쳐 직접적이고 주관적인 폭력에 노출되게 된다.

인간이라는 존재를 포괄적으로 감싸고 있는 임금노동의 보편적 적용은 그들이 공장 노동자건, 수공업 숙련공이건, 철도나 도로, 수로를 건설하는 노동자 혹은 가내 노동자건, 때로는 농촌 노동자까지도 마찬가지로 노동자들 간의 연대의식을 심어주었다. 노동운동은 이렇게 생겨나게 되었고, 노동의 소멸이 아니라 노동자를 자본주의적 생산양식이 만든 사회적 결과들로부터 보호하는 것을 그 목표로 삼게 되었다. 노동운동은 노동자들의 생활조건을 개선하고 독자적인 삶의 형태를 만들어내며, 사회적·정치적 탄압에 대항하고 투쟁을 통해 참정권을 획득할 것을 추구했다. 따라서 노동운동은 경제와 정치, 사회를 모두 포괄하는 문화적 운동으로 간주되었다.

노동운동의 조직들은 그 구체적인 형태(Ausprägung)에서 자신들의 역사적 전제조건들에 대단히 철저하게 종속되어 있었다. 영국이나 프랑스, 이탈리아, 스페인에서와 달리 독일과 오스트리아-헝가리 제국에서는 노동조합과 정당 둘 다 비슷한 전투적 특성으로 일관했는데, 그것은 노동운동의 전개과정에서 이미 존재하고 있는 권위주의적 국가나 노동자들에게 적대적인 부르주아 사회로의 동화(Integration) 가능성이 거의 없었기 때문이었다. 특히 인간성을 존중하는 관계의 형성이라는 관점에서 볼 때, 정치 강령과 목표 설정에서 이른바 역사적 필연성에 따라 작동하는 이론적 구조들이라는 일차원적 특성에 따라 움직였던 것은 결코 아니었다. 이들 강령과 목표는 신분제-길드조합적·종교적·진보-부르주아-해방적·초기사회주의-유토피아적 구상들과 전통적으로 관련성을 맺어온 여러 요소들에 의해 채워졌다. 거기에 더해 마르크스주의에 영감을 받은 사회민주주의 사상의 영향은 모든 노동자들에게 더욱 커져갔고, 20세기로의 전환 이후에도 여전히 확대된다.

　이런 과정은 계급 상황이 만들어내는 어떤 자동 진행적 논리에 따라 이루어진 것이 아니다. 왜냐하면 다양한 임금노동자층이 투쟁의식으로 충만하게 무장된 노동계급으로 균질화하는 과정(Homogenisierungsprozesse)은 미완성인 채로 끝났기 때문이다. 카를 마르크스(Karl Marx)의 『자본』(Das Kapital)을 읽은 노동자가 그 저작들을 소화한 후, 혹은 단지 한번 훑어만 보고도 분연히 일어나 사회주의의 황제(Zar) 혹은 드러나지 않는 제왕으로 불리우던 아우구스트 베벨(August Bebel)을 우두머리로 삼아, 누구도 멈출 수 없는 끓어오르는 프롤레타리아 해방운동에 합류하게 되는 그런 유의 상들은 단조로운 역사화(歷史畵)에나 존재할 뿐이다. 비록 프롤레타리아화가 노동운동에 함께 참여하게 되는 중요한 동기이기는 했지만, 단지 사회경제적 조건들의 일치나 유사함만으로 자동적으로 계급의식을 갖게 되는 것은 아니었다. 즉 그것 하나만이 아니었다. 서로가 함께 나누는 공동의 가치 지평과 공동의 정치·사회적 윤리관 또한 계급의식을 형성하는 데 한몫을 했으며, 노동운동으로 가는 다리를 놓는 초석 역할을 했다. 노동운동에는 프롤레타리아가 아닌 사람들도 참여할 수 있었으며, 노동운동의 다양한 지향들이 긴 역사적 구간을 거치면서 서로 접근했다. 이처럼 노동운동은 그 총체적인 폭을 놓고 보자면 상당 부분 여전히 전통에 묶인 채 과거의 상태를 회복할 것을 지향하는 저항운동에서 시작해 근대적이고 사회적인 해방운동으로 변화해 나갈 수 있었다.

　점차 계급의 선을 넘어 인간적 존엄이 존중되는 삶을 위한 투쟁으로 진행되어간 150년이 넘는 독일에서의 노동운동 투쟁의 결과는 결코 새로운 세계도, 나아가 새로운 인간형도 아니었다. 하지만 민주주의와 복지국가로 정의되는 다원적 정치문화와 사회적 성격을 갖는 헌법을 만들어낼 수 있었고, 그것은 민주적 노동운동 원래의 목표에 아주 근접한 것이었다. '사회민주주의의 세기'라는 표현은 근거가 있는 말이다. 그러나 노동운동의 목표를 일반화하는 작업은 늦어도 제2차 세계대전 이후의 사회적 변화과정과 함께 소멸된다. 제1차 세계대전 이전에 완성되었던 고전적 형태의 노동운동은 낡은 것이 되었다. 다원적 가치를 개방한 국민정당(Volkspartei)과 통합노동조합(Einheitsgewerkschaft) 모델이 이들을 해체했다. '프롤레타리아로부터의 결별', 즉 '노동계급' 형성 경향에 영향을 끼칠 수 있었던 동질화하는 요소들이 사라지면서 노동운동 내에서의 공동행동에 대한 동기도 사라졌다. 오늘날 사람들은 현실에 맞게 조직망(Netzwerk)에 의해 지원되고 사회민주당과 같은 국민정당이 그것의 정치적 조직화를 담당하는, 부분적이고 단기적인 사회적 동맹을 이야기한다. 이런 동맹을 지원하는 조직망 또한 중요한 한 가지 문제에 집중하는 운동(Einpunkt-Bewegungen)이 갖는 자율적 특성을 획득하지만, 종종 단기간만 활동하는 저항운동과 더 이상 구분하기가 어려워지게 되었다.

물론 상대적이기는 하지만 사회적 세력들이 사회를 구성하는 전체적 통찰력을 상실하고 있으며, 이와 더불어 연대를 기반으로 하는 지향성과 행동을 끌어내는 추동력(Impuls)도 함께 사라져가고 있다. 아직은 겉으로 드러나지는 않지만 계급 형성과정의 초기에 생성되는 이른바 계급의식의 자각(Wahrnehmung)이라는 것도, 결국 대부분은 가설에 기반한 해석상의 공허함으로 끝나버렸다. 1980년대 중반부터 드러나기 시작했던 서구 및 동유럽 공산당의 붕괴과정은 이런 전개를 더욱 강화했고, 결국 이른바 현실사회주의 시스템의 붕괴는 사회주의적 모델들의 실패를 다시 한 번 촉진했다.

이론과 이데올로기, 사상, 나아가 교리(Dogmen)나 이것들 가운데 일부만이라도 끌어들여 논리의 기반으로 삼는 것이 과거 노동운동에서는 의미 있고 의지가 되는 일이었지만, 현실과 맞부딪치면 그 어떤 것도 설명하지 못했다. 결국 이런 이론적 정당화를 위한 끌어들임(Berufung)은 대부분 인용과 맹세에 불과한 것이었을 뿐이다. 단지 소수만 믿는 가치나 규범에 호소하는 것도 별 효과를 내지 못했는데, 왜냐하면 설혹 사람들이 이런 가치나 규범들을 알고 있다 하더라도, 더 이상 이에 따라 살 수도 없었고 살려 하지도 않았기 때문이다.

그렇다면 도대체 무엇 때문에 독일 노동운동의 역사를, 그것도 낯설고 이미 몰락한 세계의 역사를 서술해야 하는가? 나는 이 물음을 제기해야만 한다. 이제는 옛 노동운동이 획득했던 해방적 힘에 대한 기억으로부터 그 내용물들과 그것의 추동력이 무엇이었는지를 점검해볼 시간이 되었고, 이는 21세기에도 유용하기 때문이라고 답할 수 있다.

인간적 존엄이 유지되며 사회적으로 정의롭고 정치적으로도 자유로운 세계의 창조라는 프로젝트는 여전히 종료되지 않았으며, 어쩌면 과거 그 어느 때보다도 위협받고 있다.

하지만 이 노동운동의 역사에서 약속한 것들을 어떻게 실현할 것인가? 나는 다시금 물어보게 된다. 오늘날 노동운동의 역사를 서술함에 있어서 바로 이런 문제제기에 답변을 줄 수 있는 몇 가지 기본 경향이 있다. 과거의 서술들*을 다시 참조하지는 않았는데, 그것은 물론 부분적으로는 유용하게 사용될 수 있음에 동의하지만, 기존의 글들과는 구별되면서 동시에 전체를 포괄하는 해석사(Deutungsgeschichte)이기에는 더 이상 충분하지 못하기 때문이다.

사회사를 사회과학의 한 부분으로 이해한다는 전제에 따르자면, 사회

---

* 저자 그레빙은 이미 노동운동사와 관련하여 *Geschichte der deutschen Arbeiterbewegung* (München 1966, 우리말 번역은 『독일 노동운동사』, 박경서 옮김, 한벗, 1984) 와 *Arbeiterbewegung: Sozialer Protest und kollektive Interessenvertretung bis 1914* (München 1985) 등의 저서를 펴낸 바 있다. 비록 제목은 동일하지만 이 번역서는 1966년판과는 전혀 다른 내용으로 구성되어 있다. 또한 2000년 저자는 *Geschichte der sozialen Ideen in Deutschland-Sozialismus. Katholische Soziallehre-Protestanstische Sozialethik*, Essen 2000/2005(『독일 사회이념사: 사회주의, 가톨릭 사회교리, 개신교 사회윤리』)를 다른 필자 다섯 명과 함께 출간한 바 있고, 이 책에서 그레빙은 「독일 사회주의 이념사 II, 1934~2000」(355~595쪽) 부분을 집필했다.

사적 접근 방식은 구조와 형식, 모델, 형성과정, 발전의 길, 다양한 분화의 정도 등에 대해 묻는다. 여기에 종종 개인적 혹은 집단적 성장사에 대한 서술들이 보충된다. 이런 방식의 단점은 역사적 대상들에 대한 심정적 동조가 없어 그 해석에서 차갑고 추상적으로 남게 된다는 것이다. 이따금씩은 '마르크스주의'에 대한 열렬한 비판이 동원되기도 하지만, 그것 또한 이미 다 지나간 얘기가 되었다.

마르크스주의적 이론에 기반한 노동운동사 해석이 여전히 존재하며 어떤 것은 사회민주당을 비난하는 옛 구호를 연상시키는 비판과 연결된, 과기 동독 역사서술을 이어받은 교조적이기까지 한 것들도 있다. 이런 노동운동의 역사서술이 갖는 전통 속에서 이제 남겨진 최고의 노동운동사 서술은 마르크스에 대한 비판적 이론사와 이론사를 실제에서도 통용되는 문제 지평과 연결해 더욱 발전시킨 사상사(Ideengeschichte) 속에서 찾을 수 있을 것이다.

문화사와 일상사로서의 노동사라는 접근은 종종 노동운동사와는 거리를 유지하면서도 현장에서 직접 일어난 것들을 파악·정리하고, 기존의 조직 형태와는 다른 내적 분위기나 성적 소수자들만의 혹은 인종적 차별점들에 대해 파악하며, 사회민주주의적 정서공동체(Milieus)의 미세한 구조들 혹은 노동운동의 문화적 차원들에 대해 알고자 노력해왔다. 이런 접근은 미시적인 것들 속에서 길을 잃거나 세세한 것들로 꽉 찬 지식들을 너무도 전형적인 것으로 이해하는 위험에 빠질 수 있다.

나는 지난 50여 년 동안 독일과 유럽의 노동자 및 노동운동의 역사와 관련해 작업해왔다. 작업을 통해 제기했던 해석에서 여러 오류를 범하기도 했지만, 또한 이를 통해 배우기도 했다. 즉 이론적으로뿐만 아니라 실천에서도 모든 교조주의에 반대하는 나 자신을 깨달았으며, 이해하지 못할 정도의 높은 추상적 수준은 피하면서 역사적 주체들에 대해 공감할 수 있을 만큼의 가까운 거리를 유지하는 법을 배웠다. 이제 곧 60년이 가까워오는 사회민주당 내에서의 그동안의 정치 활동을 통해 나는 노동운동의 여러 부문들이 갖는 내적 구조에 대한 섬세한 시각을 유지할 수 있었다.

이런 것들이 아마도 이 책을 쓰는 충분한 전제가 될 수 있을 것이다. 하지만 그것이 150년 독일 노동운동의 역사를 300쪽 분량에 서술하는 것이 어떻게 가능할 수 있는가에 대한 답은 될 수 없다. 여기에서는 진행사(Verlaufsgeschichte)와 사건사(Ereignisgeschichte)를 지향하지 않았을 뿐만 아니라 독자들 또한 총체적 서술을 기대해서는 안 된다. 그보다는 파노라마처럼 펼쳐진 이들의 지향점들을 그것이 어떤 역사적 흐름에서 생겨났는지에 대한 문제의식에 기반한 해석과 연결하는 것을 추구했다.

각각의 역사적 맥락으로부터 떨어져 나온 이념사나 이론사는 단지 부분적으로라도 시도하지 않았으며, 다만 꼭 필요한 부분에서만 참고적으로 기술했다. 노동과 노동자에 대한 하나의 완결된 사회사를 결코 기대해서는 안 되지만, 큰 영향력을 발휘했던 사건들은 물론 서술 속에 포함했다.

참고 문헌은 아주 간단하게 작성했다. 주로 최근에 나온, 내용을 더 심화할 수 있는 문헌들로 구성함으로써 과거의 연구 결과들도 이를 통해 알 수 있도록 했다. 책 뒤에는 연표를 넣음으로써 일종의 독서를 통한 여행 안내서처럼 쓸 수 있도록 했다. 강령이나 기타 관련 사료들, 통계자료들은 넣지 않았지만, 어디에서 찾을 수 있는지는 적어놓았다. 책 뒤의 요약된 인물 소개를 통해 독자들이 책에 언급된 인물들에 대해 파악할 수 있도록 했다.

차례

제1장

혁명이거나 개혁: 오직 진보만을 향하여
노동운동의 시작에서 대중운동으로의 정착까지(1848∼90년)

우리 노동자들은 독일 시민계급 대부분의 사람들에게는 낯설고 알려지지 않은 존재
였다……. 사람들이 우리를 자신들 고유의 독자적 발전을 진행시키는 사회 내 하나
의 계급으로 받아들이는 것을 기대할 수 있었는가? …… 우리는 우리의 힘을 너무
지나치게도, 또 너무 낮게도 발휘하지 않을 것이다. 우리가 현재 지상의 어떤 폭력
도 우리를 격퇴할 수 없는 발전 단계에 서 있는 것은 사실이다……. 우리는 우리와
관련된 일들을 스스로 처리할 것이며, 누구도 다시 그것들을 빼앗아갈 수 없다.

• 슈테판 보른, 베를린 노동자중앙위원회 정관 서문, 1848년 4월

1. 혁명과 금지 사이의 노동자연합회들

1848년과 1850년 사이에 거의 모든 독일연방 내 국가들에서는 노동자연합회들(Arbeitervereine)이 조직되기 시작하는데, 이들의 전신은 1830년대까지 거슬러 올라가는 비합법적 혹은 반합법적 형태의 조직이었다. 1848년 혁명이 노동자들로 하여금 자신들의 이해관계에 대해 합법적이면서도 부분적인 요구들에 대한 선전 활동을 넘어서는 작업을 가능하게 만들었다. 이 시기에 '노동자'(Arbeiter)란 작업장, 도매상, 수공업장, 공장 등의 사이에서 여전히 모호한 경계를 갖고 있었으며, 수공업적 작업 형식과 전통을 갖는 임금노동자이거나 수공업적 훈련을 받기는 했지만 이미 완전히 자본주의적 노동관계에 들어선 수공업 장인들 모두를 의미했다.

이 같은 전(前) 산업사회적 성격을 가지면서 극빈화된 하층민 출신의 프롤레타리아가 생겨나게 된 것은 이미 수십 년 전, 즉 19세기의 시작과 함께였다. 농민해방, 즉 농노적 신분 예속의 철폐는 많은 농민들에게 단지 많은 빚만 넘겨주었고, 그 어떤 충분한 생존의 가능성도 제공하지 못했다. 겉으로 보기에 자유로운 농민들 가운데 적지 않은 수가 전적인 극빈의 운명을 피하기 위해 대토지 소유주의 임금노동자로 들어간다. 이 대토지 소유주들은 농민들이 농지를 떠남으로써 큰 폭으로 농지를 늘릴 수 있었고, 이런 방식으로 임금에 종속된 농촌 하층민들이 대규모로 생겨나게 되었다.

이와 병행해 영업의 자유화(Gewerbefreiheit)*를 통해 지금까지 경제적 혁신을 가로막던 수공업조합 제도는 사라지게 되었지만, 그 결과 개별 수공업 분야에서 장인과 도제들이 넘쳐나게 된다. '해방된' 수공업 노동자들은 자영업자로 전환할 수 있었지만, 소수를 제외하면 대부분은 생존을 위한 최소한의 수입에도 미치지 못했다. 이런 현상들은 노동운동 초기에 왜 많은 수의 장인들이 운동에 참여했는지를 설명해준다.

특히 인쇄공, 식자공, 재단사, 구두 수선공, 목공, 미장이, 석공, 수공업 직조공, 금속 관련 수공업 노동자 등 도시의 수공업 지역에서 일하는 노동자들이 노동지협의회를 통한 조직직 결속에 참여했는데, 특히 이 시대는 궁핍과 곤궁이 확산되고 신분의 몰락과 파산의 위협이 창궐하던 때였다. 비록 아직 공장제적 생산조건을 통한 혁신이 일어나지는 않고 있었지만, 작센, 프로이센, 뷔르템베르크, 바이에른, 하노버 등과 도시의 인근 지역 등 임금노동자의 분포가 높은 지역이 막 일어나기 시작하는 노동운동의 거점 역할을 하게 된다. 이에 반해 1870년대까지 여전히 수공업 노동자들의 절반가량이 살고 있던 농촌지역에서는 오직 극소수의 인원만이 초기 노동운동과 관련을 맺고 있었다.

하지만 신분제적 전통을 유지하거나 다시 회복하기를 희망하면서 노동운동에 반대하는 사람들도 남아 있었는데, 이들은 1830년대는 물론 1848년까지도 여전히 신분제적 전통에 매여 있었다. 그렇더라도 그들은 상실된 수공업조합적 삶의 형태와 노동 방식에 대한 대체물을 찾고 있었다. 비록 전통적 생활 방식을 지키고자 하는 형태에서는 이따금 혁명적이었거나 적어도 반항적이기는 했지만, 그렇더라도 그들의 가치관

• 춘프트(Zunft)라는 수공업자들이 전통적으로 운영해오던 조합원만의 독점을 철폐한 '영업의 자유화' 규정은 1810년 프로이센 행정개혁의 일환으로 처음 도입되었고, 1871년 통일과 함께 독일 전역에서 통용되었다. 이를 통해 수공업자들이 지금까지 독점적으로 자율규제해왔던 임금, 상품 가격, 개점권 등이 모두 자유경쟁의 대상이 된다. — 이하 모든 각주는 '옮긴이의 주'임.

은 과거 지향적이고 보수적이었다. 그래서 초기 사회주의에서의 종교
교파에 따른 해석의 제공이 강력한 매력을 발휘했으며, 공산주의적 영
감에 따른 미래상이 동의를 얻을 수 있었다. 과거부터 내려오던 서로 간
의 친교의 형식들(Geselligkeitsformen)과 상징들을 굳건히 유지하고자 하
는 것, 생산조합과 같은 조합주의적 사고를 수공업-신분제적 생산형식
의 지속으로 생각하는 것, 더 나은 삶으로의 상승의 사다리로서 각자의
개별적인 교육과 직업교육이 여전히 그 매력을 유지했던 것도 바로 이
런 생각들에 뿌리를 두고 있었다.

1860년대까지도 그러한 전통적 연결망은 작동하고 있었으며, 아직
노동운동은 전통적 삶의 형식의 해체와 근대적 산업노동 구조를 향한
변화에 대한 저항운동이었다. 그렇기는 하지만 초기 부르주아 사회운동
의 역사를 통해 알려진 바와 같이, '옛 권리'를 되찾고자 하는 논리로 운
동의 에너지가 방출되었으며, 노동세계의 자본주의적 구조개혁이라는
새로운 도전에 대해 더 이상 방어적이 아닌 공격적이고 독립적이며 고
유한 방식으로 응답했다. 자신들의 이해관계를 더 이상 개별적 사안으
로 혹은 그저 집단적으로 관철해야 할 대상으로 생각하는 것이 아니라
사회를 변혁하는 문화적 운동의 시작으로 파악하고자 하는 그러한 사
람들에 의해 사회적 해방운동으로의 길이 펼쳐지게 된다.

보존과 저항, 해방 등이 서로 뒤섞이게 되는 계기들은 이미 1848/49년
보다 훨씬 이전부터 있어왔다. 생시몽(Saint-Simon)이나 푸리에(Fourier)
는 사회주의를 연대에 바탕한 노동의 문화(solidarische Kultur der Arbeit)
로 구상했으며, 노동자들의 연대적 실천의 뿌리를 민중문화에서 찾은
사람들은 프랑스혁명이 요구했던 자유, 평등, 형제애를 인권으로 이해
했다.

프랑스 초기 사회주의에서는 이미 민주적 사회주의부터 사회주의적
민주주의, 사회적 민주주의, 실질적 민주주의, 민주적 공화국, 사회적 공
화국, 정치적 혁명과는 구분되는 사회적 혁명까지 모든 개념들이 등장

하는데, 이 개념들은 한 세기를 거치면서 독일 사회주의자들에게도 중요한 의미가 된다. 또한 처음에는 공산주의와 사회주의 간의 구분이 있지 않았고, 1848년 2월혁명이 일어나기 몇 주 전 발표된 「공산당 선언」*이후에야 비로소 생겨났다. 초기 사회주의자들의 사상은 특히 윤리·도덕적 추구라는 기반 위에서 사회의 급진적 변혁을 목표로 했다. 사회주의는 이루어내야만 하고, 오직 이를 통해서만 인간다운 사회가 생겨나게 될 것이었다. 기존 사회에 대한 비판의 중점은 모든 사회의 구성원들로부터 만들어지는 재화임에도, 그 불공정한 분배에 있었다. 그래서 빌헬름 바이틀링(Wilhelm Weitling) 같은 이들은 공산주의적 소유공동체를 제안했고, 생산공동체와 주택단지 조합을 요구했다.

인간 존재의 기본적 요소로서의 노동에 대한 집중과 그 결과로서의 소외 현상에 대한 자기방어, 부르주아-자본주의적 근대에 반대하는 유토피아-총체적 대안이 젊은 마르크스의 생각이었다. 그는 초기 사회주의가 갖고 있던 도덕·문화적 해방 사상의 중요한 계기들을 자본주의적 생산관계의 합리성과 연결하고자 했다. 이는 자본주의 경제가 아직 전적으로 발전되지 않은 상황에서 결코 기대하기 어려운 것이 아니었으며, 마르크스가 유토피아적이라고 폄하했던 초기 사회주의자들의 생각보다 훨씬 더 앞을 내다본 선구적 사고였다. 하지만 사회주의와 공산주의를 더 이상 도덕적 신앙고백이라는 자의성에 맡겨두지 않고 객관적 경제발전의 법칙으로 증명하고자 했던 마르크스의 의도는 이미 그 첫 단계부터 실패했다. 즉 독일 노동운동은 생동하면서 서로 다른 프롤레타리아의 생활세계가 통합되어 해방적 힘을 발휘하는 포괄적이고 문화적인 헤게모니를 목표로 전개된 운동이었지, 객관적 근거에 바탕해 사

• 마르크스는 엥겔스와 함께 1848년 2월 21일 런던에서 「공산당 선언」을 발표했고 2월혁명은 비슷한 시기에 파리에서 일어났지만, 「공산당 선언」이 이 혁명을 예상해 작성한 것은 아니었다.

회경제적 발전 법칙을 따르는 그런 일방통행적 과정이 아니었다.

그것은 마르크스와 프리드리히 엥겔스(Friedrich Engels)가 세운 초기의 이론적 시각과는 전적으로 다른 상황이었다. 이미 1846년에 쓴 『독일 이데올로기』(Deutsche Ideologie)에서 그들은 사회가 소외된 노동과 이를 통해 생산된 재화들의 불평등한 소유에 기반한 계급사회임을 밝혔었다. 사회적 부의 획득을 두고 진행되는 계급투쟁은 생산력 발전을 촉진하며 역사적 전복을 불러일으킨다고 했다. 이에 따라 「공산당 선언」은 다음과 같이 대단히 일반화한 표현으로 시작한다. "모든 지금까지의 사회의 역사는 계급투쟁의 역사이다." 마르크스와 엥겔스는 이후에도 자신들의 계급 개념을 체계적으로 제시하지는 않았으나 『자본』 제3권(노동계급, 자본가계급, 토지 소유주)에서 거칠게 다루었던 계급 개념과는 상당히 거리가 있는, 매우 다양한 표현들을 사용했다. 그들은 부르주아 시대가 계급적 대립의 양극화라는 특징 아래 있는 것으로 보았다. 그래서 다시금 그들은 「공산당 선언」에서 다음과 같이 표현한다. "사회 전체가 점점 더 두 개의 직접적으로 서로 상충하는 거대한 적대적 진영, 즉 부르주아와 프롤레타리아로 양분된다." 마르크스와 엥겔스는 이러한 전개를 미리 예상했다. 이 둘은 실제 분석을 통해 유추한 심화된 연구를 바탕으로 기존의 부르주아 사회를 대단히 세분화했고, 계급에 따른 분파와 소(小)부르주아 같은 과도기적 계급에 대해 논의했다. 그들에게 노동계급이란 산업프롤레타리아를 의미했다. 이들 프롤레타리아와 룸펜프롤레타리아의 차이점은 룸펜프롤레타리아가 혁명적 운동에 가담하기도 하고, 반동 진영에 가담하기도 한다는 데 있다고 지적한다.

노동운동이 시작되는 유럽의 1848년 혁명에서부터 이미 노동운동은 두 방향으로 분명하게 갈라진다. '노동자형제단'(Arbeiterverbrüderung)이 아직 부르주아-사회개혁적이며 민주적임에 반해, '공산주의자동맹'(Bund der Kommunisten)은 이미 프롤레타리아-혁명주의적이었고, 나아가 지금까지 받아들여지는 일반적 의미에서 민주적이지 않기까지 했다.

1861년의 카를 마르크스(왼쪽)과 1860년대의 프리드리히 엥겔스(오른쪽)

그렇지만 현실적으로 판단하건대, 그런 엄격한 이분법이 실제와 완전히 일치하는 것은 아니라 할 수 있다. 우선 이 두 집단을 함께 연결할 수 있는 일련의 전(前) 단계 조직들이 존재했다. 즉 '독일국민협회'(Deutsche Volksverein, 1832), '추방자동맹'(Bund der Geächteten, 1834), '정의로운 자 동맹'(Bund der Gerechten, 1836) 등 파리를 중심으로 외국을 주유하는 독일 수공업 직인들의 단체가 있었고, 여기서부터 분리해 나와 바이틀링과 함께 스위스에서 활동했던 단체(1841), 혹은 런던이나 후일 마르크스와 엥겔스를 중심으로 브뤼셀에서 하나의 그룹(1840)이 형성되기도 했다. 이런 단체들로부터 1847년 '공산주의자동맹'이 생겨나게 된다. 하지만 '노동자형제단'의 뿌리를 '공산주의자동맹'뿐만 아니라 바이틀링이 가지를 쳐 나가 만든 '정의로운 자 동맹'에서도 찾을 수 있다.

노동조합 조직이 발전해 나온 노동운동의 원형이자 전사(前史)로는 방랑 수공업 직인들의 건강보험, 상호부조, 사망보험 등과 다양한 저항운동 같은 것들을 들 수 있는데, 특히 저항운동들 속에서 종종 근대적 파업 행위들의 원초적 형태들을 확인할 수 있다. 즉 저항, 기아 봉기, 파업, 소요, 유명했던 1844년의 직조공 봉기* 같은 반란들, 아울러 이미 19세기 말부터 일반화되는 인쇄공 조직이나 담배 노동자 조직(1848/49)에서 노동조합으로 이어지는 조직상의 초기 형태를 발견할 수 있다.

인쇄공이던 슈테판 보른(Stephan Born)은 1846년부터 방랑 직인으로서 처음에는 파리, 그 뒤에는 브뤼셀 등에서 일했고, 1848년 3월에는 '공산주의자동맹'과의 협약에 따라 베를린으로 온다. 그는 여기에서 8월 말과 9월 초 사이에 수공업자협회, 노동자교육협회, 그리고 노동조합을 이제 막 조직하고자 하는 대표들 등 40명의 노동자 대표들과 함께 '노동자형제단'이라는 조직을 결성하고 그 중앙위원회를 라이프치히에 둔다. 보른은 그 위원장으로 선출된다. 비록 그는 '공산주의자동맹'이 내걸었던 혁명적 전복의 길을 포기하기는 하지만, 노동자 연합체의 목표를 생산협동조합(Produktionsgenossenschaften) 내에서 유지하는 것을 자본주의 경제에 반대하는 사회주의적 대안경제의 결정적 요소로 보았다. 그렇더라도 노동자들은 단지 노동시간의 교대를 통해서만 자유를 얻었을 뿐 빈부격차는 갑자기 사라질수 없었으며, 오히려 노동자들 내부에서까지 — 보른이 표현한 바처럼 — '제4신분'(Vierten Stand)이라는 더 낮은 단계의 계층이 나타난다. '노동자형제단'의 개혁 프로그램은

• 독일 역사에서 직조공들이 자신들의 열악한 환경에 저항해 일어난 직조공 봉기(Weberaufstand)는 비교적 많았으나, 그 가운데서도 1844년 독일 남동부 슐레지엔 지방에서 일어난 사건이 가장 잘 알려져 있다. 이는 전형적인 산업화 초기의 노동자 봉기이자 정치적 의도나 배경보다는 빈곤과 기아에 대한 저항이었으며, 그 영향은 이후 1848년까지 이어진다. 특히 독일의 저명한 작가 게르하르트 하우프트만(Gerhart Hauptmann)이 1894년 이를 소재로 「직조공」(Die Weber)이라는 드라마를 쓰면서 슐레지엔 직조공 봉기가 세상에 널리 알려지는 계기가 되었다.

자유라는 목표를 향한 과정으로서 보통선거권과 단결권(Koalitionsrecht)의 인정을 기반으로 하는 의회민주주의 국가를 요구했다. '노동자형제단' 내에서 생산협동조합과 이들이 측면 지원하는 소비자협동조합이 단지 자조단체로 남을 것인가 아니면 국가적 지원을 받아 운영할 것인가에 대해서는 논란으로 남았다.

마르크스의 혁명적 전술 조직을 따르는 '공산주의자동맹'도 1848년 혁명 기간 동안 만들어진 기본강령에서 미래 사회의 구성 문제는 혁명 이후 세대가 결정하도록 남겨두어야 한다고 결정했다. 마르크스의 이념을 따르는 쾰른노동자협의회(마르크스는 1848년 10월에 이 조직의 대표가 된다)는 「공산당 선언」을 강령으로 지향할 뿐만 아니라 마르크스 스스로 고안해낸 '독일공산당'(Kommunistische Partei in Deutschland)의 구체적인 요구 사항들을 공개적으로 제시했다. 거기에는 특히 다음과 같은 것이 나열되었다. 독일을 '분단되지 않는 통일된 공화국'으로 건설, 21세 이상의 남성에게 보통선거권 부여, 봉건적 농경지 해체, 탄광과 모든 교통수단의 국가 소유로의 전환, 국가와 교회의 분리, 높은 재산세 부과, 소비세 폐지, 국가가 운영하는 공장(Nationalwerkstätte)과 은행 설립, 모든 노동자들의 생존을 국가 차원에서 보장, 국민에 대한 무상 의무교육 등등.

1848년의 노동자 요구는 그들이 합법적인 생존조건을 위해 투쟁했을 뿐만 아니라 무엇보다 자신들이 노동자로서 조직을 만들 수 있음을 보여주었다. 그뿐만 아니라 부르주아 사회를 향해 이해관계를 대변할 자신들만의 대표를 만들 능력을 드러내 보일 수 있었다는 점에서 하나의 역사적 전환점을 이루었다. 이를 통해 근대적 사회운동이 만들어졌다. '노동자'라는 연대의식에 기반한 자기표현과 노동운동으로의 결속을 통해 부르주아적이고 자본주의적인 세상에 확실한 자의식을 갖고 대항할 수 있었다. 비록 혁명의 실패 이후 탄압을 당하기는 했지만, 이제부터는 사회적으로 영향력 있는 요소로서 더 이상 배제되지 않게 되었다.

독일에서의 노동운동의 역사는 1848년의 전(全) 유럽에 걸친 부르주아혁명에서 시작되었다. 1848년 '노동자형제단'은 정치적으로는 아직 부르주아민주주의의 일부였지만, 이미 이들로 대표되는 사회민주주의 운동과 노동조합 운동의 통합을 통해 모습을 분명히 드러냈다. 하지만 이런 통합은 1860년대로 들어가면 다시 한 번 분열된다. 또한 1848년에는 '공산주의자동맹'의 창설을 통해 이중주의(Dualismus) — 일반적으로 부르주아적이라고 평가되는 사회 내 급진적 개혁 요구세력과 기존 사회에 대한 혁명을 요구하는 세력 양자를 모두 인정하는 — 가 처음으로 선언되었으며, 이런 모순은 이후 수십 년 동안 결코 극복되지 못했다.

2. 1860년대 노동운동의 새 구성

오랜 탄압 기간을 거쳐 1860년대의 시작과 함께 노동자연합회는 새롭게 조직되기 시작하지만, 여전히 주요 구성층은 직인 노동자들이었다. 따라서 노동자연합회 내에서는 여전히 '노동자 문제'의 개인적 해결에 높은 가치를 두고 있었다. 교육과 정치적 문제에 대한 소극적 대응이 그 증거였다. 그 설립자의 이름을 따라 히르쉬-둥커 수공업조합(Hirsch-Duncker Gewerkvereine)이라고 이름 붙인 자유주의적 조합이 처음에는 호응을 얻는다. 가톨릭 사회교리에 따른 메시지는 임금노동이 갖는 상품적 특성에 대한 통찰을 전했으며, '노동자 신분'의 구조적 위기 상황의 극복을 위해 생산자협의회(Produktivassoziation) 제도를 추천함으로써 상당히 큰 반향을 얻는다. 이런 세력을 반영해 노동운동 내에서 기독교적 모델에 대한 지향은 더욱 큰 영향력을 발휘하게 된다.

1860년대 초 연합회의 새로운 구성은 1848년 혁명과 부분적으로 연속적이어서, 절반이 약간 못 되는 조직들이 혁명기에 조직되었던 지역을 중심으로 구성되었다. 또한 1875년 통합된 사회주의노동자당 (Sozialsitsiche Arbeiterpartei)도 실제적으로는 여전히 1848년 노동운동 당시 달성했던 지역적 경계 안에서만 활동하고 있었다. 1864년에 마르크스와 엥겔스가 함께 설립에 참여했던 국제노동자협의회(Internationale Arbeiterassoziation)는 초기 노동운동이 갖던 수공업-신분제적 전통의 지속적인 강력한 영향력뿐만 아니라 동시에 새로운 시대와 새로운 사고를 향한 지평의 전환을 보여주는 것이기도 했다. 협의회 이념과 조합운동의 가치에 대한 강조가 수공업적 전통에 속하는 것이었다면, 동시에 노동조합 지향은 국제적 결속을 다지는 계기가 되었음이 증명되었다. 또한 1일 노동시간을 10시간으로 제한하고자 성공적으로 싸웠던 영국 노동조합은 그것이 노동자들의 일상생활과 생생하게 관련을 맺었음을 보여줄 뿐만 아니라 — 이미 코앞에 다가온 '근대적 시간' 속에 펼쳐진 — 자본주의 경제에 대한 프롤레타리아 경제의 승리로 가는 첫걸음을 시작한 것으로 해석될 수 있다.

1840년대와 1850년대에 정점에 이르렀던 직인 노동자와 소(小)장인들의 궁핍화 상황은 비록 느린 속도이기는 했지만 점차 개선되고 있었다. 한편으로는 몰락과 손실을 의미하는 프롤레타리아화였지만, 또 다른 한편으로는 종속으로부터의 해방, 새로운 연계의 구축, 곤경의 축소 등을 경험함으로써 프롤레타리아화는 양가적 경험을 가져다주었고, 노동자계급 형성을 향한 길로 이끌었다. 그렇지만 여전히 빈곤의 경험은 (특히 노인들에게) 지속적으로 생존을 좌우하는 위협적 존재로 남았다. 하지만 자신들의 빈곤뿐만 아니라 현저하게 성장하고 있는 부르주아들의 생활상을 마주하면서 집단적 행위에 대한 준비태세는 새로운 전망을 부여받게 된다.

이 새로운 전망을 전했던 핵심 집단은 라이프치히에서 지난 1848년 혁명의 중심에 섰던 사람들이며, 이들은 1863년 페르디난트 라살 (Ferdinand Lassalle)을 중심으로 부르주아-자유주의적 운동의 좌익으로

페르디난트 라살

구성된 자신들만의 노동자정당을 구성할 수 있었다. 라살이 보기에 독일 시민층(Bürgertum)은 결코 더 이상 혁명세력이 아니었다. 노동자계급, 그의 표현에 따르자면 노동자 신분(Arbeiterstand)은 스스로 자본주의적 기업가 경제의 탄압으로부터 해방되어 나와야 하며, 이는 전체에서 떨어져 나온 계급운동이 아니라 민주적 국민운동을 통해 이루어져야만 했다. 그리로 향한 길은 보통선거권, 자발적 노동자-생산협동조합의 건설, 준법정신에 대한 호소, 국민 다수의 이성과 자유의지 등을 통해 이끌어져야 했다.

라살은 이제 자유주의에 실망하고 낙담한 반대자가 되었고, 이런 길들의 성공을 위한 전제로서 보통, 평등, 직접선거권(남성과 여성 모두에게!)의 요구를 "당의 기본 슬로건으로" 하는 노동자 신분으로 구성된 "독립적 정당을 건설"해야만 한다고 보았다. "독일의 법률제정 기관에 노동자 신분 대표를 파견하는 것 ── 오직 이것만이 정치적 관점에서 그들의 정당한 이해를 충족할 수 있다"(1863년 3월의 공개 답변). 라살은 지금까지 자신이 익숙하게 써왔던 노동계급이나 노동계급들이라는 개념을 사용하지 않았는데, 왜냐하면 그는 이 부르주아 사회 속에서의 제 '4'신분이라는 새로운 의미를 강조하고자 했기 때문이다.

라살은 노동자 신분에 해방의 길을 만들어주는 것을 국가의 과제로 보았다. 헤겔(G. W. F. Hegel)과 피히테(J. G. Fichte)의 사상적 전통을 따라 그는 "국가의 진정하고도 고귀한 과제는 인간을 긍정적 발현과 진보적 발전의 상태로 가져다 놓는 것이며 …… 그것은 인간을 교육과 발전을 통해 자유롭게 만드는 것"이라고 자신의 논지를 설명했다. 이런 고도의 목표에 다다르기 위해 국가는 "노동자 신분의 전통적 이념(Idee)"을 자신의 인식으로 고백해야 하며, 스스로를 노동자계층과 동일시해야 한다(1862년 4월, 노동자 강령). 이것으로부터 보통선거권 보장뿐만 아니라 노동자-생산협동조합에 대한 국가보증 요구도 나오게 된다.

독일노동자전국연합(Allgmeinen Deutschen Arbeitervereins, ADAV)은 정당 결성의 모델이라는 측면에서 1848년 혁명기에 일어난 노동운동의 시작과 연결되면서 그 연속적 성격을 분명하게 보여준다. 그 안에는 노동자협의회(Arbeiterassoziation) 이념과 같은 전통과의 관련성도 있었지만 국가에 노동자의 이익을 지원해줄 것을 분명하게 요구하기도 했으며, 마침내 독립적·사회적 해방운동을 향한 최종적 돌파를 분명하게 이뤄냈다. 마르크스 지지자들과 인터내셔널 참가자들인 아우구스트 베벨(August Bebel), 빌헬름 리프크네히트(Wilhelm Liebknecht) 등에 의해 1869년 사회민주주의노동자당(Sozialdemokratische Arbeiterpartei)이라는 두 번째 당이 창립된 것은 이런 경향을 재확인해준다.

이 정치조직상의, 그리고 당 강령상의 독립을, 특히 독일에서의 프롤레타리아민주주의와 부르주아민주주의 간의 때 이른, 나아가 성급하기까지 했던 결별이라는 형태로 받아들일 필요는 없다. 1860년대 후반에 프롤레타리아 운동의 독자적 진격을 이끌었던 힘은 당의 창설이 아니라 파업 운동과 노동조합 설립 운동이었다.

1853년과 1857년 사이에 파업이 붐처럼 일어났던 것이 보여주듯이, 1848년 혁명의 시대와의 연속성은 노동자들의 사회적 방어태세가 노동자 조직에 대한 탄압으로 분쇄되지 않았다는 것을 통해 증명되었다. 1860년대 중반 이후, 즉 1869년부터 1873년 사이에(1872년을 정점으로) 프로이센이 1869년에 제정한 단체결성권 금지(작센에서는 이미 1861년부터)의 해제와 독일 통일* 이후 진행되는 대규모 산업화에 대한 대책을 요구하는 일련의 파업 운동이 개시된다. 이 파업 운동에는 무엇보다 섬유 노동자와 의류제조 노동자(재단사와 제화공), 연초공, 금속 노동자, 탄광 및 주물 노동자 등 약 30여 개 직종의 노동자들이 참가함으로써, 거의 모든 상공업 분야를 포함하는 규모였다. 여기에는 부분적으로는 호황을 누리는 분야도 포함되어 있었다. 즉 임금인상 요구는 경제주기상 호황인 상황을 이용한 결과였지만, 산업화 이전 혹은 산업화 초기 조건에 놓여 있는 분야에서는 오히려 위기의 시대가 지속적으로 파업을 일으키도록 만드는 배경이 되었다. 그렇지만 산업이 아직 발전하지 못한

---

* 독일 역사에서 첫 통일은 1871년 비스마르크의 주도로 이루어지며 정식 국가명칭은 '독일 카이저 제국'(Das Deutsche Kaiserreich)이지만, 일반적으로는 통일된 제국의 황제로 프로이센의 왕 빌헬름 1세가 즉위했기 때문에 '빌헬름 제국'이라는 표현을 많이 쓴다. 독일을 구성하는 첫 제국이 오스트리아를 중심으로 하는 합스부르크 제국이었다면 그런 의미에서 이를 이어받은 '제2제국'이기도 하지만, 이 명칭이 독일에서는 사용되지 않는다. 히틀러는 자신의 제국을 앞의 제국과의 연속성을 강조하는 의미에서 '제3제국'으로 불렀지만, 이 또한 역사적 용어가 아닌 나치만의 용어였다. 그래서 일반적으로 '제3제국'이라는 표현을 사용할 때에는 인용부호를 곁들인다.

지역에서도 구조적 변화가 불러일으킨 파업이 지속적으로 일어났다. 예를 들면, 1867년 올덴부르크 공국에서 목선 제조업의 쇠락(衰落)을 배경으로 하는 조선 작업장 내 목공들의 파업이 몇 주 동안 지속되었다.

1860년대 후반부에는 전국적 규모의 의미를 갖는 첫 번째 대대적 연쇄파업이 일어난다. 1865년의 라이프치히 인쇄공 파업에는 500~800명의 인쇄공이 참여해 10주 동안 진행되었으며, 부분적 성공으로 마무리되었다. 역시 1869/70년 6,000~7,000명의 광부들이 참여하는 초지역적 대규모 파업이 니더슐레지엔(Niederschlesien) 지방의 발덴부르크(Waldenburg)에서 발생했다. 이 파업은 거의 두 달에 걸쳐 지속되었지만, 결과를 얻지는 못했다. 독일 카이저 제국 초기인 1869년 여름 단체결성금지법이 폐지된 직후에 연쇄파업은 절정에 달했으며, 전해에 비해 연간 여섯 배 이상 많은 파업이 발생했다. 즉 1869년 152회, 1872년에는 352회, 1869년에서 1873년 사이에는 1,000회 정도의 노동투쟁이 발생한 것이다. 전체 독일 제국을 보자면 이는 250곳이 넘는 지역에서 발생한 것이며, 여기에는 모든 직업집단이 참가했다. 파업의 목표는 임금인상, 통일적인 최저임금 혹은 임금협정에 따른 지불 요구, 노동조건의 개선, 공장 내 규제의 철폐, 1일 노동시간 10시간제 도입, 공장 내 자유로운 조합 활동과 정치 행위 요구 등이었다. 이 같은 파업을 통한 요구와 함께 파업의 성격도 변화한다. 이제는 단순한 방어에서 공격으로 전환되는데, 1869/70년의 발덴부르크 탄광에서처럼 1871년 가을 켐니츠파업에서 6,500명의 금속 노동자들이, 1872년 여름 에센의 탄광에서는 21,000명의 루르 탄광 노동자들이 일으킨 파업이 보여주듯이 점차 대규모 파업으로 변화해간다. 노동자의 행동을 통일시킬 조직력의 부족으로 실패한 발덴부르크이건, 관료들이 처음부터 광산 기업가 편에 섰던 루르 지역이건 간에 파업이 참혹한 패배로 끝난 곳에서도 이제는 몇십년 전과 달리 파업 실패의 경험들이 더 이상 이들의 사기를 꺾도록 만들지는 못했다. 오히려 그보다는 연대의식과 조직력을 강화했다. 파업은 집단의 단결을 강화하는 작용을 해서, 기계제조 분야와 광산, 중공업 분야 등을 시작으로 여전히 존재하던 직인과 공장 노동자 간의 편견을 제거했다.

이처럼 지속적이고 독립적으로 이해관계를 대변할 수 있는 힘의 상승은 부르주아적이며 정치적으로 자유민주주의적인 대안세력의 부재, 그리고 이와 동시에 진행된 노동계급 형성의 시작 등이 이뤄낸 결과였다. 이런 과정은 내부적인 동질화의 진행, 외부와의 경계짓기 등을 통해 그 특징을 드러내게 된다. 하지만 이후 노동운동의 역사가 보여주듯이, 그렇다고 이런 것들이 반드시 신앙이나 종족적 특성, 민족적 상호 반목, 직업상의 전통과 정치적 배경들 간의 차이들에 따라 생겨나는 일정 정도의 다원주의적 성격에 대해 반대하고 대책을 마련하는 방향으로 이어지지는 않았다. 루르 지역과 오버슐레지엔, 자를란트 등에서 확실하게 가톨릭 신자로 남았던 광산 노동자들과 폴란드 이주자들로 구성되었던 루르 광산 교회공동체 등이 그 예로 평가될 수 있을 것이다.

그 밖에도 노동자들 내에서의 일련의 분화가 계속되는데, 즉 노동계급을 향한 동질적 발전에 대한 사실상의 반대가 그것이다. 이는 사회주의냐 종교냐의 선택의 문제였다. 베벨에게서 확실하게 볼 수 있듯이, 노동운동의 정치적 지도자들은 권위주의적 왕정국가의 구성 요소로서 기독교회는 이미 그 정당성을 상실했으며, 사회민주주의는 이를 정치적 선전에 이용해야만 한다는 것에 분명한 확신을 갖고 있었다. 하지만 다른 한편으로는 자신들의 입장에 대한 역사적 정당화를 위해, 특히 마르틴 루터(Martin Luther)와 대적했던 토마스 뮌처(Thomas Müntzer) 같은 농민전쟁에서의 종교적 투사들을 끌어들이는 것이 필요했다. 당 지도부가 보란듯이 교회(대부분 개신교)로부터 탈퇴함으로써 종교 문제에서 자신들에게 유리한 쪽으로 행동했지만, 대부분의 노동운동 조합원과 신봉자들은 1870년대와 1880년대까지도 여전히 전적으로든 혹은 절반만 마음이 있든 간에 계속 기독교인으로 남는다. 그렇더라도 사회민주주의와 관련을 맺은 사람들은 계속해서 자신들의 당을 자신들만의 생활세계를 기반으로 하는 문화운동으로 이해했거나, 그렇지 못하더라도 적어도 이를 목표로 지금 만들어가는 중인 것으로 받아들였다.

사회주의자탄압법*을 통해 억압이 진행되던 시기에는 종교가 제공하는 서로를 이어주는 힘이 상당 부분 와해되기는 했지만, 노동운동 자체 안에도 수십 년간 지속되던 라살 숭배에서 볼 수 있듯이 유사종교적 대체물들이 충분히 있었다. 라살 숭배에는 기독교적 종교성과 세속화된 현실성 간의 구분이 너무나 불분명해 라살이 예수와 비교되기까지 했다. 종교성의 흔적으로 나타나는 것들에는 그 밖에도 사회주의를 새롭고 기독교를 넘어서는 종교로 숭상하는 그런 사고로까지 진행된 것들을 들 수 있다. 그래서 리프크네히트 스스로도 사회주의를 종교이자 동시에 학문으로 생각했으며, 다른 사람에 비해 비교적 늦은 1870년대 후반에야 아들과 함께 교회에서 탈퇴했다. 이는 적어도 비록 교회와 멀어지기는 했지만, 남모르게 신앙심을 유지해 삶의 문제를 처리하는 데 도움을 받거나, 교회가 제시하는 윤리적 과제들을 계속 지켜 나가고자 하는 그런 당원들의 욕구에 대한 하나의 타협이었다.

현재를 넘어서서 미래에 대해 확신을 갖고자 하는 욕구는 바로 1870년대, 즉 권위주의적 왕권국가의 탄압책들이 사회주의자탄압법을 통해 최고조에 달하게 되었을 때 특히 더 강화되었다. 이는 오이겐 뒤링(Eugen

---

- 사회주의자탄압법(Sozialistengesetz)의 원명은 '사회민주주의의 공공위협 시도 대응법'(Gesetz gegen die gemeingefährlichen Bestrebungen der Sozialdemokratie)이며, 비스마르크의 주도로 1878~90년 독일 내 사회주의자들의 행동을 탄압하기 위해 제정된 법이다. 1878년 두 차례에 걸친 (사회주의자들과는 관련 없는) 황제 암살 사건을 계기로 제정된 이 법은 사회주의노동자당(SAP)과 노동조합의 출판 및 집회, 하부 단위의 조직을 금지했다. 많은 이들이 이를 계기로 해외로 망명했지만 당원 개인은 선거에 출마할 수 있었고, 이에 따라 사회주의노동자당의 이름으로 원내 진출도 가능했다. 1890년 더 이상 법이 지탱될 수 없을 만큼 원내 사회주의자의 세력이 커지자 이 법은 폐기되었다.

Dühring)이 사회주의적 노동운동에 대해 쓴 격려의 글귀들에서 읽어
낼 수 있다. 그는 마르크스를 강력히, 하지만 내용적으로는 잘못 비판
했다. 당 간부들은 그에게 열광하기까지 했는데, 왜냐하면 그가 자유로
운 경제를 근간으로 하는 경제공동체(자유민주주의적 전통과 연결된)라는
좀 이상한 미래 사회상을 제시했기 때문이다. 이런 열광은 엥겔스로 하
여금 후일 『반뒤링론』(Anti-Dühring, 1878)이라는 논문집 형태로 알려진
일련의 논문들을 쓰도록 만들었다. 이런 집단적 미래에의 확신을 향한
욕구는 오래도록 남아 있었다. 베벨의 유명한 책 『여성과 사회주의』(Die
Frau und der Sozialismus, 1879년 초판/1911년 50판)에는 미래를 섣불리 묘
사하지 말라는 마르크스의 입장에도 불구하고 미래 사회주의 사회에
대한 선구적 제시들로 가득했다. 예를 들면, 그는 자동으로 장화를 닦아
주는 기계나 중앙 식자재 처리공장 같은 것들에 열광했다. 어떻든지 유
토피아는, 특히 에드워드 벨러미(Edward Bellarmy)의 『서기 2000년으로
부터의 회고』(1881)와 같은 책에서 볼 수 있듯이, 대단히 인기 있는 읽
을거리였다.

　조직적인 노동운동은 우선 1880년대까지 자신들의 뿌리를 수공업-
상업 노동자 협회 운동(Arbeitervereinsbewegung)에 두고 있었다. 협회들
과 그 문화는 이들의 지방조직망, 그들의 집회 형식, 공동생활 형식, 넓
은 조직망과 친목의 확장 등을 통해 노동운동의 특징을 소시민적이고
자유로운 남성들의 급진민주주의 민중운동으로 특징지었다. 물론 여
성들도 이 운동에 참가하기는 했지만, 정치적이고 공식적인 자리에는
단지 개별적으로만 참여했다. 따지고 보면, 보편적으로 적용되는 것들
에 대해 요구하는 노동자만이 갖는 특별한 시민적 태도를 근대적 부
르주아사회 혹은 시민사회의 시작으로 보고자 했던 토마스 벨스코프
(Thomas Welskopp)*의 생각도 사실은 그리 터무니없는 것은 아니다. 동

---

* 토마스 벨스코프는 현재 독일 빌레펠트 대학 사학과에 재직 중인 사회사가이다.

시에 이는 "사회주의로부터 무엇이 남았는가"라는 질문에 대한 부분적 대답이 될 것이다.

1860년대 말경에는 역사적으로 극히 의미 있으며 부분적으로는 서로 얽힌 여러 개의 과정들이 동시에 모두 끝나게 된다. 국민국가의 형성과 함께 독일 시민계급의 중심세력이 보수 민족-자유주의적 정치환경 안으로 흡수되어 들어가게 된다. 이는 독일 자유주의에서 개혁적이며 노동운동에 협력할 준비가 되어 있던 부분들을 주변으로 몰아내었다. 노동자당 및 노동조합의 성립과 동시에 당 정책과 노동조합 정책 사이의 구조적 분화가 시작된다. 1870년대의 시작과 함께 임금노동이 관철되는 과정이 진행되는데, 이를 통해 독일 노동운동에서 수공업 노동자들이 주도하던 시대는 종료된다. 1870년대 이후부터 작업장의 구조변화가 시작되어 수공업과 직인 노동자들을 넘어서서 소규모 작업장, 공장, 대기업 등의 임금노동자가 공장제적 특징들을 갖고 노동운동에서 지배적 위치를 점하게 된다. 그럼에도 여전히, 그리고 이후로도 오랫동안 지식인들은 특히 스스로를 노동운동이 필요로 하는 존재로 느낀다.

3. 대중조직을 향한 시도의 성공

1880년대가 끝날 때까지 노동운동을 이끈 이들 간에는 세대교체가 진행되며, 새로운 노동자 유형을 확인할 수 있었다. 직업에 대한 전문지식을 갖춘 질 높은 공장 임금노동자가 그들이다. 노동투쟁의 특징도 바뀌게 되어 점차 노동조합에는 조직화된 중심이 필요해진다. 수공업-신

독일 노동운동의 역사에 대한 많은 글들을 썼다. 여기서는 그의 책 『형제애의 기치: 독일 사회민주주의의 역사: 1848년 이전기부터 사회주의자탄압법까지』에서 제기한 문제를 의미한다.

분제직 전통들은 그 결속력을 잃었으며, 옛날 방식의 직접적 이해 대변은 그 의미를 상실했다. 즉 집단적이고 충돌할 힘이 있으며 직종상의 차이를 넘어 노동자 이해를 대변하는 기관으로 노동조합이 생겨난 것이다. 임금과 노동시간, 노동조건 등을 놓고 진행되는 투쟁에서 '옛 권리'를 보장해줄 것이 요구되는 것이 아니라, 이제는 새로운 권리들이 요구되었다. 하지만 이런 '근대성'은 그 대가를 치렀는데, 왜냐하면 '현장'에서의 직접적이고 민주적인 형식의 이해 조정은 중앙기구에 의해 대변되는 조직 원칙에 자리를 양보해야만 했기 때문이다.

노동계에서의 이런 변화과정들과 함께 사회민주주의는 이제 '노동자계급정당'(Arbeiterklassen Partei)이라는, 오랫동안 역사서술에서 추측성으로 서술되던 그런 얼굴과는 다른 얼굴을 갖게 된다. 최근 연구(토르스텐 쿠퍼Torsten Kupfer와 벨스코프)에 따르면 1890년대 초에 생겨나기 시작하는 산업 프롤레타리아는 이제 막 생겨나기 시작하는 대중정당의 핵이 아니었다. 오히려 열성 조직원들은 기존의 노동자 범주에 속했던 이들 속에서 확대되고 있었다. 이는 당이 그 폭에서 넓어진 것이 아니라 깊이가 깊어지면서 성장하였음을 의미한다. 열성 당원은 수공업 직업교육, 직업적 전통, 장기간의 조직 경험 같은 특징들을 가지고 있었다. 그들의 일터는 기계의 도입을 통해 갑자기 무가치해진 분야가 아직 아니며, 노동과정들은 협동과 소통에 기반을 두었고, 작업과정은 여전히 고도의 자율적 형태로 유지될 수 있었다.

이를 직종별로 분류해보면, 열성 당원은 미장이, 벽돌공, 소목장이들이었고, 건축이나 목재업 혹은 인쇄업과 같은 다른 직종 출신들도 있었다. 이런 범주와 달리 이미 그 가치가 상실되기 시작한 직종들도 참여했는데, 재단사나 제화공 같은 직종이 그런 것들이었다. 총체적으로 이야기하자면, 1890년대 초의 사회민주주의 안에는 소시민계급 출신, 수공업 직종, 이미 프롤레타리아화된 직종 등으로 구성된 몰락 노동자나 몰락을 위협받고 있는 이들뿐만 아니라, 이들 직종에서 성공적으로 상승한 이들까지 모두 한데 모여 있었다. 이에 반해 산업 노동자들의 노동운동으로의 결합은 19세기가 끝날 때까지도 결코 종결되지 않는 완만한 과정이었던 것으로 드러났다.

또한 1890년대 초의 사회민주당은 꼭 전적으로 젊은이들로 구성된 당은 아니었다. 21~30세가 34.6퍼센트, 31~40세가 39.3퍼센트, 41~60세가 23.3퍼센트였다. 61세가 넘은 당원은 당시 수명에 대한 기대치에 맞게 단지 0.1퍼센트에 불과했다.

대중조직으로의 격상을 향한 이런 과정은, 1890년 '사회주의자탄압법' 폐기가 보여주듯이, 1870년대와 1880년대의 국가적 탄압정책으로도 멈출 수 없었다. 그럼에도 국가 차원에서의 탄압정책은 독일 노동운동의 구조와 지향점, 행동강령 등에 막중하고도 장기간에 걸친 영향을 끼치게 된다. 비록 이 탄압정책과 함께 복지국가적 개입정책도 시작되기는 했지만, 사실상 이런 복지정책은 거의 효과를 발휘하지 못했다. 왜냐하면 이것이 자본주의적 생산양식에 대한 불가피한 교정이라는 통찰력의 결과가 아니라 이미 낡은 구(舊)신분제적·보수적·가부장제적 행위들에 그 기원을 두고 있었기 때문이다.

이런 정책들은 노동자에게 국가가 사회적 정의의 보호자가 아닌, 기업가나 지배계급의 도구임을 경험케 했다. 사회민주주의자들을 제국의 적으로 낙인찍고 노동계급에게 정치와 사회 분야에서의 동등한 권리를 부여할 것을 거부한 채 그들을 종복(Untertan)으로 격하한 것은 마르크스주의로 하여금 이론의 포괄적 근거 기반을 통해 자신들만의 고유한 지향성과 행태를 갖는 다른 방식의 대응책을 만들도록 자극했다. 노동조합에 대한 거의 완벽한 차단과 달리, 상대적으로 비합법화의 정도가 약했던 사회민주당은 헌법상의 근거를 기반으로 제국의회 선거에 참가할 수 있었다. 그 결과 당은 노동조합을 대상으로 자신들의 정치적 우선권을 관철할 수 있었다. 이런 불평등은 20세기에 들어와서야 비로소 어느 정도 해소되게 된다. 결론적으로 말하자면, 넓고 내부적으로 다양화

된 노동운동 문화가 낯설고 적대적인 지배자들의 세계 한가운데서 '새
로운 고향'으로 출발했고 이제 '노동자들만의 세계'가 그 맞은편에 세
워져 관철되기 시작한 것이다.

| 참고 문헌 |

a) 독일 노동운동의 전체적 역사에 대한 일반적 방향 제시

Grebing, Helga (Hg.): *Geschichte der sozialen Ideen in Deutschland. Sozialismus-Katholische Soziallehre-Protestantische Sozialethik. Ein Handbuch*, Wiesbaden 2. Aufl. 2005.

Kittner, Michael: *Arbeitkampf. Geschichte, Recht, Gegenwart*, München 2005.

Münkel, Daniela (Hg.): *"Freiheit, Gerechtigkeit und Solidarität". Die Programmgeschichte der Sozialdemokratischen Partei Deutschlands*, Berlin 2007.

Osterroth, Franz/Schuster, Dieter: *Chronik der deutschen Sozialdemokratie. Daten-Fakten-Hintergründe. Bd. 1, Von den Anfängen bis 1945; Bd. 2, 1945-74; Bd. 3, 1974-82*, Bonn 2005.

Potthoff, Heinrich/Miller, Susanne: *Kleine Geschichte der SPD 1848-2002*, Bonn 8. Aufl. 2002.

Programmatische Dokumente der deutschen Sozialdemokratie. Hg. u. eingeleitet von Dieter Dowe und Kurt Klotzbach, Bonn 3. Aufl. 1990.

Wehler, Hans-Ulrich: *Deutsche Gesellschaftsgeschichte. Bd. 3, Von der "Deutschen Doppelrevolution" bis zum Beginn des Ersten Weltkrieges 1849-1914*, München 1995.

_____: *Deutsche Gesellschaftsgeschichte. Bd. 4, Vom Beginn des Ersten Weltkrieges bis zur Gründung der beiden deutschen Staaten 1914-1949*, München 2003.

b) 제1장

Fetscher, Iring: *Marx*, Freiburg o. J.

Grebing, Helga: *Arbeiterbewegung. Sozialer Protest und kollektive Interessenvertretung bis 1914*, München 3. Aufl. 1993.

Hachtmann, Rüdiger: *Berlin 1848. Eine Politik- und Gesellschaftsgeschichte der Revolution*, Bonn 1997.

Kocka, Jürgen: *Arbeiterverhältnisse und Arbeiterexistenzen. Grundlagen der Klassenbildung im 19. Jahrhundert*, Bonn 1990.

_____: *Weder Stand noch Klasse. Unterschichten um 1800*, Bonn 1990.

Kupfer, Torsten: *Geheime Zirkel und Parteivereine — Die Organisation der deutschen Sozialdemokratie zwischen Sozialistengesetz und Jahrhundertwende*, Essen 2003.

Offermann, Toni: *Die erste deutsche Arbeiterpartei. Organisation und Sozialstruktur von ADAV und LADAV 1863-1871*, Bonn 2002.

Prüfer, Sebastian: *Sozialismus statt Religion. Die deutsche Sozialdemokratie vor der religiösen Frage 1863-1890*, Göttingen 2002.

Welskopp, Thomas: *Das Banner der Brüderlichkeit. Die deutsche Sozialdemokratie vom Vormärz bis zum Sozialistengesetz*, Bonn 2000.

제2장

국민 되기(1890~1918년)

만일 전쟁이 독일의 존치를 건 공격전으로 치닫게 된다면 — 나의 추측으로는 독일 정치가 조심스럽게 진행되기 때문에 정책 자체에는 전쟁을 선포할 그 어떤 근거도 없다고 생각하지만 — 저는 여러분에게 맹세하건대 — 우리는 마지막 남은 한 사람까지 그리고 우리 가운데 가장 나이 든 사람까지도 총대를 어깨에 메고 우리 독일의 영토를 지킬 준비가 되어 있으며, 나아가 그것은 우리의 가장 큰 이해관계가 걸린 일이기도 하다고 생각합니다. 이는 당신네들을 위해서가 아니라 우리 스스로를 위해서이며, 당신네들과는 아무 상관 없이 바로 내 자신 때문인 것입니다. (옳소! 옳소! 사회민주당 석에서) 우리는 우리 조국과 우리 고향을 위해 이 땅에 살고 싸웁니다. (옳소! 옳소! 사회민주당 석에서) 우리 가운데 가장 비참한 이들까지도 우리 조국에서 사는 것이 기쁨이 되도록, 그렇게 우리는 만들어갈 것입니다. (잘한다! 사회민주당 석에서) 이것이 우리가 추구하고 달성하고자 하는 바이며, 그래서 우리는 이 조국으로부터 한 조각의 땅이라도 빼앗아가려는 시도를 마지막 숨결이 다할 때까지 전력을 다해 저지하고자 노력할 것입니다.

• 아우구스트 베벨, 1904년 3월 7일 독일 제국의회 연설

1. 노동계급의 자기정체성 찾기

'노동계급'(Arbeiterklasse)이란 결코 동질적으로 단단히 구성된 토양도 아니고 자신들의 프롤레타리아적 정체성을 의식한 인간들의 집단도 아닌, 행위하고 사고하며 느끼는 인간들로 구성된 다층적 구성물이다. 이런 인간들이 자신들의 노동세계와 그 밖의 생활세계에서 끌어낸 공통의 기본 경험들을 통해 불러낸 결속력 있는 관계망을 만든다. '노동계급'은 기술-공업적으로 각인된 자본주의적 생산양식이라는 조건에 따라 언젠가 도달하게 되며, 무정형의 대중 속에서 지속되는 안정을 깨뜨리는, 그런 통계치상의 어떤 고정된 형태가 아니다. '노동계급'은 점차 강화되는 착취관계로부터 나온 자연적 산물이 결코 아니라 동지의식과 합의에 따라 다양한 형태로 구성된 연결망이다. 이 연결망이 '노동운동'이라는 개념 아래 한데 모을 수 있는 집단적 이해를 만들어가는 과정의 전제를 구성한다.

'노동계급'은 내부의 각기 다른 여러 구조상의 특징들을 통해 정의 내릴 수 있을 때에만 비로소 개념으로서 사용 가능하다. 마찬가지로 '노동운동' 또한 빌헬름 제국* 내에서, 물론 수적으로는 많았더라도 소수자 위치에 있던 이들의 사회적 운동이었음을 시선에서 놓치지 않을 때에만 비로소 개념으로서의 효용성이 있다.

• 1888~1918년 지속된 독일의 빌헬름 2세에 의해 지배되던 시기를 가리킨다.

빌헬름 제국 시대 노동자들의 임금수준은 업종별, 지역별, 어떤 경우에는 도시와 기업, 노동의 질에 따라 천차만별이었다. 예를 들면 1910년 루트비히스하펜에 있는 BASF 공장*의 한 화학 노동자는 주당 31.26마르크를 벌었으며, 루르 지방의 광산 노동자는 24마르크, 에르츠 산맥 지역의 직물 보조 노동자는 12.58마르크를 벌었다. 빌헬름 제국 시대 실질임금이 상승되었음은 재론의 여지 없이 분명했지만, 임금계산에서 농업 노동자, 머슴, 하급관료 등과 같이 특별히 낮은 임금수준의 노동력 군(群) 전체가 사실상 빠져 있다. 또한 한 노동자가 자신의 일생에서 받는 임금액은 나이와 일의 숙련도에 따라 각기 다르다. 대부분의 경우 가정에서 필요로 하는 요구액에 비해 임금이 최고치에 도달하는 시점은 상대적으로 늦은 까닭에 불일치가 존재한다. 가장 나쁜 경우는 노년기에 들어서면서 빈곤화가 가속되는 것이었다. 물론 확산의 정도는 달랐지만 여성들이 공장에서 함께 일한다거나, 다른 일거리를 추가로 갖는다거나, 혹은 남몰래 행해지는 아동노동 같은 것들도 일반적이었다. 노동자들 일부에서의 숙련도 차이는 여전히 있어서 직종 내 진급의 잣대가 되기도 했고, 일부에서는 새로운 일자리들이 만들어지기도 했지만, 이런 것들을 통해 계급적 울타리를 뛰어넘는 경우는 거의 없었다. "한 번 프롤레타리아면 영원히 프롤레타리아다"(Einmal Proletarier, immer Proletarier) ── 이처럼 경계가 그어지고, 경계 밖으로 쫓겨나는 경험은 대체적으로 계급을 형성하는, 나아가 계급을 획득하는 계기가 되었다. 물론 장기적 관점에서 볼 때, 이 '노동자계급이 된다는 것'이 과도기적 현상이었음이 확인된다. 즉 1900년 시점에서 공장 노동자들의 사회적 통합은 아직 요원한 상황이었지만, 다른 한편으로는 이미 20세기로 들

---

* BASF는 '바덴 아닐린 및 소다 공장'(Badische Anilin- & Soda Fabrik)의 약자로서, 1865년 독일 남부 바덴 지역 루트비히스하펜에 세워진 거대한 화학제품 제조공장이다.

어오면 서비스 업종의 팽창과 새로운 사무직 노동자의 확산을 통해 계급정착화 과정(Klassenkonsolidierungsprozess)은 진행되고 있었다.

집단적 이해를 만들어가는 것이 결코 조직상의 통일적 모델을 지향해가는 것도 아니었고, 옛 노동쟁의 형태가 자동적으로 필요하지 않게 된 것도 아니었다. 세계관이 서로 다른 노동조합들은 분리되어 각기 다른 방향으로 가게 된다. 무엇보다 파업을 가장 효과 있는 투쟁 무기로 삼았던 노동조합으로서는 권위를 갖춘 중앙집중화가 주된 경향이기는 했지만, 이와 달리 예를 들면 광산 노동자들이 청원서를 제출한다거나 구두로 요구 사항을 전달하는 것과 같은 과거의 노동쟁의 행위들도 여전히 지속되었다. 대형 노동조합 조직 외에도 주로 소자본 기업구조에서는 지역이나 직종에 따른 전문직 연합과 같은 조직들도 여전히 지속되었다.

작업이 많은 부분에서 동일하게 진행되는 경우에도 지역적 특성들은 유지되었다. 그래서 제국 시대에도 탄광 광부라는 하나의 직업이 아니라, 자르 지역, 루르 지역, 오버슐레지엔 지역마다 각기 다른 광산 노동자 유형이 존재했다. 공업지역에 이주해온 노동자들이 얼마나 먼 혹은 가까운 곳에서 왔는가도 중요한 역할을 했다. 특히 멀리서 온 이주 노동자들 가운데는 폴란드인이냐 마주렌인●이냐가 중요해서 헤르네(Herne)나 보트로프(Bottrop) 같은 루르 지역에서는 이른바 폴란드 광산이라 불릴 만큼 그들만의 고유한 특성을 유지한 채 존재하는 곳도 있었다. 종파 또는 교회와 얼마나 밀접한 관계를 맺고 있는가의 문제는 대단히 중요한 의미를 지녔다. 예를 들면 가톨릭 교도들의 종교적 영향력은 계급의 형성과정에서 이를 약화시키는 중요한 역할을 했다. 소시민들이 보수

● 마주렌(Masuren)은 폴란드 북부와 발트해 근처에 위치한 과거 동(東)프로이센에 속하는 다민족 지역으로서, 1910년의 조사에 의하면 주민 가운데 마주렌 원주민 29퍼센트, 폴란드인 13퍼센트, 독일인 58퍼센트가 거주하는 지역이었다. 제1차 세계대전 이후 주민투표에 의해 독일 땅이 되었으나, 제2차 세계대전 이후 다시 폴란드에 귀속되었다.

적 가치관 아래 행동하는 것에는 종교적 요인 이외에 다른 것들도 있었다. 노동계급과의 동일시에 저항하거나, 기업과의 연결성('우리 크루프인', '우리 지멘스가 출신')을 유지하고 이런 가치관에 의지해 전적으로 프롤레타리아에 흡수되는 것으로부터 벗어나고자 했다. 특별한 형태의 노동 형식이나 생활 형식은 항의나 쟁의 행위 때 대중조직이라는 주된 흐름에 쉽게 복속되지 않게끔 막았다. 결국 루르 공업지역의 가부장적 태도 혹은 자르 탄광지역의 프로이센-개신교적 지배문화와 같이 기업가가 사회적 권력을 갖고 이를 휘두르는 전통적 관습들이 여전히 고유의 영향력을 유지하고 있있다.

1890년 이후 노동계급만의 특별한 통일성과 사회문화적 다양성이 시기적으로 같이 나타났음을 역사적으로 강조하는 것은 중요한 일이다. 왜냐하면 이것이 문제성 있는 해석을 피할 수 있도록 도와주기 때문이다. 노동운동의 발전에서 내적 목표 — 예를 들면, 프롤레타리아 의식의 수준을 더욱 높은 정도로 이끌고자 하는 — 가 있었던 것도 아니고, 노동운동의 특별한 점들에 대한 아주 상세한 서술이 만족을 가져다주지도 않는다. 그보다는 집단적 정체성의 실례들, 즉 제국 시대의 노동운동만이 갖고 있는 고유한 특성들이 무엇인가와 같은 보다 심화된 질문들을 제기할 수 있도록 자극한다.

노동계급의 통일성을 구성하는 가장 중요한 요소는 사회적 권력관계와 정치적 지배관계이다. 제국 시대 노동자 상태에 많은 개선이 있었던 것과 상관없이 사회적 불평등은 여전히 상존했다. 정치적 양보나, 예를 들어 노동자 자치체를 통한 경영참여권의 추가적 획득과 같은 것으로는 계급 간의 구조적 불평등을 제거하지 못했다. 그래서 노동운동의 해방투쟁은 공장폐쇄나 공동임금협상권의 거부와 같은 기업가 측의 대책이라든지, 공개적·비공개적으로 진행되는 국가기관의 노동운동 금지 위협 혹은 프로이센에서 시행되던 3계급선거제* 같은 차별에 바탕한 권리의 분명한 인정 등으로 인해 늘 다시금 한계에 부딪히곤 했다. 계급

간 충돌의 결과는 정치-사회 시스템의 미결성 부유 상태였으며, 이는 제1차 세계대전 발발 때까지 지속되었다. 근본적 체제변화를 추구하는 어떤 기미도 보이지 않았고, 노동운동의 체제 대안적 활동을 저지할 수 있는 분명한 가능성이 있는 것도 아니었다.

　노동운동의 정체성을 구성하는 의미망과 지향성, 행태 등은 점점 더 분명해져갔다. 쳄니츠의 어느 공장 노동자가 1891년 자신의 공장 안의 모든 것이, 나아가 '기계마저도' 사회민주주의 정신으로 가득 차 있다고 확신에 차 감탄했던 것이 아직 과장되어 보이기는 하지만, 그럼에도 의심할 바 없이 20세기로 접어들면서 사회민주주의 사상의 영향력은 모든 노동자에게 미치기 시작한다. 프롤레타리아 진영 자체는 물론이고, 이를 넘어 부르주아-보수주의 진영에 속하는 곳에서도 세계관은 점차 급진화되어갔다. 그렇다고 '사회민주주의적'임이 곧 '마르크스주의적'임을 의미하지는 않았다.

2. 탄압과 동화 사이에서

　사회민주주의적 노동운동에서 사람들이 무엇을 말하고 어떻게 행동했는지를 이해하고자 한다면, 먼저 다양한 조직 단계들을 구분해야 한다. 마르크스와 엥겔스의 뒤를 이어 이론에 기반한 논의들이 있었는데, 부분적으로는 논의를 심화하고 부분적으로는 문제를 제기하는 방식으

- 3계급선거제(Dreiklassenwahlrecht)란 1848년 혁명 이후에 프로이센에서 시행된 의회 선거제도로서 1918년까지 존속했다. 유권자, 즉 24세 이상의 프로이센 남성은 자신이 내는 세금 액수에 따라 세 층으로 분류되며, 국가로부터 극빈 지원을 받는 이들은 선거권이 박탈되었다. 전체 세금 납세자를 3등분하여 상위 1/3을 구성하는 의원, 중위 1/3을 구성하는 의원, 나머지 1/3을 구성하는 의원을 각기 따로 선발하고 구성하는 제도였다.

로 이 둘의 사상이 갖는 의미를 밝히고자 했지만, 주로는 당내 지식인들 내부에서 자기들끼리의 논쟁이었다. 무엇보다 카를 카우츠키(Karl Kautsky)는 변화된 현실적 조건들을 인정하면서도 마르크스의 텍스트에 대단히 밀착되어 그의 사상을 이론적으로 설명하고 강령 형식으로 실현하고자 노력했다. 그가 강연을 하면 사람들은 공식적 '정당마르크스주의'(Parteimarxismus)로 받아들였다. 그의 연설은 주로 자본주의적 생산양식이 사회주의로 전환되는 조건에 집중되었고, 그에 의해 당 지도자, 당 언론인, 당 중앙조직 간부들이 사용할 공식 용어들이 정해졌다. 이런 정당마르크스주의는 당원과 당 지지자를 포함한 거대한 대중의 사회민주주의적 세계관과는 차이가 있었다. 이들의 세계관은 내용에서 노동운동을 하는 사람들이 겪는 일상생활에서의 경험들로 채워졌으며, 이에 합당한 감정이 들어가 있지만 그 형식은 정당마르크스주의적 슬로건들에 영향을 받았다. 이 '사회민주주의적 세계관'이 노동운동 문화의 점증하는 다양화를 위한 정신-도덕적 자원을 제공했으며, 이를 통해 계급국가가 거부한 자신들만의 미래를 '지금 여기서' 일부나마 미리 맛볼 수 있도록 했다.

이런 혼란스러운 상황의 표현이 1891년의 「에르푸르트 강령」(Erfurter Programm)이었고, 1914년과 그 이후까지도 일종의 당 강령의 모범처럼 기능했다. 「에르푸르트 강령」은 이론과 실천의 두 부분으로 구성된 이중주의(Dualismus)로서, 역사학에서는 혁명적 이론과 개혁적 실천이라는 문제를 모순까지는 아니더라도 적어도 철저한 개혁적 실천을 말로라도 방해하는 요소로 이해해왔다. 하지만 이 모든 것은 단지 표피적 이해일 뿐이다. 사회와 국가의 자본주의적 시스템에 대한 미래를 제시하는 강령 형식의 이론적 대안과 이 체제 내의 구체적인 일상적 작업, 이 둘은 동일한 사실의 두 측면에 불과하다. 이를 주장한 가장 대표적인 사람이 당 지도자 베벨이었다. 그는 정치적 일정들을 조금씩 진보 지향적 걸음을 통해 이뤄 나갔으며, 눈앞에 닥친 피할 수 없는 자본주의 사회의

아우구스트 베벨

붕괴라는 신념과 사회주의의 승리에 대한 확신을 잘 조화시켜 나갈 수 있었다. 그렇기는 해도 사회 전체적 관계를 만들어 나갈 정치적 책임을 당장 넘겨받을 수 없는 탓에 현실적으로는 중기적 정치계획에 소홀해질 수밖에 없었다. 그는 이를 '미래에 식당을 열게 되면 사용할 레시피'의 구상 정도로만 밀어놓음으로써, 정말로 그런 때가 올 경우를 대비한 민주사회주의의 구체적 모델이 필요하다는 것을 간과했다.

　그럼에도 단지 지금까지의 연구가 부족해서 우리는 1914년 이전에 다양한 사회민주주의적 실현 정책안들이 있었던 것을 모르고 있다. 달리 이야기하자면, 사회민주주의 노동운동의 역사를 반드시 지금까지처럼 늘 이론과 실천의 이중주의라는 똑같은 주장을 반복하지 않아도 된다는 것이다. 카우츠키 또한 사회주의를 실현할 수 있는 조건으로 단지 예측 가능했던 맨체스터 자유주의*의 붕괴만을 내세우지 않았고, 이와 함께 노동계급에 의한 정치적 권력 획득이 따라야 함을 주장했다. 마지막으로 그는 결론으로서 민주주의의 완성을 전제로 했을 뿐만 아니라

"바로 오늘날의 사회에서 특정 계급이나 정당, 성별, 인종 등을 향한" 모든 종류의 착취와 억압에 대한 투쟁을 그 전제로 제시했다. 「에르푸르트 강령」에서 이론 부분의 끝은 그러했다. 독일 자체를 놓고 혁명적 방식을 통해 정치권력의 획득을 이룰 것인가, 아니면 의회주의적 민주주의의 토양 위에서 이룰 것인가에 대해서는 미확정 상태로 남겨두었다. 카우츠키가 어느 연설에서 사회민주당이 혁명적 정당이기는 하지만 혁명을 만드는 당은 아니라고 말했던 것은 다양한 차원을 염두에 둔 이중전략이었다.

바이에른 사회민주당의 지도자 게오르크 폰 폴마르(Georg von Vollmar)가 이미 1890년대 초, 미래를 비록 계속 주시해야 하겠지만 현재의 것들, 즉 시급한 것들을 잊지 말아야 한다고 강조했던 것은 그가 상황을 확실히 일차원적으로 보았다는 증거이다. 그가 시급한 것들이라고 본 것은 노동안전, 결사의 권리, 국가의 개입과 제재가 없는 임금협상, 카르텔법 등이었다. 그는 내일의 영향력을 발휘하기 위해 '오늘의 형식(Form)'을 이용할 것을 아주 포괄적인 형태로 권했다. 그 권고 뒤에는 에두아르트 베른슈타인(Eduard Bernstein)이 1890년대 말에 강연한 바처럼 점진적인 전환의 과정에 대한 상정이 숨어 있었다.

베른슈타인은 마르크스의 사상이 보여준 자본주의에 대한 비판적 접근에 대해서는 문제제기를 하지 않았지만 그의 이론을 비판적으로 검토해보고자 도전했으며, 그래서 곧 그런 시도에 '수정주의'(Revisionismus)라는 딱지가 붙는다. 그는 가까운 시일 내에 '국가의 사멸'이 있다고 보지도 않았고, 근대국가의 점점 더 복잡해지는 경제적 구

• 맨체스터 자유주의(Manchster Liberalism) 혹은 맨체스터 자본주의로 불리는 19세기 맨체스터를 중심으로 일어난 학파는 자유무역만이 평등한 사회를 만든다는 이념 아래 자유무역과 자유방임, 경제적 자유주의, 정교분리 등을 이념으로 삼는 정부정책을 주장했다. 애덤 스미스(Adam Smith), 데이비드 흄(David Hume) 등이 이론적 기반을 제공했다.

에두아르트 베른슈타인(왼쪽)과 카를 카우츠키

조가 붕괴의 대파국으로 가게 될 것으로도 보지 않았다. 이에 따라 그는 점진적이고 진화적인 변화상을 발전시켰다. 그는 사회주의 안에서의 '성장'을 목표로 했으며 그것을 통해 사회주의를 '조금씩 차근차근' 실현하고자 했다. 그는 이런 생각을, 목표가 의미 있는 것이 아니라 운동이 가장 중요하다라는 문장으로 압축해 표현했지만, 많은 이들에게서 오해를 유발했다.

로자 룩셈부르크(Rosa Luxemburg)는 이런 사고들에 강력히 저항했다. 이미 1905년 러시아의 차르 체제 아래 경험했던 바, 그녀에게 집단파업은 프롤레타리아가 정치적 권력을 획득할 수 있는 유일한 도구였다. 그녀의 목표인 혁명은 결코 일회적 행위가 아닌, 일련의 연속된 대중파업이 만드는 결과였다. 그래서 그녀는 이를 혁명의 결정타라고 표현했다. 그녀도 역시 사회주의적 미래상을 제시하지는 않았다. 그보다는 프롤레타리아에게 혁명을 통해 연대에 기반한 사회를 만들어냄으로써 미래를 창출해내는 세력이라는 의미를 부여했다.

자본주의의 제국주의적 팽창이 노동계급의 복지 문제에 끼칠 영향에 대해서도 서로 다른 판단들이 있었다. 루돌프 힐퍼딩(Rudolf Hilferding)과 룩셈부르크는 식민주의와 제국주의, 군국주의 등이 대중의 생활수준을 억누르고 지배정권에 대한 적의를 강화할 것으로 보았다. 이런 해석에는 당내 다수가 동의했다. 이에 반해 수정주의는 특히 독일 제국의 식민주의에 대해 완전히 반대되는 해석을 내놓았으니, 일반적으로 생활수준을 높이는 효과가 있을 것으로 보았다. 프리츠 슈테른베르크(Fritz Sternberg) 같은 제국주의 이론가도 나중에 이를 사실로 인정하기는 했지만 해석을 달리하는데, 식민주의가 노동자계급에 대한 일시적 유예기간에 불과할 뿐이라는 것이었다. 결국 룩셈부르크가 쓴 것처럼, 제국주의의 근본적 기능에는 달라질 것이 없다는 것이다.

사회민주당은 자신의 목표와 그 이론적 근거에 대해 장기간 논쟁을 지속하면서 자신들의 존재를 손해 없이 유지할 수 있었을 뿐만 아니라 이 논쟁을 통해 하나의 당으로서 대중들로부터 관심을 지속적으로 획득할 수 있었다. 1914년 전쟁이 터진 직후 룩셈부르크는 당을 탈퇴해야 하는 것이 아닌가라는 클라라 체트킨(Clara Zetkin)의 문제제기에 대해 "당신은 인간으로부터 탈퇴하고자 하는가?"라고 되묻는다. 사회민주당은 이런 단결의 의지와 능력에 대해 당의 '숨은 제왕'이기도 했던 당대표 베벨에게 감사해야 한다. 어쩌면 그 혼자만의 덕분은 아닐 것이고, '베벨 세대'라고 부를 수도 있는 일련의 지도자들이 있었다. 1913년 베벨이 죽고 나자, 룩셈부르크는 또 한 번 설득력 있고 적절하게 오직 베벨만이 "수백만 명으로부터 사랑받는 지도자"가 될 수 있었다고 쓴다. 왜냐하면 그는 "실천에 대한 요구뿐만 아니라 혁명적·원칙적 전략에 대한 요구 모두, 그 어느 때건 늘 같은 이해를 갖고 있었고, 결코 운동의 한 측면 때문에 다른 측면을 희생하지 않았다"(『평등』Die Gleichheit, 1913년 9월 1일)는 것이다.

로자 룩셈부르크

20세기로 넘어가면서 '베벨 세대'는 이미 '에버트 세대'로 넘어간다. 이들은 당을 잘 이끌었다기보다는 잘 관리함으로써, 전 세계에서 가장 훌륭하게 조직된 사회민주당이 되도록 만들었다. '에버트 세대'의 변화된 선도 기능과 함께 대부분 대학교육을 받은 당 지식인이라는 유형들도 형성되기 시작하는데, 이들은 당의 "이데올로기적 정전(Kanon)"(벨스코프)을 관리했다. 즉 이들은 부르주아-자유주의 진영에서도 읽는 당 기관지 『신시대』(*Neue Zeit*)나 『월간 사회주의』(*Sozialistische Monatshefte*) 등에 글을 썼으며, 『전진』(*Vorwärts*) 외에도 『라이프치히 민중신문』(*Leipziger Volkszeitung*), 『드레스덴 민중신문』(*Dresdner Volkszeitung*), 『켐니츠 민중의 소리』(*Cheminitzer Volkstimme*) 같은 대규모 신문사 지방판의 편집장으로 자리를 잡았다. 그 밖에도 150~200명 정도가 정규 월급을 받으며 일하고 있었다. 약 1,000명에 달하는 당 간부들은 각기 다른 방식으로 생계를 유지했다. 일부는 당의 예하조직에서 단순 편집자로 일하거나 노동조합 간부로 일하면서 월급을 받았다. 이 인원에는 현장에서 무보수로 일하는 봉사자들, 예를 들어 주점을 운영하던 점주들은 포함되지 않는다. 평균적으로 이들은 급여의 전액을 받거나 절반만 받고 일하는 형태였으며, 일반 노동자들에 비해 거의 배에 해당하는 월급을 받았다. 그래서 생활수준은 중간급 공무원과 비슷했다.

1914년에 사회민주당 당원은 거의 1백만 명에 이르게 된다(1900년 처음 20만 명에 도달). 그 가운데 17만 5천 명이 여성이었다. 94개에 이르는 당보의 총 발행부수는 140만 부였다(1890년 6개의 신문으로 시작). 1912년 제국의회 선거에서 사회민주당은 425만 표로 34.8퍼센트를 획득했고, 110명의 의원으로 제국의회 내 가장 많은 의석을 갖는 정당이 되었다. 예를 들어 작센에서는 사회민주당이 23개 선거구 가운데 20개를 획득했고, 후일 바이마르 공화국의 첫 국방부장관이 되는 구스타프 노스케(Gustav Noske)는 켐니츠에서 64.1퍼센트의 표를 획득했다. 당이 역점을 둔 지역은 물론 중부 독일의 공업지대와 북부 독일의 한자*도시들이었다. 사회민주당이 약했거나 거의 표를 얻지 못한 지역은 바이에른, 오버슐레지엔, 동프로이센, 서프로이센, 베스트팔렌과 라인란트 지역이었다. 이 지역의 대규모 도시들 중에는 예외적인 곳도 있었는데, 후일 사회민주당의 당대표가 되는 후고 하제(Hugo Haase)가 1890년대 초부터 출마했던 쾨니히스베르크(Königsberg)가 그런 곳이었다.

• 한자(Hansa) 도시는 12세기 중반에서 17세기 중반까지 북부 독일을 중심으로 지속된 3백여 개의 도시연맹에 소속된 도시를 일컫는다. 주로 외국에 대한 공동의 경제적 이해관계를 대변했지만 정치적·문화적 공동체의 역할도 했다.

1900년 이후부터는 당뿐만 아니라 노동조합에서도 거의 활동이 미약했던 여성 활동을 강화하려는 시도들이 나온다. 이런 저조함은 활동을 제한하는 조건들 —— 1908년 제국결사체결성법(Reichsvereinsgesetz)과 함께 비로소 여성들은 정치결사체의 일원이 되는 것이 공식적으로 가능해진다 —— 에만 원인이 있는 것이 아니라 체트킨의 원칙론적이며 독단적인 노선에도 책임이 있었다. 그녀는 1891년 이후 파리 망명에서 돌아와『평등』지의 편집부 조직 업무와 사회민주주의 여성운동의 이데올로기적 강령 구성을 지휘하게 된다. 체트킨은 여성노동을 모든 해방을 위한 경제적 기반으로 인식해 긍정적 가치를 부여했다. 또한 조직화된 프롤레타리아 여성운동을 사회민주주의적 노동운동의 일부로 간주하여, 부르주아 여성운동과는 달리 그 어떤 자기결정권도 요구하지 말아야 한다고 생각했다. 체트킨의 여성상 —— 여성은 노동자이자 동시에 아이 생산자(혁명의 병사들)이고, 부인(율리에 베벨Julie Bebel처럼 큰 활동가 뒤에서 희생할 준비가 된 생의 동반자)이며, 어머니(그녀 자신처럼)였다 —— 은 억압적인 생활 경험과 힘을 모두 소진한 채 간신히 살아가는 현실 속 여성 노동자의 삶과는 한참 거리가 먼 것이었다. 그러나 체트킨은 프롤레타리아 여성운동 확산의 장애물로서 '정신적 후진성'과 '노예근성'에 책임이 있다고 보았으며 몰이해하는 대중의 대부분은 여성이라고 보았다. 그녀와 반대 입장이었던 릴리 브라운(Lily Brown)이나 루이제 치츠(Luise Zietz, 그녀 자신도 노동자 출신이었지만 온건한 입장에 섰으며, 1908년 여성으로서는 처음으로 당 지도부에 선출된다) 같은 사회민주주의적 여성이 체트킨에 반대해 버티기는 쉽지 않았다.

노동자 교육은 달랐다. 1906년 중앙교육위원회(Zentralbildungs-ausschuss)가 설립되어 당의 교육 작업을 계획하고 지휘했다. 같은 해 당 간부의 교육을 위해 베를린에 당 학교가 개설된다. 또한 청년 노동자 운동도 20세기가 되면서 확산된다. 하지만 무엇보다 노동자 스포츠 단체들과 다른 여가생활 조직들의 수가 지속적으로 늘어난다. 노동자체조·스포츠연맹(1892), 노동자자전거연맹(1896), 노동자수영연맹(1897), 자유독일조정연맹(1899), 노동자역도연맹(1909), 독일노동자합창연맹(1892), 자연의 친구 여행자연맹(1895), 노동자구급연맹(1909), 노동자체스연맹(1912), 노동자사격연맹(1920), 노동자볼링연맹(1924), 독일노동자금주연맹(1903), 자유사상인연합회(Verein der Freidenker, 1905)가 그 것들이다.

사회민주주의적 연결망의 촘촘함을 드러내는 "요람에서 무덤까지"라는 표어의 적절성을 정확히 판단하기 위해서는 노동자 주거환경의 의미를 고려해야만 한다. 이것이 정치적 사회화에 "결코 얕잡아볼 수 없는 역할"(Adelheid von Saldern)을 했다. 주거지역에서는 당원이 운영하는 술집이 노동자 여가 활동의 중심 역할을 했다. 예를 들어 함부르크에서는 1900년경 602개의 음식점을 당원이 운영했는데, 이는 곧 사회민주주의 당원이 운영하는 술집 하나당 19명의 당원이 방문한다는 이야기였다. 이 술집 주인의 영향력은 대단했고, 프리드리히 에버트(Fridrich Ebert)도 브레멘에서 자신의 정치적 경력을 술집 주인으로 시작했다. 20세기가 되자 조합원과 당원의 활동은 당사와 노동조합 건물로 중앙집중화되어 성공적 지휘가 이루어진다. 노동자 주거지역 내에서는 계급적 경계를 뛰어넘거나 역으로 소시민계층이 노동운동에 함께 참여하는 경향들도 관찰할 수 있었다. 노동자 주거지역 내에 세분화된 채 존재하던 수공업적 소규모 영업장, 소규모 상인, 그 밖의 서비스업종 종사자들은 어느 정도는 자신들이 벌어먹고 사는 노동자의 생활환경이나 노동운동 또는 프롤레타리아 등과 한데 속해 살았다. 다른 한편 사회민주당의 지도층은 반대로 당이 노동자층과 문화적으로 점점 차이가 벌어져감을 확인할 수 있었는데, 예를 들어 체트킨의 거주지가 슈투트가르트-추펜하우젠이었다든가, 룩셈부르크가 고양이를 위한 공간까지 따로 있는 베를린-프리데나우에 거주했다든가 하는 것이었다.

사회민주당 당원과 지지자들의 사회적 구조에 대한 수많은 언급들은 자칫하면 당이 이미 1914년 이전부터 국민정당으로서의 길을 걸었다고 잘못 판단할 수 있게 한다. 하지만 여기에 충분한 근거는 없다. 사회민주당은 여전히 수공업으로 경력을 쌓은 전문 노동자거나 대부분은 공장이나 대기업에서 일하는 노동자들의 당이었다. 건설업에서 미장이나 벽돌공으로 일하는 사람들 가운데 당원이 되는 이들이 많았는데, 거기에 점차 무경력의 혹은 거의 전문교육을 받지 못한 보조 노동자나 공장 노동자들이 추가로 들어온다. 그래서 제1차 세계대전 발발 이전까지는 '국민정당'(Volkspartei)이라는 표현보다는 독일 사회 두 진영의 존속 혹은 확장이라는 표현이 더 근거 있는 표현이다. 즉 그 자체도 세분화되기는 했지만 지극히 활성화된 대안세계로서의 완전한 준비를 갖춘 사회주의 진영과, 비록 사회적으로 잡다하게 섞여 있기는 하지만 이데올로기적 상부구조에서는 정치적으로 좌파 자유주의자까지 포괄하면서 여전히 강력한 반사회주의적 행보를 특징으로 하는 부르주아-보수주의 진영이 그것이었다.

그렇기 때문에 이제 갓 만들어진 노동운동이 1860년대 독일 자유주의로부터 너무 일찍 분리되어 나왔다는 옛 테제가 완전히 뒤집힐 수 있는 근거는 충분하다. 즉 1860년대에 노동운동이 부르주아민주주의로부터 분리되어 나온 것이 아니라 그 반대였고, 또 그런 상태로 지속되었다. 그러나 사회민주주의는 바이마르 공화국 말기까지 독일 내 "민주주의와 공화주의의 단독 대표"(벨스코프)라는 역할을 스스로 자신의 과제로 삼아 성장했다. 바로 이 유산이, 그렇다면 오늘날 노동운동에서 무엇이 남았는가라는 물음에 대한 답변이기도 하다. 그렇다면 제정 시대 마지막 10년의 기간 동안, 물론 제한적이기는 했지만, 사회민주주의 노동운동이 아방가르드적이었던 '황금의 20년대'를 미리 선취해 받아들였던 많은 문화적 영역들에서 왜 더 이상 그 어떤 영향력도 발휘할 수 없었는가라는 문제가 제기된다. 그 영향력에서 전적으로 독립적이었던 대안적 세계가 사실은 패권추구적·고전적·부르주아적으로 물들어 있었다. 고트홀트 에프라임 레싱(Gotthold Ephraim Lessing)과 프리드리히 실러(Friedrich Schiller)가 문학세계의 영웅으로 남았으며, 이들 뒤에 온 것은 침몰하는 부르주아 세계의 흔적일 뿐이었다.

3. 사회주의적 현실정치 구상

이른바 "사회주의적 현실정치(Realpolitik) 구상"(발터 오이히너Walter Euchner)으로 칭할 수 있는 것이 만들어진 것은 사회주의 진영 밖에서였다. 많은 역사가들의 일반적 통설과는 달리, 1914년 이전까지 사회민주주의는 혁명의 개시와 함께 시작될 사회주의 건설의 구체적 전략을 아직 짜내지 못하고 있었다. 그렇지만 많은 실천 가능한 구상들을 생각해냈고, 제국 시대의 좁은 행동반경에서나마 허락하는 한 구상들을 부분적으로는 시험해보기도 하는 등 '혁명 이후'를 위해 전망을 갖고 준비하고 있었다. 사회민주주의가 제기한 문제제기의 첫 물음은 다음과 같았다. 의회를 통한 작업이 사회주의적 전환의 목표가 될 수 있는가, 어째서 그럴 수 있는가? 만일 의회가 계급적 이익을 대변하는 장소라면, 의회는 계급 간의 역학관계를 반영하는 곳이 된다. 그렇다면 실제로 거기에 도달했건 아직 도달하지 못했건 상관없이 의회에서의 작업은 충분히 정당성을 갖는다.

사회주의자탄압법 기간 동안 사회민주당은 오토 폰 비스마르크(Otto von Bismarck)의 사회복지법의 숨은 목표가 명백하게 사회민주주의와의 투쟁을 위한 것이었기 때문에 반대했다. 1890년 이후에는 미흡한 보험조건의 개선이라는 시각에서 이 법과 싸웠다. 이에 반해 노동자 보호는 모든 유럽 사회민주주의자들의 원래부터의 투쟁목표였다. 건강은 노동력과 투쟁력의 유지를 위해 결코 포기할 수 없으며, 8시간 노동제(8시간 노동, 8시간 여가, 8시간 수면)는 사회민주주의 노동운동이 시작된 19세기 중반부터 요구해온 사항이었다. 세금과 관세 문제에 대해서는 라살 시대부터 모든 형태의 간접세에 반대해왔다. 국가사회주의(Staatssozialismus), 즉 국가가 제국철도나 제국우편같이 생활에 중요한 사업들과 그 행정 업무들을 넘겨받는 작업은 염두에 두지 않았다.

후일 '지역사회주의'(Kommunalsozialismus)라는 이름으로 정리될 영역에 대해서는 다르게 접근했다. 지역에서의 사회민주주의 의원 수는 지속적으로 늘어나며, 남부 독일에서는 공직에도 진출하게 된다. 1890년부터 베벨과 함께 당대표를 역임했고, 1883/84년부터 1911년 세상을 떠날 때까지 베를린 시의원이었으며, 동시에 제국의회 의원직을 수행했던 파울 징거(Paul Singer)는 사회민주주의자로서 지역정치에서 대단히 훌륭한 업적을 남겼다. 세기가 변하면서 일종의 사회민주주의적 의미에서의 지역 주택 건설이 시작되거나 적어도 계획들이 수립된다. 노동자 가정의 필요에 맞는 작은 임대주택들이 요구 사항이었다. 또한 이 시기에 정원도시 운동도 한창이었다. 이 운동은 1907년 드레스덴의 헬러라우(Hellerau)에서 시작되었고, 이후 모든 장래의 독일 정원도시들의 모범으로 남게 된다. 이 모든 것들이 바이마르 공화국에서 '지역사회주의'가 엄청난 호경기를 맞게 될 때, 그 단단한 기반을 구성했다.

건설협동조합 운동이 1914년 이전에 아직 뒤처져 있던 반면, 이미 소비자조합 운동은 20세기 초가 되면 거의 휘몰아칠 정도의 호경기를 맞게 된다. 1899년 함부르크에서 첫 번째 총괄적 소비자협동조합이 설립되었다. 소비자협의회, 건설협의회, 저축협의회 등이 구성되었다. 이미 1894년 모든 소비자협의회가 모인 대형 구매조합이 설립되었고, 1903년에는 독일소비자협의회중앙회가 만들어져 1910년에는 150만 명의 회원을 두게 된다. 소비자협의회는 집단 구매력을 상승시켜야 했을 뿐만 아니라 모범적 임금-노동 관계를 구축해 독립적 기업 운영을 이루며, 자신들 고유의 생산 기반을 개발해 구매자에게 제공해야 했다. 1909년 자신들만의 고유한 은행 부서가 생겼고, 1912년에는 국민보험

(Volksfürsorge)이라는 이름의 생명보험이 만들어진다. 이처럼 넓게 가지를 펼친 조합체들이 오이히너의 표현대로 "다가올 사회주의적 경제질서의 맹아"에 해당했다.

또한 사회민주주의 의원들은 노동문제도 다루기 시작한다. 1891년부터 노동자위원회(Arbeiterausschüsse)가 노동자 100명 이상의 기업에만 적용되는 극히 제한적인 공동협의권을 갖게 된다. 노동조합이 순수한 노동자회의소(Arbeiterkammer)를 선호했음에 비해, 사회민주당은 노동자들이 기업가와 동수로 참여하는 노동회의소(Arbeitskammer)를 선호했다. 임금협상 제도에서는 기업주들로부터 커다란 개선을 쟁취해냈다. 나아가 작센에서는 "자본과 노동 간의 상호 협조"(카르스텐 루돌프 Karsten Rudolph)를 끌어냄으로써, 1914년 이전에 이미 노동자들의 "공동결정권의 인정"을 쟁취한 것으로 해석될 수 있을 만큼 노동조건의 개선이 진행되었다. 1920년대의 근대적 복지국가가 그 구체적인 형태를 획득하게 된 것이 바이마르 공화국이 시작되기 오래전이라는 것에는 논란의 여지가 없다.

이와는 달리 지속적 시도에도 불구하고 그 어떤 정치적으로 의미 있는 답도 끌어내지 못한 사회민주주의 내의 중요한 문제가 있었다. 바로 농업 문제가 그것이었다. 사람들은 소농(小農)의 점점 더 심화되는 궁핍화를 예상하면서 융커(Junker)* 계급의 대규모 농장들이 기술적으로 진보하는 것을 지켜보고 있었다. 이에 대한 사회민주주의의 대응책은 소규모 사업자들이 공동생산을 위한 협동조합을 구성하는 것이었다. 해체 직전의 거의 프롤레타리아화한 소농은 이런 방식으로 대농장 기업의 '농장 노동자 집단'으로 전환되어갔다. 프롤레타리아 여성운동과 마찬

• 주로 엘베 강 동쪽 지역에 분포해 살던 프로이센의 농촌 귀족계급을 지칭하는 용어로서, 대토지를 소유하면서 농민들을 농노 수준으로 예속시킨 채 20세기 전반까지 대농장 경영을 유지했던 부르주아 계급를 말한다. 19세기 이후 나치 시대까지 근대화와 자유화를 거부하면서 사회의 보수, 반동의 중심 역할을 했다.

가지로 농업 문제에 대한 논의과정에서도 과도하게 이데올로기에 결박됨으로써 현실이 간과되었다. 어차피 허약했던 이론과 실천 사이에서의 상대적 균형이 더 이상 지탱되지 못한 것이다.

1870년대 이후부터는 노동투쟁이 순수 경제적 임금 운동을 훌쩍 넘어서게 된다. 따라서 파업은 근대적 노동운동 발전에서 강력한 질적 상승을 의미하게 되는데, 파업 행위가 지속적 조직화의 의지를 강화했기 때문이다. 그래서 노동조합을 최우선 타도의 대상으로 삼았던 사회주의자탄압법 이후, 정치적 노동운동과 함께 노동조합이 노동운동의 두 번째 기둥이 되었다. 그럼에도 당의 우위성(Primat der Partei)이라는 원칙이 별 저항 없이 관철된 것은 결코 아니었고, 당과 노동조합이 서로를 강화해주는 관계로 결코 자연스럽게 발전한 것도 아니었다. 즉 1890년대 집단파업은 여러 직업집단이 참여하고 지역의 여러 조직거점들을 넘어 확산되면서 바뀌기 시작한다. 그래서 권위주의적 중앙집중화 경향이 관철되며, 이를 통해 '현장'에서의 자율적 결정권은 대폭 축소된다. 하지만 이는 1890년 독일노동조합중앙회(Generalkommission)가 아직 서른 살도 안 된 카를 레기엔(Carl Legien)을 의장으로 구성할 때부터 이미 예측할 수 있었던, 긴 진행과정이었다. 이 기구는 1900년대가 되어서야 비로소 조직의 지도적 기능을 관철할 수 있었다. 무엇보다 조직의 확장과 안정을 이루었고, 파업 규정과 정관을 통한 파업 행위의 합리화(Rationalisierung)가 진행되었다. 양 기둥이 분담할 과제를 명확히 하는 일에도 중앙회는 상당히 기여했다. 노동조합은 '오늘날의 부르주아 사회라는 토대 위에' 서서 임금관계와 노동조건의 개선을 위해 투쟁하며, 이를 통해 노동계급의 보편적 해방에서 자신에게 할당된 몫만큼 기여할 것임을 확실하게 표명해야 했다. 그 뒤에는 지속적으로 위협받고 있는 자율공간을 확장하고 법적으로 보장받고자 하는 이해관계가 숨어 있었다.

제국 시대가 끝나면서 얻은 노동조합의 대차대조표는 대단히 인상적이었다. 1913년 현재 16~60세의 연령대 중 노동관계에 있는 남녀의 28퍼센트가 노동조합에 가입했다. 노동조합에서 정규직으로 일하는 간부가 조합 활동을 지휘했다. 쟁의 횟수도 1913년까지 지속적으로 증가하며, 이와 함께 기업가에 의한 공장폐쇄도 같이 늘어난다. 하지만 동시에 파업 없이 해결되는 갈등도 함께 늘어나 1913년에는 77퍼센트에 달했다. 19세기 말까지 임금협상은 극히 드물었지만 이미 1913년에는 전체 공장 노동자의 16.5퍼센트가, 혹은 자유노동조합 조합원의 36.4퍼센트가 임금협상을 통해 임금수준을 결정했는데, 이들 가운데 79.5퍼센트는 파업이나 공장폐쇄까지 갔다. 기업주의 대부분이 여전히 '가부장적 의식'('Herr im Hause'-Standpunkt)을 고집했지만 이미 도처에서, 예를 들어 작센 같은 곳에서는 미리 방어적인 정책을 씀으로써, 공격적 공장폐쇄를 포기하고 노동조합과의 제한적 협조에 들어섰다.

사회주의 노동운동은 1914년까지 제국 내의 '합법적 구성 요소'로까지 발전한다. 그들의 지위는 더 이상 디터 그로(Dieter Groh)가 국가와 사회의 군주제적-권위주의적 기존 질서의 맞은편에 위치한 전적인 대립적 세계(Gegenwelt)라는 틀로 표현했던 '부정적 동화'(nagative Integration)에 해당되지 않았다. 그보다는 적지 않은 긍정적 동화의 표지들을 발견할 수 있는데, 기존 질서에 적응하고 그 안으로 끼워 맞춰 들어간다는 의미에서뿐만 아니라 질적인 변화라는 측면에서도 그랬다. 예를 들면, 근대적 복지국가로의 사회적 관계망이나 미흡한 의회제도의 느린 민주적 변화를 통해, 노동운동 자체 내에서의 정치적 견해와 의사결정의 실천을 통해, 그리고 물론 19세기 말까지는 아직 부족하기는 했지만 문화적 근대성이라는 자극을 통해 긍정적 동화의 여러 모습들이 드러났다.

하지만 이 모든 것들도 빌헬름 제국이 구축한 '패권정치적 장벽'(Hegemonialen Block)을 진정으로 깨지는 못했다. 즉 체제의 외형을 건드리거나 건드렸다고 의심만 들어도 즉각적 탄압이 내려왔다. 노동운동을 향한 다른 진영(거기에는 가톨릭중앙당도 속했다)의 군사·폭력적 거부의 태도 또한 변하지 않았으며, 있지도 않은 노동운동의 위협을 만들어내어, 그렇지 않았다면 결코 한데 어울리지 못할 여러 단체들끼리 지속적으로 '반사회주의자 동맹'을 만들곤 했다. 노동운동의 정치적 영향력 확대를 통한 약간의 세력 이동조차도 공격적으로 차단당했다. 1910/12년 바덴(Baden)에서 만들어진 '베벨에서 바서만(바덴의 민족자유주의 지도자)까지'의 대연정을 통한 공동작업은 민족자유주의자들이 부르주아 정당들의 악명 높은 반사회주의 노선으로 후퇴하면서 실패로 돌아간다. 안할트(Anhalt)에서도 동일한 일이 발생했다. 몇몇 남부 주들과 특히 바이에른에서의 주 예산에 대한 사회민주당의 협력은 1890년 이후 그 공을 인정받지 못했다. 1912년에 실시된 제국 대통령 선거에서 가장 강력한 정당의 지도자인 베벨이 선출되지 못했다. 그는 3차 선거에서 175표를 얻어 196표를 얻은 중앙당 대표에게 패했다. 프로이센의 3계급선거제를 폐지하기 위한 투쟁적 노력도 무위로 돌아갔다.

사회민주주의 노동운동이 빌헬름 제국 마지막까지 마주했던 탄압과 동화 사이에서의 모순적 상황은 극복되지 못한 채 남았고, 노동운동은 구조적 불균형의 틀 속에 남게 된다. 이런 시각에서 '사회주의 안에서의 성장'이라는 사고는 환상에 불과하다는 견해와 베벨적 사고, 즉 와지끈 하면서 피할 수 없이 몰려올 갑작스러운 와해, 즉 자본주의의 붕괴라는 사고는 근거 있는 것으로 받아들여진다. 1914년 이전까지는 근본적인 체제변화의 징표도 없었고, 노동운동을 대안으로 삼아 체제를 차단할 수 있는 가능성도 없었기 때문에, 갈등은 안으로, 즉 노동운동 조직 내부로 옮아가게 된다. 노동조합 내 사무직 엘리트 간부와 평조합원 간의 상호 소외의 진행도 이것으로 설명할 수 있다. 그처럼 사회민주당 내에서 아주 세밀한 균열이 보이기 시작하는데, 이것이 물론 후일의 분리를 예고했던 것은 아니었지만, 잠복한 채 흐르는 큰 흐름을 따라 공개적인 파벌 형성까지 진행되면서 사회민주주의의 내적 안정성은 위협받게 된다.

여전히 수정주의자들이 급진 혁명주의자들과 함께 자본주의 사회에서 사회주의로의 전환과정에 대한 표준(Modalität)을 '내부로부터의 성장'에서 찾을 것이냐 혹은 '혁명적 계급투쟁'에서 찾을 것이냐를 갖고 서로 싸우는 동안, 이미 사회민주주주의 개혁주의자들은 미처 의식하지 못한 채 분명한 의지를 드러내면서 어느 정도 공개적으로 부르주아 사회, 의회주의 국가, 자본주의 경제체제 등을 사회민주주의적 국민국가 형성을 위한 개혁 가능한 제도로 받아들인다. 확실히 이는 '사회주의 안에서의 성장'이라는 표어를 넘어선 것으로서, 기존 계급국가를 그것이 갖는 지속적이고 구체적인 교정 가능성이라는 가정과 함께 근본적으로 인정하는 것이었다. 이 정책을 이끈 것은 노동조합으로서, 1906년에 이른바 만하임 협약을 통해 당을 상대로 자신들의 독자적 결정권을 관철했으며, 그럼으로써 이들이 노동운동 내에서 강렬한 체제 동화의 의지를 갖는 일종의 위장된 대체정당(Ersatzpartei)이라는 논의에 불을 붙였다.

4. 빈곤 문제에 대한 가톨릭과 개신교의 입장

가톨릭 저자들은 19세기 초반부터 프롤레타리아의 비참한 삶과 대면했다. 이런 비참함을 바라보는 시각은 이제 막 시작된 산업화의 결과물이라는 생각과 함께 신분에 기반했던 과거의 사회적 관계망의 상실, 기독-보수적 가치 지평의 세속화에 대한 우려 같은 것들에서 비롯된 것이다. 그러나 이미 오래전에 사라진, 혹은 이제는 거의 사라져가는 과거부터 전해내려온 것들에 다시 시선을 되돌려보려 했고, 모든 것을 하나님의 뜻으로 돌리면서 빈곤의 문제에 대한 해법을 무엇보다 설교와 구휼과 신앙심을 새롭게 가다듬는 일 등에 국한했다. 기껏해야 그 창시자인 아돌프 콜핑(Adolf Kolping)의 이름을 본따 조직된 가톨릭직인협의회가 1840년대 이후에야 생겨나 직업 수련을 위해 방랑하는 젊은 직인(Geselle)들을 종교적·직업적으로 돌보는 정도였다.

초기 노동자 조직의 생성과 함께 가톨릭교회 내에서도 빈곤 문제에 대해 전적으로 종교적 측면에만 집중하던 양상이 변하기 시작한다. 마인츠의 주교 빌헬름 케텔러(Wilhelm Emanuel Freiherr von Ketteler)는 아마도 19세기 가톨릭의 사회참여를 얘기할 때 가장 의미 있는 대표자일 것이다. 그는 이미 1848년, 아직 그저 평신부일 때부터 빈곤 문제를 시대의 가장 중요한 문제로 인식했다. 1864년에 쓴 그의 책자『노동자 문제와 기독교』를 보면 그 스스로가 많은 점에서 라살과 일치함을 의식하고 있었다. 임금노동에 대한 착취의 특성들, '반기독교적 자유주의'의 역할에 대한 비판, 조합 방식으로 조직된 노동자 집단이 독자적으로 기업을 운영해 만드는 생산협의회에 대한 가치 인정 등에서 그러했다. 하지만 케텔러는 라살과 달리 국가의 도움에 기대고자 하지 않았고, '기독교 정신에 따른 자유의지에 의한 기부'에 희망을 걸었다.

케텔러는 독일 가톨릭의 관심 부족에 실망해 이미 1860년대 말에는 자신의 생각을 바꾸는데, 이제 교회 말고도 법 제정을 통해 국가의 의무로 규정할 길을 찾고자 했다. 특히 그는 노동자가 자신들의 이해관계를 대변할 결사의 자유권을 가져야 함을 인정했으며, 임금 상승과 노동시간의 축소, 휴식시간의 확보, 아동노동의 금지 등 비종교 노동운동의 요구들을 받아들였다. 하지만 그런 요구들을 아직 가톨릭교회는 수용하지 않고 있었다. 케텔러는 근본적으로 새로운 목표를 갖고 이를 받아들인 것이다. 토마스 아퀴나스(Thomas Aquinas)*와 연결지어 그는 모든 인

---

* 토마스 폰 아퀸(Thomas von Aquin, 약 1225~74)으로도 불리는 이탈리아 도미니쿠스파 수도승으로서 신학자 겸 중세의 대표적인 스콜라철학자이다. 중세신학이 갖는 학문적 성격의 기반을 마련했던 그는 자연철학이라는 개념을 사용하여 신의 존재가 인간의 이성과 상치하지 않으며, 신의 존재를 합리적으로 설명할 수 있다고 주장했다. 고대 아리스토텔레스 철학을 기독교 교리와 접목한 고대철학의 계승

빌헬름 케텔러 주교

간에게는 특정하면서도 결코 변하지 않는 자연법과 인간적 질서에 기반한 권리가 있으며, 국가와 사회의 질서는 이를 거슬러서는 안 된다는 입장을 내놓았다. 이처럼 그가 원칙적으로 인간에 대한 국가와 사회질서의 자연법적 기반을 제시하기는 했지만, 그 질서란 여전히 신분제적·조합주의적 형식에 얽매여 있는 질서였다. 그럼에도 이러한 질서를 통해 복지정책 개혁에서 넓은 운용 가능성을 열어놓고 고삐 풀린 자본주의적 경제양식을 도덕적으로 제어하고자 했다.

케텔러의 이런 문제제기는 1871년 제국의회 내 가톨릭중앙당 복지

자로 인정받았다.

문제 정치가들에 의해 이어졌다. 처음에는 마치 가톨릭노동자협의회로의 길, 기독교노동조합으로의 길이 별 어려움 없이 열리는 것처럼 보였다. 가톨릭과 사회민주주의자들 사이에 공동의 단체까지도 생겨나는 듯 보였다. 하지만 이미 1870년대에 변화가 오기 시작하는데, 정치적으로 행동하는 가톨릭 지도자들의 눈에는 사회민주주의자들이란 종교에 적대적인 자유주의의 후예들일 뿐이었다. 1875년 통합된 '독일사회주의노동자당'(Sozialistische Arbeiterpartei Deutschlands)이 발표한 「고타 강령」(Gotharer Programm)은 가톨릭 노동자가 이 당의 당원이 되는 것을 금하는 발표문을 공표하는 계기가 되었다. 이에 따라 가톨릭 국민정당이던 중앙당도 1878년 이후부터는 사회주의자 탄압에 부분적으로 편승하기도 했다.

교황 레오 13세(Leo XIII)의 1891년 교서(Enzyklika)*인 「새로운 사태」(Rerum Novarum)**는 사회민주주의와 사회주의에 대한 가톨릭교회의 기본 입장을 천명하면서, 자본주의에 대한 비판을 첨예화한다. 비록 생산도구의 사회화에는 격렬히 반대했지만, 인간의 사적 소유권은 자연권의 하나로 인정했다. 이런 인정을 기반으로 사회적 관계 일반과 특히 노동자 임금 문제에서 노동자들이 자신의 재산을 획득할 수 있게 해야 한다는 논리가 생겨난다. 여기에서 '능력의 다양성과 성과의 다채로움'을 반영하는 사회적 법이 만들어져야 한다는 것이다. 그래서 다시금 "노동 없는 자본이 없듯이, 자본 없는 노동도 있을 수 없다"는 것이다. 그뿐만

- 교황이 특정한 주제에 대해 전체 교회와 교인들에게 공식적 입장을 서면으로 밝히는 교서로서, 오늘날까지도 가톨릭교회와 교인들 간의 중요한 소통 방식이다. 1740년 교황 베네딕트 14세가 교서 「우비 프리뭄」(Ubi primum)을 서면으로 발표하면서 전통으로 굳어졌다.
- 로마 교황 레오 13세(1810~1903)가 모든 가톨릭 주교를 대상으로 1891년에 노동자계급의 실상에 대해 발표한 노동문제에 대한 교서의 서두 문구로서, 가톨릭의 사회참여의 정당성을 공식적으로 밝히면서 오늘날까지 모든 가톨릭 사회교리의 어머니로 불리는 상징적 발표문이다.

아니라 교황 교서가 전하는 복음에 따르면 교회, 국가, 유산자들은 빈곤 문제 해결에 기여해야만 하며, 노동자 자신들 또한 마찬가지라고 전한다. 그래서 교황은 노동자들에게 자신들의 권리를 대표하고 관철하기 위해 기독교노동자협의회에 가입할 것을 요구했다. 또한 파업을 일괄적으로 금지하지도 않았다.

교황의 교서를 바탕으로 1891년 이후 가톨릭노동자협의회가 구성되었으며, 이는 향후 독일가톨릭민족협의회(Volksverein für das katholische Deutschland)로 발전한다. 1890년 이들의 설립 발기문에 따르면, 목표는 "사회적 영역에서 오판하고 있거나 뒤집어엎고자 하는 사람들과 맞서 싸우는 것과, 기독교적 사회질서를 지키는 것"이었다. 결국 기독교노동조합이 생겨난다. 조합원들은 주로 가톨릭 광산 노동자, 직물 노동자, 목재 노동자, 금속 노동자 등이었으며, 특히 서부 독일을 중심으로 모집되었다. 1899년에는 전(全)업종기독교노동조합(Gesamtverband der Christlichen Gewerkschaften)으로의 통합이 이뤄진다. 1912년 거의 35만 1천 명에 달했고, 가톨릭 노동자들이 주가 되기는 했지만 종파를 넘어서는 단체의 성격을 갖게 된다.

기독교노동조합은 종파적 개방성, 파업에의 준비태세 강화, 조합 업무에서 그때그때 시급한 정책들에 대한 자유노동조합과의 협업 등을 통해 기존 가톨릭노동자협의회와 성직자 일부에게 도전하기 시작했다. 가톨릭노동자협의회와 일부 성직자들은 가톨릭 노동자들에 대한 자신들의 정신적 지휘권을 놓치지 않으려 했고, 가톨릭 노동자가 자신들의 이해관계를 대변하는 정치적 투쟁조직의 일부로 이해해서도 안 된다는 입장이었다. 가톨릭 진영 내에서, 그들 스스로 표현하듯 — '노동조합 문제'는 1912년에 발표된 교황 교서인 「싱굴라리 콴담」(Singulari quandam)*을 통해, 특정 조건 아래에서의 기독교노동조합에 대한 용인이 발표되면서 일단 어느 정도 가라앉게 되며, 1931년 교서 「40주년」 (Quadragesimo anno)**이 발표되면서 최종적으로 마무리된다 — 기독교노동조합은 사실상 전체노선에서 승리했고, 이미 1930년대 초에는 통합노동조합(Einheitsgewerkschaft)으로의 길을 가고 있었다. 이는 결국 1945년 이후 실현된다.

확실히 가톨릭교회와 가톨릭 정치세력은 비록 원론적으로는 19세기 이후의 세속화를 멈춰 세울 수 없었지만, 그럼에도 상당 정도 이 진행을 늦추는 데는 성공했다. 중앙당은 가톨릭 국민정당으로 유지되었고, 사회민주당과 자유노동조합은 비교적 단단히 결집된 중앙당 안으로 침투해 들어갈 수 없었다. 적어도 1914년까지는 어려웠다는 것이고, 바이마르 시대에 들어서면 아주 천천히 침투해 들어간다. 그것은 교회가 제공하는 신앙심과 믿음의 능력 때문만은 아니었고, 가톨릭 프롤레타리아들이 자신들의 교회가 가톨릭의 사회강령을 넘어 빈곤 문제에 대해 이해하고자 노력하고 있음을 확신하고 있었기 때문이다. 즉 가난은 하느님이 준 것이 아니며, 그로부터 벗어날 수 있는 길도 있다는 생각이었다.

이런 신뢰가 프로테스탄트 신자들에게는 없었다. 완전히 그랬다고는 말하기 어려워도 어떻든 오랜 기간 그랬다. 물론 1848년 혁명이 그들에게도 빈곤 문제에 대한 인식을 갖게는 한다. 하지만 발견한 답은 제한적이었다. '내부선교'(Innere Mission)라는 개념을 만들어낸 요한 힌리히 비

• 교황 피우스 10세가 1912년 독일의 추기경들에게만 보낸 교서로서, 독일에서의 노동조합 조직과 관련한 문제를 다루었다. 교황 레오 13세의 교서인 「새로운 사태」 이후에 독일 가톨릭 교도들이 비가톨릭 노동조합에 참여할 수 있는지를 놓고 논란이 일자 이에 대한 견해를 밝힌 것으로서, 최종적으로 가톨릭 노동자들이 다양한 종파가 섞인 노동조합에 참여한다면 독일 추기경들은 이를 묵인할 수 있다는 허락을 내린다.

•• 1931년 피우스 11세가 발표한 교서로서, 「새로운 사태」 발표 '40주년'을 기념하면서 산업사회에서의 가톨릭 사회윤리와 경제윤리에 대한 입장을 정리한 대표적 문건이다. 교서에서는 제어되지 않는 자본주의와 전체주의적 사회주의 체제가 동시에 인간의 자유를 위협하고 있음을 지적하면서, 연대와 자결 원칙에 따른 사회질서를 요구했다.

헤른(Johann Hinrich Wichern)은 영혼의 돌봄, 가난한 이들에 대한 설교, 수많은 용기 잃은 개인들에 대한 돌봄 등과 같은 생각들을 1844년 이후에 구상하지만, 그 어떤 사회적 개혁도 생각하지는 못했다. 그것은 국가의 과제이지만, 국가는 신이 맡긴 지배체이기 때문에 그 역할을 기존 사회질서를 유지하는 것으로 제한해야 했다. 이에 따라 빈곤은 사회적 문제가 아니라 종교적·도덕적 문제로 남게 된다.

이후 몇십 년간 개신교 교회에서는 노동자의 상황에 대한 이해가 증진된 곳에서 혹은 빌헬름 1세의 궁중설교사인 아돌프 슈퇴커(Adolf Stoecker) 목사에게서 볼 수 있듯이, 노동자를 가부장적이고 권위주의적인 사회체제 안에 묶어놓고, 이를 통해 프로이센적 보수주의 국가와 화해시키고자 하는 시도에만 머물렀다. 그럼에도 1880년대 이후에는 개신교 목사가 이끄는 개신교노동자연합회(evangelische Arbeiterverein, 1890년에는 4만 명의 회원)가 있었다. 그들의 목표는 기업주와 노동자 간의 우호적 관계를 가꿔가는 것이었다. 빈곤 문제에 대한 이런 극보수주의적 대응의 결과, 개신교 노동자가 비록 당장 교회로부터 이탈한 것은 아니었지만 선거에서 사회민주당을 찍었으며, 개신교가 지배적인 지역이 당원의 주된 충원 지역이 되었다. 골수 보수주의자이고 거기다 반유대주의적이기까지 했던 슈퇴커 목사조차도 1898년에 "프로테스탄티즘이 시대의 과제를 제대로 다루지 못했다"라고 판단을 내린다.

20세기로의 전환기에 프리드리히 나우만(Friedrich Naumann)을 중심으로 젊은 개신교 신학자 집단이 빈곤 문제에 대한 개신교 교회의 입장을 근본적으로 바꾸고자 노력했지만 이루지 못했다. 나우만은 목사직을 벗어던지고 1896년에 민족사회주의협의회(Nationalsozialen Verein)라는 새로운 당을 건설하지만, 이 또한 성과 없이 끝난다. 그 전에 이미 몇몇 목사들은 사회민주주의 진영으로 넘어간다(파울 괴레Paul Göhre, 막스 마우렌브레허Max Maurenbrecher, 크리스토프 블루멘하르트Christoph Blumenhardt 등이 그랬다). 몇몇 민족사회주의협의회 추종자들은 1903년에 이 결사가 해체되자 사회민주당으로 간다. 어떤 이들은 좌파자유주의연합(Linksliberalen Vereinigung)으로 가며, 어떤 이들은 다시 사회민주당으로 발길을 돌린다. 그들 가운데는 나중에 사회민주당의 제국의회 원내대표가 되는 루돌프 브라이트샤이트(Rudolf Breitscheid)도 있었다. 독일 개신교 지도자들 가운데 1918/19년 혁명 이후에도 교회 내의 전통주의적 입장에서 빈곤 문제의 해결을 위해 급진적으로 방향을 바꾼 사람들은 단지 소수였을 뿐이다.

자유노동조합과 기독교노동조합 외에도 1868년에 발기된 자유주의적 성격의 히르쉬-둥커 수공업조합(Hirsch-Dunker Gewerkvereine)이 있어 노동자의 이익을 대변했다. 그들은 자신들의 주요 과제를 노동자 지원 기관을 만드는 것으로 보았으며, 파업은 거의 포기했다. 또한 노동과 자본 사이의 공통의 이해를 대단히 강조하면서 좁은 의미에서의 노동조합적 요구들에 대해서는 오히려 소극적이거나 완곡하게 표현했다. 히르쉬-둥커 수공업조합이 전문 숙련공들에게 행사했던 영향력은 결코 작지 않았다(1910년 122,571명의 회원). 이 단체는 신분제적 사고에 입각한 모임이었다.

5. 제1차 세계대전과 사회민주주의의 분열

유럽 노동운동을 구성하는 특징 가운데 하나는 국제적 연계의 지향이었다. 이는 독일 노동운동에도 적용되는 것으로서, 주유하는 수공업 직인들에서 시작되었다. 이들이 항상 자발적으로 프랑스나 스위스를 돌아다닌 것은 아니었다. 이는 사회주의적 사상을 갖고 런던, 브뤼셀, 파리 등으로 망명을 강요받아 떠돌아야 했던 몇몇 지식인들에게도 해당되는 일이다. 그래서 「공산당 선언」의 마지막 문장은 지극히 당연한 것을 호소하고 있다. "세상 모든 국가의 프롤레타리아여, 단결하라!" 이미

1864년, 독일노동자전국연합(ADAV)은 창설 1년 후에 국경을 넘어서는 연결망이 반드시 필요함을 주장했다. 같은 해 영국과 프랑스의 지도적 노동자들은 제1차 인터내셔널을 구성하지만, 이데올로기와 계급투쟁 방법상의 불일치로 그 접점을 찾을 수 없게 되자 곧 와해되고 만다. 그러나 그들의 정관은 국제적 연대를 위한 훗날의 노력을 주도적 가치로 두고 있었다. 즉 노동계급의 보호, 전진, 완전한 해방이라는 동일한 목표를 추구하는 다양한 국가들 안에 존재하는 노동자 단체들 간의 연결과 계획에 따른 공동작업을 중심에 놓고자 하는 것이었다.

이후부터 1889년 제2차 인터내셔널 설립까지의 기간에 유럽 내에서 사회주의를 세계관으로 삼아 강령상에 목표로 적시해놓는 노동운동 단체들끼리의 비교적 높은 수준의 통합이 진행된다. 이 과정에서 마르크스 이론이 중요한 역할을 하지만, 다른 이론적 기반들도 부분적으로 그 적절성을 유지한다. 마르크스주의적 사회주의 해석이 가장 강력하게 드리운 곳은 독일이나 오스트리아, 헝가리, 벨기에, 이탈리아, 러시아 등 이전에 민주적·해방적 전통이 전혀 없던 곳들이었다. 독일 사회민주주의가 일정 기간 헤게모니를 쥘 수 있었던 것도 이런 배경 아래에서였다. 1889년 9월 중순의 파리 바스티유 감옥 함락 100주년 기념일에 맞춰 제2차 인터내셔널이 창립되고 두 명의 대표를 두었는데, 한 사람은 프랑스인 에두아르 바양(Édouard Vaillant)이었으며, 다른 한 사람은 독일인 빌헬름 리프크네히트(Wilhelm Liebknecht)였다 — 1870/71년 프로이센-프랑스 전쟁을 통해 양쪽이 철천지원수가 된 지 20년도 채 안 되어!

제2차 인터내셔널도 실패하고 만다. 제1차 총회가 1907년 독일 슈투트가르트에서 열리고, 이 자리에서 노동계급과 그들의 의회 대표들은 "노동자계급이 할 수 있는 모든 수단을 동원해 전쟁 발발을 막을 것"을 천명한다. 만일 이것이 이루어지지 않는다면 가능한 빨리 전쟁을 종결지을 것이며, 이를 통해 "자본주의적 계급지배의 제거를 촉진할 것"을 결의한다. 이런 결의에 찬성한 884명의 대의원 가운데 독일 대표는 289명이었다. 1912년 바젤 총회에서 이 결의를 다시 한 번 분명히 확인했고, 나아가 회원들에게 '국제혁명적 반전 대파업'을 요구한다. 1914년 제1차 세계대전이 발발했지만, 이와 유사한 결의는 다시 이루어지지 않았다. 또한 먼저 전쟁부채 승인안을 자신들의 의회에서 통과시킨 것은 독일 사회주의자들이 아니라 프랑스 사회주의자들이었다.

물론 양자 사이에 엄청난 간극이 있어 보이기는 했지만, 그래도 사회민주주의의 전통적 애국주의(Patriotismus)가 공식적 민족주의를 향해 다가가는 태도는 소극적이었다. 물론 사회민주주의자들도 자신들의 조국을 방어하고자 했다. 전쟁을 증오하기는 했지만, 전쟁을 부르주아사회의 붕괴를 가속화하는 도구로 인정하지는 않았다. 그래서 이들은 비록 전쟁에 반대하는 태도를 유지했지만, 그럼에도 이를 막지 못할 수도 있지 않을까 두려워했다. 이미 20세기로 들어서면서 사회민주주의자들과 베벨 같은 지도자들은 이제 군주제-권위주의적 국가의 군국주의 정책을 근본에서부터 공격한 것이 아니라 점진적 개혁의 방식으로 비판했다. 아마도 여기에서 독일 노동운동이 국가와 사회에 대한 부정적 동화만을 겪은 것이 아님을 확인할 수 있을 것이다. 기성 군부를 더 이상 무조건적으로 거부하고 그 자리를 민병대(Volkswehr)로 대신하고자 하지 않았다. 그보다는 지배계급에 의해 더 이상 도구화되지 않는 개혁되고 근대화되고 민주적으로 통제된 군대를 요구했다. 이런 패러다임의 변화를 분명 '사회주의 안에서의 성장'이라는 전략의 일부로 해석할 수 있다. 이러한 목표 전환의 근거로는 원래부터 철천지원수였던 러시아의 위협이 제시되었으며, 빌헬름 2세의 낡은 의장대(儀仗隊)로는 제국을 방어해내지 못하리라는 걱정도 한몫했다.

이런 입장으로 말미암아 군국주의에 대한 원칙적 비판만이 지속되었다. 베벨도, 1907년부터 사회민주당의 제국의회 군사정책 대변인이었던 노스케도 결코 수정주의자는 아니었음에도 불구하고, 군국주의를 더 이상 비판하지 않았다. 물론 당 좌파는 타협 없이 급진-반군국주의적 입장을 유지했으며, 전쟁이 곧 발발할 듯 보이자 더욱 날카로워진 측면도 있었다. 사회민주당 제국의회 의원들이 1914년 8월 4일 제1차 전쟁부채를 다음과 같은 근거에서 만장일치로 통과시킨다. "우리는 우리의 조국이 위기에 처하게 되는 것을 그대로 두고 볼 수는 없다." 이에 대한 다른 원내 정파들의 경의의 박수는 사실 이미 오래전에 받아 마땅한 것이었다. 일부 소수의 예외를 제외한다면, 대부분의 사회주의자들은 결코 전쟁에 대한 일반적인 환호에 함께 휩쓸려 들어가지 않았다. 그렇지만 그들을 늘 압박해온 조국과 국제 노동운동 양쪽 모두로부터의 충성 요구라는 부담에서 벗어나는 느낌을 가졌을 것임은 의심할 바 없다. 처음으로 그들은 이제 민족과 조국에 널리 퍼져 있는 감정과 자신들이 일치되었다는 느낌을 가지게 된 것이다.

물론 전쟁 발발을 통해 제국주의적 패권정치와 민족주의 프로파간다가 국제 노동운동과의 연대보다 훨씬 강렬했음이 증명되었다. 이는 1914년 7월 말의 반전(反戰) 시위와 이에 대한 표명이 당 기관지를 통해 널리 확산되었지만, 왜 전쟁에 거의 무비판적이고 무조건적으로 동의했던가를 설명해준다. 전쟁에 찬성하면서 눈치를 보던 분위기가 곧 변했으며, 전쟁이 일어나자 일거에 당원의 절반이, 1917년까지는 75퍼센트가 무기를 들고 전쟁터로 나갔다.

제1차 전쟁부채 분할금 승인을 위한 결정이나 국가의 전쟁정책을 계속 지지하는 일에 대해서는 각기 다른 여러 동기와 계산들이 있었지만, 단지 겉으로 드러낸 이유는 '러시아 전제정에 대항'하는 방어전이라는 널리 유포된 슬로건 하나뿐이었다. 왜냐하면 전쟁이 방어전이 아니라 공격전이라는 것이 곧 분명해졌기 때문이다. 만일 전쟁을 거부한다면, 당이 포위 상태에 처해져 곧 마비될 것을 사람들은 두려워했다. 전쟁에 동의할 경우 지금까지 거부당해왔던 국가와 사회에서의 동등한 권리를 획득할 수 있을 것으로 보았고, '조국 없는 직인들'(Vaterlandlose Gesellen)이라는 나쁜 평판으로부터도 벗어나고 싶었다. 즉 전쟁이 드리위놓은 국내정치에서의 강제들로부터 벗어나 사회 분야에서의 개혁의 확장, 프로이센 3계급선거제의 철폐 같은 더 폭넓은 민주화로의 전환을 기대했다.

승리를 통한 전쟁 종식을 목표로 거의 무조건적 협조로 버티자는 생각은 원내 의원의 과반 이상, 당 지도부(에버트, 필립 샤이데만), 당내 중도 우파, 거의 민족주의적 우파에 속하는 수정주의자들, 노동조합, 그리고 당 언론기관까지 대부분이 갖고 있었다. 그래서 베른슈타인은 1916년, "8월 4일의 참전 결정에 대해 여전히 유보적 태도를 옹호하던 이들이 전쟁정책의 옹호자가 되었다"라고 지적하기에 이르렀다. 사회주의 인 터내셔널의 틀 안에서 적극적 평화정책을 통해 건설적 야당 역할을 할 수도 있었을 것이며, 이와 함께 강화된 내정개혁을 요구할 수도 있었을 것이다. 특히 이를 위한 당내 기반은 당과 노동조합 내의 무급 간부들과 청년 노동자들을 중심으로 마련되어 있었다.

이를 선택하는 대신 사회민주주의자들은 성내평화 정책(Burgfriedens- politik)을 통해 자신들의 정치적 독립을 획득했는데, 그러지 않았다면 그것은 곧 전쟁 기간 중에 민족적 이익이라는 명목 아래 정치적 독립을 포기하는 것을 의미했기 때문이다. 어느 면에서는 사회민주당이 스스로 를 옭아매었다고 할 수 있다.

결국 민주화를 키워갈 온갖 계산이 채 끝나기도 전에 모든 희망이 좌 절된 채 '성내평화'에 결박당해 남겨지는 신세가 되었다. 전제정에 대 항하는 사회주의의 보루로서 한때 전 세계 모든 이념적 동지들로부터 부러움의 대상이 되었던 당이 결국 갈라서게 된 것이다. 이 사건을 피할 수는 없었지만 노동조합 지도부가 전쟁 중에 그리고 전쟁에 대해 취한 행태에도 공동의 책임이 있었다. 1914년 8월 2일, 즉 사회민주당 의회 지도부가 성내평화에 찬성하기 이틀 전에 노동조합은 이미 이에 찬성 했다. 기독교노동조합처럼, 자유노동조합은 전쟁 기간 동안 파업과 그 밖의 '노동조합 활동상의 공격 행위'를 포기할 것을 결정했다. 사회민주당이 생각을 돌린 것보다 더 강력하게 노동조합 지도부는 전쟁경제를 지원하는 대가로 자신들이 노동자의 합법적 대변자로서 인정받기를 희망한 것이다.

물론 단지 그런 전략적 계산만이 전부는 아니었다. 국민국가에 대한 의무감과 공식적 전쟁목표를 공업국가 독일의 미래를 위한 투쟁으로 이해하고 동의한 것과 같이, 사회민주주의 정치가들이 진심으로 설득된 여러 요인들이 있었다. 많은 사람들의 눈에는 커져가는 전쟁경제에 대한 국가 개입이 사회주의적인 것의 일부 선취라고까지 보였다. "다른 이떤 사건들도 전쟁만큼 강력하게 사회주의적인 결과를 가져오지는 못할 것이다"라고 쓴 기사가 1914년 9월 자유노동조합 신문인 『통신지(誌)』(Correspondenzlblatt)에 실리기까지 했다. 사회민주당 당원들과 달리 노동조합 지도부는 1916년 12월의 조국봉사법(Hilfsdienstgesetz)[•]을 일종의 보상으로 받아들였다. 노동조합과 기업가의 동등한 권리에 대한 요구가 국가에 의해 받아들여졌고 공식적으로 인정되었다. 물론 그에 대한 대가는 커서, 이를 계기로 노동조합 내 비주류파의 중심 도시인 브레멘, 슈투트가르트, 브라운슈바이크, 베를린 등에서는 조직의 바닥에서부터 대규모 파업이 일어났으며, 베를린에서는 혁명지도부(Revolutionäre Obleute)^{••}라는 지역에 기반을 둔 생디칼리슴적 핵심조직

• '조국봉사법'은 제1차 세계대전 중인 1916년 군부에 의해 주도되어 전쟁을 위한 인력을 동원하고 혁명적 운동을 탄압하기 위해 제정되었다. 17~60세의 남성 가운데 전쟁터로 동원되지 않은 사람들은 의무적으로 군수산업에 배치되며, 그 반대급부로서 50인 이상의 모든 기업에서는 상시적으로 노동자위원회(Arbeiterausschuss)를 설치하여 노동자의 이해를 대변하도록 했다. 이로써 국가에 의해 최초로 개별 공장 내 노동자 권리가 인정된다.

•• '혁명지도부'는 제1차 세계대전 중 다양한 독일 공장 안에서 공식 노동조합 조직과는 독립적으로 자유롭게 선출한 노동자 대표들의 모임으로서, 노동조합과 사회민주주의자들의 전쟁 지원에 반대했다. 패전 이후에는 11월혁명 와중에 주로 평의회(Räte)운동의 지지와 좌파 혁명주의적 사고의 신봉자들이 된다. 독립사회

을 구성함으로써 노동조합 지도부에 저항한다. 즉 옛 노동운동의 불안 정화 과정이 노동조합에도 덮친 것이다.

1917년 4월, 사회민주당이 다수파사회민주당(MSPD)과 독립사회민 주당(USPD)으로 분열되자 전쟁 전의 상황은 그대로 이어질 수 없었다. 당의 좌우 양극단이 분리해 나갈 가능성도 없지 않았지만, 당이 쪼개지지 않을 수도 있었다. 그럼에도 당이 갈라진 데는 전쟁이 결정적 역할을 했다. 독립사회민주당 내에는 수정주의의 이론적 두뇌인 베른슈타인이 있었고 그의 원론주의적 반대자인 카우츠키도 같이 있었으며, 처음부터 성내평화 정책의 지지자였던 신칸트학파의 쿠르트 아이스너(Kurt Eisner), 처음부터 전투적 반전주의자였던 룩셈부르크와 그녀를 지지하는 원론주의자 체트킨, 프란츠 메링(Franz Mehring) 등도 있었다. 베벨과 함께, 그리고 1913년 베벨이 죽자 에버트와 함께 당 공동대표를 역임했던 후고 하제는 연속성을 위해 자신의 논쟁 상대 다수와 함께 베벨의 당에 남기로 의견을 같이했다. 하제는 당을 단결시키고자 했으며, 쪼개지는 것을 원치 않았다. 마찬가지로 룩셈부르크도 결코 당을 떠나기를 원치 않았다. 당을 쪼개고자 했던 이들은 당의 우익 다수파였지 좌익 소수파가 아니었다. 그래서 하제는 사회민주당의 원류라고 어느 정도 인정할 수 있는 당에 남음으로써 독립사회민주당을 이끈 것이다.

독립사회민주당은 다양한 노선들의 집합체와 비슷해졌다. 독립사회민주당 대표는 사회민주당 대표와 많은 면에서 동일한 생각을 갖고 있었다. 그들은 모두 민주주의, 마르크스주의, 평화주의를 의회주의적으로 신봉했고, 혁명적 방식의 사용을 신봉했으며, 모든 정치적 개혁세력과의 협력전략을 신봉했다. 물론 독립사회민주당 내에는 우파 쇼비니스트가 전혀 없었고, 인도주의적이며 평화주의적인 신념, 제국의회 원내

민주당이 사회민주당으로 통합된 이후에 많은 구성원들이 공산당으로 가면서 더 이상 적절한 역할을 수행하지 못하고 자연스럽게 조직은 소멸되었다.

의원들의 지속되는 성내평화 정책이나 지도부 안에 있는 '타협적 사고'에 대한 반대, 승리가 아니라 휴전을 통한 종전 요구 등의 생각들이 새 당을 하나로 묶는 울타리 역할을 한 것이다.

지역 간의 비교에서 그 차이는 기본적으로 사회학적으로보다는 정치학적으로 더 잘 설명될 수 있다. 여기서 중요한 역할은 저마다의 지도자적 인성(Führungspersönlichkeit)이다. 안할트와 브라운슈바이크 같은 도시국가적 전통을 갖고 있는 도시는 모두 고도의 공업화에 다다랐고, 업종의 구조가 대단히 유사했다. 안할트에서는 화학산업이 주를 이루고 있었다. 안할트에는 1918년까지 독립사회민주당이 사실상 없었음에 반해, 브라운슈바이크는 처음부터 독립사회민주당 노선을 유지했다. 1914년 8월의 전쟁 발발은 단지 전쟁 전에 갖고 있었던 입장에 대한 확인에 불과한 행동이었다. 안할트는 하인리히 페우스(Heinrich Peus)라는 개혁주의자의 절대적 지도 아래 있었다. 그는 이미 1914년 이전부터 좌파자유주의 시민세력과의 연합에 들어간 바 있다. 브라운슈바이크에서는 후일 공산주의자가 되는 아우구스트 메르게스(August Merges)와 아우구스트 탈하이머(August Thalheimer)가 당내 좌파를 지휘하고 있었다.

독립사회민주당은 베를린, 브라운슈바이크, 뒤셀도르프, 에센, 할레, 라이프치히, 쾨니히스베르크, 중부 독일 할레의 로이나 공장(Leuna-Werke)*이 있는 선거구, 헤센, 니더라인(뒤스부르크, 뒤셀도르프) 등 몇몇 대도시에 집중했다. 한편으로는 의회 활동에 집중하면서, 다른 한

• 할레 남쪽에 위치한 로이나 시에 있는 화학공장으로서, 제1차 세계대전 중인 1916년 화약 원료인 암모니아질산염을 증산하기 위해 제2의 BASF 공장이 로이나 시에 건설되었다. 이후 점점 발전하여 거대한 화학제품 공장군이 형성되었으며, 제2차 세계대전 중에는 화학 공정을 이용해 기름을 생산하기에 이른다. 전쟁을 거치며 상당 부분이 파손되었지만, 1954년 동독 정부는 로이나 공장을 국유화하여 동독에서 가장 큰 화학 공장지역으로 만들었다. 통일 이후에는 많은 공장으로 쪼개졌지만, 여전히 대표적인 구동독 지역의 정유·화학 공장지역이다.

편으로는 정치적 대중파업을 주도하는 양동전략을 취하던 독립사회
민주당은 점차 사회주의 좌파 진영으로부터 더 많은 지지를 확보하
게 된다. 원래 독립사회민주당을 지지하던 이들은 혁명적 마르크스
주의자 집단인 스파르타쿠스(Spartakus)파였다. 이들은 대중전단 전략
(Massenflugblatttaktik)이라는 오로지 한 가지 전략에 모든 것을 집중함
으로써, 그렇게 많은 조직적 지지를 받지는 못했다. 그사이 독립사회민
주당은 점차 다수파사회민주당과 경쟁하게 된다. 다수파사회민주당이
1917년을 지나면서 평화를 요구하는 구호를 받아들이고, 자신들의 주
장을 노동운동 신문 분야에서 갖는 독점적 지위를 이용해 조직원들과
지지자들에게 전달할 수 있게 되면서, 당 비주류 쪽 진영으로 쏠리는 관
심을 비교적 잘 막아낼 수 있었다.

　　제1차 세계대전 시기의 노동운동의 전개를 요약하자면, 근본적 전환
기에 접어들기는 했지만, 과반 이상의 사람들이 받아들인 사회주의를
향한 사회적 변화에의 열망에도 불구하고 좋은 성과를 내지 못했다고
할 수 있다. 만일 당이 분리되지 않았다면 사회민주당이 우파 쇼비니즘
과 좌파 극단주의를 정리함으로써, 어쩌면 1918/19년 혁명에서 좀 더
의미 있는, 즉 공화국의 미래를 자신들의 힘으로 결정하는 역할을 할 수
도 있었을 것이다. 비록 가능성은 적었지만, 선거에서 과반수 이상을 득
표함으로써 국가와 사회의 구조적 변혁을 실현할 가능성도 있었다. 그
랬다면 바이마르 공화국은 좀 더 안정된 민주주의적 기반을 마련할 수
도 있었을 것이다.

| 참고 문헌 |

Brunner, Detlev u. a.: *Sozialdemokratische Partei und sozialdemokratische Vereinswesen. SPD-Arbeitersport-Volkshäuser*, Marburg 1995.

Grebing, Helga/Mommsen, Hans/Rudolph, Karsten (Hg.): *Demokratie und Emanzipation zwischen Saale und Elbe*, Essen 1993.

Groh, Dieter/Brandt, Peter: *'Vaterlandslose Gesellen'. Sozialdemokratie und Nation 1860-1990*, München 1992.

Kruse, Wolfgang: *Krieg und nationale Integration. Eine Neuinterpretation des sozialdemokratischen Burgfriedensschlusses 1914/1915*, Essen 1994.

Kupfer, Thorsten: *Der Weg zum Bündnis. Entschiedene Liberale und Sozialdemokraten in Dessau und Anhalt im Kaiserreich*, Köln, Weimar 1998.

Kupfer, Thorsten/Rother, Bernd: *Der Weg zur Spaltung: Die Ursachen der Richtungskämpfe in der deutschen Sozialdemokratie 1890-1920. Am Beispiel der Länder Anhalt und Braunschweig*, in: IWK 29. Jg., H. 2, 1993.

Neff, Bernhard: *"Wir wollen keine Parteitruppe, wir wollen eine Kriegstruppe…" Die reformorientierte Militärkritik der SPD unter Wilhelm II. 1890-1913*, Köln 2004.

Owetschkin, Dimitrij: *Conrad Schmidt, der Revisionismus und die sozialdemokratische Theorie*, Essen 2003.

Puschnerat, Tânia: *Clara Zetkin: Bürgerlichkeit und Marxismus*, Essen 2003.

Reuter, Ursula: *Paul Singer (1844-1911). Eine politische Biographie*, Düsseldorf 2006.

Ritter, Gerhard/Tenfelde, Klaus: *Arbeiter im Deutschen Kaiserreich 1871-1914*, Bonn 1992.

Rudolph, Karsten: *Die sächsische Sozialdemokratie vom Kaiserreich zur Republik 1871-1923*, Köln, Weimar 1995.

Schmidt, Jürgen: *Begrenzte Spielräume. Eine Beziehungsgeschichte von Arbeiterschaft und Bürgertum am Beispiel Erfurts 1870 bis 1914*, Göttingen 2005.

Saldern, Adelheid von: *Häuserleben. Zur Geschichte städtischen Arbeiterwohnens vom Kaiserreich bis heute*, Bonn 1995.

Schönhoven, Klaus/Braun, Bernd (Hg.): *Generationen in der Arbeiterbewegung*, München 2005.

Schneider, Michael: *Die Christlichen Gewerkschaften 1894-1933*, Bonn 1982.

Stegmann, Franz-Josef/Langhorst, Peter: *Geschichte der sozialen Ideen im deutschen Katholizismus*, in: Grebing, Helga (Hg.): *Geschichte der sozialen Ideen in Deutschland*, Wiesbaden 2. Aufl. 2005.

제3장

국정책임정당과 계급정당이라는 자기이해의 이중성 (1918~30년)

민주주의 없이는 자유도 없다. 누구에 의해 행사되든 간에, 폭력이란 언제나 반동적이다. 옛 독재자는 재앙(Unglück)이라는 저주를 받으며 권좌에서 쫓겨났다. 우리는 그 정권을 되살려보려는 모든 시도에 단호함을 가지고 결연히 맞서 싸웠다. 그러나 우리는 우리 민족의 자유로운 선거를 통해 자신의 운명을 스스로 결정하고자 하는 것을 막으려는 새로운 폭력지배의 부활과 다시금 마주했다. 리프크네히트의 광신적 지지자들은 매일 폭력을 부르짖고 있으며, 매일 무기를 나눠주고, 매일 공화국 정부에 무기를 동원한 폭력으로 공격할 것을 위협하고 있다. 우리는 결연하고 단호하게 이 모든 시도들에 대항할 것이다. 우리는 결코 폭력정부가 아니다. 우리가 집권할 수 있었던 정통성은 세상에 단 한 가지, 오직 우리 국민들의 의사에만 기반한다. 그러나 우리 국민이 자유로운 선거로 자신의 정부를 스스로 결정할 수 있지 못한다면, 모든 정권은 임시정부로 남게 될 수밖에 없을 것이다. 그래서 가능한 한 빨리 헌법을 제정할 국민회의를 소집하는 것이 필수적이다. 입법의회의 구성은 사회민주주의의 승리가 될 것이다. 오직 자유만이 내전을 막는 피난처를 제공할 것이며, 그렇기 때문에 자유는 보장되어야 한다.

• 인민대표평의회 의장 프리드리히 에버트, 1918년 12월 8일

역사적으로 생각해볼 때, 민주주의는 언제나 프롤레타리아의 문제였다. ······ 즉 이 투쟁이 프롤레타리아 계급투쟁의 위대한 행위에 속한다는 것을 우리가 인정하지 않으려 한다면, 그것은 사회주의적 과거 전체를 ······ 부정한다는 의미이다. 그러면서 '부르주아적 민주주의'에 대해 이야기한다는 것은 역사적으로 잘못된 것이고, 사람

들을 오도하는 행위이다. 민주주의는 언제나 우리의 문제였다. 우리는 이를 부르주아들과의 끈질긴 투쟁을 통해 힘들게 확보해야만 했다. …… 민주주의는 역사적으로뿐만 아니라 사회학적으로도 프롤레타리아의 문제이다. …… 민주주의는 오직 정치적 의식으로 채워진 강력한 프롤레타리아 조직들이 뒤에서 받쳐줄 때에만 존재할 수 있다. 그렇지 않으면 그들은 붕괴된다. …… 형식을 갖춘 민주주의라는 말도 또한 잘못된 것인데, 왜냐하면 이것이 정치와 정치의 사회적 효과 사이의 밀접한 관련성을 간과하기 때문이다. …… 민주주의가 형식이라고 말하는 것 또한 아주 잘못된 것이다. 모든 개별 노동자의 운명에서 민주주의는 내용적으로 대단히 강력한 의미를 갖고 있다. …… 과거 우리가 독재적 관료정치 아래 있을 때, 어떤 결정문이 그 어떤 이러저러한 단어나 문장으로 구성되어 있다 한들, 사실상 우리와 아무 상관이 없었다. 그 당시 아직 우리는 이떤 정치적 영향력도 갖지 못했고, 어떤 정치적 책임도 넘겨받지 못했었다. 오늘날 …… 우리가 국가의 의지를 집행하는 일을 함께 결정하게 되면서 ― 그것은 우리 사회민주주의가 국가의 한 부분이기 때문에 그러하며, 만일 그렇지 않았더라면 아마도 완전히 다른 국가와 완전히 다른 국가의지가 존재하게 되었을 것이다 ― 처음부터 그 형태를 만드는 일에 함께했는데, 그러면서 정부가 져야 할 책임을 결코 넘겨받지 않으려 한다면, 그것은 우리가 할 수 있는 가장 잘못된 것, 즉 적이 했던 역할을 우리가 하는 격이 될 것이다. 이에 대해 그 어떤 사회민주주의자도 그냥 지나칠 수 없다. 그래서 오늘날 어느 누구도 일어나 자신이 연정정책의 원칙적 반대자라고 나서서 이야기하지 않는 것은 당내에서 대단히 기뻐해야 할 현상이다.

• 루돌프 힐퍼딩의 사회민주당 당대회 연설, 1927년 5월 22~27일, 킬

1. 평의회 지배와 혁명의 합법화 사이에 선 사회민주주의

1918년 11월 9일 시작된 혁명은 역사서술에서 다양한 평가를 받아야만 했다. 몇몇 역사가들은 그해 11월의 날들이 최소한의 사회적 변화를 통해 정치적 시스템 교체의 결정적 계기를 만들었으므로, '1918년 11월 혁명'이라고 부르는 것만으로도 충분하다고 평가한다. 어떤 역사가들은 '1918/19년 혁명'이라는 표현을 선호하는데, 왜냐하면 이런 표현이 적어도 1919년 초까지는 혁명적·민주적 국민운동이 변혁적 힘을 갖고 있었음을 표현해주기 때문이다. 또 다른 역사가는 1918~20년의 독일혁명이라는 표현을 쓸 수 있다고 주장하는데, 왜냐하면 1920년 3/4월에 보수 반혁명주의자인 카프(Kapp) 장군의 쿠데타*가 진압되고 나서야 비로소 공화국은 비교적 안정되었고, 국유화에 대한 논의의 종식과 함께 새로운 공화국이 오직 부르주아 민주-의회주의적 형태로만 지속될 수 있음이 분명해졌기 때문이라는 것이다. 이 세 서술들은 모두 일정 정도

● '카프 쿠데타' 혹은 '카프-뤼트비츠 쿠데타'(Kapp-Lüttwitz-Putsch)로 불린다. 바이마르 공화국을 전복하기 위해 일어난 이 쿠데타는 1920년 3월 13일에 발생하여 닷새 후 패퇴한다. 전쟁 전 엘베 강 동부 지역에서 농업 관련 공무원이었던 카프는 전쟁 이후 극우단체에 참여해 활동했으며, 뤼트비츠 장군과 함께 쿠데타를 일으킨다. 쿠데타는 국민들의 무장저항과 독일 역사상 최대 규모의 노동조합 파업으로 말미암아 실패로 돌아갔다. 카프는 체포되어 재판 도중 암으로 사망했으며, 뤼트비츠는 헝가리로 도주한 후에 1925년 사면되어 독일로 무사히 돌아온다.

일리 있는 논지들이다.

독립사회민주당 대표인 하제와 함께 인민대표평의회(Rat der Volksbeauftragte) 4인 대표 가운데 한 명이었던 에버트가 11월혁명 기간 중 핵심 인물이었음에는 논쟁의 여지가 없다. 그는 혁명운동을 인정하고 가능한 한 빠른 시간 내에 합법 단계로 넘어가는 전환의 계기를 마련했다. 그는 과거부터 파업에 반대해왔다. 그는 1918년 1월, 베를린 내 군수품 관련 공장에서 일하는 40만 명의 노동자 총파업을 지휘하면서도 가능한 한 파업을 속히 끝내고자 했다. 정통성이 보장된 권력을 쥐고자 하는 그의 시도는 독립사회민주당을 혁명적 과도정부 인으로 끌이들이도록 도왔다. 이것이 많은 노동운동 지지자들에게는 당연한 것으로 받아들여졌지만, 그것은 분열의 근거가 되기도 했던, 전쟁에 대한 서로 달랐던 입장을 무의미하게 만드는 행위였다. 더 이상 분열의 근거가 무의미해지자, 베른슈타인도 곧 다수파사회민주당으로 다시 돌아왔다. 다수파사회민주당 당원 과반 이상의 생각과는 달리, 전쟁 동안 에버트는 '이성적 왕정주의자'(Vernunftmonarchisten)로 바뀌었다. 그것은 그가 정치·사회적 관계의 안정성을 위해서는 가능한 한 역사적 연속성을 잃지 말아야 한다고 생각했기 때문이다. 자신의 정부에서 각료인 필립 샤이데만(Philipp Scheidemann)이 자신의 의사에 반해 공화국을 선포하자, 에버트는 제헌국민회의(Nationalversammlung) 선거를 통해 새로운 정통성의 근거를 만들고자 했다.

그렇기는 하지만 에버트를, 독립사회민주당 내 그의 경쟁자 가운데 한 명이었던 빌헬름 디트만(Wilhelm Dittmann)이 표현했듯이, 반혁명적 다수파사회민주당 정책을 대표하는 상징적 인물이었다고는 결코 말할 수 없다. 그보다 그는 오히려 자신의 정치 활동 시간들이 미래 지향적임을 보여준 성공적 실용주의자였다. 물론 조건을 두기는 했지만, 노동하는 대중들의 어려움과 궁핍은 오직 사회주의의 실현을 통해서만 제거할 수 있다는 말의 의미를 에버트 또한 지금 여기에서의 계급투쟁도 배

1918년 11월 10일부터 1919년 2월 13일까지
제국 중앙정부에서 열린 인민대표평의회

제하지 않는다는 것으로 받아들였다. 일상생활과 미래 사이를 연결하는 매개는 민주주의의 실현이라는 것이 그가 이미 1890년대부터 가졌던 정치적 입장이었다. 의회제·대의제적 형식 속에 존재하는 민주주의가 미래의 목표를 향한 길이었다. 그 스스로 이를 기꺼이 '인민의 지배'(Volksherrschaft)라고 불렀고, 자신이 정부 수반에 올랐을 때 스스로를 '인민제국의 총리'로까지 불렀다. 1918년 11월 5일에 혁명이 시작되자, 에버트는 제국의회*의 원내위원회로부터 입장을 명확히 밝혀줄 것을 주문받았다. "황제를 수반으로 하는 체제는 더 이상 통합을 위한 끈이

• 새로운 공화국이 시작되었다면 의회도 '공화국 의회'로 불러야 마땅함에도 불구하고, 독일에서는 계속 공식적으로도 그리고 언론에서도 '공화국' 대신 '제국'이라는 표현을 선호했다. 그래서 '공화국 의회'가 아니라 '제국의회'(Reichstag), '공화국 철도'가 아니라 '제국 철도'(Reichsbahn), '공화국 총리'가 아니라 '제국 총리'(Reichsministerpräsident/Kanzler) 등으로 표현했다. 이 책에서도 저자는 공화국과 제국이라는 표현을 혼합해 쓰고 있지만 뉘앙스의 차이는 없다.

아니며, 민주주의가 그것이다." 1918년 11월 8일에 인민대표평의회의 대표로서 그는 정치적 표어를 제시한다. "민주주의 없이는 자유도 없다. 그 누구에 의해 행해지든 폭력은 항상 반동적이다."

에버트가 생각했던 것은 특권의식의 표현이 아니라 다수파사회민주당 내부에서의 동의였다. 그래서 1918년 5월의 다수파사회민주당 실천강령에는 다음 달의 행동목표가 상세하게 제시된다. 국민의 지배를 기반으로 "오래된 독재적 관료국가에서 민주-사회주의적 행정국가로의 전환"을 실행하고자 했다. 혁명기 다수파사회민주당이 단지 복지정책에서만 탁월한 능력을 보였으며, 다른 분야에서는 정치적 책임을 넘겨받을 준비가 채 안 됐다는 여러 역사가들의 일반적 생각은 사실과 다르다. 이미 앞에서 언급했듯이, 다수파사회민주당은 혁명 이후 시기에 민주-사회주의적 미래에 대한 많은 개별적 구성 요소들을 조합한 안들을 준비해두고 있었다. 물론 해결해야 할 과제들이 갖고 있는 복잡성을 미처 충분히 생각하지 못했던 것은 인정해야 하지만, 그러기에는 이들에게 주어진 시간도 짧았었다. 그렇지 않더라도 이런 것들을 미리 준비해둔 이들이 달리 누가 있었단 말인가?

에버트의 생각들은 당과 노동조합의 대다수가 동의하면서 적극적으로 함께 만들어낸 것들이다. 그 결과로 평의회*지배체제가 시민계층에게도 노동자 다수에게도 받아들여지지 못한 것이며, 또한 노동조합을 약화시킬 것이라는 우려에서 '평의회 지배체제'에 그는 단호히 반대했

• 평의회(Räte)라는 용어는 소비에트(Sowjet), 즉 노동자들이 직접 선출한 자치기구라는 의미를 갖는 러시아혁명의 소산을 독일어로 번역한 용어였다. 1918/19년 독일의 11월혁명을 통해 등장한 평의회 체제(Rätesystem)에 따라 공장에서는 노동자들의 직접선거에 의해 구성된 공장평의회가, 병영에서는 군인들이 직접 선출한 병사평의회가 구성되었다. 1919년 뮌헨에서는 평의회공화국이 독자적으로 생겨나기에 이르지만, 바이마르 정부의 강력한 대응으로 공장과 병영은 물론 뮌헨에서도 모두 실패하고 주동자들은 처형된다. 평의회민주주의의 원 모델은 1871년의 파리코뮌이었다.

다. 그래서 그는 비록 평의회 내에서 단지 부분적으로만 기반을 갖고 있던 소수의 좌익 급진주의자들에 대해 불굴의 단호함으로 싸웠고, 독일에서의 볼셰비즘의 위험성을 과장해서 강조했다. 하지만 이런 합법주의에 대한 지향만이 사람들의 행위를 결정하는 계기였던 것은 아니다. 전쟁이 종료되고 독일이 패배하면서 일반적으로 사람들은 혁명적 민중운동에 대한 엄격한 통제를 요구하는 구체적인 환경들이 만들어졌다고 확신했다.

휴전협정에 따르면 해군과 이른바 '고향 민병대'(Heimatheer)로 불리는 세력들을 거의 완전하게 해체한 후, 여전히 적진에 배치돼 있는 최소 4백만 명의 군인의 귀향과 무장해제 작업을 14일 내에 완료해야만 했다. 동부 국경에서는 휴전에 반대하는 폴란드의 저항을 막아내야만 했다. 1916/17년과 1917/18년의 궁핍한 겨울을 보낸 후 생필품 보급 상황은 이미 거의 파국에 다다랐지만, 그에 더해 연합군의 식량봉쇄 위협과 제국 동부 접경부 농촌지역에서의 농산물 생산에 대한 수동적 저항은 상황을 더 악화시켰다. 루르 지역의 파업으로 석탄이 부족해져 석탄 공급도 어려워졌을 뿐만 아니라 식료품의 운송도 어려워졌다. 결국 경제를 다시 살려내야만 했고, 전쟁기 물품 생산을 평화기 물품 생산으로 전환해야 했으며, 무장해제된 군인들에게 노동 기회를 만들어주어야만 했다. 제국의 통일은 동서 국경에서의 분리주의적 운동으로 위협받고 있었고, 휴전조약의 거부나 불이행에 대해 연합군은 침공과 평화조약의 파기로 위협했다. 이 모든 것은 곧 다가올 대혼란을 막기 위해 '안정과 질서'를 요구하는 듯 보였다.

그래서 에버트와 그의 동료들은 권위주의적 관료주의 국가의 모든 층위로부터 충성을 확보하기 위해 진력했는데, 왜냐하면 이들의 전문적 능력 없이는 헤어 나올 수 없다고 판단했기 때문이다. 하지만 군사적 패배를 맞아 많은 곳에서 옛 관료주의가 어찌할 바를 모르고 거의 마비 상태로 빠져들었음이 증명되었음에도 그런 생각을 했다는 것은 놀라운 일이다. 더구나 군 지도부가 당연히 권력의 경쟁 상대임에도 불구하고 이들과 협력하고자 했다는 것 또한 놀랍다. 물론 가능성이 크지는 않았지만, 그래도 자신들이 갖고 있던 혁명적 권력을 기반으로 삼아 '국민군'을 만든다거나, 적어도 자신들에게 충성을 바치는 군 핵심세력을 양성하고자 하는 시도는 알려지지도 시도되지도 않았거니와, 의도적으로 간과함으로써 그 실현을 막았다 ─ 그 결과로 군 지도부와의 협력은 급격하게 정치가 군에 종속되는 것으로 나타났다. 황제는 자리에서 내려갔지만, 그의 장군들은 남아 있게 된 것이다. 그것이 전부가 아니었다. 동부 지역의 국경 수비, 발트 해안에서의 볼셰비키들과의 투쟁, 국내에서의 이른바 스파르타쿠스 반란 진압, 뮌헨에 수립된 평의회공화국 (Räterepublik)의 진압 등을 점차 공개적으로 반혁명적 극우 민병대에 의지하게 된 것이다.

다수파사회민주당 내 육군과 해군 담당 인민대표이자, 후일 독일 공화국 최초의 국방부장관이 된 노스케가 과거 자신의 적대자들을 프로이센 군국주의와 단절하게끔 만드는 데 실패한 것은 아마도 진정으로 자신의 전쟁 경험을 통해서였을 것이다. 어떻든 그가 1918년 12월 12일에 헌법에 의거해 기획한 '국민군'(Volkswehr) 프로젝트가 처음부터 의도를 갖고 만든 것은 아니었다. 또한 그는 정규 경찰력을 진압에 투입할 가능성을 간과했고, 급박한 갈등 상황을 해결할 때 볼셰비즘에 대한 자신의 증오를 너무 분명하게 드러내면서 정규군은 물론 자신들끼리 조직한 자유용병(Freikorps)* 까지 동원했다. 노스케를 다룬 전기에 따르

• '자유용병'의 원래 의미는 국적과 상관없이 모인 비정규 군사조직을 의미했지만, 독일에서는 제1차 세계대전과 11월혁명 이후에 전쟁에서 돌아온 전직 군인과 의용병 등을 모아 만든 군인집단을 가리킨다. 처음에는 패전한 자국의 국경을 지키는 일을 담당했으나, 점차 군부의 지휘를 받으면서 내정에 폭력으로 간섭하는 무력단체로 변모한다. 뮌헨 평의회공화국을 와해시키거나 좌익 인사의 암살, 노동자 파업의 진압 혹은 카프 쿠데타 등에 참여하면서 바이마르 공화국 내 우익 군사단

면, 그는 문제 상황에서의 구조적 해결이라는 것을 전혀 이해하지 못했다. 노스케의 갈등 해결전략은 1919년 1월, 그때까지 비교적 폭력 없이 지나가던 혁명을 폭력이 난무하는 내전으로 확대시켰고, 이를 1920년 3월 카프 쿠데타까지 유지되게끔 만듦으로써 이제 방금 출범한 공화국을 그 기반부터 심각하게 흔들었다. 그는 합리적 좌파들에게 공화국을 인정하는 정당성의 기반에 대한 의문을 안겨줬다. 일련의 이름 있는 혹은 후에 명성을 얻게 될 사회민주당과 관련 있는 지식인들은 당을 떠나 차라리 정치적 고향의 상실을 선택했다. 예를 들면, 쿠르트 투홀스키(Kurt Tucholsky), 알프레트 되블린(Alfred Döblin), 헤르베르트 마르쿠제(Herbert Marcuse), 빌헬름 하우젠슈타인(Wilhlem Hausenstein) 등이 그랬다.

어쩌면 굳이 의식한 것도 아니고 그것을 목표로 한 것도 아니었지만, 에버트 대통령 아래에서의 다수파사회민주당 지도부는 성내평화와 '전쟁사회주의'(Kriegssozialismus)가 가졌던 국가중심주의적 정책과의 연속성을 추종했던 것 같다. 당시의 불가피했던 상황을 결코 무시할 수 없었다고 이를 이해할 준비가 되어 있는 사람이라면, 이런 위기적 요소 극복에 집중하는 정책이 혁명적 상황이 요구하는 유일한 것이었는지, 나아가 달리 어찌할 여지가 물론 거의 없었다 하더라도 그것이 무엇을 위한 정책이었던지 다시 한 번 물어야 한다. 즉 그것은 일정 정도 구조적 개혁을 위한 것이었으며, 패전에 대한 책임을 질 준비가 되어 있지 않던 대부분의 엘리트로 구성된 옛 지배계급의 저항을 진압하기 위한 것이었음을 기억할 필요가 있다.

체의 대표 집단으로 성장했다. 이후에 나치 집권의 군사적 도구로 사용되었다.

2. 평의회의 급진화와 제3의 길의 좌절

이미 전쟁 마지막 해가 되면 풀뿌리민주주의의 성숙이 노동운동에 새 바람을 불어넣었고, 기존의 '집권사회주의자들'(Regierungssozialisten)을 혼란에 빠뜨렸다. 혁명의 시간은 풀뿌리민주주의적 지향에 평의회사회주의적 경향을 뒤섞었지만 레닌주의적 경향과는 관계없는 것이다. 분명한 것은 혁명의 시간이 사람들이 탄압의 핑계로 내세웠던 볼셰비즘에 대한 두려움에 걸맞은 그런 것은 아니었다는 것이다. 다수파사회민주당과 노동조합은 평의회 체제를 철저히 거부함으로써 대중동원으로 이룰 수 있는 개혁력을 스스로 약화시켰다. 혁명정부에 대해 평의회가 갖고 있던 충성심을 자신들의 입장을 강화하는 데 사용하는 대신, 그들은 이 충성심에 의문을 제기했고 실제 시도되지도 않고 있는 평의회 지배체제를 억누르려 했다. 1918년 12월이 되면 평의회 지배세력은 더 이상 관료, 군, 경제계의 비판적 통제 파트너로서의 역할을 하고자 하지 않는다. 노동자-병사평의회가 그 가장 일반적인 경우로서, 대부분은 사회민주주의자들의 손아귀 안에서 질서를 유지하는 하나의 요소로 남아 있었다. 이들은 혁명적 과도기의 권력 진공 상태를 채우고자 했으며, 지역 관청과의 밀접한 협력을 추구했다. 하지만 1919년 1월 공개적 내전으로의 전환이 일어나자 평의회는 급진화되기 시작했으며, 그 결과 자신들의 영향력과 의미를 지속적으로 상실하게 된다.

혁명적 운동을 저지하는 역할의 상당한 몫은 노동조합에 돌아갔다. 무엇보다 그들은 혁명적 변혁에 일단 모습을 드러내지 않았으며, 다시 나타났을 때에는 반혁명적 효과를 가져오게 될 기업가들과의 상호 협력에 합의한다. '혁명의 지속'을 막겠다는 공개적 의지를 드러내면서 1918년 11월 15일, 즉 혁명이 한창 고조되던 시기에 기업가 단체들과 중앙노동공동체(Zentralarbeitsgemeinschaft) 협약을 체결한 것이다. 이 협약을 통해 노동조합은 혁명기 이전에 자신들이 확보했던 것들을 기정 사실로 문서화하고자 한 것이다. 노동조합을 정당한 노동자 대표로 완전히 인정하는 것, 단체협약의 도입, 동등한 권리를 바탕으로 한 노동자 구직중개소(Arbeitsnachweise)*와 노동조정위원회(Schlichtungsausschuss)**의 설립, 개별 공장 안에서 노동자의 이해를 대변하는 제도 도입, 1일 노동시간을 최대 8시간으로 확정하는 것 등이 그것이었다. 이런 양보를 받아내기 위해 치른 대가는 컸다. 자본주의적 경제질서와 사유재산 질서의 보장이 그것이었는데, 이는 국유화라는 사회민주주의 노동운동이 추구해온 고전적 목표를 사실상 포기한 것이라고 할 수 있다. 이에 대해서는 반론이 있을 수 있는데, 혁명 기간을 이용해 그 효과가 오래 지속될 수 있는 복지정책상의 타개책을 마련했고 그럼으로써 근대적 복지국가의 기반을 마련했다고 평가할 수도 있는 것이다.

이를 넘어 평의회 사상에 대한 선호를 — 이는 전쟁에 반대하고 새로운 삶의 질서를 갈망하는 혁명적 대중들의 분노를 반영하는 것인데 — 사회민주주의적 목표 설정에 함께 포함하고자 하는 시도들이 있었다. 아이스너는 — 그는 결코 수정주의자도 마르크스를 지향하는 좌파도 아닌, 단지 부르주아 유대인의 배경을 갖고 있는 신칸트주의자일 뿐이었다 — 1898년 30세 나이에 처음 사회민주주의자가 되었는데 독

---

* 부분적으로 진행되던 '노동자구직중개소' 제도는 1916년 '조국봉사법'의 통과를 계기로 중앙정부가 중심이 되어 전국적 시행에 들어간다. 일차로 지역의 구직중개소에 구직을 신청한 후, 지역 내에서 직장을 구하지 못하면 주의 중앙관청으로 전달되어 실직자들의 구직을 돕는 제도였다. 바이마르 공화국에서는 노동부의 주도 아래 이 제도가 시행되었다.
** 공장에서 노동자와 고용주 간에 임금이나 노동조건을 두고 충돌이 생기는 경우에 이를 중재하기 위해 만들어진 제3의 기관이다. 바이마르 공화국이 시작되면서 점차 파업과 공장폐쇄가 늘어나자 중재가 안 될 경우 강제중재 제도를 마련하여 1923년에 법제화했다. 오늘날까지도 이 제도는 1단계에서는 당사자 간에, 다음 단계에서는 주 관료 차원에서, 마지막 단계에서는 노동부장관이 주재하는 조정회의를 통해 해결하는 방식으로 운영되고 있다.

립사회민주당 출신으로 바이에른 평의회공화국 총리가 되자, 대의제 형식에 대한 보완으로서 평의회를 조직해 민주주의의 기반으로 삼고자 했다. 사회민주당 내 집단적 노동권(kollektiver Arbeitsrecht)에 대한 이론가인 후고 진츠하이머(Hugo Sinzheimer)는 평의회를 정치적 민주주의를 보완할 수 있는 필수적인 경제민주주의 기구로 간주했다. 그의 사고는 바이마르 공화국 헌법 제165조에서 노동자평의회와 경제평의회의 수용으로 결실을 보게 된다.

그러나 이런 진전들은 혁명적 의식에 충만했던 노동자와 병사들의 기대 지평에서는 너무도 약소한 것이었다. 특히 1918년 12월과 1919년 1월, 정부가 이제 일어나기 시작하는 노동자 급진주의 운동을 반혁명부대 일부를 동원해 무장폭력으로 진압하고자 시도한 뒤 불만은 더욱 높아진다. 이를 계기로 평의회는 급진화되었고, 대(大)파업 운동과 내전에 가까운 규모의 반란이 진행되었다. 운동의 급진화는 마침내 지방에까지 확산된다. 다수파사회민주당 계열에 속하는 노동자까지 합세해 저항의 행동공간을 만들었고, 더 이상 안정과 질서를 유지하라는 호소나 이들을 누그러뜨리기 위한 약속들로는 이들을 제어할 수 없게 된다.

아마도 이 노동자급진주의의 폭넓은 흐름이 점차 강화되어가던 좌경화로의 진행의 마지막 가능성이었을 것이다. 하지만 사람들을 설득하는 정치적 지도력이 부족했다. 민주-사회주의적 민중운동을 통해 많은 이들에게 미래의 주류가 될 당으로 보였던 독립사회민주당이 스스로 분열했고, 연속성 있는 행동을 보여주지 못했다. 혁명적 운동의 급진화 결과로 독립사회민주당은 점점 더 반자본주의적 저항운동의 성격을 띠게 되는데, 특히 젊은 노동자들과 할레나 메르제부르크, 그 밖의 여러 곳에서 일하는 군수산업 분야의 비전문 노동자들에게서 이런 경향이 두드러졌다. 그들은 대부분 농촌지역 출신으로 과거 어느 곳에서도 노동운동 조직이나 목표 등을 접한 적이 없었으며, 혁명기를 맞아 비로소 평의회 체제와 프롤레타리아 독재에 고양된 이들이었다. 1919년 3월 독립사회민주당은 행동강령(Aktionsprogramm)을 통해 이들 평의회 체제와 프롤레타리아 독재의 구체적 내용을 기술했다. 하지만 그들 말고도 더 나이 들고, 일부는 기술적으로 높은 수준에 있던 전문직 노동자들도 '집권사회주의자들'에게 실망해 독립사회민주당으로 돌아섰다. 독립사회민주당 내 당원의 증가가 두드러지게 되는데, 1919년 3월부터 11월까지 30만 명에서 75만 명으로 늘었다. 또한 1919년 1월의 제헌국민회의 선거에서 독립사회민주당은 단지 7.9퍼센트를 얻었을 뿐이었는데(다수파사회민주당은 37.9퍼센트), 이어지는 1920년 6월 제국의회 선거에서는 18퍼센트(다수파사회민주당은 21.6퍼센트)를 획득한다.

스파르타쿠스 동맹 혹은 1918/19년 전환기에 조직된 독일공산당(KPD)은 비록 목소리를 높이고 전투적으로 행동했지만, 소수당으로 남게 된다. 전 당원들의 지적·정치전략적 지도자였던 룩셈부르크와 카를 리프크네히트, 레오 요기헤스(Leo Jogiches)가 잔인하게 살해당한 후,[*] 공산당은 혼란스러운 선동주의(Putschismus)로 떨어지고 만다. 그것은 볼셰비즘을 두려워하던 이들이 가졌던 악몽의 시나리오가 결과적으로 현실에서 확인된 듯 보였다. 1920년 10월에 독립사회민주당이 분열하고 다수파가 공산당으로 옮아감으로써, 마침내 공산당은 대중정당이 되지만 독일의 민주주의적 노동운동 전통으로부터 완전히 분리되어 나간다.

독립사회민주당이 혁명정부로부터 이탈한 후, 다수파사회민주당 지도부와 노동조합은 국가권력의 유일한 담지자가 되었지만 — 물론 옛

• 모두 독일공산당 당원이었던 룩셈부르크와 카를 리프크네히트, 요기헤스는 1919년 시민 민병대에 연행된 후에 군부의 지시에 따라 하급 무관들에 의해 사살되어 베를린 운하에 던져진다. 공산당이 자력으로 이에 대해 조사한 후에 군사재판에 두 명의 살해범을 기소하지만 재판과정에서 모두 풀려났다. 오히려 나치 시대에는 두 살해범이 구금에 대한 피해 보상까지 받게 된다. 전쟁이 끝난 1945년에 동독공산당은 그 가운데 오토 룽게(Otto Runge)를 잡아 재판에 회부했지만, 재판 도중 자살로 끝을 맺는다.

베를린 사회민주당 당보 발행소를 점령하는 스파르타쿠스 동맹 당원들

군부와 동맹관계이기는 했다 — 그럼에도 혁명을 통해 생겨난 권력의 공백을 채우지는 못했다. 오히려 의도치 않게 광산 및 에너지 경제의 국유화와 관련된 소유권의 새로운 입법을 후일로 미루면서 방치해버린다. 결국 혁명의 결과, 한편으로는 혁명의 전투적 지속이라는 지극히 허상에 기반한 열망이, 다른 한편으로는 사회민주주의적 모델에 따른 사회적 국민국가 건설이라는 실질적인 희망이 남겨졌다. 사회주의라는 자본주의와 공산주의 사이 제3의 길로 갈 여지는 전혀 없었다. 단지 작은 분열그룹들 내에서만 그런 꿈을 포기하지 않았을 뿐이다.

1918/19년 혁명의 결과에 대해 생각해보자면, 비록 제1차 세계대전이 국가들 간의 전통적 재래식 전쟁으로 시작되었지만, 믿을 수 없을 정도로 빨리 다른 성격을 획득하게 되었음에 유념해야 한다. 전쟁은 곧 기술과 조직력에 기반한 집단학살 전쟁으로 변했으며, 유럽은 거의 자신의 존재의 극한에 다다를 만큼 문화공간과 문명공간이 파괴되었음을 시대의 변화로 경험하게 된다. 이는 또한 혁명에도 영향을 끼쳤다. 옛

질서는 해체되었고, 갈등 해결을 위한 폭력의 사용이 — 거리투쟁, 집단학살, 폭력의 일반화, 정치적 반대자에 대한 물리적 제거까지 — 일반화되었다. 기마근위병 연대(Garde-Kavallerie-Schützendivision) 장교와 사병이 저지른 룩셈부르크와 리프크네히트 살해는 정치적 도구로서의 살인으로 정당화되었고, 그 연쇄는 끊어지지 않았다. 이어 요기헤스, 아이스너, 하제, 구스타프 란다우어(Gustav Landauer), 마티아스 에르츠베르거(Matthias Erzberger), 발터 라테나우(Walther Rathenau) 등에 대한 암살로 이어진다.

역사가들의 거의 일치된 평가는 혁명이 '처박혀 꼼짝도 못하는'(steckengeblieben) 상태가 되었다는 것이다. 그렇다고 바로 혁명의 실패를 선언해야만 하는가?

부르주아계급까지 포함해 국민의 과반수 이상이 원했던 민주공화국이 독일 역사상 처음으로 생겨났다. 만일 1918년 11월의 혁명적 봉기가 없었다면 그것은 주어지지 못했다. 그 밖에도 우리가 결론으로 정리할 수 있는 것은 산처럼 쌓인 문제들과 강제적 상황 속에서 어쩌면 기회를 놓쳤다기보다는 다가올 더 커다란 파국을 막았던 것일 수도 있다는 것이다. 공화국과 그 헌법은 사회적 법치국가를 건립할 기회를 제공했으며, 이제 새로 시작된 다양한 사회세력들 간의 지속적 공동작업을 위한 공간을 만들어주었다. 그것이 난국에서 빠져나온 것이든 일시적으로 목숨만 건진 것이든 간에, 결국 1920년 3월 반동적 카프 쿠데타의 진압을 끝으로 루르 지역이 중심이 되어 1년을 넘게 끌었던 내전에 가까운 반란세력은 진압된다. 노동운동이 쿠데타를 단호히 막았던 것은 — 관료들 가운데 충성스러운 이들의 지원을 받아 — 노동운동 내, 특히 1918/19년 혁명적 잠재력을 억압하고 나아가 훼방하기까지 했던 다수파사회민주당과 노동조합 내 세력이 왼쪽으로 분명하게 전환했음을 의미했다. 이는 거의 '만회된 혁명'(nachholende Revolution)이라고까지 할 수 있었다.

어떻든 정치적 의사결정에서 함께 만들어 나가고자 하는 요구를 실현하거나 그런 영향력을 행사하는 것이 중요한 문제였으며, 특히 그 가운데서도 노동조합의 요구를 실현하는 것이 중요했다. 자유주의적 법치국가를 질적으로 변화시키고자 하는 '전략적 연합'이 만들어지기 시작했고, 1923~28년에 이런 시도는 확실한 효과를 보았다. 이 같은 전략적 연합의 중요한 기반은 사회적 가톨릭주의에서 나타났다. 물론 가톨릭은 주어진 기독교적 국가관에 기반하여 혁명을 무조건적으로 거부했다. 하지만 중앙당뿐만 아니라 기독교노동조합도 이미 1918년 11월 중반에 혁명이 만들어놓은 '현실적 기반'에 적응했으며, 민주적 공화국의 새로운 질서를 만드는 데 함께 영향을 끼쳤다. 바로 이 기독교노동조합이 전쟁 중에 적극적으로 왕권제의 유지와 전쟁목표에 대한 제한, 기업가와의 노동공동체 형성 등을 적극적으로 주장했었다. 그러나 사회주의혁명을 가로막고 혁명적 행위를 정지시키고자 했던 목표를 달성하자, 자신들이 사회적 개혁의 한 요소임을 드러내 보였다. 이들을 지지하는 이들이 '기독교적·민족주의적' 진영에서 보수-민족주의 진영에까지 닿아 있었기 때문에, 부르주아 연립정부(Bürgerblockregierung) 아래에서도 자신들의 사회정책적 목표를 관철할 수 있었다. 사회민주주의자, 자유롭고 기독교적이며 자유주의적인 노동조합들, 사회적 가톨릭 지지자, 학문과 행정 분야의 진보적 노동법 대변자들이 가톨릭 신부인 하인리히 브라운(Heinrich Braun) 제국 노동부장관을 중심으로 모여 대의민주주의에 대한 고백을 기반으로 하는 '전략적 연합'을 만들었다. 좌파 진영에서는 이 연합을 더 개선할 여지가 있는 것으로 보았으며, 우파 진영에서는 그런대로 참을 만하다고 받아들였다. 또한 브라운의 노력은 평의회를 개별 기업에서 중심부 수준까지 설치하는 바이마르 헌법 제165조뿐만 아니라 1920년 기업평의회법(Betriebsrätegesetz)*의 제

---

* 1920년부터 1934년까지 시행된 '기업평의회법'은 노동조합과는 상관없이 20명

정으로까지 이어진다. 복지국가를 확산시키기 위한 지속적 발전은 임금협약의 보편적 구속력(1923), 제국광산조합법(Reichsknappschaftsgesetz, 1923), 노사중재 제도에 대한 규정(1923), 노동재판소 설립에 관한 법률(Arbeitsgerichtsbarkeit, 1926) 등으로 이어진다. 나아가 복지법과 노동법은 실업수당, 직업 소개, 실업보험(1927), 근대적 복지권(Fürsorgerecht, 1924)에 관한 법률과 규정 등을 통해 계속 발전했다. 기업인들 내에서조차도 노사동등권에 기초한 노동운동에 대한 요구, 즉 사회관계의 동등하고 협력적 구성을 통한 사회적으로 온건한 자본주의로의 지향은 자신들의 이해관계를 고려해서라도 분명한 동의를 얻을 수 있었다.

3. "한 발은 집권당에, 다른 한 발은 야당에"

1922년 9월부터 사회민주당은 다시금 하나의 당으로 통합된다. 사회민주당은 헌법을 제정하는 정당, 온건한 민족–애국주의적 공화주의 정당, 중앙정부와 주에서의 연정을 통한 (적어도 절반은) 집권정당의 역할을 하게 되며, 특히 사회민주당 오토 브라운(Otto Braun)이 주 총리로 있는 프로이센에서는 공화주의의 방어를 위한 요새의 역할도 해야 했다. 문제는 사회민주당의 민주주의 공화국을 향한 충성이 가치 있는 목표임을 점점 확대되고 있는 시민계급에게 전달하는 데 성공할 것인가 여부였다.

자신들만의 힘으로는 결코 집권정부를 구성할 능력이 없어 언제나

이상의 기업에서 의무적으로 기업평의회를 만들어야 하는 규정이다. 기업 내 노동자의 이해를 대변하기 위해 제정된 규정이지만, 노동자 대표들에게 기업 내 경영에 대한 공동참여권은 부여하지 못한 채 시행되었으며, 나치 집권 1년 후인 1934년 1월에 민족노동질서법(Gesetz zur Ordnung der nationalen Arbeit)이 제정되면서 폐기되었다.

바이마르 공화국 대통령 프리드리히 에버트

연정 파트너가 필요한 상황에서, 적어도 자신들의 정치적 목표를 국가 전체의 차원에서 관철할 그런 상황을 만들어내는 것이 도대체 가능하겠는가? 1920년 제국의회 선거에서 사회민주당과 중앙당, 좌파 자유주의자(Linksliberalen)로 구성된 바이마르 연정은 국민들로부터 지지를 받지 못하게 되면서, 또 사회민주당 지지자들이 품었던 미래에 대한 희망과는 동떨어진 혁명의 결과에 대한 실망이 유포되면서, 선거 결과에서 지속적인 하향 곡선을 그리게 되었고 결국 정치적 권력 상실까지 맞이하게 된다. 부르주아 계급정당들 가운데 다수는 오직 민족주의 우파 시민 진영이 책임지고 싶지 않은 거북한 대외정책상의 결정을 떠넘길 때에만 공공연히 사회민주당에 공동의 책임을 떠넘길 준비가 되어 있었다. 특히 재정정책이나 경제정책 같은 핵심적 국내정치 문제는 부르주아 진영 내부에서 — 사회민주당 없이 혹은 사회민주당의 반대에도 불구하고 — 자신들끼리만 결정했다. 그로 인해 사회민주당은 한편으로는 국가에 공동으로 영향을 끼칠 가능성 자체를 박탈당했다. 다른 한편으로 사회민주당은 '어쩌면 잘못 이해된 애국주의'로 인해 다시금 목소리를 높여 등장하는 과거의 군주제적·권위주의적 민족주의 세력에 맞서 자신들도 국가의 비참한 상황에 대한 책임자임을 지적할 만큼 용감하지 못했다.

이에 따라 사회민주당은 "한 발은 집권당에, 다른 한 발은 야당에"(클라우스 쉰호펜Klaus Schönhoven) 발을 담그는 이중으로 만족스럽지 못한 처지에 놓이게 된다. 강력한 당내 세력들과 독립사회민주당에서 온 당원들마저도 스스로를 '선천적 야당'으로 간주했다. 기껏해야 그들은 부르주아 정당과의 연정을 '어쩔 수 없이 주어진 악'으로 생각하고 마지못해 받아들일 준비 정도만 되어 있었다. 루돌프 힐퍼딩(Rudolf Hilferding)이나 헤르만 뮐러-프랑켄(Hermann Müller-Franken) 같은 당의 지도적 인사들조차도 언제나 연정을 '응급조치'(Notbehelf)나 전략적 문제 정도로만 치부하고자 했을 뿐이다. 당내에서는 집권 여당으로서 책임을 지든 혹은 야당으로 남든, 어떻게 하면 사회민주주의를 가장 잘 확산시킬 수 있을까에 대해 열띤 논의가 있었다. 많은 젊은 노동자들은 혁명 이후 내란에 가까운 시기를 겪고 만들어진 새로운 국가를 자유롭고 사회적인 민주주의 체제라기보다는 단지 군사적 권력 도구를 갖고 자신들을 적대적으로 대하는 권위주의 국가의 변종으로 받아들였다. 또한 사회민주당 내 주도권을 누가 쥐어야 하는가에 대한 문제를 제기해 당내 권한에 대한 갈등을 야기한 이들도 젊은이들이었다. 당 조직인가 아니면 (국민이 선출한) 의원들이나 경우에 따라서는 각료들인가? 많은 사회민주당 당원들은 야당으로 있을 때 기존의 당내 어려움들을 더 잘 제어해 나갈 수 있으며, 공화국 체제에서는 야당이 사회민주당에 더 적합한 역할이라는 것에 거의 의문이 없는 듯이 보였다. 이런 사고가 반드시 "공화국이 사회주의를 위한 발진 기지가 되어야 한다"라는 것으로 이어질 필요는 없다는 생각이었으며, 그런 점들은 이미 마르크스-엥겔스 시대부터 의식하고 있던 바였다. 역사가 하인리히 아우구스트 빙클러(Heinrich August Winkler)는 이런 태도를 '유보적 공화주의자'(Vorbehaltsrepublikaner)로 표현한 바 있다.

정당이 과연 무엇인가라는 문제는 사회민주당 내에서도 바이마르 공화국 끝까지 논란의 대상이었다. 민주공화국의 국정책임정당* ― 이에 따른 큰 틀에서는 여당 ― 인가 아니면 프롤레타리아 계급정당인가. 실제로 사회민주당은 동시에 이 둘 다였으며, 이 두 기능을 가진 채 이중적 충성심을 드러내었다. 프로이센 같은 개별 주(헤센, 안할트)에서도 이런 사고가 부분적으로는 여당 기능을 하면서 민주공화국에 안정적 기반을 제공했다. 사회민주주의가 역량 있게 활동하고 있는 지역(Kommun)과 그보다 더 작은 마을(Kreis) 단위에서는 일시적 야당의 역할을 받아들이고 연정을 근본적으로 거부하지 않는 그런 의사들을 보였다. 시장, 주의회, 경찰 수뇌부들 가운데는 과거 노동조합 간부였던 이들이 자리를 잡았고 초등학교 교사, 법 전문가, 나아가 농민들도 점차 이런 직위를 차지하게 되며, 그런 가운데 지역의 사회적 성격을 강화한 행정을 열정적으로 시행하는 새로운 가능성을 보여주었다 ― '지역사회주의'(Kommunalsozialismus)라는 개념은 단지 새롭고 부분적으로 근대적인 노동자 거주주택의 건설이나 노동자와 하급 중산층 시민들까지 섞여 사는 거주지역의 건설만을 의미하는 것이 아니었다. '지역사회주의'란 학교, 수영장, 공원, 산책로, 스포츠센터, 축구장, 유치원 및 휴양지의 건설 등을 의미했다. 여기저기서 가치를 인정받을 만큼 대단한 문화적 전환이 만들어졌다. 1920년에 이미 민중극단 조직(Volksbühnenorganisation)은 60만 명의 회원을 보유했으며, 1924년 데사우(Dessau)에는 바이마르에서 쫓겨난 바우하우스(Bauhaus)**의 새로

---

* 국정책임정당(Staatspartei)이란 단독으로 한 국가 내 모든 권력과 지배의 기능을 행사하는 정당을 의미한다.

** 1919년 건축가 발터 그로피우스(Walter Gropius)에 의해 처음 개설된 예술학교이다. 1933년까지 존속하면서 아방가르드, 고전 근대(Klassische Moderne) 등의 사

100

운 작업공간이 만들어진다. 자유민주주의적 경향의 프리츠 헤세(Fritz Hesse) 시장과 '지역'의 유력한 사회민주주의자이자 『안할트 민중신문』(*Volksblatts für Anhalt*)의 편집장이었던 하인리히 페우스(Heinrich Peus)가 이를 지원했다.

1918년부터 이미 고유의 노동운동 문화가 흔들리기 시작했다는 일반적 해석과는 달리, 최근 역사가들 사이에서는 옛 노동운동 문화단체들이 단지 재결속만 한 것이 아니라 단기적으로는 새로운 개화기를 맞았다는 해석들이 주류를 이룬다. 그뿐만 아니다. 노동자라디오협회(Arbeiter-Radio-Verein) 같은 새로운 노동자 단체들이, 그리고 노동자복지(Arbeiterwohlfahrt)라는 단체를 통해 새롭고 근대적인 사회적 연계망이 생겼으며, 1923년에는 어린이의 친구(Kinderfreunde) 운동이 창립되었고 사회주의청년노동자(Sozialistische Arbeiterjugend)라는 단체도 새롭게 조직되었다. 사회민주당 내에서는 직업을 중심으로 하는 노동공동체가 만들어졌다. 또한 종교사회주의자(Religiöse Sozialisten) 모임 같은 청하지도 않은 단체들이 당의 문을 두드리기도 했는데, 이들은 주로 개신교도들이었다. 이들은 소집단 중심의, 주로 남부 지역(특히 바덴을 중심으로)과 튀링겐, 베를린 등에 지역적으로 한정된 조직이었다. 파울 틸리히(Paul Tillich), 아돌프 뢰베(Adolf Löwe), 아돌프 그리메(Adolf Grimme), 한스 에렌베르크(Hans Ehrenberg) 등이 그 중심 인물이었다. 이들은 사회민주주의로 향하는 가교를 찾고자 했고 목표도 함께했지만, 이런 목표를 이루기 위한 근거는 달랐다. 수적인 것만 따진다면 종교사회주의자들의 영향력은 미미했다. 그렇지만 이 운동은, 베를린 대교구 감독인

조를 통해 20세기 건축뿐만 아니라 회화, 디자인, 사진, 조각, 무대예술 등 현대 예술 전반에 강력한 영향을 끼쳤다. 처음 바이마르에서 개교한 후에 1925년에는 데사우로, 1932년에는 베를린으로 옮아가면서 학생들을 배출했지만, 최종적으로 1933년 나치에 의해 폐교되었다. 파울 클레(Paul Klee), 바실리 칸딘스키(Wasily Kandinsky), 한스 마이어(Hannes Meyer) 등이 이 학교를 거쳐갔다.

오토 디벨리우스(Otto Dibelius) 목사가 반공화주의적 정당인 독일민족국민당(Deutschnationale Volkspartei) 당원이었던 것처럼, 신교 목사들과 신학자들 다수가 민족-보수주의 진영에 버티고 있는 상황에서 신교 교회의 저명한 대표 인사들이 사회민주당 당원이 됨으로써 어떤 전환점을 만들었다는 의미가 있었다.

비록 혁명 이후 가톨릭의 사회교리와 사회민주주의적 기본 신념 사이에 공동의 접점이 주어진 듯 보이기도 했지만, 그럼에도 가톨릭교회와 사회민주주의 간의 가교를 만드는 그 어떤 구체적 시도조차 이루어지지 못했다. 이미 제1차 세계대전 발발 전부터 예수회 신부 하인리히 페쉬(Heinrich Pesch)는 연대성(Solidarismus) 교리를 발전시켰으며, 같은 예수회 소속인 오스발트 폰 넬-브로이닝(Oswald von Nell-Breuning) 같은 이들에게 전파했다. 그들의 실제 활동은 더욱 구체화되어 공동경제로의 전환, 기업 내 그리고 기업보다 큰 단위에서의 공동결정제(Mitbestimmung), 노동자의 이윤 참여 등을 목표로 제시했다. 그러나 이미 1920년 정치적 가톨릭주의의 틀 안에서 방향은 전환된다. 기독교노동조합은 그들의 지도자 아담 슈테거발트(Adam Stegerwald)의 지도에 따라 신분제적이고 민족주의적이며 민족공동체-조합주의적인 사고를 제시함으로써 독일 민족주의 진영 내 자신들의 지지자를 결속하고자 했다. 이에 따라 실제 현지에서는 사회민주주의 노동조합과 내용상 일련의 공통점들이 있음에도 불구하고 선을 긋는다. 결론적으로 1931년 교황교서인 「40주년」(Quadragesimo anno)은 「새로운 사태」(Rerum novarum, 1891)가 이미 그랬듯이 분명한 반자본주의적 경향을 드러내었지만, 사회주의와 가톨릭 사회교리가 조화될 수 없음을 재확인했던 것이다. 일부 소수의 가톨릭 사회주의자들은 고립되었다. 요제프 요스(Joseph Joos) 나 하인리히 임부쉬(Heinrich Imbusch) 같은 가톨릭 교도 가운데 일부 계급투쟁적 신념을 갖고 있던 노동운동 지도자들은 저항했다. 기독교노동조합 내 가톨릭-공화주의파와 가톨릭노동자협의회는 지속적으로 인정

노동자들을 위한 집단 거주주택

투쟁을 벌여야만 했다. 하인리히 브뤼닝(Heinrich Brünning)은 원래 사회
적 가톨릭 정신의 대변인 역할을 했었지만, 1930년 총리에 오르면서 민
족-보수 진영으로 넘어간다.

　노동운동 문화의 전성기는 어쩌다 온 것이 아니며, 공화국의 자유로
운 분위기 덕택만으로 된 것도 아니었다. 이는 바이마르 사회민주주의
의 현주소를 반영한 것이고, 이중의 충성심에서 도출된 것이다. 협회와
그들만의 특별한 문화는 프롤레타리아 주도권을 실현하고자 하는 욕구
의 실현이었으며, 1918/19년 혁명기를 맞아 거의 이루어진 듯 보였으
나 다시금 멀어졌다. 협회 내에서는 같은 신념을 공유한 사람들이 모여

공동으로 과거의 '위로부터의 계급투쟁'을 새롭게 성취해 나가는 동시에 고대하던 사회주의적 미래 사회의 새로운 삶을 선취해 나갔으며, 계속 사회주의를 위해 싸울 수 있도록 서로의 용기를 북돋워주었다. 그들에게는 많은 투쟁 구호에서 표현되었듯이, "공화국이 다가 아니며, 우리 목표는 사회주의"였기 때문이었다.

노동자 교육문화와 관련된 협회들은 계속 움직이면서 동지들을 지속적으로 운동에 참가하도록 잡아두었다. 그런 면에서 그들은 정체성을 심는 데 크게 기여했으며, 이중의 충성심으로 인해 주어지는 갈등을 통합했다. "사회민주주의적 연대공동체"(Solidargemeinschaft, 페터 뢰셰Peter Lösche와 프란츠 발터Franz Walter, 1989)로 요약되는 특성이 이 역할에 정당성을 부여했다. 하지만 이런 것들로 곧 사회민주주의적 "사회·윤리적 정서공동체"(sozial-moralisches Milieu)*의 존재와 기능이 모두 설명되는 것은 아니다. 또한 노동자의 일상생활 문화 또는 프롤레타리아적 삶의 방식과 노동운동 문화 간의 공동 부분에 대해 설명해주는 것도 아니다. 이 양자는 서로 구분해야 하지만, 그렇다고 분명하게 서로 구분할 수 있는 것도 아니다. 그것은 조직 노동운동이 큰 흐름에서는 주로 "밑에서부터"(von unten, 프랑크 하이덴라이히Frank Heidenreich) 생겨난 조직이어서 직간접적으로 그들의 사회적 하부조직에 다시 영향을 끼칠 수밖에 없기 때문이었다.

노동조합이 바이마르 공화국 시대에 자신들 본부조직의 공식 명칭을 독일노동조합전국연맹(Allgemeiner Deutscher Gewerkschaftsbund, ADGB)으로 삼은 것은 — 소수의 반대자도 있기는 했지만 — 아무 조건 없

• Milieu란 프랑스어로서 생물학적으로는 생물을 둘러싼 생활환경을 뜻하지만, 자연적 혹은 사회적으로 형성된 자신들만의 고유 생활세계, 혹은 어느 개인이나 집단이 놓인 사회적 조건을 일컫는다. 영어에서는 일반적으로 environment 혹은 atmosphere 등의 의미로 번역된다. 이 책에서는 맥락에 따라 정서공동체 혹은 사회적 환경 등으로 번역했다.

이 의회민주주의에 대한 충성, 아니면 적어도 이에 대한 개선의 의지를 고백한 것이다. 물론 이런 자세는 전통적으로 내려오는 준법주의 및 중앙집권화된 조직 형태에 대한 존중 등과 연결되어 있었다. 내부관계를 볼 때, 이는 사회민주주의 노동운동 내에서 좌파 비주류 세력뿐만 아니라 우파 군국주의 세력을 막아낼 이들이 노동조합임을 의미했다. 이미 1930년 대연정이 중단되었을 때 그 기미가 보였고 공화국 말기가 되면 분명해지듯이, 이를 통해 당과 노동조합이라는 공동의 뿌리를 바탕으로 하는 전통적 작업 분담에 균열이 왔다. 이는 비록 당시 사람들에게는 분명하게 인지되지 못했지만, 노동조합이 패러다임의 전환에 놓여 있던 점과 관련이 있다. 즉 노동조합이 민주적이고 공화국 수호를 위해 헌신하는 대중운동에서 점차 임금정책, 노동법, 복지국가 보장의 안전장치 등을 주요 테마로 하는, 사회정책을 지향하는 이익집단으로 변화되고 있었다.

하지만 여기에는 이해할 수 있는 근거가 있었다. 혁명과 인플레이션 등에 기인한 노동조합원 감소가 1920년대 중반 환율이 안정되면서 멈추었고 재안정화에 들어간다. 그러나 정치·경제적 권력의 상실은 세계경제의 위기가 올 때까지 기업가 진영 혹은 고용주 단체들이 행한 '위로부터의 계급투쟁' 정책을 막아내지 못했다. 그래서 노동조합은 임금투쟁과 노동시간 축소투쟁에서 종종 국가제도 가운데 하나인 중재 기능에 의지해야 했다. 이는 다시금 점점 더 분명해지는 기업주 단체들의 의도를 강화했다. 이들은 정치적 체제를 변경해서라도 노동조합과 노동운동 자체의 힘을 박탈하고 복지국가의 철폐라는 자신들의 목표를 관철하고자 했다.

그래서 1928년 제국의회 선거 이후 사회민주당에 의해 주도되어왔던 대연정이 1930년 3월에 파기된 책임을 그저 단순히 노동조합에만 떠넘길 수는 없다.* 이는 단지 실업자보험의 액수 상향 문제를 두고 노동조합이 더 이상 사회민주당과 공조하지 않고자 했던 문제만은 아니었다.

그보다는 자본과 노동 간의 근본적 갈등 문제였다. 이미 1928년 가을 루르 철강투쟁에서 수주일간의 공장폐쇄를 통해 금속 노동자 21만 명의 일자리를 놓고 갈등이 예고된 바 있었다. 특히 독일민족당(Deutsche Volkspartei)으로 대표되는 독일 산업의 정치적 이해 대변자들은 이미 오래전부터 권위주의적 통령내각(Präsidialkabinett)으로의 전환을 해법으로 요구하고 있었다. 사회민주당으로 하여금 먼저 복지제도 감축에 함께 책임지도록 하고, 그럼으로써 사회민주당을 정치적으로 고립시키고자 하는 것이 기업가 진영의 전략적 함정이었고, 이에 사회민주당은 걸려들었다. 설혹 집권정당으로서의 책임을 확실히 부여잡고 권력을 유지했다 하더라도, 이런 전개를 그저 잠시 뒤로 늦추는 결과만을 가져왔을 것이다. 부르주아 진영의 지지 없이는 사회민주주의 총리는 힌덴부르크 대통령과 군부, 부르주아-기업 우파 등의 의사에 반해 자리를 보존할 수 없었다. 어떻든지 공화국은 더 이상 구할 수 없는 상황이 된 것이다.

사회민주주의와 노동조합은 점점 더 수세에 몰리게 되는데, 그래서 대연정의 파기는 거의 굴레에서 벗어나는 해방처럼 인식되었다. 그것은 어쨌든 '민족적' 부르주아지와 기업가들이 복지국가적 성취물들을 해체하고자 구축했던 연합전선에 대한 하나의 답변이었다. 결과적으로 대

- 1928년 6월부터 1930년 3월까지 사회민주당 총리인 헤르만 뮐러(Hermann Müller)에 의해 지속된 대연정에는 사회민주당, 독일민주당(DDP), 중앙당, 독일민족당(DVP), 바이에른 민족당(BVP) 등이 참가했으며, 의회 내 과반을 점했던 바이마르 시대 마지막 정부였다. 대연정이 무너진 직접적 계기는 실업자보험의 인상 문제였다. 1930년 추락하는 경제적 상황 속에서 국가예산이 급증하는 실업급여를 더 이상 감당할 수 없게 되자, 노동조합과 사회민주당은 실업보험금을 3퍼센트 인상하는 안을 제안했고, 이에 반해 기업가와 독일민족당은 실업급여액을 축소하는 방안을 제시했다. 두 안이 대치된 상태에서 중앙당의 브뤼닝은 중재안으로 실업보험의 개정 문제 자체를 반년 연기하자고 제안했으나, 국가의 사회보장제도 자체의 축소를 우려한 노동조합과 사회민주당에 의해 최종적으로 거부되면서 대연정은 종료된다. 이후 정국은 대통령의 긴급명령권에 의지해 운영되어갔다.

연정 지속에 대한 반대 결정은 사회주의 체제 안에서의 평화로운 성장이라는 길을 제시했던 개혁주의적 정치 강령이 좌초되었음을 인정하는 것 이상의 의미는 없게 되었다.

4. 노동운동의 분열

이 주제는 이미 오래전부터 사회민주주의 주변의 좌파들이 갖고 있는 시각이었다. 이들은 결코 확실한 형태를 갖춘 블록이라기보다 산만하게 흩어져 있다. 독립사회민주당 출신의 구(舊)좌파, 파울 레비(Paul Levi) 같은 공산당 출신도 있으며, 사회주의노동자청년단 출신의 청년좌파, 사회민주당 외곽의 지식인, 단호한 평화주의자, 정통 마르크스주의자, 마르크스수정주의자, 윤리적 사회주의자 등도 있었다. 좌파 지식을 갖춘 공화국의 문화 엘리트들과의 연결 역할은 이들에게서 비롯되었다. 물론 이들이 공산당의 반부르주아적 성향으로 기울어지지 않는 한에서 그러했다. 독일 좌파는 사회민주당을 수백만 명의 공산당 지지자들을 되찾아오려는 목표를 갖고 활동하는 프롤레타리아로 이루어진 원외세력 정도로 이해했다. 사회민주당 지도부는 공산당 지지자들을 볼셰비즘으로 인해 오도된 채 좌파에 대부분 남아 있는 '사회적 쓰레기' 프롤레타리아로 취급했다.

이들 좌파 원외세력은 비타협적이지는 않았다. 그런 만큼 의회 바깥 공간에서 폭넓은 사회주의적 '정당문화'를 만들고 유지함으로써, 부르주아 진영을 상대로 노동운동의 정치적 영향력을 더 넓히고 사회민주주의의 운동적 특성을 새롭게 자극하는 것을 목표로 삼았다. 이는 공산당과는 엄격히 선을 긋는 것이었다. 왜냐하면 민주적 참여의 정신, 인도주의적·계몽적 이상, 노동계급의 국제적 연대에 대한 깊은 신념과 같은 것들이 좌파 사회주의자들의 특성이었기 때문이다. 종종 그들의 이론적 기반이 원론적 마르크스주의에 저당 잡힌 외양을 하고 있던 것도 그런 연유에서였다.

바이마르 공화국의 점점 더 어려워지는 상황은 더욱 자주, 그리고 더욱 조급하게 민주주의의 대의제적·의회주의적 형식을 향해 원론적 비판이 가해지도록 유혹했다. 비록 블라디미르 레닌(Vladimir Lenin)에게 근접하는 논리들은 종종 중요하게 취급되기는 했지만, 그렇다고 이오시프 스탈린(Iosif Stalin)의 선례(리카르도 바바이Ricardo Bavaj*가 상세히 설명했듯이)를 따른 '프롤레타리아독재'를 지향한 것은 결코 아니었다.

독일공산당은 1920년부터 다원적이며 어쩌면 공산주의의 민주적 변형이라고도 할 수 있는 유사혁명주의적 극좌선동주의(pseudorevolutionären linksradikaler Putschismus)를 거쳐 (1928년까지) 점점 더 확실하게 관료적이며 이데올로기적으로 일사불란하게 움직이는 스탈린화된 간부당(Kaderpartei)으로 변해갔다. 점점 더 모스크바를 추종하는 코민테른의 명령 수령자가 되어간 것이다. 그럼에도 전적으로 프롤레타리아 계급을 지지하는 3백만 명의 대규모 대중으로 구성되었고 이를 계속 유지했다. 이는 독일 공장 노동자들의 적지 않은 인원이 공화국과의 사회·정치적 각축을 계급투쟁으로 이해했으며, 자신들을 부르주아 진영의 차지가 된 공화국에 대한 급진적 반대자이자 공화국으로부터 쫓겨난 존재로 보았다는 사실을 반영한 것이다. 이는 마르크스주의적 교리가 주입되어 만들어진 결과가 아니라 사회적 경험이 그렇게 만들었다.

1920년대만큼 노동운동에서 정치조직상으로나 이데올로기상으로 분열이 많았던 적도 없었다. 그렇다면 프롤레타리아의 생활세계 속으로

• 리카르도 바바이는 『좌파로부터의 바이마르 공격: 바이마르 공화국에서 좌파들의 반의회주의적 사고』(Von links gegen Weimar. Linkes antiparlamentarisches Denken in der Weimarer Republik, 2005)라는 책에서 바이마르 시대 좌파의 다양한 스펙트럼을 설명했다. 특히 평의회 체제를 지지했던 사람을 중심으로 다양한 좌파 급진주의자들이 반민주적 공산주의 프롤레타리아독재를 염두에 두고 활동했음을 기술하고 있다.

독일공산당의 에른스트 텔만

노동운동이 깊이 침윤되었던 것을 감안할 때, 이런 진단을 프롤레타리
아의 생활세계에도 적용할 수 있을까? 어쩌면 여러 정당들과 집단들을
아우르는 '사회주의 고유의 정서공동체'(sozialistisches Milieu)가 여전히
남아 있지 않았을까? 실제로 1928년까지, 나아가 1930년까지도 노동운
동 '진영'은 행동 양식이나 인생관, 매일매일의 공동생활 등에서 거의
분열되지 않은 채 남아 있었고, 정치적 동원 가능성에서도 마찬가지였
다. 그 안에 살고 있는 모든 것들은 '운동'(Bewegung)에 포함시킬 수 있
었다. 즉 그가 사회민주주의자건 공산주의자건, 혹은 그 중간에 속하는
어떤 주의자건 간에 그들은 확실한 하나의 무리를 형성했고, '계급의
적', '반동', '속물 시민', '국수주의자', '사회적 제국주의자' 등으로 불

리는 '다른 이들'의 반대편으로 스스로를 규정했다. 이미 예전부터 '프롤레타리아적·사회주의적'이라고 간주될 수 있는 것 속에는 서로 다른 가치 지향과 지역적 특성, 나아가 인종적 차이까지 항상 있었다. 진영의 변두리에서는, 물론 그 접촉 범위에서는 대부분 제한적이었다 하더라도, 중간계층과의 접촉이 언제나 있었다. 자영 중간층이 아닌 이들, 특히 월급쟁이들은 점차 새로운 자기들만의 분리집단을 형성하기 시작하는데, 이런 분리는 실제 존재하는 사회적 관계망의 반영이라기보다는 그들 스스로가 그저 고안해낸 편에 가까웠다. 다른 한편으로 이미 일부 지역(루르 지역, 뮌헨, 베를린 등)에서는 1920년대 초에 폭력적 충돌이 있고 난 후부터 사회주의자와 공산주의자가 상대방을 '코치스'(Kozis), '조치스'(Sozis)로 부르며 증오에 가득 차 서로를 혐오하기 시작하는데, 이처럼 이들 간의 정치·사회적 구분선은 명확했다. 하지만 정당 간의 많은 차이를 뛰어넘어 서로 간의 차이를 부각하지 않는 심정적 공감과 접촉의 지점들이 공화국의 비극적 종말의 시간까지 여전히 많이 존재했다. 하지만 그것은 곧 근대적 대중문화라는 형태로 자리잡게 될 그런 현상들과는 멀리 떨어진 다른 세상이었다.

그렇기 때문에 옛 노동운동과의 대규모적이고도 최종적인 단절은 1950년대 후반과 1960년대에 (이미 1920년대가 아니라) 일어났다는 이론도 일리가 있다. 이 시기가 되면 노동계급이라는 '집단적 주체' (Kollektivsubjekt, 클라우스-미하엘 말만Klaus-Michael Mallmann)가 독일 역사에서 영구히 이별을 고한다. 바이마르라는 비교적 짧은 기간 동안에 ─ 단지 겉으로 보이기에만 모순적이며, 이제 모든 것을 회고하는 입장에서 보면 단절과 연속성을 구분하기 힘들다 ─ 여러 과정들이 한꺼번에 진행되었다. 계급 간의 구분선은 다시 한 번 확인되었지만, 동시에 '계급의 와해'(Klassenentbildung) 과정도 나타나기 시작한다. 이런 변화의 과정을 노동계급은 시민계급보다 더 많이, 더 강렬하게 겪는다. 시민계급은 비록 높은 사회적 비용(재산의 상실과 상승의 차단)을 치르기는 했지만, 변화의 요소들에 대해 자신에게 유리하도록 행동할 수 있었다.

공산당의 지지율은 비록 느리기는 했지만 꾸준히 상승한다. 1920년에 이들은 단지 2퍼센트의 지지율밖에 획득하지 못했지만, 1924년에는 이미 9퍼센트, 1932년 11월에는 16.8퍼센트(사회민주당은 20.4퍼센트)로 지금까지 가장 높은 지지율을 달성한다. 사회민주당과는 달리 공산당은 1929년까지 '거의 완벽한 노동자당'(클라우스 말만)으로 남는데, 당원 가운데 노동자 비율이 80퍼센트에 달하기도 했다. 또한 공산당은 남성당(Männerpartei)이었으며, 제1차 세계대전 당시 참호에서 싸운 세대의 프롤레타리아를 모아 '붉은 전선전투동맹'(Roter Frontkämpferbund)*을 구성했다. 몇몇 예외(루트 피셔Ruth Fischer, 로제 프뢸리히-볼프슈타인Rose Frölich-Wolfstein, 에르나 랑-할베Erna Lang-Halbe)를 제외하면, 여성들은 단지 가족 구성원으로서의 역할 정도만 했고 처음에는 청년층을 거의 당으로 끌어들이지 못했다.

즉 공산당은 바이마르 사회민주주의자들보다 사회적으로 더 균질적이었으며, 전쟁 전의 독일 노동운동의 모습을 더 많이 갖고 있었다. 그것은 공산당이 1927년까지 60퍼센트가 넘는 당원들을 과거 사회민주주의자들로부터 충원했고, 동시에 그들의 연령대가 전쟁 전 사회민주주의자들에 해당한다는 것에서 설명될 수 있다. 공산당은 1928/29년 이후부터 비로소 자신의 특성을 바꿔 실업자당(Arbeitslosenpartei)으로 변모한다. 사회민주당을 자신들의 주적(主敵)이자 프롤레타리아혁명의 방해자로 선포하는 사회파시즘 테제(Sozialfaschismus These)**의 선전, 1929년

• 바이마르 시대 독일공산당 지휘 아래 있던 대표적인 비정규 전투단체이다. 1924년 주로 프롤레타리아 출신의 공산주의 청소년들을 모아 창설되었으며, 엄격한 내부 위계질서에 따라 주로 음악과 퍼레이드가 동원된 공산당의 정치선전 작업을 진행했다. 폭력적 행동으로 다른 정치단체들과 거리에서 잦은 시가전을 벌였고, 이에 따라 1928년에 프로이센 내무부에 의해 금지되었다.
•• 1924년 소련의 정치가 그리고리 지노비예프(Grigori Sinowjew)가 만들어낸 용어

베를린에서의 '피의 5월'(Blutmai),[*] 세계경제 위기의 사회적 결과 등이 이런 전환을 이끌거나 가속했다. 그렇게 해서 1933년까지 공산당의 실제 모습이 만들어진다. 비교적 소수의 당 핵심이 많건 적건 간에 대중들을 주변에 모은 후에 사회민주당을 철천지원수로 선포하지만, 그러면서도 계급적 동지(Klassengenosse)로 남는다. 이미 1920년대 중반 공산당에는 스탈린주의적 조직구조가 구축되었다. 이는 단지 중앙위원회(ZK) 결정과 투쟁노선의 하달, 고위 간부들 간의 분파투쟁 등 '위에서부터'만 만들어진 것도 아니었고, 그렇다고 '아래서부터'만 만들어진 것도 아니었다. 즉 혁명적 목표 실정과 자신의 출신 환경이 만든 사회적 포박 사이에 드러나는 모순이 당 간부구조를 구성하는 전제를 이루고 있었다.

5. 노동자 삶의 탈프롤레타리아화 시작과
국민정당을 향한 길

느슨해져버린 계급사회가 이미 1920년대부터 해체의 길로 들어섰다

로서, 사회민주주의와 그것의 적극적 지원 아래 만들어지는 부르주아 파시즘은 서로가 서로에게 의지하는 쌍둥이 형제와 같다는 이론이다. 이후 이 테제는 독일 공산당에 받아들여져 사회민주주의를 공격하는 정치선전에 주로 쓰였으며, 그리하여 노동운동과 사회주의 운동의 분열을 가져오게 된다. 특히 바이마르 체제가 말기에 가까워올수록 공산당은 이 테제에 매달리면서 투쟁의 대상을 나치보다도 사회민주당으로 상정함으로써, 간접적으로 히틀러의 집권을 돕게 된다. 1935년 제7차 국제공산주의대회에서 '사회파시즘 테제'는 공식적으로 파기되며, 이후 파시즘에 대한 인민통일전선 정책으로 전환하게 된다.

● 1929년 5월 1일부터 5월 3일까지 베를린에서 일어난 시가전을 가리키는 표현이다. 공산당 주도 아래 약 8천 명의 노동자들이 모인, 5월 1일 노동절을 기념하는 거리 퍼레이드에서 베를린 경찰청은 거리로 나선 노동자들을 총과 곤봉, 살수차로 진압하려 시도했고, 이에 격분한 노동자들이 바리케이드로 맞서 시가전으로 발전했다. 이 과정에서 33명의 사망자와 198명의 부상자가 발생했다.

는 것을 우리는 사후의 객관적 자료들을 통해 확실히 알 수 있다. 그럼에도 노동자들은 자발적이고 의식적으로 계급을 형성했고, 공산주의자, 사회주의자, 사회민주주의자, 때로는 종교적으로 묶인 노동자 등으로 나뉘어 일상의 행동 양식에서도 계급적 특성들을 분명히 인지할 수 있을 만큼 대단히 다양한 진영을 이루고 있었음을 확인할 수 있다. 특히 공업지역 중심부에 위치한 대도시에서는 종종 이런 프롤레타리아 진영이 더 이상 단일한 '가난한 사람들의 정서공동체'(Arme-Leute-Milieu)를 만들지 않았다. 즉 바이마르 시대에 넓게 확산된 노동자 문화조직은 비록 결속력을 점차 상실해가기는 했지만, 동시에 양적으로는 더 증대된 면도 보였으며, 대도시의 비정치화된 대중문화를 모방해 거의 세속화된 형식을 만들어내기도 했다. 이런 것들이 프롤레타리아 진영을 마지막까지 실제보다 더 단결된 모습으로 보이도록 만들었다.

새로운 대중문화는 1920년대 중반부터 형성기에 들어간다. 방송과 영화가 대도시를 점령했으며, '새로운 세상'이 열렸다. 남성세계 옆에 여성세계가 있었고, 새로운 추종자들이 생겨났다. 청년, 여성, 미숙련 노동자, 반쯤은 프롤레타리아화된 사무직 노동자가 그들이다. 또한 대중신문이 나오기 시작한다. 사회민주당은 내키지 않는 마음으로 새로운 가능성들에 다가갔고, 필름과 극장을 정치적 선동에 이용했다. 공산당에서는 빌리 뮌첸베르크(Willi Münzenberg)가 근대적인『노동자 화보 신문』(Arbeiter-illustrierte-Zeitung, 30만 부)과 일간지『저녁의 세계』(Welt am Abend)를 통해 근대적 인쇄매체 왕국을 세웠다. 이들은 노동자의 생활을 가정에 묶어놓고 노동자의 일상을 탈정치화하는 효과를 드러내 보였다. 이제 그 효과들을 무시하기 어려운 상황이 된 것이다. 최종적으로 라디오 같은 근대적 대중매체들이 사적인 삶의 공간 속으로 진입해 들어온다.

그럼에도 노동자 생활의 탈프롤레타리아화가 아직은 사회민주주의 진영이 다른 사회계층에 문호를 개방할 정도로, 그래서 현대 독일이 보

1920년대 노동자스포츠연합회의 젊은이들

여주는 좌파 국민정당으로의 발전만큼 그렇게 진전된 것은 아니었다. 아마도 이 판단은 바이마르 시대 사회민주당 투표자의 구조를 분석해서 얻은 결과와는 달라 보일 것이다. 이에 따르면 사회민주당은 서서히 (노동자계급뿐만 아니라) 피고용자 전체에게 다가가는, 거의 국민정당적 면모를 보여준다. 이는 무엇보다 분열의 결과와 관련이 있다. 사회민주당의 표밭이 독립사회민주당과 공산당에, 즉 자신들의 표밭이 다른 이들에게 침범당한 것이다. 다른 한편으로는 1919년 국민회의 선거에서 사회민주당이 지금까지 자신들에 적대적이었던 엘베 강 동쪽 지역과 동프로이센 지역에서 표를 추가로 얻게 된 것이 한몫을 했다. 그럼에도 이런 추가적 득표는 이미 1920년 제국의회 선거에서 드러났듯이, 지속적으로 유지되지 못했다. 그 밖에도 유권자들이 사회민주당보다 왼쪽에 있는 당에 투표하는 현상이 지속되었으며, 새롭게 획득한 지지자들도 투표를 기권하는 진영으로 가버린다. 그처럼 추락은 지속되었다. 도시지역에서 더 이상의 득표 증가는 없었고, 이미 1912년 절대적 지지를 받았던 사회민주당의 아성은 무너지기 시작했다. 어떤 곳은 표가 거의

114

절반으로 줄기까지 했다. 사회민주당은 이미 1914년 이전에 결코 적지 않은 수의 신(新)중산층을 자신들의 지지자로 획득할 수 있었다. 그래서 그들에게는 국민정당이라는 개념 또한 낯설지 않았다. 카우츠키는 이미 이 표현을 1891년의 「에르푸르트 강령」에 대한 논평에서 사용한 바 있다. 그래서 사무직 노동자층과 하급 공무원층으로부터의 선거에서의 지지를 1918년 이후에도 비록 인지하고 받아들이기는 했지만, 과도기적 현상으로 해석했다. 따라서 사회민주당은 여전히 산업 노동자를 중심으로 과거 지지자들을 되찾는 작업에 집중했다.

사회민주당은 당으로서 결코 새로운 면모를 획득하지는 못했다. 즉 본질적으로 노동자당으로 남았고, 자신들 당원의 60퍼센트는 여전히 노동자였다. 그렇지만 함부르크의 경우에서 보듯이, 당원들 가운데 사무직 노동자의 몫이 늘기는 했다. 이곳에서 1914년 이전에는 당원 가운데 사무직 노동자가 약 1.5퍼센트를 차지했으나, 1931년에는 11.4퍼센트(공화국 전체에서는 약 10퍼센트, 공산당은 약 4퍼센트)가 된다. 이 결과는 노동자 자식들이 사무직 노동자 같은 중간층으로 성장했음을 반영한다. 그리고 이런 상승은 무엇보다 남성과 젊은 여성들에게 해당되었다. 그래서 사회주의노동자청년단(SAJ) 가운데 사무직 노동자 몫이 13퍼센트를 차지했던 것이나, 그들의 지도자급 당 간부들(에리히 올렌하우어Erich Ollenhauer, 막스 베스트팔Max Westphal)이 사무직 노동자 출신이라는 것도 놀라운 일이 아니다. 그 밖의 몇몇 중앙기구 내의 젊은 당원들(프리츠 하이네Fritz Heine, 알프레트 나우Alfred Nau)도 마찬가지이다. 노동자계급에서 상승한 젊은이들은 대부분 자신들의 출신 환경으로부터 정치적 기본 관점을 함께 가져온다. 궁극적으로 사회민주주의적 지역정책의 성공은 그렇게 신분상승한 이들을 계속 잡아두거나, 새로운 지지자를 획득하는 데 기여했다.

물론 사회민주당 내에는 공무원, 농촌 거주민, 새로운 서비스업종 종사자뿐만 아니라 지식인과 젊은 대학 졸업자 등도 있었다. 하지만 이런 다양한 집단들이 갖는 기대는 각기 달라서 정치와 당 강령에서 공동의 상부구조를 만들 수 없을 정도였다. 따라서 역사서술에서 사회민주당의 경향을 '피고용자 정당'(Arbeitnehmerpartei)으로, 나아가 좌파 국민정당으로 위치짓는 것에 대해 이해할 수 있기는 하지만, 동시에 이런 경향이 가졌던 한정된 발전 가능성들 또한 지적해야만 한다. 바이마르 사회는 물론 하나의 계급사회였으며, 이 사실 속에 프롤레타리아 진영, 사회주의 노동운동 공동체, 사회민주주의 연대공동체들이 과거 그 어느 때도 없었던 다양함 속에서 지속적이고 안정적인 통일성을 이루었다는 매혹적인 결론에 다다를 수 있는 열쇠가 있다 — 물론 그들은 서로 간의 경계를 넘나들기도 했다.

　사회민주당이 그 주된 경향에서 하나의 노동자정당으로 남았고 그들의 자기이해도 이것을 지향했다는 것이, 곧 이들이 그 어떤 자신들만의 전성기를 누렸다는 의미는 아니다. 그보다는 그들이 어떤 특별한 방식으로 이 시대의 문제들에 답하고자 노력했다는 의미이다. 이는 1921년, 1925년, 1927년의 사회민주당 당대회 강령과 이들을 둘러싸고 진행된 논의들에서 드러난다. 국민정당적 성격을 갖는 1921년의 「괴를리츠 강령」(Görlitzer Programm)이 종종 '마르크스주의적'인 「에르푸르트 강령」과의 분명한 단절로 취급되고, 그래서 발전적 진보로 이해되었다. 하지만 이를 달리 해석할 수도 있다. 같은 해 카우츠키가 「괴를리츠 강령」을 "민주주의에서 국가노예로" 향하는 길이라며 강하게 비판했을 때, 이는 곧 볼셰비키 독재에 대한 답변으로 받아들일 수 있다. 즉 결코 마르크스와 마르크스주의적 입장으로부터의 결별을 의미하는 것이 아니라 계급투쟁과 그 목표를 확실하게 붙잡은 것으로 해석할 수 있는 것이다. 그것은 반자본주의적, 제국주의 비판적인 것을 지향한다. 즉 "사회민주당은 새로운 계급적 특권과 우선권을 위해서가 아니라 계급지배와 계급 그 자체의 폐지를 위해 투쟁한다"라고 분명하게 「에르푸르트 강령」에 '적시했던 고백'을 다시 불러낸 것이다.

물론 이 강령은 그런 목표를 지금까지보다 더 강하게 윤리적 논거들로 보충하고 있다. 이른바 역사 진행의 '자연법칙적' 전개라는 예측이 빠지며, 전통적으로 국유화로 간단히 이해되어온 사회화 대신에 공동경제(Gemeinwirtschaft)라는 새로운 개념이 도입되었다. 민주적 공화국은 사회주의의 실현을 위해 "역사적 발전에 따라 불가역적으로 주어진 국가 형태"라는 의미로 강조되었다. 또한 사회민주당을 "도시와 농촌에서 노동하는 국민의 당"으로 스스로 자리매김했다. 이는 국민정당으로의 개방을 생각했다기보다는 미래에 반드시 필요할 동맹 파트너에게 호소한 것이며, "자신의 노동에 따른 결과에 의지해 사는 모든 육체적 · 정신적 노동자들"에게 "민주주의와 사회주의를 위한 투쟁공동체"를 만들 것을 선포한 것이다.

역사서술에서 1925년의 「하이델베르크 강령」은 '마르크스주의'로의 회귀이며, 당내 좌파에 대한 전술적 양보로 평가받는다. 하지만 이런 해석은 이제 막 「괴를리츠 강령」을 통해 이론과 실천 사이의 극복된 이중주의(Dualismus)를 다시 갈라놓는 결과가 될 수밖에 없다. 이미 앞(제2장 제2절)에서 서술했듯이, 이 이중주의가 현실을 제대로 반영하지 못한 해석틀이라는 점은 차치하고라도, 이 강령을 달리 해석할 수도 있다. 즉 그것은 수정마르크스주의의 이론적 지평 안에서 개혁적 · 사회주의적 실천을 반영한 것이며, 이를 통해 노동운동의 실제 경험을 자기정체성 형성의 도구로 삼은 것이고, 동시에 공산주의적 도전에 대응하고자 하는 시도였다는 것이다. 이런 의도는 사회민주당의 최고 이론가였던 카우츠키의 후계자 힐퍼딩이 1925년과 1927년 당대회 연설에서 강조했다. 힐퍼딩은 「하이델베르크 강령」의 엄격한 틀을 바꾸고 싶어했다. 그래서 그는 "민족사회주의라는 구식의 시각"으로부터 거리를 두었고 이제는 사회민주당이 민주주의 체제 아래서 점차 "정치적 권력 획득에 꼭 필요한" 중간층을 획득할 것을 생각해야 한다고 주장했다. 생산과정을 조직하고 이끄는 이들은 '정신 노동자'였고, 특히 도시에서 프롤레타리아보다 훨씬 빨리 성장하는 층은 '다양한 사무직 노동자층'이었다.

결국 강령 자체와 힐퍼딩의 함축적 연설은 프롤레타리아 국제주의가 지금까지 보여왔던 호소력 있는 특징을 포기하고, 그 대신 "유럽합중국 (Vereinigten Staaten von Europa)의 구성"을 통해 국민국가가 갖는 한계를 극복할 것을 요구했다. 「하이델베르크 강령」이 '마르크스주의적 얼굴'을 지니고 있다는 것이 곧 경제법칙적·자연법칙적으로 기초된 진행 모델에 역사적 필연성을 함께 부여하는 것은 아니었다. '마르크스주의'는 이미 오래전부터 사회적 정의에 대한 기대의 상징이었으며, 근본적·사회적 변화에 대한 희망이었다. 그렇다면 「하이델베르크 강령」은 이론과 실천 간의 이중주의를 기록한 것이 아니라 부분적으로는 국민정당으로서의 행보를 보이는 공화주의적 국정책임정당 역할을 하면서 다른 한편으로는 프롤레타리아 계급정당으로 남아 있어야 하는 이 이중적 역할의 딜레마를 분명하게 천명한 것으로 해석할 수 있다. 더욱 힘들었던 것은 이미 흔들리던 공화국이 1930년 이후부터는 지속적으로 안정을 상실해 점점 더 무거운 짐으로 작용했다는 점이다.

그럼에도 이론에서나 실천에서 일련의 부족함들이 있었고, 그것은 상당히 큰 의미를 갖고 있었다. 이미 1914년 이전부터 분명해진 '사회주의 안에서의 성장'이라는 사고가 있었고, 이제는 이를 지나치게 강조해 마치 자본주의 내에서 만들어지는 위기가 무해한 것처럼 보이는 결과를 가져왔다. 이를 아르카디 구를란트(Arkadij Gurland)와 프리츠 슈테른베르크(Fritz Sternberg) 같은 좌파 사회주의 이론가들은 분명하게 인식했다. 그들은 제1차 세계대전 이후 자본주의 체제의 급격한 위기 심화로 인해 형성된 객관적으로 존재하는 사회주의의 성숙과 노동자계급의 주관적 의식의 필연성을 힘의 평행사변형(Parallelogramm der Kräfte)*의 형

• 각 대상이 마주한 채 서로 간에 동일한 거리를 유지하면서 균형을 지속해 나가는 체제를 의미한다.

태로 만들고자 시도했다. 그 밖의 부족했던 점은 마르크스의 잉여가치론에 대한 비판의 부재를 들 수 있다. 비록 이미 1920년 에두아르트 하이만(Eduard Heimann)이 잉여가치론에 대한 비판적 접근을 시도한 바 있다. 거기서 그는 계획경제를 위한 설계를 이미 만들어진 시장경제적 요소들과 결합했으며, 점차 국유화 단계를 넘어서게 될 복지정책의 활성화 개념을 보여준다. 하지만 그는 자신의 이런 시각과 함께 그저 사회민주주의 내에서 주변 인물 정도로만 남겨진다.

　노동운동이 새로운 인간을 통해 다른 세계를 창조한다는 구상은 그 시작에서부터 다양한 방식으로 계속 반복되어왔지만 현실과 냉혹히 마주해야 했다. 바이마르 공화국 선거에서 노동자당들을 모두 합치더라도 선거 득표에서 50퍼센트선에 가깝게 다가간 적조차 없었다. 1919년 45.5퍼센트, 1928년 40.5퍼센트, 1930년 37.6퍼센트에 불과했다. 달리 말해, 노동자계급의 1/3 혹은 피고용자로 분류될 수 있는 투표자의 1/3이 다른 당을 찍었다는 이야기다. 가톨릭 중앙당이든, 민족주의적 부르주아-개신교 정당이든 간에 나중에는 나치당(NSDAP)에까지 표를 던졌다. 투표에 불참한 채 남은 이들도 있었다. 1928년 중앙당의 노동자 표가 사회민주당과 공산당을 지지하고, 처음으로 대도시 사무직 노동자들이 사회민주당을 지지했음은 특기할 만한 일이다 ― 프롤레타리아 진영의 비축 탱크가 바닥난 것도 전혀 아니었다. 사회문화적 칸막이는 여전히 군건하게 자리잡고 있었고, 이데올로기상의 문턱은 너무 높았다. 이는 전투적 민족주의의 믿을 수 없을 만큼 강력한 통합력에 대항하는 저항운동으로서, 1930년 이후의 험난한 정치적 흐름 속에서 얼마나 프롤레타리아 민주주의가 버틸 수 있는지를 확인하는 시험대였지만, 결코 전망이 좋지는 못했다.

| 참고 문헌 |

Bavaj, Ricardo: *Von links gegen Weimar. Linkes antiparlamentarisches Denken in der Weimarer Republik*, Bonn 2005.

Dowe, Dieter/Kocka, Jürgen/Winkler, Heinrich August (Hg.): *Parteien im Wandel. Vom Kaiserreich zur Weimarer Republik. Rekrutierung–Qualifizierung–Karrieren*, München 1999.

Falter, Jürgen W./Hänisch, Dirk: *Die Anfälligkeit von Arbeitern gegenüber der NSDAP bei den Reichstagswahlen 1928–1933*, in: AfS, Bd. 26, 1986, S. 179–216.

Grau, Bernhard: *Kurt Eisner (1867–1919). Eine Biographie*, München 2001.

Heidenreich, Frank: *Arbeiterkulturbewegung und Sozialdemokratie in Sachsen vor 1933*, Weimar u. a. 1995.

Heimann, Siegfried/Walter, Franz: *Religiöse Sozialisten und Freidenker in der Weimarer Republik*, Bonn 1993.

Lehnert, Detlef: *Zur historischen Soziographie "Volkspartei". Wählerstruktur und Regionalisierung im deutschen Parteiensystem seit der Reichsgründung*, in: AfS, Bd. 29, 1989, S. 1–33.

Lösche, Peter/Walter, Franz: *Auf dem Weg zur Volkspartei? Die Weimarer Sozialdemokratie*, in: AfS, Bd. 29, 1989, S. 75–136.

_____: *Zur Organisationskultur der sozialdemokratischen Arbeiterbewegung in der Weimarer Republik. Niedergang der Klassenkultur oder solidargemeinschaftlicher Höhepunkt*, in: GuG, 15. Jg., 1989, S. 511–36.

_____: *Die SPD: Klassenpartei–Volksparte–Quotenpartei. Zur Entwicklung der Sozialdemokratie von Weimar bis zur deutschen Vereinigung*, Darmstadt 1992.

Mallmann, Klaus–Michael: *Milieu, Radikalismus und lokale Gesellschaft. Zur Sozialgeschichte des Kommunismus in der Weimarer Republik*, in: GuG, 21. Jg., 1995, S. 5–31.

_____: *Kommunisten in der Weimarer Republik. Sozialgeschichte einer revolutionären Bewegung*, Darmstadt 1996.

Mühlhausen, Walter: *Friedrich Ebert 1871–1925. Reichspräsident der Weimarer Republik*, Bonn 2006.

Prinz, Michael: *Wandel durch Beharrung: Sozialdemokratie und "neue Mittelschichten" in historischer Perspektive*, in: AfS, Bd. 29, 1989, S. 35-73.

Ritter, Gerhard A.: *Arbeiter, Arbeiterbewegung und soziale Ideen in Deutschland*, München 1996.

Saldern, Adelheid von: *Arbeiterkulturbewegung in Deutschland in der Zwischenkriegszeit*, in: Boll, Friedhelm (Hg.): *Arbeiterkulturen zwischen Alltag und Politik*, Wien 1986.

_____: *Klassenidentität und Aktionseinheit. Deutungs- und Handlungsschemata der Arbeiterparteien in der Weimarer Republik*, in: Dies.: *Politik-Stadt-Kultur*, Hamburg 1999.

_____: *Massenfreizeitkultur im Visier*, in: AfS, Bd. 33, 1993, S. 21-58.

Scheiffele, Walter: *Bauhaus, Junkers, Sozialdemokratie. Ein Kraftfeld der Moderne*, Berlin 2003.

Schönhoven, Klaus: *Reformismus und Radikalismus. Gespaltene Arbeiterbewegung in Weimarer Sozialstaat*, München 1989.

_____: *Der Heidelberger Programmparteitag von 1925: Sozialdemokratische Standortbestimmung in der Weimarer Republik*, Heidelberg 1995. (Auch in: Schönhoven 2002)

_____: *Von der Kooperation zur Konfrontation. Gewerkschaften, Arbeitgeber und Staat in der Weimarer Republik*, in: Auer, Frank von/Segbers, Franz (Hg.): *Sozialer Protestantismus und Gewerkschaftsbewegung*, Köln 1994. (Auch in: Schönhoven 2002)

_____: *Arbeiterbewegung und soziale Demokratie in Deutschland. Ausgewählte Beiträge*. Hg. von Vogel, Hans-Jochen/Ruck, Michael, Bonn 2002.

Smaldone, William: *Rudolf Hilferding. Tragödie eines deutschen Sozialdemokraten*, Bonn 2000.

Tammena, Heiko: *"Unser schönes rotes Luckenwalde." Lager, Milieu und Solidargemeinschaft der sozialistischen Arbeiterbewegung zwischen Ausgrenzung und Verstaatlichung*, Münster 2000.

Wette, Wolfram: *Gustav Noske. Eine politische Biographie*, Düsseldorf 1987.

Winkler, Heinrich August: *Von der Revolution zur Stabilisierung. Arbeiter und Arbeiterbewegung in der Weimarer Republik 1918 bis 1924*, Berlin, Bonn 1984.

_____: *Der Schein der Normalität. Arbeiter und Arbeiterbewegung in der Weimarer*

Republik 1924 bis 1930, Berlin, Bonn 1985.

Winkler, Jürgen: *Die soziale Basis der sozialistischen Parteien vom Ende des Kaiserreichs bis zur Mitte der Weimarer Republik 1912–1924*, in: AfS, Bd. 29, 1989, S. 137–71.

제4장

독일 노동운동의 파국(1930~33년)

우리가 바이마르 헌법을 축하하는 이유는 그것이 우리 요구를 실현해주었기 때문이 아니라 우리에게 과제를 가능하게 해주었기 때문이다. 우리는 그것이 우리에게 자유를 주며 미래에 더 통일적이고 더 고귀한 형식을 실현할 것이기 때문에 그것을 보호하고 존중할 것을 요구한다. 우리는 모든 독일 국민, 모든 정치 진영에 그것을 존중할 것을 요구할 권리가 있다. 왜냐하면 이 헌법 형식은 모든 집단에 동등한 투쟁조건을 보장하기 때문이다. 우리는 모든 폭력 이데올로기를 동원한 공격에 맞서 방어할 수 있는 바이마르 헌법을 칭송한다. 만일 이 공격자들이 자꾸 모순되게 투표용지 민주주의에 대해 말한다면, 우리는 그들에게 다음 한 가지를 아주 분명하게 얘기할 수 있다. 우리는 국가를 오직 투표용지 하나만으로 지킬 수 없음을 대단히 분명하게 알고 있으며, 그들이 폭력을 동원한 공격을 시도하고자 하는 현장에서 이 지식을 실천적으로 증명해 보일 것이다. 만일 우리가 바이마르 헌법을 방어하기 위해 무기를 손에 들어야만 한다면, 우리는 그렇게 할 것이다!

• 사회민주당 헌법학자 헤르만 헬러의 독일학생연맹 헌법 기념 연설, 1930년 8월

우리 사회민주당 당원은 이 역사적 순간에 인간성과 정의, 자유 그리고 사회주의의 원칙을 신봉함을 엄숙히 고백한다. 그 어떤 권력이양법도 그대들에게 영원하고 결코 파괴될 수 없는 이들 이념을 파괴할 힘을 부여하지 못할 것이다. …… 사회주의자탄압법은 사회민주주의를 없애지 못했다. 새로운 탄압으로부터도 역시 독일 사회민주주의는 새로운 힘을 만들어낼 것이다. 우리는 탄압받고 쫓겨난 이들을 환영하며, 공화국의 우리 친구들을 환영한다. 그들의 굳건함과 그들의 신뢰가 경탄을 자아내게 하고, 그들의 고백의 용기와 그들의 꺾이지 않는 확신이 찬란한 미래를 보증한다.

• 사회민주당 대표 오토 벨스의 나치의 권력이양법에 대한 거부 연설, 1933년 3월, 독일 의사당

1. 나치에 맞선 사회민주주의의 방어전략

1933년 3월 23일, 사회민주당 원내 의원들만 제외하고 모든 의회 내 정당들은 — 공산당은 이미 1933년 2월 27일의 제국의회 방화 사건[*]으로 축출되었다 — 이른바 '권력이양법'(Ermächtigungsgesetz)의 정확한 명칭인 '민족과 제국의 위기구조법'에 동의했다. 이로써 아돌프 히틀러(Adolf Hitler)는 바이마르 헌법을 우회해 의회의 동의 없이도 제국 총리로서의 권한을 획득하게 된다. 이는 민주주의적 전통들과 가치를 의무로서 받아들이는 세계에 대한 시위였다. 최초의 독일 민주공화국의 파괴나 국가권력을 히틀러에게 넘겨준 행위에 대한 역사적 책임은 우선적으로 이 공화국을 반대했던 보수-민족주의자에게 있지만, 동시에 1919년 헌법에 함께 동의하고서도 이를 번복했거나 약화시킨 가톨릭 중앙당과 좌파 자유주의자들에게도 돌아간다.

---

[*] 1933년 2월 27일 밤에 베를린의 제국의회 건물에 화재가 발생했으며, 현장에서 과거 고향인 레이던에서 공산당청년회 활동 경험을 갖고 있던 네덜란드 출신의 청년 마리누스 판 데어 루베(Marinus van der Lubbe)가 범인으로 체포되었다. 이미 다음 날인 28일에 정부는 '국민과 국가의 보호를 위한 제국 대통령령'을 포고해 실질적으로 국민들의 기본권과 바이마르 헌법을 폐기하는 비상사태를 선포하여 나치와 예하단체들의 불법적 행위들에 대한 대응과 제재를 무력화함으로써, 나치 독재로의 최후의 결정적 계기가 마련되었다. 나치는 1934년에 그를 반역죄로 사형에 처했지만, 사실관계에서 많은 모순과 여전히 밝혀지지 못한 것들이 있어 오늘날까지도 진범과 방화 의도에 대해 많은 이견과 해석이 있다.

그러나 노동운동 또한 운동의 모든 국면들에서 히틀러 등장에 공동 책임이 있다. 즉 독일에서 파시즘이 권력을 넘겨받는 일을 저지하는 것이 그들 스스로의 목표였다. 이는 동시에 민주세계 전체에 대한 약속이었다. 인권과 자유, 민주주의의 보호라는 전통 속에서 가장 큰 규모를 갖춘 노동운동이 역사적 의미를 가질 만큼 크게 성장했다. 히틀러가 곧 전쟁을 의미함을 사람들은 의식하고 있었다. 이는 곧 자신의 나라와 유럽 내 수백만 명의 죽음을 의미할 뿐이었다.

겉으로 드러나는 수많은 역사적 외형과 달리, 사회민주주주의 노동운동은 나치즘을 결코 과소평가하지 않았으며, 또한 나치°가 자신들의 권력 안정을 위해 노동운동 세력을 무엇보다 먼저 부숴버릴 것이라는 점을 처음부터 명확히 알고 있었다. 파시즘이 권력을 잡은 가운데 조직적 노동운동이 살아남는 것은 있을 수 없는 일이었다. 이는 나치와 비교하면 거의 무해했다고도 할 수 있는 이탈리아 파시즘의 경우가 이미 증명하고 있었다. 1930년 이후가 되면 사회민주당은 사실상 유일하고도 전적인 공화민주주의 지지 정당이었다. 언젠가 한 저명한 자유주의 언론인이 말했듯이, 사회민주당은 바이마르 헌법질서의 민주적·다원주의적 가치를 지키고자 했던 사실상의 '바이마르 공화국 건설 정당'이었다. 그런 점에서 역사가의 다음과 같은 판단에도 동의할 수 있다. "바이마르 공화국이 결코 사회민주당의 국가가 아니었음에도 불구하고, 사회민주당으로서는 이처럼 국가를 책임지는 정당 역할을 했던 시대가 그 어느 때도 없었다"(하인리히 아우구스트 빙클러Heinrich August Winkler,

---

• 나치(Nazi)는 '민족사회주의'(Nationalsozialismus)의 약자이며, 당대에 '민족사회주의'와 히틀러를 추종하던 이들을 얕잡아 칭하던 용어였다. 그래서 나치 스스로는 결코 이 용어를 사용하지 않았다. 나치가 조직한 정당인 NSDAP의 원명은 '민족사회주의독일노동자당'(Die Nationalsozialistische Deutsche Arbeiterpartei)이다 (이에 반해 '국가사회주의'는 일반적으로 전후 냉전 시대에 당과 국가에 의해 통제되던 현실사회주의를 칭하는 완전히 다른 의미이다).

사회민주당 대표 오토 벨스, 1932년

1994). 다음과 같은 슬로건에서 표현되듯이, 자신들 내부에서도 공화국에 대한 비판은 있었다. "공화국, 이것이 다가 아니라 사회주의가 우리의 목표다." 이 표현은 세계경제 위기 때 공화국에 대한 자본주의적·계급지배적 왜곡에의 저항이었지, 결코 민주주의의 철폐를 옹호하고자 한 것이 아니었다.

독일 사회민주주의는 1929년 이후 나치에 맞서 다양한 방어전략을 동원했다. 즉 공화국 방어를 위한 입법의 확대를 지원했고, 사회민주당이 내무부장관으로 있는 주(프로이센, 바덴, 헤센-다름슈타트, 함부르크)에서의 나치에 대한 행정적 투쟁과 나치의 선동에 대항해 중간계층에게까지 정치선전 활동을 진행했다(1933년 1월에 당은 총 1,500명의 농촌 순회 연설자를 동원해 농민들을 대상으로 하는 선전 활동을 실시한다). 또한 '철의 전선'(Eiserne Front)* 내에 '프롤레타리아 방어막'(proletarische Wehrhaftigkeit)**이라는 조직을 만들기까지 한다. 1930년 3월, 사회민주당과 부르주아 정당들 간의 대연정 중단은 피할 수 없는 것으로 인식되었다. 이미 몇몇 지역 선거와 주 선거에서 예상되었듯이, 1930년 9월 제국의회 선거에서의 나치당의 성공은 이후의 상황을 더욱 복잡하게 만들어갔다. 이제 사회민주당은 사회민주주의자 오토 브라운이 중앙당, 독일민주당(Deutscher Demokratischer Partei) 등과 연정을 주도한 민주주의 최후의 '프로이센이라는 보루'(Bollwerk Preußen)를 보호해야 할 뿐만 아니라 나치 단독정권의 전 단계를 의미할 공화국에 적대적인 우파 정부내각이 들어서는 것도 막아야만 했다.

이러한 다양한 고려들은 결국 중앙당 당수 하인리히 브뤼닝(Heinrich Brüning)이 헌법 제48조에 바탕한 '통령정부'***(Präsidialregime) 형

---

* 1931년 12월에 나치와 공산당 등 반민주 세력의 폭력에 대항하기 위해 노동조합과 사회민주당, '노동자체조·스포츠연맹', '제국기수단 흑·적·황' 등의 단체들이 모여 조직된 정치단체로서, 바이마르 말기에 위기에 처한 공화국에 적극적으로 대처하고자 사회민주주의 세력의 결집을 위해 구성되었다. 이들의 깃발에는 붉은 바탕에 화살 셋을 그려 넣었는데, 이는 민주주의를 위협하는 나치와 공산주의자, 왕정주의자를 의미하는 것이었다. 주로 거리 시위나 선거 연설 등에 동원되었지만 상황을 뒤집을 만큼 영향력을 발휘하지 못했다. 히틀러가 집권한 이후의 첫 노동절인 5월 1일 다음 날에 노동조합과 함께 강제로 해체되었다.

** '프롤레타리아 방어막' 개념은 공화국을 지켜내기 위한 반파시즘 운동의 일환으로 출발했다. 당 소속과 무관하게 지역에서의 나치 활동을 저지하는 노동자 투쟁운동의 일환으로 조직되었지만, 1933년 1월 나치 집권 이후에 해체되었다.

*** '통령정부'란 대통령이 의회나 당의 승인 없이 전적으로 총리에게 모든 내각 구성원에 대한 임명권을 위임하는 제도로서, 의회가 과반수를 통한 어떤 결정도 내리지 못하는 상황에서 의회의 영향력을 줄이기 위해 바이마르 헌법이 고안해낸 제도였다. 총리는 의회가 아니라 오직 자신의 임명권자인 대통령에게만 책임을 지면 되었다. 바이마르 대통령 힌덴부르크가 1930년 3월 중앙당의 하인리히 브뤼닝을 의회의 승인 없이 총리에 임명하면서 사실상의 '통령정부'로 들어가게

태로 내각을 구성하는 것을 묵인하게끔 만든 것이다. 이 묵인정책
(Tolerierungspolitik)은 나치를 제풀에 지치게 만들려는, 계산된 모험이
었다. 실제에서 묵인정책은, 국가와 당이 처한 위기 상황을 동시에 제거
하고자 하는 사회민주당의 목표를 달성하지 못한 채, 20개월 이상 동안
그 부담이 온전히 사회민주당에 전가되었다. 브뤼닝 총리는 사회적 측
면에서 그 효과가 제한적인 자신의 디플레이션 정책에서 한 발자국도
물러서지 않았다. 사회민주당 내에서 이것은 일종의 분열의 시금석이
되어, 좌파가 당으로부터 이탈하는 것으로 끝이 난다. 이들은 독일사회
주의노동자당(SAPD)이라는 독자적인 정당을 세웠지만 성공하지 못했
고, 노동운동의 투쟁 잠재력만 더욱 분산시켜놓았을 뿐이다. 이처럼 사
회민주당의 묵인정책은 사실상 정책 결과에 수동적으로 재반응하는 쪽
으로 점점 변형되어갔으며, 당은 그 상황에서 더 이상 영향력을 끼칠 수
없게 된다. 누구도 설득력 있는 대안을 제시하지 못했다. 사회민주주의
의 정치적 행동반경이 사회적 곤궁과 정치적 고립이라는 틀에 갇혀 이
들의 자유로운 행동공간을 극단적으로 제한했고, 결국 그들은 성공 전
망도 거의 없는 가운데 독일 민족주의와 가톨릭 보수주의, 나치 등 공화
국 반대자에 대항하는 희생에 찬 저항투쟁의 역할을 강제적으로 떠맡게
된다.

　이는 1932년 7월 20일, 브뤼닝의 후임인 프란츠 폰 파펜(Franz von
Papen) 제국 총리가 프로이센 정부를 불법적으로 몰아내고자 했던 시도
에서 드러났다. 사회민주당의 대응은 지지자와 당원들에게 1932년 7월
말의 임박한 제국의회 선거에서 사회민주주의 노동운동을 향한 확실한
지지를 투표로써 보여줄 것을 요구하는 것이었다. 사회민주당은 가능한

───────

된다. 바이마르 헌법 제48조는 대통령에게 오직 위기 상황에서만 '긴급명령권'
(Notverordnung)의 발동을 위임한 것이었으나, 점차 의회가 제어 능력을 잃어가
면서 정국이 혼란에 빠져들자 힌덴부르크는 자주 이에 의존했다. 그는 1931년에
만 44개의 '긴급명령권'을 발동했다.

모든 합법적 전략을 구상했다. 그들은 철저히 헌법과 합치되는, 즉 모든 장외 저항을 배제하는 행위만을 고집했다. 상대방이 공화국의 존재를 위협할 정도로 헌법을 파괴한다면 그때서야 비로소 최후의 수단으로서 (Ultima Ratio) 장외적 수단을 사용할 생각이었다. 하지만 실제 주어진 상황 속에서 그것은 내전에 가까운 행위들과 맞닥뜨리는 일이었다 — 과거 사회주의자탄압법 아래에서처럼, 이때도 다시금 "우리가 갖고 있는 법적 근거에 의거해 …… 적을 무너뜨리는" 방식이었다. 그래서 계몽과 휴머니즘, 자유와 인간성, 민주주의와 사회적 정의라는 이념을 바탕으로 자신들의 해방투쟁을 이끌었던 한 정당이 이제 반민주주의적이며 전체주의적인 적을 맞아 먼저 투쟁조건들을 적들로부터 강요당하지 않기를 바라게 되는 상황이 온 것이다. 만일 강요당해 불법적 수단들을 동원하게 된다면, 그것은 틀림없이 자신들의 가치관의 붕괴를 가져올 것이기 때문이었다.

사회민주당은 결코 전투적이며 내전(內戰)과 같이 결과가 의문시되는 위험을 감행할 투쟁정당이 아니었다. 대(大)위기라는 상황 아래에서라면, 더더욱 그랬다. 그래서 그들은 내전 비슷한 상황에 대한 대응 준비조차도 하지 않고 있었다. 1931년 12월 공화국 진영의 투쟁조직으로 결성된 철의 전선도 가까스로 이루어진 것이었다. 이미 늦은 것이었고, 이들에 의해 주도된 대중집회는 적들보다도 자신들의 지지자들에게 사실상 있지도 않은 자신들의 타격력을 과시하는 데 주안점을 두었다. 이런 방식으로 투쟁에 대한 준비태세를 만들어갔지만, 적어도 적들의 힘을 감안한다면 투쟁 능력에서 결코 낙관할 위치에 있었다고는 할 수 없었다.

2. 선택의 기로: 노동계급 정당이냐 프롤레타리아 통일전선이냐

이 자리에서 마비 상태의 현상유지 정책이나 어쩔 수 없이 절망감을 불러일으키는 역사결정주의(historischer Determinismus)에 관해 얘기하고자 하는 것은 아니다. 물론 역사가의 입장에서 되짚어보더라도, 대안적 대처 가능성들을 찾아내는 것이 쉽지는 않다. 사회민주당은 노령화되어 있었고 전문 노동자층에 집중했다. 그러나 위기에서 부족함과 편향성을 고치기란 어려웠다. 이미 1930년 이전에 사회민주주의는 새로운 피고용자층에 문호를 개방하고자 시도했어야 했다. 이에 대해서는 이미 당의 지도적 이론가인 힐퍼딩이 1927년 킬(Kiel) 당대회에서 예고한 바 있었다. 이에 따라 사실은 공산주의 노동자의 일부를 되찾아왔어야 했고, 가톨릭 노동자들을 중앙당에서 빼왔어야 했다. 아울러 청년층과 실업자들까지도 획득해야 했다. 대도시 소기업의 남녀 사무직 노동자들도 그저 그들을 프롤레타리아가 되지 못한 이들이라고 표현할 것이 아니라 그들에게 과거와는 다른 제안들을 했어야 했다. 어쩌면 사회민주당이 부르주아화된 '특권 간부정당'(Bonzenpartei)이 아니라 사회운동을 위한 도구를 갖고 있었음을 반(反)부르주아적 지식인에게 설득하는 것도 도움이 되었을 것이다. 하지만 이제는 모든 것이 너무 늦어버렸고, 수세적 고립주의 정서(Wagenburg-Mentalität)만이 주를 이루었다.

사회민주당 외곽의 친위 그룹이던 '청년우파'(Junge Rechte)의 이데올로기적 무장 또한 너무 늦었을 뿐만 아니라 당내 청년과 민족·민주적 지도층을 하나의 설득력 있는 미래상으로 묶고자 했던 것도 너무 늦었다. 또한 유럽 노동계급 정당들과의 연대가 상하지 않도록 호전적이고 민족주의적인 자기정체성과의 단호한 단절이라는 완전히 다른 편으로의 방향 전환을 해야 했다. 또한 1923년에 새로 조직된 (사회민주주의적) 사회주의노동자 인터내셔널(SAI) 구성원들의 의지가 부족했던 것은 아니었지만, 그들의 파시즘과의 국제적 대결도 너무 늦은 것이었다. 세계 경제 위기라는 대참사는 1930년대 초 유럽 내 도처에서 노동자정당이 자신들의 정치력과 영향력을 잃게 만드는 결과를 가져왔으며, 더 이상 물러날 수 없는 상황으로 몰고 갔다.

야금야금 잠식해 들어오면서 법치국가를 해체하는 헌법상의 변경에 대한 대응도 너무 늦었다. 좀 더 일찍 '사회적 법치국가'(sozialer Rechtsstaat)와 '집단적 민주주의'(kollektive Demokratie)라는 열쇠말들로부터 '방어력 있는 민주주의'(wehrhafte Demokratie)라는 개념으로 연결했다면, 전통적으로 잘 규율된 준법전략이라는 그늘을 뛰어넘을 수 있는 기회가 제공되었을지도 모른다. 교조적 마르크스주의의 위기 이론과의 단절 또한 너무 늦었다. 위기의 한가운데서 그런 이론의 개입은 소용없는 것이었다. 또한 위기를 막을 일자리 창출 프로그램(Arbeitsbeschaffungsprogramm)에 대한 구상과 과거에도 있어왔던 경기회복을 촉진하는 대책들 또한 너무 늦은 것들이었다.

그렇더라도 히틀러에게 권력을 넘겨주는 마지막 순간까지도 프롤레타리아 통일전선(Einheitsfront)을 위한 시간이 있지 않았던가? 이의 성립을 위해 개입한 이들은 케테 콜비츠(Käthe Kollwitz)나 하인리히 만(Heinrich Mann), 알베르트 아인슈타인(Albert Einstein) 같은 저명한 예술가나 세계적 학자 같은 이들만이 아니었다. 사회민주당에서 쫓겨났던 좌파 사회주의자들과 로자 룩셈부르크적 전통에 서 있으면서 공산당으로부터 쫓겨난 우파 공산주의자들도 통일전선을 요구했고, 작지만 투쟁 의사가 충만했던 사회주의노동자당(SAPD)도 반파시즘 통일전선의 중심 집결처로서 자신들을 제공했다. 그들은 파시즘이 안정적이고 스스로의 모순으로 자멸하지는 않으리라는 강한 확신이 있었다. 또 나치가 단지 노동자들을 탄압하는 것뿐만 아니라 노동자 조직과 나머지 반대 입장에 있는 부르주아도 없애고자 할 것으로 생각했다.

그럼에도 노동운동은 이 상황에서 두 개의 블록으로 확실하게 갈라진다. 사회민주당은 위기를 통해 중간 세대와 나이 든 세대의 전문 노동자들 당으로서의 성격을 확실히 했다. 이 세대들은 자신이 노력해 획득한 자산의 유지와 급진적 청년들에 대한 배제, 공산당에 표를 던지는 노동자들을 룸펜프롤레타리아로 부르며 단호히 거부하는 경향에 포박되어 있었다. 공산당은 일종의 이중성격을 갖고 있었다. 즉 스스로의 입지를 좁히는 교조적 입장에서 반사회민주주의적 사회파시즘 (Sozialfaschismus) 원칙을 맹목적으로 대변하는 지도 집단이 있었고, 그 반대편에는 당 간부로 활동하면서 계급투쟁에 단련된 공장 노동자의 핵심이 있었다. 이들은 소속의식이 지극히 불분명했고 젊은 실업자들과 불규칙적 취업 상태에 있는 노동자들로 구성되어 있었으며, 높은 수준의 저항과 급진화의 준비가 되어 있었다.

사회민주당은 공화국을 구하는 일에 자신들의 준법전략을 철저히 지키면서 오직 공개적 헌법 파괴의 경우에만 폭력을 사용할 생각이었다. 사회민주당에 공화국은 단지 지배계급의 도구이기만 했던 적이 한 번도 없었을 뿐만 아니라 언제나 개혁 능력을 갖춘 국가제도였다. 공산당은 드디어 혁명이 마치 눈앞에 다가온 듯 보이는 상황을 이용해 민주적 질서에 대항하는 내전을 준비하고자 했다. 이런 시나리오 속에서 공산당의 눈에 사회민주당은 자본주의 부르주아에게 매수된 노동귀족으로 구성된 반혁명적 창의 첨단으로 보였으며, 이들이 혁명을 훼방하고 소련에 대한 공격을 준비하고 있는 것으로 비쳤다. 그래서 그들로서는 나치가 아니라 '사회파시즘적' 사회민주주의자와 좌파 사회주의자들이 주적이었다. 이것이 1929년부터 1934/35년까지 공산당의 '기본노선'이었으며, 이는 1933년 1월 30일* 이후에도 있었던 몇몇 전략적 전환점에도 불구하고, 또한 양당의 당원들 속에서 분명히 확인할 수 있던 견해들을 무시하면서 지속되었다. 1932년에 쿠르트 슈마허(Kurt Schmacher)

• 힌덴부르크 대통령이 히틀러를 제국 총리로 임명한 날이다.

가 제국의회에서 표현했듯이, 나치즘을 마주한 가운데 "인간 내부에 숨겨진 비겁함을 향한 지속적인 호소"라는 것도 결국 독일 내 대규모 반파시스트 운동을 일으키는 것 이상은 될 수 없었다.

이 '사회파시즘'이라는 기본노선은 나치에 대한 엄청난 오판을 의미한다. 공산당은 나치의 용어를 사용하면서 나치들과 경쟁하는 문제에 대해 전혀 거리낌이 없었다. 나아가 그들은 브라운이 지휘하는 사회민주당의 프로이센 정부에 대항해 나치와 일시적 동맹을 맺기까지 했었다. 베르사유 평화조약에 따라 전후 보상과 상환 의무에 반대해 나치와 함께 싸웠으며, 1932년 11월의 베를린 운수 노동자 파업에서도 나치와 같이 행동한 바 있다. 사회민주당에 대한 증오, 특히 사회민주당 지도부에 대한 증오는 극복할 수 없는 것으로 판명되었다. 더욱이 사회민주당이 자신들에 대한 접근을 늘 망설이면서 억지로 진행하고 있는 것으로 보이자 그러한 사태는 더욱 심화된다. 다른 모든 정치세력들을 '파시스트적 원수'로 폄하함으로써 공산당은 시민계층을 단결시켰고, 결과적으로 나치로 구성된 공화국 파괴자들을 지원했다. 따라서 독일에서 나치가 승리하는 데 상당한 몫의 역사적 책임이 공산당에 있다. 공산주의 이데올로기의 추종에 따른 현실에서의 명백한 오판에 기인한 것이든, 코민테른의 정책에 의해 공산당이 일사불란한 추종세력이 되어버렸기 때문이든 그것은 마찬가지이다.

3. 순응과 저항 사이에 선 노동조합

1932년 늦가을, 독일 노동운동은 이미 발을 떼기 힘들 만큼 무거운 조직이 되었다. 그리고 그 무렵 노동조합은 노동운동의 사회민주주의 블록으로부터도 떨어져 나온다. 모든 것은 1932년 7월 선거에서 시작되었다. 독일노동조합전국연맹(ADGB) 지도부가 사회민주당과의 관계에서 지금까지 "당과 한데 묶여 있는 사슬을 끌고 가기 위해" 너무도 많은 것을 소진했고, 이후부터는 당과 거리를 두겠다고 선언했다. 노동조합은 민족(Nation)에서 의미를 발견해냈고, 이른바 '전쟁사회주의'에 대한 기억을 되살려 노동조합이야말로 어떤 국가체제 안에서든 결코 대체할 수 없는 질서유지의 요소가 되어야만 한다고 믿었다. 그래서 마침내 새로운 제국 총리 히틀러를 향해 자신들이 국민 전체를 위한 책임을 넘겨받을 의사가 있음을 분명히 드러낸다. 사회민주주의 노동조합보다 한 걸음 더 나가 기독교노동조합은 스스로를 기독교-민족노동조합으로 그 명칭을 바꾸고, 이미 오래전에 극복했다고 생각되던 가톨릭 교리로부터 가져온 신분제적 질서관을 다시금 자신들의 이데올로기적 레퍼토리로 받아들인다.

이런 과거회귀를 역사적으로 적절히 위치시키기 위해서는 먼저 묵인 정책의 실패와 사회민주당의 심화되는 고립화·주변화가 있었고, 이어서 노동조합이 대신 정치적 의사결정 과정에서 자신들의 관심사가 해결되도록 정치적 매개체 역할을 수행했음을 인정해야만 한다. 동시에 노동조합전국연맹 지도부의 순응전략과 개별 노동조합, 그리고 노동조합의 기회주의적 정책을 거부하거나 전혀 받아들이고자 하지 않았던 개별 조합원들을 각기 구분해야만 한다. 중앙 노동조합 지도부의 태도를 판단하는 데서도 1932년 중반에 세계경제 위기가 최고조에 달했을 때 노동조합이 극히 위급한 상황이었음을 간과해서는 안 된다. 당시 760만 명의 정규 노동자와 똑같은 수의 실업자가 서로 마주 보고 있었으며, 거기에 520만 명의 단기 노동자들이 있었다. 베를린, 작센, 루르 지역 등 몇몇 지역에서는 실업자가 더 많은 인원을 차지했다. 1920년에 노동조합이 800만 명의 조합원으로 최고에 달했다면, 그 수는 위기를 맞아 350만 명으로 줄어들었다. 그들의 집단적 이해 대변에 대한 욕구도 당연히 일차적으로 자신들의 작업장에 대한 염려로 향했고, 작업장 밖에서의 행동은 특별히 염두에 두지 않았다. 노동조합을 대변하는 사람들은 기존의 나이 많은 노동자들로 구성된 주로 공장의 핵심 구성원들이었다. 파업을 대비한 재정자금은 조합원의 탈퇴로 급속히 줄어들었다. 총파업이 점차 내전으로 번져갈 조짐이 강하게 나타날수록 총파업에 대한 준비 정도나 이를 치를 능력도 점점 더 줄어들어갔다.

"어떤 국가체제가 되더라도 늘 똑같이" 노동조합이 갖고 있는 사회적 과제는 성취되어야만 한다던 노동조합전국연맹 지도부의 시각은 커다란 오판임이 드러났다. 이미 1933년 4월 사회민주당 대표인 오토 벨스(Otto Wels)는 노동조합에 다음과 같이 경고함으로써, 노동조합의 행동이 사실상 희망 없는 직업임을 지적했다. "만일 조직의 생명을 자신들의 이념을 희생하면서 지속시키고자 시도한다면, 그것은 조직의 죽음이 무서워 정치적 자살을 감행하는 것과 마찬가지"라는 것이었다.

4. 1932/33년의 마지막 선거

공화국 말기의 사회적 위기와 정치적 적대관계가 신문 발간의 금지, 집회의 방해, 거리에서의 패싸움, 살해 위협 등으로까지 발전했음에도, '프롤레타리아 진영'은 비교적 단단한 틀을 유지하고 있었다. 나치당은 모든 사회계층으로부터 당원들과 지지자들을 끌어모을 수 있었는데, 1930~33년에 민족사회주의독일노동자당(NSDAP, 나치당) 지지자의 1/5~1/3은 노동자층으로부터 나왔다. 즉 여전히 노동자 중에는 민족 보수, 기독교 정당 등에 투표하는 이들이 있었고, 어느 정당도 지지하지 않는 노동자도 있었다. 그래서 나치당이 이들로부터 인기를 끌 수 있었음도 결코 놀랄 일은 아니다 — 노동자들이 나치즘에 대해 거의 자연적 거부감을 가졌던 것은 전혀 아니었다.

1928~33년에 335만 명의 사회민주당 지지자가 나치당으로 이동했다. 100만 명의 지지자가 그 반대 방향으로 이동한 만큼 나치당은 총

230만 명의 표를 더 얻은 것이다(공산당으로부터는 35만 표 이동). 그렇지만 사회민주당 지지자들 가운데 나치당으로 넘어간 층이 구체적으로 어떤 계층이었는지는 더 자세히 알려지지 않는다. 단지 사회민주당이 1928년에 새로운 중간계층의 획득을 통해 증가를 이루었던 바로 그들이 나치당 지지자로 바뀌었을 것이라는 해석이 높은 타당성을 갖는다. 특히 그들은 중간 신분이 중심이 되는 업종과 서비스업종에 종사하면서 공업도시에 사는 사무직 노동자와 공무원들이었다. 무엇보다 이런 통계에서 간과해서 안 될 점은 나치당의 주요 지지층이 자유주의와 보수주의 진영, 이익단체 등(750만 명)과 선거에 참여하지 않던 이들(600만 명)에서 나왔다는 사실이다. 당연히 실업이 투표자들의 급진화를 결정적으로 부추겨 확실하게 왼쪽으로, 특히 공산당 쪽으로 기울게 했지만 마찬가지로 사회민주당 쪽으로도 갔다. 또한 실업자 가운데 80퍼센트는 노동자 출신이었다. 특히 사무직 노동자 출신의 실업자들이 평균 이상으로 나치당을 지지했다. 아직 실업에 빠지지 않은 사람들이 존재의 기반 상실과 신분적 하락을 걱정해 나치당의 승리를 결정적으로 도왔다는 것도 특별하다. 이들은 의회주의적·민주적 시스템을 더 이상 기대할 수 없었던 참에 나치가 문제해결 능력을 가졌을 것이라는 막연한 추측으로 나치를 선택했던 것이다.

이 연관성 속에 간과해서 안 될 것은 나치당이 크게 보아 전통적 노동자 정서공동체 안으로까지 성공적으로 침범했다는 것이다. 1920년대 말부터 그들은 비록 수적으로는 소수였지만, 일련의 대공장에도 출몰하기 시작한다. 예를 들어 베를린의 크노르(Knorr) 브레이크 공장과 지멘스(Siemens), 함부르크에서는 고가철도, 도살장, 선박 정기선 운영과 몇몇 은행, 프랑크푸르트에서는 전차, 에센에서는 크루프(Krupp) 철강 등에서 그랬다. 베스트팔렌의 한 지역과 루르 지역에서는 이미 1930년에 나치당 내 노동자 당원이 32~35퍼센트에 달했다. 그런 한에서는 나치당에 찬성투표한 노동자들이, 예를 들면 주로 농촌 노동자, 가정 노동자, 우체국과 철도 노동자 같은 비전형적이거나 주변화된 노동자였다든지, 공공기업 노동자, 하청 수공업자 같은 이들이 주를 이루었다는 테제는 받아들이기 어렵다. 사실이 그렇지 않았다는 것은 그들이 권력을 어떻게 그렇게 비교적 빠른 시간에 획득할 수 있었는가로 설명할 수 있는데, 그것은 이미 독일 노동자들의 상당 부분이 기능적으로 자신들의 체제 속에 동화되어 있었기 때문이다. 즉 이미 1933년 이전에 노동자 가정에는 나치에 대한 선호가 상당 정도 존재했다. 이들 노동자 가정 내에는 선거권이 있는 여성, 연금생활자, 직업 없는 청소년들이 있었고, 그들이 나치에 공감할 가능성이 높았다.

다른 한편, 이런 평가를 바탕으로 독일 인구 가운데 나치당에 대항해 가장 높은 면역성을 보인 곳이 어디였는가에도 관심을 기울일 필요가 있다. 그곳은 가톨릭 교도나 노동자가 평균 이상으로 거주한 선거구 혹은 실업자 비율이 높은 선거구였다. 또한 평균 이상으로 개신교도가 많은 선거구, 평균 이상으로 노동자와 실업자가 많은 선거구들, 결론적으로 좌파 노동자의 정서공동체가 형성된 곳이었다. 공장 경험들이 지배적이고 노동조합에 의해 보호되어 노동자 문화가 활발했던 곳(바이마르 시대에 들어오면 점차 여성들도 참가하기 시작한다), 노동자 집단거주 지역(완벽하게 노동자만 사는 곳은 드물었지만, 그럼에도 노동자들이 대부분 60∼75퍼센트에 달하는 지역)이 그런 곳이었다. 이는 나치 독재의 폭력적 절대권력 때문에 일시적으로 패배는 했지만 그 후 어떻게 다시금 노동자 조직이 비교적 빨리 저항과 항거를 일궈낼 수 있었는지를 설명해준다.

사회민주당은 1928년 5월부터 1932년 11월까지 거의 200만 표 — 910만 표에서 720만 표로 — 를 잃는다. 공산당에 대한 사회민주당의 우위도 130만 표 정도로 줄어들었다. 이 시기 공산당 지지표는 320만 표에서 590만 표로 늘어난다. 이 두 노동자정당의 표를 합치면 37.2퍼센트까지 올라간다. 그것은 정치적으로 서로 적대적 입장에 있던 양당이 경쟁적으로 자신들의 지지자들에게 충성을 약속했기 때문이었다.

1933년 3월 5일에 실시된 제국의회 선거에서 사회민주당은 이미 좌파에 대한 테러가 동원되는 비상 상황에서도 단지 6만 8천 표밖에 잃지 않는다(공산당은 110만 표를 잃는다). 하지만 이런 지지율 갖고는 노동운동의 마지막 한 방을 날려 마비 현상을 극복할 수는 없었다. 왜냐하면 1933년 1월 이후에는 모든 폭력적 항거가 이미 가망 없는 것으로 드러났기 때문이다. 사회민주당 대표 벨스는 "우리는 지금 때려눕혀졌고, 다시 처음부터 시작해야만 한다"라고 솔직하게 진단한다. 하지만 이어진 1933년 3월 23일의 권력이양법에 대한 동의를 거부함으로써 사회민주당은 정치무대에서 품위를 유지하며 내려올 수 있었다. 이를 통해 배울 수 있는 교훈이란, 인간적 원칙들과 이에 기반한 사회운동들이 실패하게 되는 그런 강제적 상황이 역사에서 주어질 수는 있지만, 그렇다고 해서 이 원칙들 자체가 틀린 것은 아니라는 것이다.

| 참고 문헌 |

Carsten, Francis L.: *Widerstand gegen Hitler. Die deutschen Arbeiter und die Nazis*, Frankfurt a. M. 1996.

Falter, Jürgen W.: *Warum die deutschen Arbeiter während des "Dritten Reiches" zu Hitler standen*, in: GuG 13. Jg., 1987, S. 217-31.

Fischer, Ilse: *Versöhnung von Nation und Sozialismus? Lothar Erdmann (1888-1939): Ein "leidenschaftlicher Individualist" in der Gewerkschaftsspitze*, Bonn 2004.

Schönhoven, Klaus/Vogel, Hans-Jochen (Hg.): *Frühe Warnungen vor dem Nationalsozialismus*, Bonn 1998.

Pyta, Wolfram: *Gegen Hitler und für die Republik. Die Auseinandersetzung der deutschen Sozialdemokratie mit der NSDAP in der Weimarer Republik*, Düsseldorf 1989.

Saldern, Adelheid von: *Sozialmilieus und der Aufstieg des Nationalsozialismus in*

Norddeutschland (1930–1933), in: Bajohr, Frank (Hg.): *Norddeutschland im Nationalsozialismus*, Hamburg 1993.

Vogt, Stefan: *Nationaler Sozialismus und Soziale Demokratie. Die sozialdemokratische Junge Rechte 1918–1945*, Bonn 2006.

Winkler, Heinrich August: *Der Weg in die Katastrophe. Arbeiter und Arbeiterbewegung in der Weimarer Republik 1930 bis 1933*, Berlin, Bonn 1987.

_____: *"Eine noch nie dagewesene Situation": Rudolf Hilferding in der Endphase der Weimarer Republik*, in: Kocka, Jürgen/Puhle, Hans-Jürgen/Tenfelde, Klaus (Hg.): *Von der Arbeiterbewegung zum modernen Sozialstaat (Festschrift für Gerhard A. Ritter)*, München 1994.

제5장

나치 독재기의 노동자와 노동운동(1933~45년)

이번 가을에 전쟁이 닥칠 것 같고, 또 그 전쟁이 오래 지속될까 두렵네. 이제 막 프랑스와 영국은 전쟁을 준비하기 시작했네. 그곳에 있는 친구들에게 …… 과거의 우리가 지금의 우리와 달라진 게 없다는 것을 이야기해주게나. 그러나 우리는 대파국을 막기에는 너무도 무능력하다네. 우리는 거대한 수용소의 수감자 같은 신세라네. 저항한다는 것은 수감된 이들이 무장한 감시자에게 대항해 봉기하는 것이나 마찬가지로 자살 행위와도 같다네.

• 빌헬름 로이슈너가 외국에 있는 친구에게 보낸 편지, 1939년 8월 10일

나치가 그 수명을 다하는 날에 권력을 넘겨받을 수 있는 통일적 비합법운동이 존재하지 않는다는 것은 사실이다. 하지만 다른 한편으로 민주주의의 급진적 변혁을 이뤄낼 모든 세력이 연합해 새로운 정권을 만들고 유지할 수 있는 내부적 힘은 충분히 강력하다. 독일인 이민자들은 독일 사회를 재조직하는 데 결정적 역할을 거의 하지 못할 것이다. 하지만 이민자들이 내부 운동에 일련의 중요한 힘과 경험을 가져다줄 수 있음을 간과해서는 안 될 것이다. 내부의 재야세력들은 일반적으로 지적 능력들이 부족하며, 특히 그들 가운데는 국제관계에 대한 조망을 갖고 있는 인물이 없다. 귀향한 이민자들은 노동운동 분야에서 시민세력보다 더 의미 있는 존재가 될 것이다.

• 빌리 브란트의 책 『승리 이후』, 스톡홀름, 1944년 5월

1. 저항과 망명

다음과 같은 두 개의 서로 모순된 듯 보이는 진술이 있다.

> 1. ……'제3제국'* 내에서와 망명지에서의 저항이 갖는 도덕적 가치를
> 아무리 높이 평가한다 하더라도, 나치 독재를 균열시킬 수 있는 기회는 그
> 어느 때에도 없었음은 확실하다.(Michael Schneider, 1078쪽)
> 2. 바로 1930년대 후반에는 노동자들에게 광범위한 반감과 거부의 표
> 지들이 강화되어 나타나는데, 이것은 나치가 확신으로 뭉쳐진 '민족공동
> 체'(Volksgemeinschaft)를 만드는 데 성공하지 못했음을 보여준다.(같은 책,
> 1091쪽)

나치가 예상보다 빨리, 또한 극단적 잔인성을 갖고 결코 굴복시킬 수
없다고 여겼던 독일의 전설적 노동운동이라는 성곽을 뭉개버리는 데
성공했다는 사실은 저항의 가능성이 이미 처음부터 거의 없었음을 의
미한다.

독일공산당도 처음에는 사회민주당과 마찬가지로 상황에 끌려들어

• '제3제국'이란 1918/19년에 종말을 고한 독일 빌헬름 제국과의 연속성을 강조하
는 명칭으로서, 뉘앙스는 달랐지만 이미 바이마르 시대부터 보수주의자와 왕정복
고주의자들에 의해 통용되던 용어였다. 나치 집권 이후에 자신들이 스스로 차용한
용어이지 공식 용어는 아니며, 그래서 일반적으로 따옴표를 사용해 표시하고 있다.

갔으며 거의 마비 상태였다. 총파업의 구호는 자신들 내부에서조차 호응을 이끌어내지 못했다. 그러나 비교적 빨리, 그래서 결코 비밀보장도 되지 못하였고 미리 준비되지도 못했지만 수적으로는 상당히 많은 이들이 저항에 참여한다. 이는 대규모 체포로 이어졌고, 많은 희생을 요구했다. 물론 이런 행위는 1933년 3/4월의 탄압을 통해 완전히 무너진 당 조직을 지역과 지방에서 비합법적으로 재건하고자 목숨이 위협받는 상황에서도 위험을 무릅쓴 일부 공산당 당원에게 해당되는 일이기는 했다. 비밀조직을 통해 국민들에게 밀착하려는 전략은 공화국 말기에 생겨났지만, 그 자체의 모순성으로 말미암아 실패하고 만다. 이제는 오직 중앙조직 중심의 서열구조를 재조직하고 서로 간의 연결망을 만드는 수밖에 없었다. 특히 나이 든 당 간부들은 강제수용소(Konzentrationslager, KZ)나 감호소 생활을 마친 후 비합법적 운동을 수행할 수 있었지만, 독일의 프롤레타리아 계급이 기대했던 혁명의 원동력을 증명해내지 못하자 실망감이 컸다. 무엇보다 나치 스파이들과 강제수용소 안에서 전향한 공산당 당원들이 당내에서 높은 지위를 차지했던 것만 보더라도, 비합법적 공산당의 상황이 얼마나 피폐했었는지를 알 수 있다.

그럼에도 공산당 지도부는 자본주의 위기의 첨예화가 혁명적 전복을 이끌고 말 것이라는 자신들의 전략적 기본강령을 유지한다. 1935년 10월, 모스크바 근처에서 열린 이른바 브뤼셀 회의*에서 별 성과 없던 전략을 실제로 다시 채택한 것은 단지 형식적 결정이었음을 보여준다. 이제 통일전선의 새로운 정책, 즉 민족전선(Volksfront)으로 칭해지는 정책은 지금까지의 공산주의적 헤게모니를 단지 다른 방식을 통해 지속하고자

---

* 브뤼셀 회의(1935)라는 이름은 단지 외부에 위장을 위해 붙인 이름으로서, 1935년에 열린 나치 집권 이후의 첫 공산당 당대회를 의미한다. 이 자리에서 지금까지 사민당에 대한 적대적 태도를 버리고 히틀러 축출을 위해 힘을 합칠 것을 결의한다.

하는 것이었을 뿐이다. 공산당 저항의 두 번째 단계인 전쟁 시기는 개별 투쟁가가 주도했고, 이데올로기적 부담으로부터 상당히 자유롭게 좌파 저항세력 동맹을 구성하는 데 집중한다. 반면에 모스크바로 망명한 공산주의 지도자들 가운데 빌헬름 피크(Wilhelm Pieck)와 발터 울브리히트(Walter Ulbricht)가 각축 끝에 정파의 승리자로 남게 된다.

사회민주당 내에서는 비록 아주 짧은 기간이기는 했어도 '제3제국'에서 합법적 야당 노릇을 할 수 있을 것이라는 환상이 있었다. 1933년 5/6월, 잠깐 동안의 이 조심스러운 순응전략 뒤에는 이런 방식으로 당원들을 계속 충성심 속에 남겨둘 수 있고 스스로도 보호할 수 있을 것이라는 고려가 있었기 때문이다.

확실하지 않은 것은 무엇보다 국내투쟁의 국외와의 관계, 그리고 반대로 국외투쟁의 국내와의 관계였다. 1933년 6월 22일의 정당 활동에 대한 금지조치 이후로 선거는 더 이상 없었다. 사회민주당은 저항 가능성에 대한 냉정한 판단에 따라 공산당과는 달리 비공식적 비밀조직 결성을 포기했고, 대중들에 대한 선전 작업도 하지 않았다. 그 대신 이웃과의 교류, 노동, 각종 취미 모임들 속으로의 잠입을 앞에 내세웠다. 공장의 역할은 나치의 정치적 통제가 강화된 결과 점점 줄어들게 된다. 당원 간의 단결은 과거의 결속을 계속 유지하는 방식으로 지속되었다. 부분적으로는 친척관계로 서로 얽혀 있었고, 같은 직종에 종사한다든지 같은 공장에서 일한다든지 같은 길로 직장과 집을 오가면서 사람들은 서로 알고 지냈다. 등산 모임, 볼링 모임, 합창단, 체스 동호회 등은 집회를 위장하는 중요한 역할을 했다. 대도시로의 상경, 대도시 녹지대, 구석진 호숫가에서의 여름 휴양 등을 핑계 삼아 망명자들의 전단지와 강령 인쇄물들을 읽고 토론했으며, 사회민주주의적 신념의 절대성을 강화했다. 사람들은 일단 살아남고자 했고 연대감을 갖고 서로를 연결함으로써, 나치 독재가 무너지면 "히틀러 다음엔 우리가!"라는 구호에 맞추어 정치적 책임을 넘겨받고자 준비했다.

당의 옛 주요 간부들은 서로 느슨한 연결망을 유지했으며, 이웃 국가로 망명한 간부들과 정보를 교환하기 위해 연결을 지속했다. 비합법 지하운동의 전달자들은 대부분 사회주의노동자청년단(Sozialistische Arbeiterjugend, SAJ) 출신이었다. 그룹이 작으면 작을수록 대처하는 데더 성과가 있었다. 하지만 이런 소모임 작업이나 어떤 경우 완전히 혼자하는 저항 행위들은 노동운동의 전통적 조직문화에 전혀 해당되지 않았다. 전통적 노동운동 문화란 공공장소에서의 전파와 대중적 효력을지향하는 것이었지 개개인이나 소집단의 지하활동을 지향한 것은 아니었다. 종종 이런 전환은 많은 희생을 치르면서 배워 나가는 과정이었다. 노동조합의 지휘부도 사회민주당과 유사한 방식으로 서로 간의 연결망을 느슨히 유지하거나 새롭게 건설했다. 그들은 어떤 의미에서는 '대기 상태'(im Wartestand)를 유지하고 있었다. 접촉은 의식적으로 다양한 노선들을 함께 연결했다. 특히 가톨릭 노동운동의 대표자들은 쾰른과 베를린을 중심으로 적극적 지하운동을 했고, 일부는 교회 내 고위성직자의 의지에 반해 혹은 그들의 지원 없이 진행했으며, 또 다른 일부는 교회 차원의 저항운동을 함께 진행하기도 했다. 이런 연결선들을바탕으로 전후 통합노동조합(Einheitsgewerkschaft)에 대한 동의의 기반이 준비되었다는 것은 확실하다. 지하에서 자신들의 전문적 능력을 이용해 가장 성공적으로 활동한 조직은 철도 노동자, 선원, 국제운송연맹(Internationale Transportarbeiter-Föderation, ITF) 등이었다. 거의 전적으로독일에 집중되던 저항운동과 달리, 그들은 스스로를 기존 조직들과는달리 생각하면서 운동의 중점도 다른 곳에 두었다. 즉 그 조직원들은 투쟁을 단지 독일의 문제로만 생각하지 않고 전 세계적 방어투쟁의 일부로 받아들여 스스로를 혁명적 반파시스트로 생각했다.

비합법적 저항자들은 주로 젊은 남성들이었다. 연구에 따르면, 여성들은 처음에는 대단히 망설였지만 참여하게 되면 일단 2선에서 활동했다. 이런 것이 연구에서 이들을 과소평가하게 만들었다. 최근의 연구에 따르면, 저항 활동에서 여성들은 종종 동시에 어머니이기도 했으며, 안정적 기둥 같은 역할을 했다. 여성들은 거의 모든 반정부 활동 영역에서 발견된다. 그들은 전령으로, 스파이로, 정보와 물자를 전달하면서 나눠주는 사람으로 활동하기도 했고 카페 및 레스토랑의 주인이나 종업원으로서 운동가에게 만남의 장소를 제공했으며, 돈과 무기, 정보들을 제공·보관하는 등 광범위한 영역에서 억압당하는 이들에게 실질적 도움을 제공하는 필수불가결한 존재였다.

비록 여전히 충분히 인정받고 있지는 못하지만, 이미 잘 알려진 바와 같이 1944년 7월 20일의 저항운동*은 부르주아 보수주의자들, 귀족과 직업군인들만의 사건이 전혀 아니었다. 노동조합과 사회민주당 대표들은 1942년 이후에는 더욱 강화된 형태로 저항운동 계획에 참가했다. 이들은 히틀러를 전복한 이후에도 폭넓게 주민들로부터 지지를 얻어왔거나 얻어낼 수 있는 그런 인물들이었다. 비록 민족-보수 세력들은 히틀러에게 대항하는 비밀결사를 회의적으로 보는 편이었지만, 과거 노동자들의 대표로 뽑힌 대의원들이 함께 참가하는 것을 그들 대표자의 참가로 보았다. 궁극적으로 이런 행위들은 1933년 이전에 사회민주주의 노동조합의 지도급 인사였던 빌헬름 로이슈너(Wilhelm Leuschner)가 "과거의 우리들이 현재의 우리들이다"라고 언급했던 것을 증명하기 위한 것이었다. 로이슈너 말고도 7월 20일의 저항운동에 참가했던 사회민주주

• 1944년 7월 20일에 일어난 히틀러 암살 음모는 헬무트 몰트케(Helmuth Moltke), 페터 바르텐부르크(Peter Wartenburg), 클라우스 솅크 슈타우펜베르크(Claus Schenk Stauffenberg) 등이 중심이 된 저항운동으로서, 이들은 모두 동프로이센 슐레지엔(Schlesien)의 크라이사우(Kreisau) 지역 출신 프로이센 전통 귀족과 고위 군인, 보수주의자들이었다. 이들을 중심으로 진행되었기 때문에 크라이사우 그룹으로 불린다. 그러나 실제로 이들이 히틀러 사후의 체제를 준비할 때에는 동프로이센 지역을 넘어 독일 사회의 광범위한 계층의 구성원들을 관계망 속에 끌어들였으며, 그랬기 때문에 이들의 음모가 발각되었을 때 연루된 사람들도 대단히 광범위했지만, 이 운동은 기본적으로 전통-보수주의자들의 구상이었다.

사회민주당 지하운동가 율리우스 레버, 1944년 10월 20일

의자들로는 누구보다도 율리우스 레버(Julius Leber), 카를로 미렌도르프
(Carlo Mierendorff), 아돌프 라이히스바인(Adolf Reichswein), 테오도르 하
우바흐(Theodor Haubach) 등이 있었다. 또한 크라이사우(Kreisau) 그룹의
계획 틀 안에서 예수회 신부인 알프레트 델프(Alfred Delp)를 통해 사회
민주주의자들과 가톨릭교회 사이의 관계가 가까워진다. 자신의 접촉망
을 저항운동의 다양한 노선들에 대한 포섭으로 발전시킨 사람은 로이
슈너였다. 그로부터 기독교노동조합과 그들의 지도자인 야코프 카이저
(Jakob Kaiser), 베른하르트 레터하우스(Bernhard Letterhaus), 니콜라우스
그로스(Nikolaus Gross) 등이 연결되었다.

결국 나치의 테러지배에 대항해 거의 성과를 내지 못한 것은 마찬가지였지만, 좌파 사회주의 집단은 자신들의 저항운동을 그룹이나 작은 모임 형태로 조직해 대단히 정치적이고 조직상 안정적인 형태로 진행했다. 노동운동의 양대 적대 진영(사회민주당과 공산당) 사이에 일종의 다리 역할을 하고자 시도하는 노력은 독일 내에서도 망명지에서도 실패한다. 물론 이런 실패가 후일 볼셰비키적 당독재에 반대해 새로운 사회민주당을 건설하는 길을 준비하게 된다.

이미 오래전부터 '저항'(Widerstand)이라는 개념은 이에 포함할 수 있는 행위 방식들에서 일련의 다양한 특징들을 구체화함으로써 과거보다 그 내용이 풍성해졌고, 동시에 보다 세밀하게 확립되었다. 이에 대한 논의들은 아직 끝나지 않았으며, 동시에 다음과 같이 구분할 수 있다. '저항'이란 나치 지배의 전복이나 적어도 그 부분적 붕괴(Erodierung)를 목표로, 때로는 불분명한 형태와 조직적 배경을 갖고 고도의 개인적 위험이 따르는 행위들에 적극적으로 참가하는 것을 의미한다. 이와는 달리 '반대세력'(Opposition)이란 비록 기본적으로 같은 근본적 적대관계에 놓여 있다 하더라도, 부분적으로만 참여하면서 목표에서 제한적으로만 일치하는 세력을 의미한다. 의견을 달리함(Dissens)이란 대개 광범위한 보통의 사람들 가운데 일어나는 갑작스럽고 전혀 미리 계산되지 않은 행동과 표현으로 특징지을 수 있는 행동 양식을 의미한다. 나치의 사료에 따르면, 그 숫자에 있어 1933~39년에 약 100만 명의 독일인이 정치적 이유로 일시적으로 감옥살이를 했거나 수용소와 감호소 등에 잡혀 들어갔다. 나치에 의해 살해된 이들의 숫자를 알려주는 믿을 만한 자료는 없다. 1939년 4월의 게슈타포 자료에 의하면, 독일 내 162,734명의 보호감호수(囚)들이 있었으며, 27,396명이 정치적 행위를 이유로 피소되었고, 이들 가운데 112,432명이 유죄판결을 받았다.

수많은 시간과 에너지를 허비한 망명지에서의 싸움을 통해서는 다양한 행동들과 논리정연한 계획들을 확인할 수 있는데, 이들의 작업은 거의 1945년 이후까지 연결되지 못했다. 지도자급 사회민주주의자나 사회주의 망명자들은 망명 기간 중에 정치적 영향력을 거의 발휘하지 못했다. 망명지에서의 저항운동 또한 독일에서와 마찬가지로 성과 없이 끝났다. 망명지에서건 독일 안에서건 간에, 다양한 그룹들이 조직상 어느 정도 단단한 국민대표단을 구성하는 데는 성공하지 못했다. 그럼에도 파리에 있던 독일 '민족전선'(Volksfront)이 1936~39년에 했던, 나치 독재를 몰아내기 위한 공동의 저항 노력은 모든 세계관과 정치적 경계를 넘는 대표단 구성 가능성의 한 증거였다. 나치에 의해 선전되었던 '민족공동체'에 대한 대칭 개념으로 '민족전선'은 망명 중심지에서 주목을 받았고 동시에 독일에도 영향을 끼칠 수 있었다. 확실히 이런 행위들을 통해 후일 사회민주주의적 '통합정당'(Einheitspartei)을 향한 첫 접근이 이루어진 것이며, 민주주의적 사회주의 ─ 공산주의자들을 제외한 ─ 라는 장차 공동으로 내세울 상호 합의된 개념을 만들 가능성을 시험해볼 수 있었다.

이미 1935년 말, 아직 프라하 망명 시기에 독일 사회민주주의는 자신들이 "과거에도 현재도 민주적 사회주의자다"라고 확실하게 천명함으로써, 공산주의자들과의 엄격한 분리를 확실하게 알렸다. 이들에게 "민주주의란 전략적 도구가 아니라 하나의 원칙이며, 자신들의 투쟁의 목표"('통일전선' 문제에 대한 당 지휘부의 결의)였던 것이다. 런던 망명자들은 후일 '민족전선' 내에서의 공산당 대표자들과의 부정적 경험 이후 이런 견해들을 반복적으로 확인한다. 즉 공산당과는 그 어떤 타협도 없으며, 어떤 공동의 행위나 선언도 없다는 것이었다. 런던 망명지도부는 제2차 세계대전의 시작과 함께 독일 내 저항, 특히 노동자들로부터의 저항이 나치 독재의 붕괴에 상당 정도 기여할 것이라는 희망을 접는다. 이제 사람들은 민주적 독일이 수립될 수 있도록 '나치 독일'은 없어져야 한다는 연합군의 전쟁목표를 지지하게 된다. 이 민주적 독일이 바이마르 공화국의 국경선에서 영토적 손실 없이 다시 성립될 수 있으리라고 사람들은 오랫동안 믿었다. 자매당인 영국 노동당의 결정*에 그 어떤 영향력도 끼칠 수 없게 되자, 사람들은 이를 무척이나 당황스럽게 받아들였다.

국제사회주의자투쟁연맹(Internationalen Sozialistischen Kampf-Bundes, ISK)은 세계관에서의 결속력, 거의 종교에 가까운 조직, 적은 조직 인원 등을 이용해 나치에 대한 저항을 가능하게 했으며, 독일과 망명객들 사이의 지속적 연결에 집중했다. 그래서 전쟁기에조차도 전령이나 정보망으로서의 역할을 유지하는 데 성공적이었다. 국제사회주의자투쟁연맹은 제2차 세계대전 중에 영국 사회의 민주적 구조와 부딪히면서 점차 조직 내 민주주의와 거리가 있던 자신들의 권위주의적 사고를 버리게 된다.

독일사회주의노동자당(Die Sozialistische Arbeiterpartei Deutschlands, SAPD 또는 SAP)은 1936/37년까지 아직은 여전히 독일 내에서 저항운동을 할 수 있는 상황이었음에도 결속력을 보여주지 못했다. 프라하, 파리, 런던, 내전 전과 내전기의 스페인, 오슬로, 스톡홀름, 코펜하겐, 뉴욕, 쿠바에 이르기까지 망명했던 작은 분산적 그룹들은 이미 1933년 이전부터 갖고 있던 다양한 세계관과 정치적 견해 간의 차이들이 심화되면서 분열되고 만다. 빌리 브란트(Willy Brandt)를 중심으로 한 스톡홀름 그룹은 민주적 사회주의로 방향을 잡고 발전했다. 여기에는 북유럽적 민주주의에 대한 인식, 그리고 특히 소련이나 스탈린주의에 대한 환상 없는 대결이 기여했다. 늦어도 1939년 여름이 되면, 독-소 불가침조약의 체결 이후 '노동하는 이들의 조국'이 테러를 동원한 관료적 독재와

• 히틀러 이후의 세계를 구상하는 미·소·영의 회담은 테헤란과 얄타에 이어 마지막으로 포츠담(1945. 7. 17~8. 2)에서 어느 정도 정리되었다. 그런데 회담 도중에 영국에서는 선거가 있었고, 노동당의 승리로 보수당의 윈스턴 처칠(Winston Churchill) 대신 노동당의 클레멘트 애틀리(Clement Attlee)로 영국 대표가 바뀌게 된다. 영국은 독일의 기대와 달리, 이 회담에서 소련이 이미 점령한 지역의 기득권을 인정했고, 독일과 폴란드의 국경을 오데르-나이세 강으로 하는 소련안, 즉 독일의 경계가 대폭 서부로 이동된 평화협정을 추인했다.

터무니없는 지도자 숭배 국가로 변했음이 드러나면서 자유로운 발전에 대한 희망이 사라진다. 이와 병행해 민주적 사회주의가 존재할 수 있는 조건들에 대한 통찰력도 늘어난다. "경험을 통해 사회주의란 단지 국가가 생산도구를 넘겨받는 일 이상이라는 것이 드러났다. 사회주의는 자유와 민주주의 위에 건설되어야만 하며, 그 이름에 진정으로 걸맞고 그런 이름을 내걸 수 있는 그런 정치를 만들고자 한다"(Willy Brandt, *Hitler ist nicht Deutschland*, 1939년 10월, 432쪽). 1939년 초에 슈테른베르크도 이미 이와 유사하게 말한 바 있다. 그는 유럽에서의 전쟁에 미국의 참전을 지지하는 쪽에 투표하도록 좌파들을 설득하기 위해 미국으로 망명했다. 크게 보아 모든 독일사회주의노동자당 구성원들이 민주적 사회주의로의 길을 선택한 것은 아니었다. 독일사회주의노동자당의 해외 지도자 가운데 한 사람이자 한동안 브란트의 정치적 멘토이기도 했던 야코프 발허(Jacob Walcher)는 오직 소련만을 지향했다. 브란트는 자신의 망명 잡지를 통해 지속적으로 기본 사상을 반복해 드러낸다. "히틀러는 독일이 아니다." 즉 그에게는 '대안적 독일'이 있었으며, 이를 위해 히틀러 이후의 국가적 통일을 유지하는 것은 그로서는 사실 당연한 일이었다.

1938년 파리 망명기에 이미 '망명독일사회민주당'(Sopade), 혁명적 사회주의자, 새로운 시작(Neu Beginn), 국제사회주의자투쟁연맹(ISK), 독일사회주의노동자당, 자를란트 망명자 그룹, 비공식 소집단들, 오스트리아 사회주의혁명가집단 등을 모아 사회주의자들의 통합정당을 만드는 시도들이 있었다. 이 시도는 실패로 돌아갔다. 그러나 1941년 3월 19일에 이런 시도는 마침내 성공하는데, 런던에서 '영국 내 독일사회주의단체연합'(Union deutscher sozialistischer Organisationen in Grossbritannien)이 결성된다. 스톡홀름에서도 1944년 9월 말이면 이와 유사한 진척이 이뤄지는데, "우리와 마찬가지로 독일사회주의노동자당 내에서도 사회주의적 통일당의 결성을 위한 노력들이 존재한다"(Grebing, *Entscheidung*, 38쪽)라는 논거 아래 독일사회주의노동자당 당원들이 스톡홀름에 있던 사회민주당 그룹으로 들어간다.

독일 전후사에서 망명자들의 업적들과 그들이 끼친 영향력은 상대적으로 성과를 내지 못했던 관계로 대부분 너무 낮게 평가되어왔지만, 다음과 같은 평가를 내릴 수 있다.

1. 전쟁 중 연합군이 미래의 독일 민주주의를 위해 정치적·사회경제적 기반을 보호해야 하며 전후 평화조약 체결에 동등한 권리를 갖고 참여할 가능성을 인정해야만 한다고 연합군이 인식하도록 개입하여 영향을 끼쳤다.

2. 망명 기간 중 모든 독일 사회주의자들을 포괄하여 폭넓은 국민운동이 되도록 '새로운 사회민주주의'를 위한 정치적 틀을 미리 결정했으며, 공산주의자들과의 협력이나 나아가 합병에 대해 분명하게 제한적 조건을 걸었다.

3. 전후 사회민주주의의 목표 설정을 미리 내다보는 강령상의 전환을 이루어 무엇보다 케인스적 경제정책을 민주-사회주의적 기본 원칙들과 연결시켰다.

4. 사회민주주의적이거나 민주-사회주의적 시각을 갖는 몇몇 대표자들(특히 올렌하우어, 브란트, 에른스트 로이터Ernst Reuter, 빌헬름 회그너 Wilhelm Hoegner, 하인츠 퀸Heinz Kühn, 막스 브라우어Max Brauer, 빌리 아이힐러Willi Eichler 등)의 조기 귀환은 독일 내에서 탄압받던 사회민주주의자들만으로는 효과적으로 연결시킬 수 없었던 전후 독일에서의 반파시스트적 민주주의의 연속성을 보장했다.

2. 나치즘 아래의 노동자

'제3제국' 아래서는 지향해야 할 민주주의적 모범의 실체가 실종된다. 바이마르 공화국을 '민주주의자 없는 민주주의'와 '공화주의자 없는 공화국'으로 이야기하는 것은 근거 없고 적어도 과장된 표현이지만, 1918/19년에 성취하고 1932/33년에 놓친 민주적 자유는 나치 독재 기간 동안 말살된다. 이는 또한 노동자들에게도 해당된다. 전통적 노동운동의 형식 내에서 조직 활동이나 공장생활에 단단히 뿌리박지 못했던 노동자들, 생산과정에서 상위 신분에 있던 사무직 노동자나 기술자, 노동조합을 통한 사회화의 기회가 없던 청년 노동자들은 나치의 프로파간다에 쉽게 침윤되었음이 증명되었다. 나치는 그들에게 계급화해를 설파했고, '노동자의 몸과 머리'로 된 '민족공동체'를 통해 반자본주의에 대한 동경을 충족시키고자 했다. 비록 1934~36년이 나치 정부에는 위기의 해였지만 — 최저임금은 멈춰 있었고 물가는 상승했다 — 노동자들 대부분은 기다리고 있었거나, 예전부터 유지되던 집단적 결속이 해체될 때까지 아무런 대응 없이 감수했다. 설혹 비판을 제기한다 하더라도, 그것이 히틀러를 향하지는 않았다. 히틀러는 '제3제국' 역사의 이후 전개가 보여주듯이, 여전히 거대한 희망으로 남는다. 1936년에서 전쟁의 시작까지 실업이 군수산업의 호황에 따라 줄어들 뿐만 아니라 나아가 금속과 건설 분야 전문 노동자들의 실질임금은 상승하기까지 했다. 그들은 생활수준의 분명한 개선을 경험한다. 거기에 더해 철저히 계산된 복지정책과 세금정책은 자녀가 있는 가정과 저임금 노동자들의 부담을 덜어주었으며, 반대로 미혼자와 자녀 없는 가정, 부자들에게는 부담을 더 무겁게 했다. 브란트는 1936년 자신의 베를린에서의 불법체류 기간 동안 베를린 노동자들이 비록 과도하게 친정부적이지는 않다 하더라도 "적어도 반정부적이지는 않다"라고 언급한 바 있다. 이런 현상을 일반적 경향이라고 이야기할 수 있을 텐데, 아마도 도시지역 — 대도시와 산업 밀집지역 — 에서는 조금 덜하고, 농촌과 중소도시에서는 조금 더했을 것이다. 거기에 더해 대외정책에서의 성과도 나치 정부의 안정화에 한몫한다.

신분제적 전통, 가부장적 기업 운영 형태, 공장 내 인간관계 등이 지도자-추종 원칙(Führer-Gefolgschafts-Prinzip)에 따라 조직된 기업공동체라는 사고에 사회적 기반을 부여한다. 프로파간다가 개입하지 않은 곳에서는 질서, 훈육, 돌봄 등으로 표현되는 '사회적 화합'이 강요되었다. 나머지 사람들에게는 탄압에 대한 공포와 요구되는 기준에 대한 적응만이 주어졌다. 적지 않은 수의 사람들은 자신이 성과에 대한 동기를 발견했다고 생각했으며, '제3제국' 기간 중 대략 1943년까지를 개인적 상승(Aufstieg)의 시간으로 경험했다. 나치들은 익숙했던 생활공간의 불안정화, 집단 고유의 충성심의 파괴, 고유의 공동체적 환경에 대한 의도적 분쇄 등을 하나하나 성취해갔다. 그 가운데 어떤 것들은 대단히 빨리 그 효과를 드러냈다. 일상생활에서의 지향성 상실과 공장에서의 고립 같은 것들은 저항운동과 원외세력의 활동에 불리한 전제들이었다.

위장된 거부, 내키지 않는 동조, 어느 정도는 자유의지에 의한 순응 혹은 자유의사에 따른 나치 기업공동체, 나아가 민족공동체에의 참여 등등 어떤 것들이 지배적 현상이었는가라는 문제를 역사 연구에서 측정하기란 어려운 일이다. 나치즘 아래서의 독일 노동자상은 통일적이지 않고 잡다하다. 아마도 동일한 사람에게도 삶의 상황과 시간적 조건에 따라 서로 모순되는 행위들이 발견될 수 있을 것이다. 나치 스스로도 역시 상황에 따라 다른 모습들을 보여준다. 예를 들어, 1930년대 중반에 고도의 전문 능력을 갖추었던 과거 적극적이었던 노동조합원은 다시 일자리를 구했고, 일부는 동일한 자리에 재취직되었다. 하지만 동시에 공장 내 정치적 통제는 더 강화되었다.

이 모든 것들은 공장이 저항과 반대 행위의 출발점이었음을 의미한다. 일상생활에서와 마찬가지로 공장 내에서도 나치 독재의 행패와 요구에 동조하지 않는 다른 행동을 할 수 있는 기회들은 많았다. 하지만 의식적 저항이나 반대 행위들은 거의 없었다. 그럼에도 '제3제국' 시기 전체에 걸쳐 개별적 사회주의자 모임이나 가톨릭 공동체의 핵심 내에서는 저항적 비(非)동조와 거부가 있었으며, 이것이 다시금 저항을 위한 행위의 기반을 구성할 수 있었음을 간과해서는 안 된다. 연구에 따르면, 이런 행위들과 관련해서는 브레멘, 라이프치히, 하노버, 함부르크 등의 도시들이 그러했다. 이들의 저항 강도는 열거된 순서대로 브레멘이 가장 강했다. 여기에서 베를린은 제외되는데, 왜냐하면 그곳 공동체의 핵심은 공산주의자와 사회민주주의자 간의 각축을 통해 그리고 나치들과의 잦은 충돌로 인해 이미 1933년 이전에 안정성을 상실했기 때문이다. 많은 개인적 위험이 요구되는 상황 때문에 반대 입장의 사고와 태도에서 적극적 저항으로의 전환이 단지 개인적 결단에 의해 진행될 수밖에 없었다는 것을, 그리고 나치 지배가 확고해진 가운데서 이런 행위가 지금까지 자신이 익숙하게 살아왔던 공동체로부터 벗어남을 의미하는 것이었음을 우리는 오늘의 입장에서 생각해보아야 한다. 여기에 덧붙여 제2차 세계대전 초기 군사작전의 대대적 성공은 내정에서의 갈등을 덮어버렸고, 정권에 반대하는 태도들을 막아버렸다. 어떤 이들은 히틀러가 역시 옳은 것 같다고 생각했던 반면, 어떤 이들은 이를 의심했다.

그래서 문제는 '제3제국'에서 노동자들의 일반적 행태를 어떻게 판단할 것인가라는 것이다. 비록 계급적 구분선을 뛰어넘는 사회적 상승은 드물었지만 소시민들은 잘 적응하기 시작했고, 대부분의 개인적 삶의 과정에서 기억의 계기들은 커다란 역사·정치적 전환점과 일치하지 않으면서 만들어졌다. 1933년이 아니라 이미 1929/30년에 나쁜 시대는 시작된 것이고, 1936~42/43년에는 좀 나아지며, 그 이후부터 전후시기의 끝이라고 불리는 1950년대 말까지는 — 1945/46년부터가 아니라 — 다시 악화된다. 제2차 세계대전 기간 동안 노동자들은 군인이되어 독일이 점령한 유럽 국가들로부터의 물질적 약탈에 전적으로 고무되었으며, 이런 행위는 더 못사는 유럽 동부의 국가들에서 계속되었다. 이처럼 정권이 부여했던 도둑질할 권리는 비록 수동적이기는 하지만 정권에 대해 지속적이고 효과적인 충성심을 만들어냈고, 1944년 여름까지는 그래도 아직 국내 지배력이 유지될 수 있었다. 이처럼 독일 주민들 대부분은 직간접적으로 공범이 되었으며(그 밖에도 유대인에 대한 국가적 차원에서의 강탈이 있었다), 올바른 분별력 대신 적이 이미 독일 국경 안으로 들어올 때까지도 고집스럽게 최종 승리를 확신했다. 그런 면에서 괴츠 알리의 해석(Götz Aly, *Hitlers Volksstaat*)은 어떻든 사실에 가깝다.• 그의 해석이 과장일 수는 있는데, 왜냐하면 '보통 사람들'이 '제3제국'에서 강탈과 착취에 기반해 이룬 민족적 부의 몫을 양적으로 측정할 수가 없기 때문이다. 그렇다고 이런 현상에 대해 침묵해서는 안 된다.

역사가들은 '제3제국'에서 나치즘에 대한 저항적 거부를 중심으로 뭉친 노동자를 발견해낼 수 없었으며, 투쟁적 저항운동은 주변 현상에 불과했다. 기껏해야 개인적 자율공간으로의 계산된 후퇴만이 있었으며, 그곳에서 사람들은 고립된 채 남겨졌다. 그래서 전체주의적 정권의 행위 결과를 집단적으로 청산(Verarbeitung)할 수 있는 가능성은 거의 없었다. 그런 전제들 아래에서 "사회주의로부터 무엇이 남았는가?"라고 묻는다면, '제3제국' 동안 노동자층만큼 강하게 집단적 거부를 행한 층이 없었음은 그래도 상당히 의미가 있다. 이제 이 장의 서두에서 인용했던 문장과 연결하자면, 나치들은 "신념에 따라 단결된 '민족공동체'를 만드는 데"(Michael Schneider, 1091쪽)에는 실패했다. 노동의 신화화, 공동

• 괴츠 알리(1947~)는 독일의 현대사가 겸 저널리스트로, 주로 홀로코스트, 유대인 우생학 정책과 안락사 문제, 나치의 경제정책과 유대인 재산 압수 문제 등을 연구했다. 그는 2005년에 『히틀러의 민족국가: 강탈, 인종전쟁, 민족적 사회주의』(*Hitlers Volksstaat. Raub, Rassenkrieg und nationaler Sozialismus*)라는 책을 출간하여 독일 사회에 적지 않은 파장을 일으켰다. 이 책에서 그는 나치 정권을 일종의 '국민의 비위를 맞춘 독재'(Gefälligkeitsdiktatur)로 표현했다. 즉 나치는 홀로코스트를 통해 독일인들이 전 유럽 유대인들의 재산과 재물을 물려받도록 했으며, 그럼으로써 사회의 물질적 평등을 이루고자 시도했다는 물질적 · 경제적 이해관계의 관점에서 홀로코스트를 해석하는 테제를 내놓아 홀로코스트의 원인을 두고 많은 사회적 논의를 촉발했다.

체에 대한 호소, '기쁨을 통한 힘'(Kraft durch Freude)＊이 추진한 여행 같은 사회적 제공 등에도 불구하고, '민족공동체'란 하나의 실패한 연출이었다. 스탈린그라드로 향했던 전쟁의 막바지 무렵이 되면 전쟁에서 승리할 수 없음은 분명해지고 폭탄 투하의 피해는 점점 늘어났다. 노동은 더욱 힘들어지고 생필품의 획득도 점점 어려워지자, 정권에 대한 수많은 독일인의 충성심도 느슨해졌다. 저항까지는 아니더라도 반대하는 태도들이 살아나는 듯 보였으며, 의사 표현이 더 공개적이고 자유로워졌다. 더 자주 금지된 해외방송을 몰래 듣지만, 나치 관료들에 의한 통제 또한 다시 한 번 강화된다.

나치 독재의 마지막 무렵까지 나치는 '사회혁명'(soziale Revolution)＊＊을 일궈낼 수 없었고 그럴 의사도 없었기 때문에, 여전히 노동계급은 남아 있게 된다. 계급사회의 기본구조가 전혀 손상 없이 남아 있었다. 물론 나치의 '근대성'(Modernität)이 단지 기술의 사용과 경제적 진행과정들의 합리화에만 국한되지는 않는다. 사회적 신분이동의 수용, 계급·신분제적 선입관의 해체, 일정 정도 안에서의 사회적 신분상승의 가능성(특히 전쟁 중 군부에서), 전쟁 중 상승한 여성 노동 행위의 증가, 청년 방공 포부사수(Flakhelfer)와 독일여학생연맹(BDM) 지도자의 조기 자립 등에

• 나치가 노동자들의 여가생활을 조직, 감시, 통제할 목적으로 1933년 11월 조직한 정치단체로 노동조합을 폐쇄하고 만든 독일노동자전선(Deutsche Arbeitsfront)의 산하기구이다. 농촌과 해안지역에서의 여행, 도보여행, 휴가 등을 조직했으며, 나치 체제 아래에서 가장 큰 여행기획 단체이기도 했다. 나치는 이 기구를 선전 활동과 민족공동체 형성을 위한 도구로 이용했다. 건강한 신체를 통해 생산의 효율성을 높이고 전쟁에 대비하고자 조직했지만, 제2차 세계대전의 발발로 사실상 거의 활동이 중단되었다.

•• 미국의 역사학자 데이비드 쇤바움(David Schoenbaum)은 1966년『히틀러의 사회혁명: 나치 독일에서의 계급과 지위 1933~39년』라는 책을 통해 처음으로 히틀러 정권이 갖는 혁명적 성격과 정권의 안정성을 서술했다. 이를 계기로 히틀러 집권이 갖는 사회사적 단절의 의미에 대한 여러 논의들이 이어졌다.

서도 '근대성'이 드러난다. 종종 이것은 일종의 '원치 않는 근대성'이었다 — 사실상 나치 지도부는 근대화를 원하지 않았으며, 많은 근대화의 당사자들도 마찬가지였다. 그러나 이런 강요된 근대화도 나치 독재가 종식되고 난 후 시간이 흐르면서 실제적이며 의식적인 효용을 나타내게 된다. 대참사로 끝난 인종말살이라는 전근대성으로의 후퇴 또한 그런 경우였다 — 아니면 혹시 그것도 근대성의 특별한 일종이었던가?

실재하는 노동계급이 자기 스스로에 대한 의식은 거의 갖고 있지 않았고, 계급 본연의 의식도 갖고 있지 못한 듯 보였다. 과거 언젠가 한 번 노동운동을 만들어냈던 계급의식이 전쟁의 폭력과 죽음이라는 비계급적 특성의 경험들로 먼저 포장되었다. 역사가들은 이 경험들과 그것이 독일 전후사회에 끼치는 영향에 대해 아직 많이 알지 못한다. 그래서 여기저기서 추측하듯이, 확실한 '계급소멸'(Klassenrückbildung)이 일어난 것은 아니지만 노동운동의 본질은 묻혀버렸고, '천년왕국'의 잔해 밑에 깔려 흩어지게 된다. 그럼에도 다음 장에서 서술되듯이, 곧 다시금 '폐허에서 부활'하게 된다.

3. 나치즘 이후의 독일에 대한 구상들

1944년 7월 20일의 저항운동에 대한 계획에 사회민주당이 참가했던 것을 제외하면, 나치 독재가 붕괴되는 이후 시기에 대한 프로그램을 만드는 과제는 망명자 집단에 맡겨졌다고 할 수 있다. 모든 사회민주주의적 또는 사회주의적 그룹들은 나치 독재 패망 이후 독일의 새 질서가 중앙권력을 갖추면서 자율적이고 운영 능력 있는 독일 국가제도의 지속이라는 기반 위에 진행되어야만 한다는 점에 동의했다. 연합군의 일시적 점령은 피할 수 없는 것으로 받아들여졌다. 하지만 그것이 동등한 권리라는 근본적 요구를 바탕으로 이루어진 것은 아니었다. 즉 독일은 분단되어서는 안 되고, 통일은 유지되어야만 했다. 점령지역에 대한 수년간에 걸친 분단은 내적 통일을 파괴할 것이며, 국토를 분할할 것이었다. "독일을 여러 개로 분할하는 일은 독일 반(反)나치주의자들에게는 불길한 과제가 될 것이다"라고 브란트는 1946년에 연합군을 향해 여러 번 분명하게 지적했다(Brandt, *Zwei Vaterländer*, 36쪽).

독일의 새로운 창조에는 경제적·사회적 구조에 대한 엄청난 수술이 요구될 것이라는 점에는 극좌 진영에서 사회민주당 지도부까지 모두 동의했다. 대기업과 은행에 대한 몰수, 공동재산화 혹은 국유화, 거대 사유지의 몰수와 분할, 공무원 기구의 숙청, 대학교수 및 학교 교사들의 청산, 프로이센 군국주의의 섬멸과 같은 것들이 공동의 프로그램이었다. 이런 개혁은 1918/19년에 멈춰선 채 중단된 혁명의 뒤늦은 만회와 지속에 다름없었다. 사회민주당은 민주화의 새로운 건설과 개선된 바이마르 헌법을 염두에 두고 있었다. 나치 독재의 몰락으로 독일에 혁명운동을 촉발할 수 있다고 오랫동안 생각해왔던 좌파 사회주의자들은 제도적으로 새로운 공화국을 만들어내는 문제에 대해 가능성을 열어두고 있었다.

런던 유니온(Londoner Union)은 1943~44년까지 구상한 자신들의 계획안에서 '비공산주의적' 공화국 아래 공산주의자를 제외한 사회주의 통일당(Sozialistische Einheitspartei)을 설립하기 위한 결합을 구체적으로 제시했다. 스톡홀름의 독일사회주의노동자당 그룹은 1944년 9월에 사회민주당에 입당하기로 결정했고, 이를 과거 노동운동의 분열에 대한 극복의 전제이면서 '사회주의적·민주적 통일당'을 만든다는 목표를 향한 첫걸음으로 간주했다. "독일의 민주-사회주의적 건설을 향한 적극적 공조"가 준비되어 있는 공산주의자들은 이 당에 들어올 수 있었다. 이런 생각은 늦어도 1945/46년 소련점령지역에 독일사회주의통일당(Sozialistische Einheitspartei Deutschlands, SED)을 창당할 준비가 진행되고 있다는 것이 알려지면서 수정된다.

영국에서와 마찬가지로 스웨덴에서도 노동조합 출신의 망명자 그룹은 노동조합의 새로운 건설, 노동시장의 창설, 독일의 정치적 신질서를 위한 계획들과 프로그램들을 준비하고 있었다. 스톡홀름에서는 과거 목공노동자연맹의 대표였던 프리츠 타르노프(Fritz Tarnow)가 활동하고 있었고, 런던에서는 한스 고트푸르흐트(Hans Gottfurcht)와 루트비히 로젠베르크(Ludwig Rosenberg)를 중심으로 하는 집단이 활동하고 있었다. 이 둘은 후일 독일노동조합총연맹(Deutscher Gewerkschaftsbund, DGB) 대표단에 포함된다. 조합원의 자유의지에 기반해야 하며 정치적 독립이 이루어져야 한다는 그들의 산별노동조합(Industriegewerkschaft) 구상안은 많은 동의를 얻었다. 하지만 목표에서 노동조합은 국가와 사회에 대한 민주적 변혁, 경제적 안정, 사회정의, 세계 인민들과의 화해 등 다른 모든 사회주의적·민주적 정당들과 견해를 같이했다.

외교정책에서 사회민주당은 서방의 민주주의자들을 파트너로 생각했다. 좌파 사회주의자들은 처음에는 사회주의-자본주의라는 이분법적 사고에서 시작했다. 그것은 소련도 자격 있는 외교상의 고려 요소로서 자신의 역할을 할 수 있음을 의미했다. 전쟁 기간 동안에 좌파 사회주의와 사회민주주의 양 진영은 서로 접근했다. 좌파 사회주의자는 소련을 '사회주의가 진행 중인' 국가로 간주하는 생각을 포기했다. 사회민주주의자들은 독일 한가운데를 가로질러 세계가 둘로 나누어지는 것이 예상되는 현실 아래, 자신들의 진로를 전적으로 '서구와의 결합'(Westbindung)으로 변경해야만 한다는 것을 인식했다. 전통적인 독일의 열강추구정책(Grossmachtpolitik)을 영원히 포기해야만 한다는 것에는 처음부터 모두가 동의했다. 그래서 연방제적 유럽에 대한 요구와 이런 틀 안에서 독일 국민국가가 자신의 자리를 찾아야 된다는 요구가 처음부터 지속적으로 제기되었다.

논의를 통해 다음과 같은 세 가지 모델이 구체화되었다. 첫째, 사회민주당은 '유럽합중국'의 성립을 선호했다. 이를 통해 사람들은 경제적 이

익뿐만 아니라 국가 간 연합에 의해 이뤄진 법치국가적 질서가 바탕이
되는 민주주의 또한 기대했다. 둘째, 좌파 사회주의자들은 사회주의적
유럽 모델 혹은 소련을 파트너로 하는 사회주의 국가연방을 상정했다.
셋째, 1939년 독-소 불가침조약 체결 이후 좌파 사회주의자들은 사회
민주당도 함께할 수 있는 모델을 지향했다. 가능한 한 자유민주주의적
이며 사회주의적인 기반 위에서 유럽을 '제3의 세력'으로 하는, 즉 '제
3의 길'로서의 유럽이 그것이었다. '제3의 길'이란 오직 자본주의적 서
구나 소련 중 어느 한쪽과만 일방적 관계를 맺는 것이 아니다. 왜냐하면
이는 더 이상 유럽 내 민주사회주의를 목표로 하는 노동운동과 일치하
지 않기 때문이다. '제3의 길로서의 유럽'이라는 사고가 여전히 매력적
으로 보이기는 했지만, 나치 독재의 붕괴 이후 일어난 상황들은 다음과
같은 역사가의 판단을 받아들일 수밖에 없도록 했다. 즉 "자유-사회주
의적 제3세력으로서의 전체 유럽(Gesamteuropa)이라는 사고는 작업이
실천으로 옮겨지기도 전에 좌초되었다"(Rainer Behring, 624쪽).
  그렇다면 이제 어떻게 할 것인가?

| 참고 문헌 |

Aly, Götz: *Hitlers Volksstaat. Raub, Rassenkrieg und nationaler Sozialismus*, Frankfurt
    a. M. 2005.
Behring, Rainer: *Demokratische Außenpolitik für Deutschland. Die außenpolitischen
    Vorstellungen deutscher Sozialdemokraten im Exil 1933 –1945*, Düsseldorf 1999.
_____: Bd. 2. *Zwei Vaterländer. Deutsch-Norweger im schwedischen Exil - Rückkehr
    nach Deutschland 1940-1947*, Bonn 2000.
Carsten, Francis L.: *Widerstand gegen Hitler. Die deutschen Arbeiter und die Nazis*,
    Frankfurt a. M. 1996.
Eiber, Ludwig: *Die Sozialdemokratie in der Emigration. Die "Union deutscher

sozialistischer Organisationen in Großbritannien" 1941-1946 und ihre Mitglieder. *Protokolle, Erklärungen, Materialien*, Bonn 1998.

Grebing, Helga (Hg.): *Entscheidung für die SPD*, München 1984.

Grebing, Helga/Wickert, Christl (Hg.): *Das "andere Deutschland" im Widerstand gegen den Nationalsozialismus. Beiträge zur politischen Überwindung der nationalsozialistischen Diktatur im Exil und im Dritten Reich*, Essen 1994.

Krohn, Claus Dieter (Hg.): *Handbuch der deutschsprachigen Emigration 1933-1945*, Darmstadt 1998.

Langkau-Alex, Ursula: *Deutsche Volksfront 1932-1939*. Bde. 1-3, Berlin 2004-05.

Lindner, Heiner: *"Um etwas zu erreichen, muß man sich etwas vornehmen, von dem man glaubt, daß es ummöglich sei." Der Internationale Sozialistische Kampf-Bund (ISK) und seine Publikationen* (Zugleich Einleitung zur Internetausgabe), Bonn 2006.

_____: *"Erkämpft Eure Freiheit! Stürzt Hitler!" Die "Sozialistischen Mitteilungen" 1939-1948* (Zugleich Einleitung zur Online-Edition der "SM"), Bonn 2003.

Lorenz, Einhart (Bearb.): *Hitler ist nicht Deutschland. Jugend in Lübeck-Exil in Norwegen. 1928-1940*. Berliner Ausgabe Bd. 1, hg. von Grebing, Helga/Schöllgen, Gregor/Winkler, Heinrich August, Bonn 2002.

_____: *Willy Brandt in Norwegen. Die Jahre des Exils 1933 bis 1940*, Kiel 1989.

_____: *Mehr als Willy Brandt. Die Sozialistische Arbeiterpartei Deutschlands(SAP) im skandinavischen Exil*, Frankfurt a. M. 1997.

Mommsen, Hans: *Alternative zu Hitler. Studien zur Geschichte des deutschen Widerstandes*, München 2000.

Nelles, Dieter: *Widerstand und internationale Solidarität. Die internationale Transportarbeiter-Föderation(ITF) im Widerstand gegen den Nationalsozialismus*, Essen 2001.

Paul, Gerhard/Mallmann, Klaus-Michael: *Milieus und Widerstand. Eine Verhaltensgeschichte der Gesellschaft im Nationalsozialismus. Widerstand und Verweigerung im Saarland 1935-1945*. Bd. 3, Bonn 1995.

Schmiechen-Ackermann, Detlef: *Anpassung und Widerstand. Soziale Milieus, Politische Kultur und der Widerstand gegen den Nationalsozialismus in Deutschland im regionalen Vergleich*, Berlin 1997.

Sandvoss, Hans-Dieter: *Die "andere" Reichshauptstadt. Widerstand aus der Arbeiterbewegung in Berlin von 1933 bis 1945*, Berlin 2007.

_____: *Nationalsozialismus und Arbeitermilieus. Der nationalsozialistische Angriff auf die proletarischen Wohnquartiere und die Reaktion in den sozialistischen Vereinen*, Bonn 1998.

Schneider, Michael: *Unterm Hakenkreuz. Arbeiter und Arbeiterbewegung 1933–1939*, Bonn 1999.

Vorholt, Udo: *Die Sowjetunion im Urteil des sozialdemokratischen Exils 1933–1945: Eine Studie des Exilparteivorstandes der SPD, des Internationalen Sozialistischen Kampf-Bundes, der Sozialistischen Arbeiterpartei und der Gruppe Neu Beginnen*, Frankfurt a. M. 1991.

_____: *Die politische Theorie Leonard Nelsons*, Baden–Baden 1998.

Wickert, Christl (Hg.): *Frauen gegen die Diktatur. Widerstand und Verfolgung im nationalsozialistischen Deutschland*, Berlin 1995.

제6장

"히틀러 다음엔 우리가!"
1945~59년의 독일 노동운동

단결은 사회민주당의 문제이다 ── 그것은 사회민주당을 통해 좌절되었다.

• 빌헬름 피크, 발터 울브리히트의 강연 「히틀러 몰락과 새 독일에서의 정치적 지도력」의
  수고, 1944년 4월 17일

우리가 동독에서 경험한 것이 실제로 사회주의였다면, 유럽인들 앞에서 사회주의의 죽음을 선고할 수 있었을 터이다. …… 우리는 영국혁명과 프랑스혁명, 그리고 미국 독립선언의 모든 정신적 유산에서와 같이 인식의 자유와 비판의 자유가 사회민주주의 안에서 유일하게 안전한 장소를 가졌다는 것을 반드시 인식해야 한다. 유럽의, 특히 독일의 사회주의는 방법으로서의 마르크스주의에 많은 영향을 끼치면서 사회주의 전체 사상을 살아 있게 만들었던, 그런 구성 요소들을 내부에 지니고 있었다. 이는 민주주의 없이는 사회주의도 없다는 것을 의미한다. 더욱이 인간성(Menschlichkeit) 없는 사회주의는 상상할 수 없고, 또한 궁극적인 사상의 자유 없이는 그로부터 생겨나는 결과들도 마찬가지로 상상할 수 없다.

• 독일사회주의통일당 창당 전 쿠르트 슈마허의 연설, 1946년 4월 20일, 서베를린

1. 연합군 서부점령지역의 사회민주주의: 전통과 새 출발 (1945~48년)

1945년 서독 사회민주당의 쿠르트 슈마허(Kurt Schumacher)와 동독 사회민주당의 오토 그로테볼(Otto Grotewohl)이 표명한 입장은 동일했다. 즉 나치나 독일 첫 공화국의 파멸적 결말에 책임이 없는 유일한 정당인 사회민주당이 파시즘 몰락 이후 민주주의 독일의 새로운 질서를 만드는 데 주도적 역할을 해야 한다는 것이었다. 그러나 이런 새로운 질서를 만드는 힘은 노동하는 국민의 대중정당(Massenpartei)이었던 바이마르의 전례를 따라 옛 정당이 중심이 되어 일종의 자율적 방식으로 거의 모든 곳에서 일어났다. "정당은 옛 이름, 옛 정신, 그리고 옛 프로그램을 갖고 다시 일어섰다." 괴팅겐에서 먼저 울려 퍼졌고, 이와 비슷하게 사회민주당의 등장을 알리는 멜로디는 1945년 여름 베를린에서도 울려 퍼졌다. 그리고 1년 남짓 후에는 독일사회주의통일당(Sozialistische Einheitspartei Deutschlands, SED)의 공동대표가 된 그로테볼이 이를 다시금 확인한다. "우리는 새로운 정당이 아니며, 우리의 옛 정당을 계승한다." 물론 하노버에 있던 슈마허는 서부점령지역 재조직 당시, 곤란한 소통의 상황 아래서도 일정 정도 이런 방향으로 끌고 나가고자 조정을 시도했었다. 하지만 자신의 생각을 그저 쉽게 '현장'의 사회민주주의 당원에게 일방적으로 덮어씌울 수는 없었다. 일치된 의도나 행동보다 훨씬 더 다양한 논의들이 진행되고 있었기 때문이다. 해외의 사회민주주의자들은 마침 슈마허의 원칙적 구상을 점령국들이 자신의 정당을 재인가하도록 요구하는 근거로 사용했다. 즉 그들에게 슈마허의 분명한 구상들은 자신들의 '기준선'에 아주 적당한 환영할 만한 제안이었다.

사회민주당이 1945년 여름/가을에 새로 창당된 것인지, 다시 복구된 것인지, 재창당된 것인지, 또는 한 번도 중단된 적 없이 지속되어왔던 것인지와 같은 논쟁은 지역이나 지방 현지의 연구들이 결과들을 내놓을수록 의미를 잃어간다. 전통의 복구와 적지 않은 새 출발이 도처에 혼재된 채 놓여 있었다. 주로 바이마르 시대의 당 지도부가 다시 복구 작업을 수행했다. 특히 문회와 교육 사업에 전념했던 옛 노동운동 단체들(Arbeiterbewegungsvereine)을 다시 재건하기 위한 노력들이 도처에서 있었다. 하지만 이를 통해 재건되었다 하더라도 그것은 단지 아주 짧은 기간만 유지되었을 뿐이다. 그것은 전쟁과 그 후 이어지는 전후 시기가 과거의 정서공동체를 얼마나 흔들어놓았는지를 알려주는 표지(標識)일 뿐이었다. 지금까지 사회민주당이 없었던 지역들, 특히 1933년 전에는 사회민주당 당원을 한 번도 본 적이 없었던 슐레스비히-홀슈타인(Schleswig-Holstein)과 니더작센(Niedersachsen)의 작은 마을들, 나아가 바이에른까지 사회민주주의 당지부(Ortsverein)가 창립되기는 했지만, 그것은 전통과 관련이 있었다. 좀 더 정확히 말하자면 그들은 슐레지엔(Schlesien)과 주데텐란트(Sudetenland) 출신의 사회민주당 간부들로서, 이제 망명자로서 자신들의 옛 정당을 새롭게 복구했던 것이다. 그들은 손상된 자화상을 다시 세우고 옛 정체성을 일신하기 위한 노력에 확실하게 힘을 기울였다. 그 결과 모든 억압들로부터 풀려나 1933년 그 정체성이 훼손당한 바 있던 운동을 강력한 추진력으로 '다시 복구'할 수 있었다.

새롭게 강조점을 두기 위한 노력들도 이어졌는데, 군수(軍需)경제와 전쟁경제로 야기된 산업 현대화의 중심 이동 앞에서, 그리고 나치 테러정부의 붕괴 직후라는 총체적 궁핍과 파괴로 뒤덮여 있는 상황 앞에서 노동운동이 여전히 할 수 있는 것은 무엇인가라는 문제가 제기되었다. 슈마허는 사회민주당이 핵심에서는 변함없이 산업 노동자들을 기반으로 하지만 '국민정당'으로 확대되어야 한다고 구상했다. 특히 중산층(Mittelschichten)과 나치 시대에 자라난 청소년들을 끌어들여야 하는데, 이들이 새로운 민주주의의 공고화를 위해 결코 포기할 수 없는 층이었기 때문이다. ── 이것이 바이마르 공화국의 교훈이었다. 실제로 1945년 직후에 첫 합류 시도는 성공했다. 바이마르의 지도자들(오토 브라운과 카를 제베링Carl Severing, 그리고 다른 이들)이 '패배자'로서 더 이상 가담하기 어려워진 반면, 새로운 사람들이 당으로 합류했다. 프리츠 에를러(Fritz Erler), 브란트, 하인츠 퀸(Heinz Kühn), 헤르베르트 베너(Herbert Wehner) 같은 과거 공산주의자들, 빌리 아히힐러(Willi Eichler) 같은 윤리적 사회주의자들, 카를로 슈미트(Carlo Schmid), 카를 실러(Karl Schiller), 엘리노르 후베르츠(Elinor Hubert), 하인리히 알베르츠(Heinrich Albertz)같이 과거에는 노동운동과 연관이 없었던 자유-민주주의적 의식의 인물들이 사회민주당이라는 '전통단체'의 공동작업에 합류했다. 아울러 더 젊은 세대로서는 후에 사회민주당 안에서 경력을 쌓아 나가게 될, 가령 헬무트 슈미트(Helmut Schmidt), 페터 폰 외르첸(Peter von Oertzen), 호르스트 엠케(Horst Ehmke), 한스 마트회퍼(Hans Matthöfer) 같은 전쟁 직후 바로 사회민주당에 들어온 사람들이 있었다. 그들은 전쟁 세대 혹은 히틀러-유겐트* 세대 출신으로 처음에는 주저하는 듯 보이기도 했고, 아니면 오히려 새롭게 도래한 민주주의 시대의 가능성을

---

* 나치당의 청소년 조직이며, 1933년부터 국가가 관장하는 유일한 청년조직으로 성장했다. 전체 청소년의 98퍼센트가 가입했고 870만 명까지 조직이 확대되었다. 1939년부터는 10~18세의 청소년은 모두 의무적으로 가입해야 했으며, 일주일에 이틀 동안 히틀러-유겐트 활동을 해야 했다. 활동은 자연에서의 공동생활이나 군사훈련 같은 육체적 훈련과 인종주의적·사회진화론적 사고의 주입 같은 이데올로기적 학습으로 구성되었으며, 이를 통해 명령에의 복종, 동료의식, 민족공동체에 대한 희생 등 전쟁에 대비한 훈련이 진행되었다.

현실로 인식하고 재건 세대로 행세함으로써 자신들이 히틀러의 마지막 아이들에서 새로운 공화국의 첫 젊은이로 변화하는 것을 거부하기까지 했다. 오직 전적으로 개인적 판단에 따라, 그것만으로도 대단한 것이지만, 가톨릭 교도들이 사회민주당으로 들어온다. 이들과의 공통성을 형성하는 데 슈마허의 카리스마는 중요한 역할을 했다. 그 밖에도 망명 기간 중의 상호 접근, 그리고 특히 '히틀러 이후' 민주적 사회주의의 전망들을 만들기 위한 노력 등이 중요한 역할을 했다. 특히 죄책감을 갖고 있는 많은 독일인들 눈에는 급진적 민주주의자이자 애국주의자이면서 민주적 사회주의자이기도 했던 슈마허가 모든 것에서 최고가 되고자 했던 '진실한 민족의 일원'으로 보였다. 사회민주당으로서는 대단히 예외적이게도, 슈마허는 권력의식을 동반한 정치적 지휘의 의지를 분명하게 드러냄으로써 국민들로부터 좋은 반응을 얻었다. 전쟁 직후 시기 독일 전체에는 사회민주주의자에 대한 공감이 널리 퍼진 반면, 공산주의자들은 점령세력과 동일시되었고 나치 과거에서 부분적으로 자유롭지 못한 보수주의자들은 신뢰를 얻지 못했다.

당대의 사회민주주의자들이 염두에 두었던 형태가 전통에 바탕한 사회민주주의적 국민정당이었고, 권위를 갖는 슈마허가 이를 전파한 것은 놀라운 일이 아니다. '국민정당' 개념은 당 강령에서 일반적으로 통용되는 용어였다. 특정 계층이 아니라 농민, 수공업자, '중간 규모의 공장 운영자'까지 '독일의 모든 일하는 사람들'을 사회민주당의 잠재적 당원으로, 또 선거에서 사회민주당을 뽑을 의사가 있는 사람으로 상정했다. '입당 희망자'가 과거 나치 당원이었더라도 개인적으로 책임질 과거를 갖고 있지 않다면 별 문제 없이 받아들여졌다.

이러한 '국민정당' 구상을 위해서는 공동의 목표 설정에 맞는 복수의 이론적 근거들이 전제가 된다. 여기서도 망명 기간 동안 사전 작업이 이루어졌고, 경우에 따라서는 저항과 박해의 시대에 얻어진 깨달음들이 새로운 구상에 함께 수렴되었다. '마르크스주의'는 그것이 어떤 식

1945/46년 단순한 조건 아래에서 사회민주당 재건은 시작되었다. 서 있는 사람이 쿠르트 슈마허이며, 나머지는 왼쪽부터 차례대로 에곤 프랑케, 에리히 올렌하우어, 알프레트 나우, 프리츠 하이네이다.

으로 해석되든 간에 유일한 혹은 주된 준거틀로서의 역사적 시효를 다했고, 그 영향력도 스탈린주의에 의해 훼손되었다. 마르크스는 여전히 진정한 자유를 향한 길잡이로 인정되었지만, '종교적 교리의 창시자'(Religionsstifter)로서의 위상은 상실되었다. 목표 구상은 몇몇 기본 원칙들 위에 세워졌다. 민주주의와 사회주의 사이의 연결은 결코 끊을 수 없으며, 동시에 민주적 사회주의는 역사적으로 형성된 사회적 삶의 질서라는 의미를 갖고 국민과 연결될 것이었다. 국유화(Verstaatlichung), 경우에 따라서 주요 산업과 은행들의 공영화(Vergemeinschaftung), 국가 차원의 (큰 틀에서의) 계획, 생산자들(과 소비자들)의 공동결정제, 그리고 정치 행위의 틀로서의 의회제적 대의민주주의는 새로운 질서를 위한 구체적 접점으로 여겨졌다. 또한 다양한 이론적 성찰의 연결을 통해 나온 이런 목표들은 옛 정당들이 장기적으로 새로운 기로에 놓여 있음을 분명히 보여주었다.

1945년 많은 사람들이 옛 노동운동으로부터 기대했던 것이 — 제1차 세계대전을 통해 상실했던 운동의 통합 같은 — 다시 만들어지지는 못했다. 공산주의자들은 먼저 간부의 재조직과 당원의 이데올로기 정비에 전념했던 반면, 소련점령지역(Sowjetische Besatzungszone, SBZ)*에서뿐만 아니라 서부점령지역**에서도 먼저 공산주의자들을 포함해 사회

---

* 연합국 간 얄타 회담에서의 협의에 따라 1945년 독일은 소련, 미국, 영국, 프랑스 등 네 국가의 점령지역으로 분할된다. 소련점령지역에는 독일의 중동부 지역, 즉 작센, 튀링겐, 작센-안할트, 서베를린을 제외한 브란덴부르크 전체, 메클렌부르크-포르포메른 지역이 포함되었다. 이는 전체 독일 면적의 약 1/3에 해당하는 규모였다. 브란덴부르크 내에 있는 과거 수도 베를린도 4개국이 나누어 관장했다. 소련점령지역에서는 1949년 10월에 공식적으로 독일민주주의인민공화국(DDR)이 선포되었다.
** 미국, 영국, 프랑스 3국이 점령한 독일의 서부 지역으로, 소련점령지역 이외의 나머지 모든 지역을 의미한다. 미국은 독일 중남부 지역인 바이에른, 브레멘, 헤센, 바덴-뷔르템베르크를, 프랑스는 독일 남서부의 남(南)바덴, 라인란트-팔츠, 뷔

민주주의자들이 중심이 되는 통합정당을 구성하기 위한 움직임이 있었다. 단지 동독뿐만 아니라 적지 않은 서독 지역에서 진행된 이런 통합 노력들은 이해할 만했다. 다시 말하면 나치에 대한 저항, 반대, 박해, 강제수용소* 경험 등을 겪은 후, 노동운동이 이제 분열과 '형제 간 투쟁'(Bruderkampf)이라는 트라우마로부터 해방되는 것이 다음에 준비된 역사의 일정(Tagesordnung)일 수는 없는가? 대략 정리해서 말하자면, 도시국가적 전통이 있는 함부르크나 브레멘, 그리고 북독일과 동부 독일 여러 지역의 사회민주주의자들은 통합으로 기울어졌다. 서부와 남부 독일의 사회민주주의자들은 공산주의자들과 함께하는 것에 반대했다. 무엇보다 각각의 현장 상황에 따라 서로 다른 결정이 내려졌다. 이것은 왜 개별 지역에서 매우 가까이 맞붙은 장소들이 서로 다른 결정을 내리는가를 설명한다. 예를 들어 드레스덴에서는 사회민주당 지도부가 바로 통합 노력의 동력이 된 반면, 라이프치히에서는 정반대로 나타났다.

슈마허는 이미 1945년 5월 6일의 첫 공개발언에서 자신의 입장을 다음과 같이 밝혔다. "아니다, 하나의 단일한 노동자정당은 있을 수 없다. 왜냐하면 노동자정당은 단지 소비에트연방이 제국주의적 관심을 갖고 독재적으로 다룬 기구였음을 이미 해방된 유럽 국가들이 보여주었기

르템베르크-호엔촐레른 지역을, 영국은 북서부 지역의 슐레스비히-홀슈타인과 니더작센, 베스트팔렌, 라인란트 등을 관장했다. 1949년 9월에 독일연방공화국(BRD)이 선포되면서 서부 지역의 군정은 종식되지만, 네 지역은 민간인 감독관으로 관장의 책임이 바뀌었다. 1955년에 최종적으로 점령체제가 종식되면서 감독관 체제도 끝나게 되었다.

• 나치의 강제노동수용소와 절멸수용소를 일컫는다. 7개의 절멸수용소를 포함해 약 1,000개의 수용소가 독일과 독일점령지역에 설치되어 수감자들에 대한 살인, 강제노역, 의학 실험, 전쟁포로의 감금 등의 용도로 사용되었다. 유대인 외에도 공산주의자, 사회민주주의자, 노동운동가 등 정치적 반대자들, 동성애자, 여호와의 증인, 정신적·육체적 장애자, 집시 등이 시설에 감금되거나 살해되었다. 유대인 사망자는 일반적으로 약 600만 명으로 추산된다.

때문이다. 그러므로 목표는 '민주사회주의자로 구성된 통합정당'을 추구하는 것이어야 한다." 이처럼 명확한 입장 표명에 반대해 그로테볼이 속해 있는 사회민주당 베를린 중앙위원회는 1945년 6월 15일 성명에서 '독일 노동자계급의 조직적 통합'을 독일의 새로운 구성을 위한 전제조건으로 제시했다. "통합의 깃발이 일하는 민중의 정치적 행동에 대한 빛나는 상징으로 전면에 내세워져야 한다."

사회민주주의자들의 통합 노력은 몇 주 후 거의 좌초되는데, 그 이유는 공산주의자들이 자신들의 조직 재건이 끝나지 않은 시점에서 아직 이를 원하지 않았기 때문이다. 공산주의자들의 거부는 사회민주당에게 '적대적 형제들'과 함께하던 바이마르의 경험들을 또다시 상기해주었고 '사회파시스트'(Sozialfaschist)라고 사회민주주의자들을 비난했던 공산당이 정치적 일상에서 여전히 구태의연하게 남아 있음을 보여주었다. 이에 대해 베를린의 한 사회민주당 간부는 다음과 같이 강렬하게 표현했다. "공산당은 예전에도 쓸모가 없었고 지금도 여전히 마찬가지이다." 슈마허의 초기 기본 입장은 공산주의자들과의 실제적 협력에는 반대하지 않지만 조직적 통합에는 반대한다는 것이었고, 1945년 여름 동안 서독의 도처에서 수용되었다. 말하자면 슈마허는 결코 처음부터 '반스탈린주의적 외로운 늑대'가 아니었다. 후일 전설적 금속노동조합(IG Metall) 대표가 된 오토 브레너(Otto Brenner)가 독일사회주의노동자당 단체들과 함께 하노버 사회민주당에 입당하는데, 그는 슈마허와 동일한 인식을 1945년 9월에 보여준다. "우리는 그들이 지나온 과거의 발전에 비추어볼 때, 공산당이 독일 노동운동 재건의 의지가 있는 모든 세력들을 위한 총집합소(Sammelbecken)가 되기에는 적합하지 않다고 여긴다." 같은 시기에 스톡홀름에 살고 있는 브란트를 포함한 독일사회주의노동자당 당원들의 서명이 담긴 성명이 도착하는데, 이에 따르면 공산당이 "자국 내의 여러 관계들을 고려하고 당원들의 의지에 따라 사실을 밝히며 의사가 결정되는 민주적 진행의 틀을 결코 제공할 수 없기 때문에" 사람들은 다시금 사회민주당에 합류한다는 것이었고, 사회민주주의는 이런 것들에 대한 보장을 상당히 확실하게 제공한다는 내용이었다.

2. 독일사회주의통일당과 1946~53년 소련점령지역 및 동독에서의 노동운동의 종말

파시즘으로부터 해방된 유럽의 다른 어떤 나라보다 먼저 소련의 힘과 영향력 아래 있던 소련점령지역(SBZ)에서는 붉은 군대가 사회민주주의 노동운동을 제거하면서 소련의 안보 이해를 고려하는 공산주의 전략과 전술이 현실화되었다. 왜냐하면 일찍이 소련점령지역에서 1945년 여름 이후 사회민주주의는 독자적 계획 아래 지배적 대중정당으로 순조롭게 시작했기 때문이다. 소련점령지역, 즉 노동운동의 아성이기도 했던 바로 이곳에서 초기에는 공산당과의 협력을 지지하는 사회민주주의자들의 확실한 의사가 있었다. ― 즉 '형제 간의 싸움'은 어떻든 끝내야만 했다. 그러나 곧바로 통합에 대한 희망 대신 현실에의 자각과 실망이 나타났다. 하나의 통합정당을 이루는 것에 대한 공산주의자들의 여러 유보적 태도에도 불구하고, 특히 하부 관리자들을 중심으로 사회민주당 내 다수는 통합정당에 대한 바람을 계속 드러냈다. 그런 운동은 독일 전역에서 일어났고, 우선은 양당이 협력하여 새로운 질서 확립과 사회적·정치적 관계들의 새 구성을 실현하는 것에서부터 시작할 수 있다는 것이었다. 1945년 가을 소련 점령세력이 양당 통합에 대한 공세를 대대적으로 후원하면서 소련점령지역 내의 많은 사회민주주의자들은 ― 아마도 대다수가 ― 사회주의통일당 안에서 자신들의 목표와 전통을 유지할 것으로 생각하거나 바랐으며, 나아가 자신들의 적극적 활동을 통해 통합정당을 하나의 사회민주주의적 정당으로 탈바꿈시킬 수 있으리라 생각했다.

이것은 엄청난 착각으로서 허망한 결과가 동반된 대(大)오류였음이 판명난다. 당내에서의 여론 형성을 통한 실질적 결정의 자유를 사회민주주의자들은 양당의 결합 이전에 아직 갖고 있지 않았다. 당원투표에 대한 요구는 베를린이나 로스톡뿐만 아니라 모든 소련점령지역에서 제기되었지만 베를린을 제외하고는 실행되지 못했다. 통합과정에서 몇몇 사회민주주의 주(州)대표들은 결코 과소평가할 수 없는 중요한 역할을 했는데, 그 가운데는 드레스덴의 오토 부흐비츠(Otto Buchwitz)도 있었다. 이 주대표들은 처음부터 통합의 옹호자들이었고 그로테볼과 베를린 중앙위원회에 상응하는 압력을 가했다. 아마도 그로테볼은 ─ 그가 아니라 누구였더라도 마찬가지로 ─ 점령세력의 압력에 따라 '생각을 바꾼' 것으로 추측된다. 이를 증명할 수는 없지만, 그가 1946년 1월부터는 통합정당으로의 길을 더 수월한 것으로 생각하기 시작했다는 추측은 믿을 만해 보인다.

중앙과 지방에서 최후의 결정적 역할을 한 것은 점령세력이었다. 설득이나 용인, 편의 제공 등만으로 충분하지 않은 곳에서는 협박, 위협, 심리적·신체적 압박, 체포 등의 수단이 동원되어 통합정당에 반대해 저항하는 사회민주주의자들을 강제로 합치도록 밀어붙였다. 이런 방식으로 1946년 4월에 사회주의통일당 설립을 위한 기본적인 조건들이 만들어졌다. 동시에 빌헬름 피크가 이미 1944년에 공표했던 의도 ─ 정치적·역사적 세력으로서의 사회민주당의 차단 ─ 가 실현된다. 통합정당의 창설은 목표를 향한 길, 즉 목적을 위한 수단에 다름 아니었다.

노동운동에 대한 역사서술과 관련하여 독일 통일 이후 많은 관심 속에 논의되었던 바, 사회주의통일당의 창설과정을 어떻게 적절하게 설명할 수 있을까? 병합, 융합, 통합, 모두의 동의 아래의 예속, 강제, 아니면 결국은 강제통합(Zwangvereinigung)? 많은 역사가들은, 특히 안드레아스 말리차(Andreas Malycha)• 같은 이들은 이런 개념을 사용하

빌헬름 피크(왼쪽)와 오토 그로테볼이 소련점령지역의 공산당과 사회민주당 공동 전당대회(1946년 4월 21~22일, 베를린)를 앞두고 악수를 나누고 있다.

지 않으면서 그 과정들을 내용적으로 동일하고 완곡하게 기술하고자
했다. 강제통합 — 이것은 이 역사가들이 이해하는 한에서는 분석력
이 빠진 하나의 정치적 투쟁 개념이었다. 옛 독일민주공화국(Deutsche
Demokratische Republik, DDR)의 역사가들은 강제적 측면을 완화해 융합
(Verschmelzung)이라고 표현하거나, 단지 사회주의통일당의 설립 또는
공산당과 사회민주당의 병합으로 표현했다. 강제통합이라는 개념에는
사실상 통합정당이 불러일으킨 과정상의 복잡함이 없다. 그래서 이 과
정들에 대한 구체적 서술이 필요하다. 결과를 놓고 생각해본다면 하나
의 명백한 공통분모가 드러나는데, 독일 노동운동이 가졌던 민주-사회
주의적 가치 지평의 파괴가 그것이었다.

   이런저런 역사서술을 바탕으로 우리는 당시에 주어졌던 최소한의 행
동반경(Handlungsspielräume)이 있었음을 알 수 있는데, 특히 슈마허가
이를 충분히 이용하지 않았음에 틀림없다. 즉 다음과 같은 대안들이 있
을 수 있었다. 적어도 공산당을 서쪽 지역에서 인정하지 않고, 잘못된
통합에 대한 그들의 책임을 명확히 하기 위해 사회민주주의 쪽에서 통
합 논의를 계속한다. 또는 연합군 점령세력들의 예상되는 거부에도 불
구하고 사회민주당 '전국 전당대회'를 요구한다. 아마도 이 두 경우 모
두 적어도 통합정당을 만드는 과정을 연장할 수는 있었을 것이나 결과
에 영향을 끼치지는 못했을 것이다. 결국 독일의 분단이 일어나기 전에
사회민주주의의 분열은 하나의 역사적 사실이 되었다. 서독에서의 민주
주의와 자유를 위한 결정은 민주적 사회주의를 위한 필수적 결정이었
다. 왜냐하면 외부적으로 동등하게 합쳐진 통합정당인 사회주의통일당
은 곧 공산주의 간부정당으로 변했고, 1947년부터는 명확한 마르크스-

• 안드레아스 말리차(1956~)는 동독 출신의 현대사가로서, 자신의 학위논문을
  1945년 이후 소련점령지역에서의 사회주의통일당 형성과정을 주제로 작성하
  였다.

178

레닌주의 노선에 스탈린주의적 외형을 입은 하나의 '새로운 유형의 정당'으로 발전했기 때문이다.

통합정당의 관철 이전에 이미 소련점령지역에서는 통합을 원하지 않는 사회민주주의자들이 체포되었다. 그러나 이것은 단지 '사회민주주의에 반대하는 투쟁'이 무엇인가를 알리는 서막일 뿐이었다. 사회민주주의자들은 소련의 군사재판 법정으로부터 유죄선고를 받은 사람들이 수적으로 가장 많은 집단이 된다. 대부분은 25년의 강제노동수용소 수감이나 사형선고를 받았다. 사회주의통일당으로부터 1946~54년에 약 28만 명의 사회민주주의자들이 '숙청'(hinausgesäubert)된다. 무수한 사회민주주의자들이 사회주의통일당에서 자신의 역할을 잃었다. 사회주의통일당의 지도적 역할을 분배하는 과정에서 사회민주당과 공산당 사이에 있던 애초의 동등함은 폐기되어갔고, 기존 사회민주주의자들 간에 남아 있던 결합력도 마찬가지였다. 이 모든 것들이 1989년 통일 후 예전 사회민주주의 아성의 흔적들이 어째서 더 이상 존재하지 않는지와 사회민주주의적 정서공동체가 왜 집단적 망각 속으로 밀려났는지를 설명해준다. 남은 것은 소련점령지역, 즉 동독에서 사회민주주의적 저항이 있었고 그것이 독일의 민주주의적 전통에 속할 수 있도록 기여했다는 서독의 기억뿐이다.

1953년 6월 17일, 베를린을 포함해 동독 250곳의 주요 산업 중심부에서 일어난 노동자 봉기*의 진압과 함께 동독 노동운동의 역사는 끝이

---

* 1953년 6월 17일에 동독에서는 베를린을 중심으로 정치적·경제적 요구를 내세운 500곳 이상에서의 대규모 노동자 반란이 일어난다. 이는 동독에서의 첫 반(反)스탈린주의 저항운동이었지만, 노동자들 간에 미리 준비된 저항이 아닌 갑작스럽고 자연스러운 성격의 저항운동이었다. 곧바로 비상사태가 선포되고 2만 명의 소련군과 8천 명의 인민경찰이 동원되어 즉각적으로 유혈진압이 진행되었다. 이 저항운동으로 55명이 사망했으며, 1,500명 이상이 기소되었다. 이 사건 이후에 동독 정부는 중공업과 건설 노동자의 대우를 개선한 반면, 자국민에 대한 통제를 더욱 강화했다. 궁극적으로 이는 1961년의 장벽 건설로 이어지게 된다. 분단 기간 중에

났다. 사회주의통일당과 그들이 만든 정치 시스템은 인위적으로 노동 계급의 지속을 유지했고, '숙련공'(Facharbeiter)을 자신들이 만든 평등한 사회정치를 보여주는 잣대로 찬양했다. 그럼에도 노동운동의 특정 요소들, 즉 공장이 외부에 의해 규정된 노동의 장소이면서 동시에 사회적 삶의 중심점으로서의 역할을 수행한다는 점은 여전히 남아 있게 된다. 물론 임금인상과 노동시간, 그리고 임금계산 등에 대한 갈등은 있었다. 그러나 이런 갈등들은 기업 안에 숨겨져 있었고, 정부가 비판적으로 영향력을 가하면 곧 한계에 부딪혔다. 파업을 하고자 하는 의향도 없었다. 바로 이것이 사회운동의 역사에서 노동운동이 존재했다거나 생성 중에 있었다는 증거로 여겨질 수 있다면, 동독에서는 이 두 가지 모두를 발견할 수 없다.

3. 협력과 대항 사이에서의 사회민주주의(1946~59년)

소련점령지역인 동독에서의 사회민주당 배제와 함께 노동운동을 오래된, 1914년 이전의 영웅적 시대와 연결짓던 역사는 최종적으로 끝이 났다. 또한 서부점령지역, 즉 독일연방공화국에서는 1950년대 말에 사회민주당의 전통적 상이 크게 변화되는 전환기를 예고했다. 처음에는 고립과 정체의 단계에 빠진다. 즉 새로운 선거 지지층을 끌어들이는 데 실패한 것이다. 중간층도 가톨릭 노동자도 끌어들이지 못했으며, 공산주의 노동자들에 대한 오래된 모욕적 배제정책도 지속되었다. 사회를 이끌고 나가려는 목표치에 비해 지지율은 떨어졌고, 환상은 깨졌다. 사회민주당은 첫 번째 주의회 선거에서 투표의 34.9퍼센트를, 기독교민주

서독에서는 이날을 '독일 통일의 날'이라는 이름의 국경일로 지정해 기념했으며, 통일 이후 국경일 지정에서 해제되었다.

연합(Christlich Demokratische Union, CDU)/기독교사회연합(Christlich-Soziale Union, CSU)*은 37.7퍼센트를 평균적으로 획득했고, 1949년 첫 연방의회 선거에서는 사회민주당이 29.2퍼센트, 기독교민주연합/기독교사회연합은 31퍼센트에 달했다. 1953년 연방의회 선거(동독에서의 좌초된 반란 이후)에서 노동자의 겨우 절반만이 자신들의 '본래 집식구'에게 투표했다. 이미 1947/48년 이후 사회민주당의 당원 수는 현저하게 줄어들었는데, 1948~54년 약 30만 명의 당원을 잃었다. 통화개혁의 재정적 결과들이 그 첫 번째 하락을 초래했다. 특히 실망한 젊은 당원들이 당을 떠나갔다. 1954년 당원의 겨우 3퍼센트가 25세 이하였고, 1/3만이 45세보다 젊었다. 당은 개방을 이야기하는 모든 새로운 접근을 유도하는 데 또다시 — 마치 1918/19년 혁명 이후에 이미 한 번 그랬던 것처럼 — 실패했다. 당은 다시 노동자 중심으로 유지되었고, 청년, 여성, 사무직 노동자, 공무원들은 없거나 소수였다. 당은 재정 부족에 빠졌고 개혁을 목표로 했던 많은 계획들을 포기해야만 했다. 바이마르와 같은 상황들이 당내에서 점점 더 늘어났으며, 여전히 전통에 얽매인 고위 간부들의 지배가 확실하게 드러났다. 이제 그들의 영향 아래 당은 '계급정당'으로 떨어졌으며, 개혁에 대해서는 거의 이야기하기 어려운 상황이 되었다.

두 가지 예가 계급정당적 전통으로의 후퇴라는 양상을 모두 보여주는 것은 결코 아니지만 패권주의적(hegemonial) 성격의 것임을 분명히

---

* 기독교민주연합과 기독교사회연합 양당은 가톨릭 중앙당의 정신을 이어받아 모두 1945년에 창당되었지만, 기독교사회연합은 바이에른 지역만을 대표하며, 기독교민주연합은 그 밖의 모든 지역을 대표한다. 1949년 선거를 치르면서 하나의 연합당(Unionspartei)을 구성했고, 의회 내에서도 공동정파를 구성하고 있다. 이런 관계는 지금까지 유지되고 있다. 그러나 조직, 재정, 당 강령 등에서는 각기 독립적 구조를 유지하고 있다. 당의 노선에서 기독교사회연합은 기독교민주연합보다 더 보수적 입장을 취해왔다.

드러낸다. 슐레스비히-홀슈타인에서는 킬(Kiel)의 토박이 노동자 정서 공동체 출신으로 1893년 태어나 권위적이며 사무직 성향인 안드레아스 가이크(Andreas Gayk)가 주 대표직과 주의회 의원대표직을 넘겨받았다. 그에 비해 훨씬 더 나이가 든 1880년생의 헤르만 뤼데만(Hermann Lüdemann)은 1912년 자유주의 진영에서 사회민주당으로 넘어왔고, 바이마르 공화국 시대에 마지막으로 니더슐레지엔의 브레슬라우 시장으로 활동했던 사람이었다. 그는 1945년 메클렌부르크 주의 사회민주당 사무총장이 되면서 소련 군사당국으로부터 정치 활동을 금지당하자, 서부점령지역으로 옮겨와 1947~49년 슐레스비히-홀슈타인 주의 총리로 재직했다. 그는 전통주의자라기보다는 오히려 개혁가, 적어도 그런 의도는 갖고 있던 사람이었다. 두 번째 예로는 전쟁 직후 시기 사회민주주의 여성노동을 들 수 있다. 중앙 차원에서 발표된 여성 문제 요구 사항들은 1933년 이전 시대부터 내려온 것으로, 전후 시대에 만들어진 것이 아니었다. 다른 한편으로 사회민주주의 여성들, 특히 엘리자베트 젤베르트(Elisabeth Selbert)의 주도력과 관철력 덕분에 1949년 헌법에 남성과 여성의 동등한 권리(제3조 제2항)가 기본권의 표준으로 수용되었다. 오랜 시간 (당 안에서도 마찬가지로) '앞치마를 두른 프롤레타리아 엄마' 모임이 주도해 만든 '노동자 복지 커피 모임'과 '뜨개질 모임' 등을 1945년 이후의 사회민주주의적 여성상으로 여겨왔던 것이 하나의 이데올로기적 왜곡이었던 것이다.

이러한 상황들 속에서, 첫 선거* 이래 사회민주당의 연속적 패배가 어떻게 일어났던가를 사회민주주의의 기대 지평과 정치적 선도에 대한 의지 등을 고려하면서 적절히 해명하는 일이 필요하다. 해명은 부

• 1949년 8월 14일 치러진 서독에서의 첫 연방의회 선거에서 사회민주당은 131석을 획득하여 139석을 얻은 기독교민주연합/기독교사회연합에 패하고 아데나워에게 총리직을 내준다.

분적으로 이미 제시되었다. 1948년 여름 단행된 통화개혁은 단절을 초래했고 단지 사회민주당에만 적용된 것이 아니라 많은 지역에 영향을 끼쳤는데, 예를 들면 지속적인 잡지 폐간과 같은 것들이 오랫동안 지켜져왔던 정치적 민주주의 문화의 형식을 무너뜨렸다. 그러한 상황에 더해 전쟁이 끝나기 전부터 이미 나타나기 시작했던 사회적 변화들이 추가된다. 노동자 거주지역들이 공습에 의해 완전히 파괴되어, 글자 그대로 사회민주주의의 아성이라고 할 수 있는 곳이 사실상 존재하지 않게 되었던 것이다. 그들을 결합하는 특성들이었던 연대공동체(Solidargemeinschft)나 어느 정도 폐쇄적이던 노동자들만의 고유한 공동체적 정서(Milieu)가 상실되어가는 동시에 새로운 관계들과 경험공동체들(Erlebnisgemeinschaft) — 예를 들어 병영, 참호, 포로수용소, 탈주, 폭탄 투하 같은 — 로 대체되었다. 새로운 갈등의 경계들이 — 적어도 잠정적으로는 — 옛 계급갈등을 덮어버렸다. 사회민주당 안에서는 과거의 연속성이 지속되는 동안, 원래 살던 사람들과 피난민 혹은 추방민, 피폭자와 피폭 안 된 자, 농민과 도시민, 전쟁을 통해 돈을 번 자와 전후 돈을 번 자, 전쟁을 통해 망한 자들이 서로 반목했다. 1953년 사회민주당이 연방의회 선거에서 두 번째로 패배하자, 만일 기독교민주연합이 다음 선거에서 또 한 번 승리한다면, 자유노동운동의 '사멸과 뿌리 뽑힘'이 코앞으로 다가올 것이라고 사람들은 말했다. 어쨌든 사회민주당에서 언론과 선전을 책임졌던 프리츠 하이네(Fritz Heine)는 그런 식으로 말했다. 그는 대단히 영향력 있는 당 활동가였지만 전형적으로 1933년 이전의 사회민주당식 사고방식에 사로잡혀 있는 인물이었다. 그는 1941년 프랑스에서 영국과 미국으로 가는 위기에 빠진 이주민을 구출하는 일에 지대한 공을 세운 바 있다.

사회민주당의 공약을 믿음이 가게끔 만드는 노력이 성과를 내지 못해 빚어진 실망스러운 선거 결과의 또 다른 이유는 사회민주당이 의도하는 실제 정치의 내용을 간파하기 어려웠다는 점에 있었다. 당 지도부는 중앙정치 차원에서의 활동에 대한 성격을 '건설적 야당'(konstruktive Opposition)에 머무르기로 결정한 반면, 주와 지역 차원에서는 부분적으로 다른 당들과의 협력모델 형태를 통한 협치를 이끌어 나갔다. 중앙 차원에서는 자본주의의 재건에 반대해 싸우며 자유주의적 경제정책의 좌초를 예견한 반면, 지방 차원에서는 마셜 플랜(Marshall Plan)*을 승인한 노동조합과 함께 경제적 융성 가능성에 편승하고자 했다.

또한 유럽 사회주의 정당들의 공동체 안에서 사회민주당은 곧 어려운 고립 상태에 빠졌다. 이는 무엇보다 거의 전 유럽에 퍼졌던, 나치 독재의 몰락 이후 벌어진 일반적인 정치적 · 경제적 정세와 관련이 있다. 이제 거의 대부분의 유럽은 혁명 직전의 상황에 놓여 있거나 적어도 자본주의적 경제질서에 대한 변화를 지향하는 사회적 변환이 가능한 것처럼 보이는 요소들을 지니고 있었다. 1945년 7월에 실시한 영국의 의회 선거에서 노동당(Labour Party)의 승리는 이들에게 사회주의적 미래에 대한 희망을 실현할 지도적 역할을 했다. 그러나 많은 이들이 예상했던 유럽에서의 '좌경화'(Rück nach links)는 일어나지 않았다. 노동당의 지휘 아래 영국이 유럽 사회주의의 변환과 영제국의 해체, 이 두 가지 거대한 과제를 동시에 수행하기에는 정치적으로나 경제적으로 너무 허약한 것으로 드러났다. 영국은 세계대전 결과 미국에 대한 경제적 종속에 빠져들게 되었다. 이는 영국점령지역에서 사회적 변혁을 위한 민주적 사회주의라는 방향으로의 걸음을 방해했다. 그러는 사이 점

• 미국의 국무부장관 조지 마셜(George Marshall)은 1947년에 미국이 유럽의 자립계획에 대한 재정 지원 의사가 있음을 밝히고, 이어서 소련의 군사점령 아래 국가들을 포함한 전 유럽에 경제원조 제공을 계획했다. 그러나 소련과 동유럽 국가들의 거부로 이후 전적으로 서방 16개 국가들에 무역적자와 달러 부족으로부터 벗어나도록 경제적 지원이 진행되었다. 계획이 종료된 1952년 중반까지 총 120억 달러에 달하는 원조금을 주로 영국, 프랑스, 이탈리아, 서독, 네덜란드 등에 제공했으며, 이를 통해 서구 여러 나라들은 경제부흥과 유럽 경제통합의 기반을 마련할 수 있었다.

령국 입장에서 그들은 짧은 망설임 끝에 독일 경제를 사적 자본주의 (privatkapitalistisch)의 기반 위에 재건하기로 결정했다. 이런 결정은 동시에 나머지 동독 지역과 거의 대부분의 동유럽에서 소련 점령세력에 의한 소련화(Sowjetisierung)와 스탈린화(Stalinisierung)를 강요받게 만들었다.

그러나 독일 사회민주주의가 유럽 사회민주주의 자매당이라는 공동체 안에 다시 받아들여지게 되는 과정은 어려운 길이었다. 독일인의 첫 시도는 실패했는데, 왜냐하면 영국은 자신들의 사회주의 개념을 '수출한다'는 것을 생각하지도 않았을 뿐만 아니라 자신들의 점령지역에서 사회민주주의자들에게 걸맞게 민주주의가 제공하는 우호적 지위를 부여하고자 하지도 않았기 때문이다. 철저한 골수 반파시스트로 알려진 슈마허는 이런 과정에서 깊은 상처를 받았다. 노동당 정치가들은 그를 너무 민족주의적이라고 여겼고, 슈마허는 이에 배신감을 느꼈다. 다른 유럽 사회민주주의 정당들과의 관계도 이와 비슷한 긴장 속에서 형성되었다. 냉전으로 압축된 국제적 긴장이라는 압력을 받고서야 비로소 환영받지 못하던 독일인들은 다시 수용된 것이다.

1951년 7월 초, 독일 사회민주주의에서 의미 있는 장소인 프랑크푸르트에서 국제사회주의(SI)의 재건이 이루어졌다. 여전히 유럽 중심이기는 했지만 세계적으로 확장되었다. '민주주의적 사회주의를 목표와 과제'로 한다는 국제사회주의 선언은 이후 인터내셔널 역사에서 기본문건에 속하게 된다. 이 선언은 민주적 사회주의를 공산주의와 확실하게 분리했다. "공산주의는 부당하게 사회민주주의적 전통을 자신의 근거로 삼는다. 사실 그들은 이 전통을 알아볼 수 없을 만큼 산산이 부수었다. 공산주의는 하나의 독단론(Dogmatismus)으로 경직되었고 마르크스주의의 비판적 정신과는 서로 화합할 수 없는 대립적 위치에 있게 되었다." 이에 반해 민주적 사회주의는 "민주주의의 최고의 형식"으로 선포되었다.

그럼에도 불구하고 사회민주당은 주권을 갖는 전(全) 독일이라는 애국-민족주의적 목표에 철저히 집착함으로써 외교적으로 고립되었다. 또한 유럽통합의 첫걸음으로서의 서구 국가연합도 거부하는데, 그 이유는 이 조직을 동등한 권리를 갖고 연합된 민주-사회주의적 독일을 위한 길로 보지 않았기 때문이다. 사회민주당이 과거 어느 때도 이처럼 민족통일(Einheit der Nation)을 명확하게 주장한 적은 없었다. 슈마허는 통일을 만들어낼 유일한 가능성이 장기적으로 보아 독일 서부를 경제발전의 중심에 놓는 것이라고 믿었다. 사회민주당은 연방공화국 체제를 철저히 잠정적인 것으로 간주했음에도 불구하고, 법과 경제, 재정 등 중심적 권한들의 완비를 통해 새로운 민주주의 기관들이 최선의 직무 능력을 갖출 수 있도록 힘을 쏟았다.

히틀러 이후의 독일을 위한 슈마허의 계획이 1937년의 국경*을 가능하면 뛰어넘어 민족자결권과 민주-사회주의에 기반한 분단되지 않는 독일을 목표로 한 반면, 당 일부에서는 유럽과 미국에 대해 새로운 이해를 갖게 되는데, 즉 이들을 통해 정말로 새로운 세계를 찾아냈다고 생각하는 이들이 있었다. 막스 브라우어(Max Brauer), 빌헬름 카이젠(Wilhelm Kaisen), 에른스트 로이터(Ernst Reuter), 발데마르 폰 크뇌링겐(Waldemar von Knoeringen), 브란트 등이 그랬는데, 이들에게 미국은 독일의 '권위주의적 민주주의'(Obrigkeitsdemokratie)에 대한 대칭상이었다. 비록 사회민주당이 슈마허의 '건설적 야당'(konstruktive Opposition) 전술에

• 전후의 국경을 1937년 12월 31일의 독일 제국의 국경으로 함은 1943년에 모스크바에서 열린 외무부장관 회의에서 처음 결정되었다. 이는 그날 특별한 일이 발생한 것이 아니라 제2차 세계대전 이전의 독일 국경을 국제적으로 공인하기 위해 정한 것일 뿐이다. 이 결정에 따르면, 1938년 3월에 합병한 오스트리아나 1938년 10월에 합병한 체코의 수데텐 지역은 독일 영토에서 제외되며 폴란드와의 경계는 세계대전 이후에 그어지게 되는 오데르-나이세 강을 따라 그어진 선(Oder-Neisse-Linie)이 그것이었다.

동조했음에도 불구하고, 지도적 사회민주주의 정치가들 중에는 이미 1949년 대연정을 두둔하면서, 지방에서 기독교민주연합과 관계를 끊거나 그럼으로써 자발적 고립화로 가는 것을 경고하는 이들이 있었다. 그러나 슈마허에게 반대해 적어도 논의의 단초만이라도 어느 정도 끌어갈 만큼 돌파력을 가진 사람은 없었다.

1957년 선거에서 또다시 패배하면서 마침내 그 시간이 왔다. 사회민주당은 자신들의 수세적 고립주의 정서(Wagenburg-Mentalität)를 바꿔야만 함을 깨달았다. 이제 문화적·정치적 고유성을 갖춘 사회민주주의적 시스템은 더 이상 작동하지 않고 있었으며, 사회주의적 생활공동체는 말할 것도 없고, 역시 변화의 물결 속에 휩싸인 부르주아 고유의 세계에 맞서야 했을 프롤레타리아만의 고유한 세계도 존재하지 않았다. 사회민주당이 1950년대 말까지 이룬 것 가운데 미래가치가 있는 것 하나가 있었다. 사회민주당이 민주적 사회주의의 기본가치들과 기본적 요구 사항들을 대변할 전 독일의 유일한 정당이라는 목표를 관철하는 것이 그것이었다. 사회민주당의 왼쪽에는 의회주의를 대표할 정치적으로 의미 있는 정당이 더 이상 존재하지 않았다. 여러 좌파정당들과 단체들이 있었지만 사회민주당은 1945년 이후 실시한 여러 차례의 자치단체대표 선거와 주의회 선거에서, 그리고 1949년부터는 연방의회 선거에서 확실하게 승리했다. 1956년 공산당 금지 이전에 이미 연방의회에서도, 또 여러 지방의회에서도 공산주의 의원이 존재하지 않을 정도로 지지자들은 용해되어 있었다. 또한 지방자치 수준에서도 공산당은 극소수의 역사적 중심지역마저도 사회민주당에 넘겨주어야 했다. 전후 첫 10년의 탈퇴와 분열의 기간을 사회민주당은 어려움 없이 견뎌냈다.

1950년대 말이 되자, 노동운동이 재건할 수 있는 것이 무엇인가에 대한 구체적 내용들이 드러나기 시작한다. 사회민주당은 더 이상 '혁명과 개혁 사이'를 오가는 것이 아닌 의회민주주의 시스템 안에 있는 하나의 정상적(normal) 정당이 되었고, 더 이상 사회운동 단체가 아니었다. 이는 또한 노동조합도 마찬가지였다. 노동조합은 모든 계층과 계급을 포괄해 피고용자(Arbeitnehmerschaft)의 이해관계를 합법적으로 대변하는 기구가 되었다. 목표 설정에 있어 사람들은 점차 노동운동의 국가주의적 전통에 그 기반을 갖고 있는 복지국가를 완성하는 방향으로 나아가기 시작했다.

4. 고데스베르크를 향한 긴 여정

1950년대 말까지 거의 같은 걸음으로 민주적 사회주의의 계획적 부흥을 위한 근간을 만들어냈을 뿐만 아니라 사회민주당을 좌파 국민정당으로 만든 구조적·인적 변화를 위한 모든 노력들을 고려한다면, 정체나 고립 혹은 전통회귀로 딱지 붙인 것들은 단지 동전의 한 측면만을 표현하는 것으로 보인다.

비록 슈마허는 원하지 않았지만, 당의 노선 논쟁은 1945년부터 시작된다. 너무도 혼란스러운 시대 상황에 대해 강령을 통해 대응책을 내놓아야만 했지만, 그는 강령의 기반을 놓고 벌어질 구두 논쟁이 단결보다는 분열을 드러낼 것을 매우 두려워했다. 비공식적 토론 그룹들을 막을 수도 없었을 뿐만 아니라 오히려 환영하기까지 했는데, 그 이유는 토론을 통해 공동의 목소리를 찾는 것이 가능했기 때문이었다. 그리하여 1947년에 두 개의 문화정책 회의가 바트 간더스하임(Bad Gandersheim)과 치겐하인(Ziegenhain)에서 개최되었으며, 마르크스주의자와 윤리사회주의자, 그리고 종교사회주의자들도 사회민주당 내에서 노동을 위한 공동의 확고한 정신적 기반을 찾고자 참석했다. 슈마허 스스로도 근본적 의미를 갖는 몇몇 기준 원칙들(Leitsätze)을 반복해 제시함으로써, 강령 토론을 위한 자극을 제공했다. 그 기준은 다음과 같다. 첫째, 사회주의와 민주주의는 서로를 필요로 한다. 둘째, 사회주의와 민주주의의 결합은 파시즘과 경제적으로 연결된 특수한 독일적 자본주의와 반자본주의적이고 독재화되고 중앙집중화된 볼셰비즘 국가자본주의 사이에서 사회민주주의라는 제3의 길의 근거를 마련한다. 그것은 자유-민주주의적 사회주의로의 길이어야 한다. 셋째, 마르크스주의는 학문적 인식 방법으로서 그 의미를 지니지만, 더 이상 그것만을 사회주의의 유일한 기반으로 인정할 수는 없다.

이런 시각에서 사회주의는 무엇보다 자유(Freiheit)를 의미하기에, 이 근본 동기를 실현할 수 있는 국가와 사회의 새로운 질서에 대한 개념을 고민해야만 했다. 그래서 빅토르 아가르츠(Viktor Agartz)는 이미 1946년에 '민주주의 법치국가에서의 사회주의적 계획경제' 모델을 제안했고, 에리크 뇔팅(Erik Nölting) 또한 비슷한 시기 '사회주의 경제 아래의 자유와 구속'에 대해 이야기했다. 알프레트 베버(Alfred Weber)는 '사회주의 시장경제'를 제안했다. 또 다른 이들은 '자유 계획경제'와 '제어된 시장경제' 같은 특성들을 통해 목록들을 확장했다. — 언제나 문제는 자유와 구속, 자유와 질서 사이의 긴장이었다. 이와 동시에 기독교민주연합이 주장하는 '사회적 시장경제'(Soziale Marktwirtschaft)의 아버지로 불리는 알프레트 뮐러-아르마크(Alfred Müller-Armack)는 '사회적으로 제어된 시장경제' 안에서 일정한 형태를 유도하는 일은 반드시 필요하다는 의견을 내놓았다. 끝으로 바이에른 주의 경제부장관인 루돌프 초른(Rudolf Zorn)은 1948년 뒤셀도르프 사회민주당 당대회에서 이 난제를 해결하기 위해 노력했다. 그러면서 그는 '조절된 시장경제'(regulierte Marktwirtschaft) 개념을 제시했다. 이 조정 모델(Ordnungsmodell)은 경쟁과 자유시장, 그리고 시장경제라는 원칙들 위에 제시되었다. 여기서 시장경제란 무엇보다 투자와 분배가 정해진 기본 원칙에 의거해 민주적 국가의 손 안에서 계획적으로 이루어지는 것을 의미했다.

국가의 역할이나 정치적 의사의 형성과정에 대한 진술에서와 마찬가지로, 이 개념도 분명하지 않게 남겨졌다. 즉 경제의 복잡한 국제적 결합에 대한 문제들이 간과되거나 아니면 방어적으로 다루어졌는데, 이는 곧 이 모델들이 모두 국민국가적 범주 안에서만 유효하다는 것을 의미했다. 이는 다음의 세 가지 이유 — 첫째, 전통적인 국제관계 지향, 둘째, 1945년 이후 사회주의 모델을 실현하기 위해 영국 노동당을 전거로 삼는다는 점(주로 국유화에 국한된 것이기는 했지만), 셋째, 영미 세력의 도움 여부에 달려 있다는 점 — 에서 일반적이지 못했다. 단지 산발적으로 이런 견해들이 표명되었는데, 가령 프리츠 슈테른베르크(Fritz Sternberg)는 '자유사회주의'(freiheitlicher Sozialismus) 모델이 계속 존재하기 위해서는 유럽에서의 기반이 필요하며, 이는 또한 미국인들에 의해 중개되어야만 한다는 것이었다. 오직 이런 방법으로만 자유-민주주의적 유럽이 볼셰비즘에 대항해 보루 역할을 수행할 수 있다는 것이었다.

1949~57년은 정치·경제적 근간이 결정되는 시기였다. 이로부터 '자유사회주의'에 대한 다양한 논의들이 대단히 결정적인 영향을 끼쳤다. 즉 1948년의 통화개혁과 이를 뒤따르는 '사회적 시장경제' 틀 안에서의 자본주의적 생산관계 재구성, 다양한 생활환경과 사회적 기본관계들을 바탕으로 한 계급적 상황의 퇴화, 1953년과 1957년 선거에서 국민 과반수가 보수정당인 기독교민주연합/기독교사회연합을 선택한 것, 그리고 유럽공동체(EU)와 북대서양조약기구(NATO)를 통한 서방 국가공동체로 서독이 통합되기 시작한 것 등과 같은 것들에 영향을 받게 된다.

'자유사회주의'의 대표자들은 신자유주의적 시장경제 개념이 공정한 소득 분배를 창출할 능력이 없다고 비판을 강화했다. 그러나 그들은 또한 사회주의 경제정책의 핵심 문제에 대해 다른 정의를 내리고자 시도했다. 사회주의 경제정책이 더 이상 시스템 문제가 아닌 사회적 정의의 문제이자 하나의 윤리적 귀감이어서, 이를 통해 모든 인간의 존엄을 가장 일차적으로 실현하고 확보하고자 한다는 것이었다. 게르하르트 바이서(Gerhard Weisser), 카를 실러(Karl Schiller), 하인리히 다이스트(Heinrich Deist) 같은 이들이 참여해 이런 방향으로 끌고 갔으며, 사회민주당은

1953년 연방의회 선거는 사회민주당에 엄청난 득표수 감소를 가져다주었다. 반면에 기독교민주연합은 높은 득표율을 기록했다. '아데나워 대신에 올렌하워'라는 선거 포스터는 실패한 선거운동의 단면을 보여준다.

이미 1950년대 말에 후일 「고데스베르크 강령」(Godesberger Programm)
이 도달하는 수준에까지 와 있었다. 이미 1953년 실러는 「고데스베르크
강령」의 경제정책적 핵심 문구를 다음과 같이 고안했다. "경쟁은 가능
한 한 치열하게, 계획은 필요한 만큼 많이."

경제정책에서의 새로운 방향 전환에 이어 윤리·철학적 근간들의 강
화가 뒤따랐다. 이에 대해서는 누구보다 빌리 아이힐러(Willi Eichler)가
많은 노력을 했다. 또한 카를로 슈미트와 아돌프 아른트(Adolf Arndt)도
함께했는데, 이 세 사람은 사회민주당 내에서도 서로 매우 다른 세계관
을 구성하고 있었다. 논쟁의 결론은 다음과 같았다. 사회주의란 결코 교
리(Dogma)도 아니고 대체종교(Ersatzreligion)도 아니며, 그 어떤 세계관
도 될 수 없다. 그렇다면 도대체 무엇인가? 그 대답은 바로 역사의 진행
에 대한 모든 비합리적 미신에서 벗어난 '윤리적 현실주의', '응용윤리
학', '지속 과제'였다. 그래서 아히힐러는 사회민주당을 "하나의 윤리적
기반을 갖춘 운동", "더 이상 사회주의적 세계관은 없지만 그렇다고 세
계관 없는 사회주의자들이 모인 것도 결코 아닌", "신념을 같이하는 당"
(Gesinnungspartei) 등으로 표현했다.

글로 쓰인 논쟁은 강령의 작성 작업을 통해 기록으로 남겨졌고, 그
런 관점에서 보자면 1959년 「고데스베르크 강령」은 시작이 아니
라 종지부를 구성하는 것이었다. 1952년의 「도르트문트 행동강령」
(Dortmunder Aktionsprogramm)은 국유화 대신 원료산업의 공공재산제
(Gemeineigentum)로의 이전을 요구에 포함했다. 1954년에 이 강령의 베
를린 초안은 '사회주의 사상'의 정신적·도덕적 뿌리를 강조했고, 대기
업 운영에서의 동등한 공동결정권을 요구했다. 이를 위해 1954년에 설
립된 위원회가 작성한 기본강령 초안이 1958년 슈투트가르트 당대회
에 제출되었다. 이 초안은 자본주의라는 개념을 피했고 '대규모경제'
(Großwirtschaft)라는 용어를 사용했으며, 계급사회(Klassengesellschaft)라
는 말 대신에 '산업사회'(Industriegesellschaft)라는 용어를 썼다.

가톨릭교회와의 대화 재개는 곧 세계관과 관련된 강령에 대한 개방을 의미했다. 이는 이미 1940년대 말에 한 번 공개적으로 알리지 않은 채 시작되었지만, 바로 중단된 바 있었다. 바이에른 사회민주당의 주도로 1954년과 1957년에 새롭게, 이번에는 공개적으로 가톨릭교회와의 대화가 시작되었지만 처음에는 반향을 얻지 못했다. 다시 1958년 1월에 뮌헨 소재 바이에른 가톨릭 아카데미에서 '기독교와 사회주의'를 주제로 100명의 참가자가 동등한 권리를 갖고 참여하는 학술회의가 개최되었다. 아이힐러와 발데마르 폰 크뇌링겐(Waldemar von Knoeringen)은 먼저 오스발트 폰 넬-브로이닝(Oswald von Nell-Breuning)과 구스타프 군들라흐(Gustav Gundlach) 같은 예수회 소속의 저명하고 영향력 있는 신학자들과 대화를 나누었다. 대화는 다음 해까지 계속되었고, 1959년 11월 가톨릭 측의 「고데스베르크 강령」 수용에 따라 일종의 교량적 의미를 갖게 되었다. 그래서 1972년에 넬-브로이닝은 「고데스베르크 강령」의 사회정치적 부분은 "가톨릭의 사회교리를 짧게 축약한 목록과 더도 덜도 없이 일치한다"라고 적는다.

1958년 슈투트가르트 전당대회에서 강령에 입각한 조직 개편이 이루어졌는데, 이 모임은 프리츠 에를러(Fritz Erler)와 헤르베르트 베너를 지도부로 하는 연방의회 의원들이 1953년부터 주도적으로 이끌어왔었다. 그러나 다른 주에서도 당내의 개혁을 요구함으로써, 당 지도부의 주목을 끌었다. 특히 베를린의 브란트, 노르트라인-베스트팔렌의 하인츠 퀸, 그리고 바이에른의 발데마르 폰 크뇌링겐 등이 그랬다. 슈투트가르트 전당대회에서는 지금까지 전혀 선출절차 없이 사실상 승인만으로 지도부 역할을 해왔던, 급여를 받는 당 지도체제의 폐지를 결정했다. 그 대신 선출된 지도부 가운데 한 사람을 뽑아 사무총장으로 임명했다. 11명의 새로운 임원을 지도부로 선출했는데, 그들 가운데 9명은 연방의회 의원에서 뽑고, 다시 그 가운데 6명은 원내대표위원회(Fraktionsvorstand)에 포함했다. 이것으로 원내 의원들에게는 창조적인 역할이 주어졌음이 명확해졌다. 브란트 또한 당 대표위원의 일원이 된다. 당대표인 에리히 올렌하우어와 나란히 새 대표로 헤르베르트 베너, 크뇌링겐이 선출되었다. 예전에 급여를 받던 지도급 당원들이 다시 선출되지 않았다는 것 또한 중요한 것이었다. 이것으로 권위적으로 이끌어지던 정서공동체 정당(Milieupartei), 공동신념 정당(Gesinnungspartei)에서 집단적 지도체제를 갖는 현대화된 피고용자 정당(Arbeitnehmerpartei)으로의 (또는 정확한 표현은 아니지만 흔히들 하는 표현으로 국민정당Volkspartei으로의) 조직적·구조적 이행이 실현되었다. 10년 넘게 구석으로 밀려나 스스로 30퍼센트의 고립된 탑 안에 갇혀 있던 사회민주당이 마침내 개혁의 전기를 마련한 것이다.

| 참고 문헌 |

Angster, Julia: *Konsenskapitalismus und Sozialdemokratie. Die Westernisierung von SPD und DGB*, München 2003.

Appelius, Stefan: *Fritz Heine. Die SPD und der lange Weg zur Macht*, Essen 1999.

Bouvier, Beatrix: *Ausgeschaltet! Sozialdemokraten in der Sowjetischen Besatzungszone und in der DDR 1945-1953*, Bonn 1996.

Boyer, Josef/Kössler, Till: *SPD, KPD und kleine Parteien des linken Spektrums sowie DIE GRÜNEN: Mitgliedschaft und Sozialstruktur 1945-1990* (Handbuch zur Statistik der Parlamente und Parteien in den westlichen Besatzungszonen und in der Bundesrepublik Deutschland 1945-1990. Teilbd. 4), Düsseldorf 2005.

Dowe, Dieter (Hg.): *Partei und soziale Bewegung. Kritische Beiträge zur Entwicklung der SPD seit 1945*, Bonn 1993.

Grebing, Helga (Hg.): *Entscheidung für die SPD. Briefe und Aufzeichnungen linker Sozialisten 1944-1948*, München 1984.

_____: *Flüchtlinge und Parteien in Niedersachsen. Eine Untersuchung der politischen*

Meinungs- und Willensbildungsprozesse während der ersten Nachkriegszeit 1945–1952/53, Hannover 1990.

_____: *Kurt Schumacher als Parteivorsitzender und seine Kontrahenten*, in: Stiftung Haus der Geschichte der Bundesrepublik Deutschland, (Hg.): *Nach-Denken. Kurt Schumacher und seine Politik*, Berlin 1996.

_____: *"Wie weiter, Genossen?" Essays zur Sozialdemokratie im Epochenwechsel*, Essen 2000.

_____: *"Neubau" statt "Wiederaufbau" der SPD — die Lehren aus der Weimarer Republik*, in: Dowe, Dieter (Hg.): *Kurt Schumacher und der "Neubau" der deutschen Sozialdemokratie nach 1945*, Bonn 1996, S. 73–91.

_____: *Probleme einer Neubestimmung demokratisch-sozialistischer Politik nach 1945*, in: Faulenbach, Bernd/Potthoff, Heinrich (Hg.): *Sozialdemokraten und Kommunisten nach Nationalsozialismus und Krieg. Zur historischen Einordnung der Zwangsvereinigung*, Essen 1988, S. 55–68 u. 205-13.

_____: *Ideengeschichte des Sozialismus in Deutschland*. Teil II, in: Dies.: *Geschichte der sozialen Ideen in Deutschland. Sozialismus–Katholische soziallehre–Protestantische Sozialethik. Ein Handbuch*, Wiesbaden 2. Aufl. 2005, besonders die Seiten 365–441.

_____/Süss, Dietmar (Hg.): *Waldemar von Knoeringen 1906–1971. Ein Erneuerer der deutschen Sozialdemokratie. Reden, Aufsätze, Briefwechsel und Kommentare zu Leben und Wirken*, 2 Bde., Berlin 2006.

Hübner, Peter/Tenfelde, Klaus (Hg.): *Arbeiter in der SBZ-DDR*, Essen 1999.

Heimann, Siegfried: *Die Sozialdemokratische Partei Deutschlands*, in: Stöss, Richard (Hg.): *Parteien-Handbuch. Die Parteien der Bundesrepublik Deutschland 1945–1980*, Bd. 4. Opladen 1984.

Klotzbach, Kurt: *Der Weg zur Staatspartei: Programmatik, praktische Politik und Organisation der Sozialdemokratie 1945–1965*, unveränderter, mit einem Nachwort von Klaus Schönhoven versehener Nachdruck, Bonn (1982) 1996.

Lösche, Peter/Walter, Franz: *Die SPD: Klassenpartei–Volkspartei–Quotenpartei. Zur Entwicklung der Sozialdemokratie von Weimar bis zur deutschen Vereinigung*, Darmstadt 1992.

Malycha, Andreas: *Auf dem Weg zur SED. Die Sozialdemokratie und die Bildung einer*

Einheitspartei in den Ländern der SBZ, Bonn 1995.

Martens, Holger: *Die Geschichte der sozialdemokratischen Partei Deutschlands in Schleswig-Holstein 1945 bis 1959*. 2 Bde., Malente 1998.

Merseburger, Peter: *Der schwierige Deutsche Kurt Schumacher*, Stuttgart 1995.

Meyer-Schoppa, Heike: *Zwischen "Nebenwiderspruch" und "revolutionärem Entwurf". Emanzipatorische Potenziale sozialdemokratischer Frauenpolitik 1945-1949*, Herbolzheim 2004.

Steininger, Rolf: *Deutschland und die Sozialistische Internationale nach dem Zweiten Weltkrieg*, Bonn 1979.

Walter, Franz/Dürr, Tobias/Schmidtke, Klaus: *Die SPD in Sachsen und Thüringen zwischen Hochburg und Diaspora*, Bonn 1993.

Weber, Hermann: *Die DDR 1945-1990*, München 4. Aufl. 2006.

제7장

'전통주의 계파'에서 집권당으로(1959~69년)

자유, 정의, 연대, 공동의 결속에 따른 상호적 의무, 이것은 사회주의적 의지의 기본
가치들이다.

유럽에서 기독교적 윤리와 인본주의, 고전철학 등에 뿌리를 둔 민주적 사회주의
는 — 결코 마지막 진실을 선포하고자 하는 것이 아니다 — 세계관이나 종교적 진
리에 반하는 몰이해나 무관심으로부터가 아닌, 인간의 종교적 결정에 대한 존중으
로부터 나온다. 그 내용물은 정당이나 국가가 정하는 것이 아니다.

사회민주당은 정신의 자유를 추구하는 정당이다. 우리는 다양한 종교 지향과 사상
지향을 갖는 사람들의 공동체다. 공동의 도덕적 기본가치와 동일한 정치적 목표를
기반으로 함에서 우리는 서로 일치한다. 사회민주당은 이런 기본가치를 정신으로
하는 삶의 질서를 추구한다. 사회주의는 자유와 정당함을 위해 싸우고 지키며, 그
속에서 이를 입증하기 위한 하나의 지속적 과제이다.

• 사회민주당 기본강령, 1959년 11월 13~15일 바트 고데스베르크 임시 전당대회에서
  결정된 '사회주의의 기본가치' 조항

1. 1959년의 「고데스베르크 강령」

「고데스베르크 강령」은 1945년 나치 독재에서 해방된 이후 시작되는 긴 전사(前史)를 갖고 있다. 나아가 사람들은 이렇게 이야기하기도 했다. 「고데스베르크 강령」이 나타낸 전통적 기본가치의 방향은 이미 1920년대의 윤리사회주의나 종교사회주의 단체와 모임들에서 준비되었다. 그런 한에서 개혁 프로그램을 위한 부단한 노력들은 당의 전통과의 단절이 아닌, 긴 학습과정과 새 결정과정의 결과들임을 의미했다. 여기에는 또한 마르크스 사상에 대한 선입견 없는 관계도 그 일부를 구성한다. 옛 사회주의 모델들에 대한 단순한 고수는 시대가 요구하는 해방적 사고를 위협할 것이며, 사회민주당으로 하여금 사회적 변화과정에 대응하지 못하게 만들 수 있다는 인식들이 퍼져 있었다. 사회적으로는 계급대립과 계층 간의 차이가 무뎌져가고 있었다. 강령을 작성하는 동안의 논의들을 통해 현대적 경향에 과도하게 적응된 형태가 가져올 수 있는 위험을 분명하게 인식하게 되었다. 사회개혁적 선거단체나 득표 극대화를 위한 '모든 이들의 당'(Jedermann-Partei)으로 퇴보할 수 있는 위험, 대안적 사회변혁에 대한 요구를 포기할 위험, 그리고 자유주의적·보수적 복고파 공모자들과 가까운 관계로 빠져들 위험 등이 그런 것들이었다. 강령의 본문에서 이에 대한 두려움을 확인할 수는 없다. 강령이 전하고자 하는 핵심적 네 가지는 다음과 같이 표현할 수 있다.

1. 민주적 사회주의는 윤리적 기반을 바탕으로 내린 결정에 자기확신의 근거를 둔다. 이런 결정은 다양한 세계관의 원천들로부터 끌어모을 수 있으며, 현실에서는 기본가치(Grundwerte)를 인정함으로써 공유된다. 즉 착취와 불공정한 지배·종속으로부터의 자유, 정치와 사회를 만들어 나가는 데서의 능동적 참여, 모든 이의 동등한 자유를 위한 근본조건으로서의 정의, 자립할 수 없는 구성원을 위해 책임의식을 갖는 공동체라는 의미에서의 연대의식이 그것들이다. 기본가치의 근거는 규범적·존재론적(normativ-ontologisch)인 것이 아니라 고전적 반(反)봉건주의 역사로부터, 그리고 그 이후에는 반(反)자본주의적 해방운동의 역사로부터 나온다. 사회주의가 하나의 역사적 필연으로 관철될 것이라는 편협한 원칙론적 마르크스주의 역사결정론적 이해는 포기했다. 사회주의 체제가 갖는 특징도 포기했으며, 국유화라는 방식으로 사회주의의 내용적 실체를 뭉뚱그리는 일도 모두 포기했다. 또한 최종목표에 대한 제시도 없다. 왜냐하면 사회주의를, 역사철학적으로 유도할 수 있는 유토피아가 아닌 지속적 과제로 이해하기 때문이다.

2. 「고데스베르크 강령」의 사회상과 인간상은 다원적이다. 즉 사회는 다양하게 조직된 이해관계들의 형성체로 이해된다. 사회적 이해 간의 경쟁은 동등한 행동조건들을 전제로 삼으며, 지나친 특권과 지나친 불이익을 없앰으로써 균형을 이끌어낸다. 억압된 계급의 해방투쟁을 통해 부르주아 사회를 뒤엎음으로써가 아니라 공동체 안의 모든 사회세력들이 동등하게 참여함으로써 계급분열을 극복할 수 있다고 인식한다. 그런 식으로 계급사회는 하나의 열린 사회로 전환되는데 이런 극복을 위한 결정적 의미, 즉 적어도 계급사회의 개방을 위한 결정적 의미는 학문과 교육에 있다. 인간과 그 인간성의 발전은 이제 교육을 위한 노력들로부터 수혜를 받고, 과거 프롤레타리아의 해방전투에서 솟아 나와 '새로운 인간'의 자리에 선다. "다양한 신앙과 사상을 갖는 인간공동체"라는 사회민주주의의 자화상과 당위성은 사회상과 인간상에서 유래하는

1959년 9월 12~15일에 개최된 바트 고데스베르크에서의 당대회

데, 그것들의 공통점은 공동의 윤리적 기본가치와 동일한 정치적 목표를 가진다는 것이다.

3. 강령이 갖는 사회상에 따라 반독점적이고 국유화나 적어도 사회화를 근거로 하는 사회주의는 경쟁 모델과 시장 모델로 대체된다. 이 모델들은 경쟁적 자본주의를 지향하면서도 집중에 반대하지만, 그래도 질서를 유지하는 정책적 대책에 맞추어 균형을 유지해야만 한다. 이를 실현하기 위해서는 도구적이고 목표 지향적인 즉흥 대책에 경제적 권력이 집중되는 것을 막는 것이 결정적이다. 사회적 공유(Vergesellschaftung)는 더 이상 원칙적 목표가 아니지만, 일정한 조건 아래에서는 공유재산(Gemeineigentum)이라는 형태로 도구적 승리(instrumenteller Sieg)를 얻을 수 있고 충족시킬 수 있다. 그것이 정당한 사회질서의 구성을 방해하지 않는 한, 생산수단의 사유재산화는 원칙적으로 인정한다.

4. 민주주의는 「고데스베르크 강령」 안에서 목표를 향한 길일 뿐만

아니라 그 자체로도 현 국가질서의 이론적 근거를 제시하는 가치를 가진다. 국가질서 없이는 민주-사회주의적으로 각인된 사회가 존재할 수 없다. 의회민주주의 국가의 기관들만이 유일한 민주적 창조세력은 아니다. 왜냐하면 민주적 원칙은 경제와 사회의 행동 영역으로 확장되어야 하며, 포괄적인 사회적 삶의 원칙으로까지 강화되어야 하기 때문이다.

이 강령은 사회민주주의자들이 직면했던 도전들에 대한 답이다. 즉 동유럽의 공산주의 체제와 동독에서의 인간적 사회주의의 실패에 대한 답, 자유와 인권을 무시하면서 자신의 존재가 달린 경계를 지속적으로 넓혀가는 자본주의의 예상하지 못했던 능력에 대한 답, '프롤레타리아로부터의 작별'을 이끈 서독의 사회구조 안에 드러나는 변화에 대한 답인 것이다. 이 강령을 통해 사유재산과 공적인 빈곤으로 표현된 사회적 관계의 새로운 질서를 포기한 것이 아니라 "하나의 새롭고 더 좋은 사회질서"를 확실하게 요구했다. 또한 추구하는 이론의 미래계획들과 구체적이고 현재에서 끌어온 실천 사이의 모순적 관계는 단순히 세상에서 이를 무시함으로써 없앨 수 있는 것이 아니라 오직 부분적으로만 해결 가능하다고 표현했다. 왜냐하면 사회주의적 미래 모델을 '지속적 과제'로 천명했기 때문이다.

물론 강령에서 받아들인 사회적 다원주의가 기독교 혹은 양 교단과의 교량 역할을 했지만, 사회민주당의 지원을 받으며 자동화, 핵에너지 사용, 새로운 사회인류학적 인식, 교육설계 같은 새로운 문제 상황과 세계정치적 발전의 상호 의존을 수용하고 정치적으로 소화하는 작업들이 새로운 강령에 받아들여졌다. 이 강령에서는 결함 또한 분명했는데, 진보에 대해 순진하다고까지 표현하지는 않는다 하더라도, 경제성장과 기술적 진보, 사회정의의 가능성에 대한 거의 맹목적인 믿음이 담겼다. 또한 설명이 필요할 수 있는 위험한 변증법에 대한 신중한 고려 또한 부족했다. 그래서 파시즘의 야만성으로부터 그 어떤 최종적 교훈도 도출해내지 못했다. 강령의 서문 격인 짧은 시대분석은 구체적인 요구들과는 눈에 띄게 차이가 났다. 미래 세계사회의 상호 의존성에 대한 서술에서는 단지 큰 윤곽 정도만 그려졌다. 최종적으로는 "마르크스가 잊혀졌다." 민주적 사회주의가 유럽에서 "기독교적 윤리, 인본주의, 고전철학에 뿌리를 두었다고 함"으로써 ─ 물론 간결하게 선포된 것이기는 하지만 ─ 마르크스적 전통이 사회주의의 역사적 기억에서 축출된 것이다.

1959년 11월 15일, 바트 고데스베르크에서 개최된 임시 전당대회에서 이 강령은 324명의 출석위원 가운데 단지 16명의 반대를 통해 받아들여진다. 1958년 슈투트가르트 전당대회 이후 강령 작업의 마지막 단계에서 당대표인 올렌하우어가 완성을 위해 열정적으로 참가했고, 지금까지 다소 거리를 두었던 베너와 브란트 같은 사람들도 이 계획에 참여했다. 당내 '전통주의 계파'(Traditionskompanie)의 많은 비판가들이 이를 받아들이고자 하지 않았던 것과는 달리(그들은 오늘날까지도 여전히), 올렌하우어와 그 밖의 많은 당 조직에 있는 사람들은 이를 막아서지 않고 오히려 대단히 조심스럽게 접근함으로써 ─ 너무 서두르지도 않고, 또 당에 해가 가지 않도록 도우면서 ─ 사회주의의 기본적 본질, 특히 정신적·이념적 관련과 공동의 인생관을 부르주아적 상부구조와 대응되도록 위치시켰다. 이제 마침내 작업은 성공한 듯이 보였다.

그럼에도 몇몇 이들에게는 이런 입장이 적절치 않은 듯 보였다. 볼프강 아벤트로트(Wolfgang Abendroth)와 페터 폰 외르첸 같은 이들이 대표적이었다. 아벤트로트는 계급관계를 정치 시스템 안에서 드러냈어야 했음에도 체계적 계급분석이 없었음을 지적했다. 그는 계급분석을 '노동자계급의 동원'을 위한 전제조건으로 간주했고, 이는 연방공화국의 헌법 내에서 사회주의로의 평화로운 이행을 위한 투쟁으로 생각했다. 아벤트로트는 고전적 마르크스주의의 거의 모든 목록을 자신의 사고 안에 포함했다. 즉 힐퍼딩과 룩셈부르크가 그 전거였고, 레닌의 아방가르드적 이론도 한편에 있었다. 아벤트로트는 말하자면 룩셈부르크의 '혁명적 대중'을 개량주의자(Reformistische)로 해석한 것이다.

외르첸은 아벤트로트의 엄격한 마르크스주의적 논리와는 거리를 두면서 강령의 내용에 집중했다. 그는 그것이 사회민주당이 이미 오래전부터 민주적이고 사회개혁적인 정당임을 반영하고 있는 것으로 보았다. 그러면서 그는 강령이 제시하는 것이 이런 당을 위한 근간으로서 충분한 것인지 물었다. 외르첸은 경제적 기본법칙 — 경쟁은 가능한 치열하게, 계획은 필요한 만큼 많이 — 은 손대지 않고 두었으나, 은행을 포함해 공공재산(Gemeineigentum)으로 이전할 필수적 주요 기업의 전체 목록을 제시했다. 그리고 그는 근거 없는 경제적 낙관주의를 강령의 중대한 결점으로 보았다. 그는 이 강령의 단점으로 국가중심주의(Etatismus)가 지속된 점 및 개혁을 함께할 사회단체들과의 동맹을 소홀히 한 점을 지적했다.

아벤트로트의 대안적 제안은 강령의 가결과정에서 묻혀버렸지만, 외르첸은 그래도 강령 전당대회 위원이었기에 강령을 반대하는 16명의 전권위원에 속했다. 그럼에도 그는 다음과 같은 결말에 이르게 한 교량 역할을 했다. 즉 사회민주당은 노동조합과 함께 "사회주의자가 활동할 수 있는 유일한 조직이다." 이것으로 강령 작업의 목표는 달성되었다. 이에 반해 강령 수용 이후의 근본적 문제들에 대한 논의는 중단되었고, 강령이 "인용은 되었지만 논의되지는 않았던"(주자네 밀러Susanne Miller) 현상은 별로 중요하게 받아들여지지 않았다.

2. 주와 지역에서의 사회민주주의화

「고데스베르크 강령」은 당 좌파 쪽에 있는 이들이 하룻밤 사이에 당의 국가적 통합 기능을 넘겨받을 수 있게 하기 위해 만든 것은 아니다. 그렇기는 하지만 국민들의 요구를 설득력 있게 대표할 수 있는 국민정당을 향한 안정화 과정이 시동을 걸게 된 것이다. 이는 자신들이 집권정당을 추구하는 대안적 여론 형성기구이며, 통치 능력 있는 야당임을 증명하기 위한 작업이었다. 이 과정은 사회민주당이 지역과 주에서 그사이 획득한 정치력 없이는 성공하지 못했을 것이다. 야당 계급정당에서 통치 능력 있는 국민정당으로의 전환에 왕도는 결코 없었다. 사회민주당의 현대화 과정 혹은 탈(脫)전통의 과정들은 다양했으며, 주와 지역에서의 사회민주주의화 과정들 또한 똑같이 다양한 모습들을 보여준다.

사회민주당은 혜센에서 1946년 이후 도시와 농촌에서의 정치적으로 개방적인 지역 분위기를 바탕으로 산업의 현대화 또는 후기산업사회적 생산 형태로의 이행을 겪으면서 대단히 지속적인 상승일로를 밟는다. 북부 혜센과 남부 혜센 사이에 과거부터 존재했던 반목들은 북부 혜센 출신의 주지사 게오르크 아우구스트 친(Georg August Zinn)의 화합력 덕분에 비록 제거되지는 못했다 하더라도 상당 부분 약화되었다. 혜센은 1960년대 이후를 내다보면서 여전히 부분적으로 빈곤한 농촌지역에 사회 기반을 강화하는 정책에 집중하였고, 다른 대부분의 주들에 견주어 평균 이상의 생활수준을 갖춘 공업지역으로 변모되었다. 혜센은 교육정책에서도 앞서 나갔다. '스웨덴처럼' 될 수 있기를 사람들은 원했다. 그 정점에서의 추락은 1970년대 이후 시작되었다.

니더작센에서도 유사하지만 전체적으로는 덜 안정적인 모습으로 발전했다. 니더작센의 소도시에서는 1933년 이전부터 어느 정도 당이 안정되어 있었고 (부분적으로는 과거 독일 동부 지역으로부터 온 피난민을 받아들여) 농촌지역에 정착했다. 이곳에서 주도적 역할을 한 사람은 지역에서만 잔뼈가 굵은 주지사 힌리히 빌헬름 코프(Hinrich Wilhelm Kopf)와 브레슬라우 출신의 젊은 피난민 목사 하인리히 알베르츠(Heinrich Albertz)였다. 그럼에도 당 자체는 18년 이상을 하노버 지역의 에곤 프랑케(Egon Franke)가 전례 없는 전통주의를 바탕으로 지배했다. 프랑케는 지역대표였을 뿐만 아니라 중앙당 대표위원이었고, 원내 우파 전통주의 성향의 조직인 '운하 노동자'의 지도자였다. 좌파 사회주의자 외르첸이 육성한 참신한 대항세력이 1970년에 당 거물들을 넘어뜨리는 데 성공하면서 사회민주당을 니더작센을 넘어 전국적 근대화의 길로 이끌어갔다.

노르트라인-베스트팔렌에서도 역시 1945년 이후 사회민주주의화의 기미들이 보였다. 그러나 10년이나 지나 사회민주당이 공산당 지지자의 표를 넘겨받게 되고서야 비로소 이런 경향은 확실한 모습을 띠게 된다. 그래도 공산당은 1947년에 실시된 노르트라인-베스트팔렌 지방 선거에서 총투표의 14퍼센트를 얻었지만, 1954년에 실시된 세 번째 주의회 선거에서는 겨우 3.8퍼센트만을 얻을 수 있었다. 같은 시기 사회민주당은 가톨릭에서 온 '소시민층'(kleinen Leute)과 대화할 수 있게 된다. 가톨릭 정서공동체 안에서는 이미 '제3제국' 때부터 시작된 세속화 과정이 계속되어왔었다. (여전히 경제 기적이 전반적으로 진행되는 동안) 기독교민주연합이 탄광에서 나타나는 구조적 위기를 제어하지 못하면서 지지세의 상실을 가져왔고, 그럼으로써 가톨릭의 세속화는 더 빨리 진행되었다. '사회민주주의화'(Sozialdemokratisierung) 과정은 긴 시간 동안 다양한 단계를 거치며 진행되었는데, 이는 루르 지역의 예를 통해서도 쉽게 확인될 수 있다. 이 지역에서 이미 1946년부터 사회민주당은 보훔, 겔젠키르헨, 도르트문트 등의 시장 선거에서 승리하기 시작한다. 예를 들면, 보트로프에서 사회민주당은 1933년 이전에 공산당이나 중앙당보다 10퍼센트 이하의 적은 차이로 뒤처져 있었는데, 이제는 23.6퍼센트로 기독교민주연합과 같은 수준이 되었다. 상승세는 계속되는 지방 선거를 거치며 여러 곳에서 지속되었고, 탄광지역의 시청들을 붉게 물들였다. 붉게 물든 시청 옆에는 통합노동조합이 사회민주당의 지지 기둥으로 함께 자리했다. 공산주의자들은 노동조합 대표단과 기업평의회(Betriebsräte)에서 축출되었다. 기업의 새로운 공동결정 기구를 사회민주주의자들이 차지한 것이다. 가톨릭 교도들이 흩어져 살고 있는 지역들에서는 무엇보다 탄광노동조합(IG Bergbau)이 사회민주당으로 가는 통로로 간주되었다. 이제 사회민주당은 기업평의회 참여와 시 운영에서 모범적으로 일을 수행하게 되었으며, 스스로가 '소시민의 대변자'로 간주되는 것을 증명해 보여야 하는 입장이 된 것이다.

주 차원에서의 성장세도 천천히 이어져갔다. 1960년대 초 옛 당료들이 모두 교체되면서 시작된 국민정당(Volkspartei)은 상당 부분 시청에서 시작해 주 차원으로 발전했다. 그런 노력의 결과, 1966년 7월 주의회 선거에서 사회민주당은 49.5퍼센트라는 눈부신 성공을 거두었고, 연방 차원에서의 집권을 위한 계기가 된다. 사회민주당이 1961년에 실시된 연방의회 선거에서 루르 지역의 기독교민주연합으로부터 7곳의 선거구를 빼앗아온 것은 이미 추세가 바뀌고 있음을 보여주었다. 1962년에 실시한 주의회 선거에서도 이런 경향은 계속되었고, 마침내 사회민주당은 1965년 실시된 연방의회 선거에서 승리할 수 있었다. 1965년 연방 전역에서 39.3퍼센트만 얻을 수 있었던 데 반해, 루르 지역에서는 54퍼센트를 획득했던 것이다. 노르트라인-베스트팔렌에서는 상징적으로 대표되는 주지사 하인츠 퀸(Heinz Kühn)이나 그의 후계자 요하네스 라우(Johannes Rau)의 주도로 작지만 사회민주주의 노동조합에 소속된 소시민(나중에는 유사하기는 하지만 그렇다고 아주 적절하지만은 않은 표현인 '조직원'Filz으로 불리게 되는)으로 구성된 새롭고 서로 잘 연결된 정서공동체가 생겨난다. 노르트라인-베스트팔렌 주의 사회민주당은 다른 연방주에 기준이 되는 일종의 모범이 되었는데, 세계관이나 종교적 장벽으로부터 어떤 방해나 제한을 받지 않는 노동자를 근간으로 하는 강력한 좌파 국민정당(linke Volkspartei)으로 인정받게 된 것이다. 전체 국민으로 구성된 정당이라는 의미에서의 국민정당은 아직 되지 못했고, 그것은 노르트라인-베스트팔렌이나 다른 어떤 지역도 마찬가지였다.

노르트라인-베스트팔렌과 비교해 바이에른은 완전히 반대로 보수주의자들(기독교-사회적)이 성공 모델을 만들었고, 오늘날까지도 여전히 사회민주당은 주변부적 존재로 남아 있다. 그렇다고 바이에른의 사회민주당을 '패배자로 태어났다'고 낙인찍는다면 그것도 역사적 사실에 부합하는 것은 아니다. 1960년대 동부 바이에른에서의 성공이 이를 잘 보여주는데, 여기에서 사회민주당은 확고한 지위를 지속적으로 구축할 수 있었다. 예를 들면, 사회민주당이 바이에른 주 전체에서는 35.3퍼센트로 기독교민주연합에 여전히 12퍼센트 뒤져 있던 반면, 1962년 실시한 지방 선거에서는 슈반도르프에서 49.9퍼센트, 부르글렝겐펠트에서 52.4퍼센트의 지지율을 획득했다. 1966년 실시된 주의원 선거에서 사회민주당은 35.8퍼센트로 지금까지 최고의 결과를 달성했고, 1970년대가 되면 이제 바이에른 주의 사회민주당은 '우리끼리의 동지의식 경향' (Genosse Trend)에서 벗어나게 된다.

어쩌면 그리 주목할 만한 예가 되지는 않겠지만, 다음과 같은 대략적 상들을 통해 당의 전체 모습들을 확인할 수 있을 것이다. 지방과 지역에서의 전통, 옛 생활세계의 보존이나 파괴, 지역에 뿌리를 둔 선도적 모델의 효용성 등이 피고용자층으로 특화된 노동자 좌파 국민정당으로의 균질화 과정을 촉진했거나 방해했다. 그 과정에서 강령 논쟁과 강령 그 자체도 또한 상징적 의미를 가지며, 결코 적지 않은 역할을 했다. 자료들을 보면, 사회민주주의적 정서의 쇠퇴라는 테제는 대부분의 문헌들에서 언급되는 것보다는 더 조심스럽게 사용되어야 할 듯하다. 분명 20세기 첫 절반의 시기가 만들어낸 옛 정서공동체는 1945년 이후에는 단지 추정으로만 존재했고, 곧 더 이상 발견할 수 없었다. 그것들이 사라지기는 했지만 그렇다고 완전히 몰락해버린 것은 아니며, 다른 형태의 사회민주주의적 존재를 위한 부식토(Humus)로서 작용했음을 의미한다. 이는 루르 지역의 다양한 발전을 보면 잘 알 수 있다.

전쟁과 전쟁 이후에 일어난 사건들은 유난히 주민들을 뒤섞어놓았다. 따라서 노동자로서의 전통적 행위 모델(Verhaltensmuster)에는 의문이 제기되어 더 이상 그런 모델을 끌어들여 설명할 수 없게 되었다. 중공업의 해체가 가져온 기업구조의 변화를 통해, 그리고 강철산업과 광산업에서의 공동결정제를 통해 이제 노동조합은 노동자 대표자로서 기업평의회의 기업 결정에 참여하게 되었다. 또한 기업평의회를 통해 지역정치에도 영향력을 행사할 수 있게 되었다. 기업평의회는 당의 의원, 특히 사회민주당 의원을 통해 시평의회(Stadträte)에 영향을 끼칠 수 있다. 이런 방식으로 풀뿌리 이해 대변의 촘촘한 그물이 형성되어 주민의 생활조건을 개선하는 일에 성공적으로 작업할 수 있게 된 것이다. 이는 다시금 과거 정서공동체와 거의 유사한 형태를 갖춤으로써 지역에서의 사회민주주의화를 위한 출발점이 되었고, 루르 지역 전체와 나아가 노르트라인-베스트팔렌 주 전체를 사회민주당의 아성으로 만들었다.

이런 사회민주주의화의 형태는 특별한 간부 유형을 필요로 한다. 더 이상 과두정치적·중앙중심적(oligarchisch-zentralistisch)이 아니며(물론 실제에서는 늘 그렇지는 않더라도 의도만큼은 그러했다), 실용적이고 건실하고 비(非)이데올로기적이며, 자신들을 뽑아준 이들과 거의 분리되지 않고 '소시민의 대리인'으로서 효과적으로 작동하며, '태생적으로' 사회민주당을 뽑고 나아가 당원이 되는 그런 유형이 필요했다. 이런 유형은 전체 노르트라인-베스트팔렌에 점점 더 적용되게 된다. 이는 다시금 정치적 기본 토대를 만들었는데, 1960년대 탄광지역에서의 구조변화가 성공적으로 이루어졌고 사회민주당의 우세는 깨지지 않고 지속되었다. 당원의 수도 증가했다. 예를 들어 1968년 말 도르트문트에서 생업에 종사하는 사람의 8.7퍼센트가 당원이었고, 그 이웃 보훔에서는 비율이 5.5퍼센트에 달했다. "사회민주당은 이로써 투표권자의 상당 부분을 당에 확실하게 묶었다"(Bernd Faulenbach, 219쪽). 이 시기 당 간부의 사회적 경력 또한 변했다. 거의 절반이 사무직으로 변했으며, 노동자 출신은 20퍼센트로 감소했다. 즉 피고용자층이 여전히 우세했다.

이 모든 것을 인지한다면, 그것이 그저 루르 지역만의 특별한 경우이지 전형적인 예는 아니라고 받아들일지도 모른다. 그러나 바이에른의 오버팔츠같이 완전히 다른 지역을 조사해보면, 막스 철공소(Max-

Hütte)와 바이에른의 갈탄산업 지역처럼 검은 바다* 한가운데에 두 개의 '붉은 섬'으로 나타나는 곳에서도 비교할 만한 특징들이 나타난다. 노동조합의 조합원들은 어차피 사회민주당 당원을 뽑고, 사회민주당 당원들도 그러할 것이며, 여전히 지역에는 많은 '동지'(Genossen)들이 남아 있었다. 1970년대 초 이후 슐츠바흐-로젠베르크(Sulzbach-Rosenberg)에서는 사회민주당이 시장이 되었고 마찬가지로 슈반도르프의 지방의회도 사회민주당이 지배했다. 이 두 곳에서는 10년 넘게 그것이 지속되었다. 물론, 우리가 1950년대와 1960년대 옛 정서공동체의 해체 속에서 사회민주주의적 생태환경(Soziotope)이 생성되는 변환과정에 대해 너무 적게 알고 있다는 것을 인정한다. 어떻든 간에 (그리고 지금까지도) 사회민주주의자가 된다는 것은 자신의 사회적 정체성을 발견하는 하나의 방식이다.

3. 사회민주주의의 방향 전환

정치적 대안의 담당자가 되어 사회민주주의가 수용되도록 인정받기 위해서는 중앙정치 행위 영역에서 상당한 노력이 필요했다. 1960년 6월, 연방의회에서 베너에 의해 외교정책적 전환이 시작되었다. 그 중심 의도는 "주어진 문제들을 극복하기 위한 공통성(Gemeinsamkeit)을 가능한 한 최고 수준까지 만들어가는 것이다." 1961년 8월 장벽 설치 이후 당시 베를린 시장이자 1961년 처음으로 사회민주당의 총리 후보가 되었고, 1964년에는 사회민주당 대표가 된 브란트는 그의 동지들(베를린 의회의 하인리히 알베르츠Heinrich Albertz, 연방의회 의원 클라우스 쉬츠Klaus Schütz, 의원 대변인 에곤 바르Egon Bahr)을 불러 모아 동

---

* 기독교민주연합/기독교사회연합을 상징하는 색은 검정색이다.

독과 서독이 놓여 있는 정치적 조건들을 새롭게 구성하기 위해 노력했다. 그는 1950년대 말까지 놀랄 만큼 집요하게 동서 독일의 재결합에 관심을 기울였다. 브란트와 바르는 긴장된 독일관계의 이완 가능성을 숙고하면서 정책을 제안했는데, 1963년 7월 바르의 표현에 따르면 "간단히 말해서, 접근을 통한 변화"(Wandel durch Annäherung)가 그것이었다. 1963년 성탄절 베를린에서 처음으로 이른바 통행증명서 협약(Passierscheinabkommen)을 맺는데, 이는 서독 주민이 장벽을 통과해 동독을 방문하는 것을 허용하는 것이었다.

1960년 이후 사회민주당이 과반의 지지를 받으면서 '공통성 정책'(Gemeinsamkeitspolitik)으로의 전환의 구체적 형태를 만들어 나가기 시작하지만 이는 당이나 사회의 현실을 반영한 것은 아니며, 위험이 따를 수 있는 이데올로기적 내용을 갖는 것이었다. 여론은 종종 사회민주당의 이런 노력을 지금까지 제시했던 가장 기독교민주연합적인 성격의 정책을 사회민주당이 보여준 것으로 이해했다. 그래서 사람들은 갑자기 추방자들을 걱정하고 민족(Nation)을 '원초적 운명공동체'이자 지속되는 소통관계라고 정의했다. 즉 사회적 조화를 가능한 것으로 여기며, 다음과 같이 주장했던 것이다. "우리는 모두 한 가족이다"(브란트). 아마도 「고데스베르크 강령」을 통해 정당화했던 급진적 탈이데올로기화가 이런 조화를 강조하는 형태로 새롭게, 거의 위험하다고까지 이야기할 수 있는 이데올로기로 변화되어 나타난 것이다. '공통성 정책'의 맥락에서 사회민주당은 1960년, 정확히는 1961년에 독일사회주의학생연합(Sozialistischer Deutscher Studentenbund, SDS) 및 그 지원단체와 결별했다. 이로써 사회민주당은 수적으로는 얼마 안 되지만 대단히 분명하게 논지를 전개하는 지적 잠재력을 가진 집단을 포기한 것이다. 이후 이들 사회주의학생연합은 제도화된 민주적 의사의 형성과정에서 떨어져 나가 자신들만의 자율적 활동체제를 만들어갔다.

'공통성 정책'에 대한 여러 비판에도 불구하고, 사람들은 다음과 같은 것을 인정해야만 한다. 즉 그것이 시민층으로 하여금 사회민주당을 수용하게 만들었으며, 교양시민 여론 확산층이 사회민주당에 어느 정도 우호적 수용의 가능성을 열어놓도록 만들었다. 1961년에 실시된 연방의회 선거 이후 저명한 시민들, 특히 작가들이 사회민주당을 위해 활동했다. 마르틴 발저(Martin Walser)는 『대안 또는 우리는 새 정부가 필요한가』(*Die Alternative oder Brauchen wir eine neue Regierung?*)라는 책을 편집해 1965년 선거에 맞춰 출판했고, 또한 한스 베르너 리히터(Hans Werner Richter)는 『새로운 정부를 위한 변론 혹은 대안 없음』(*Plädoyer für eine neue Regierung oder keine Alternative*)을 펴낸다. 또 귄터 그라스(Günter Grass)는 '독일 작가 베를린 지부 선거네트워크' 모임을 주도했다. 이 모든 주도적 흐름들은 1968년 사회민주주의참정권자 모임(Sozialdemokratischen Wählerinitiativen)의 창립과 함께 지속되었다. 그 모임에는 수많은 작가와 대학교수, 영화인, 그리고 출판인들이 참여했다. 이런 시각에서 사회민주당은 프롤레타리아-사회주의적 과거와의 단절에 성공한 것으로, 그리고 현대 세계의 요구에 대해 해결 가능한 답변을 줄 수 있을 것으로 보였다. 구스타프 하이네만(Gustav Heinemann)에 의해 이끌어지고 도덕적 신념을 가진 신교도 유명 인사들의 모임인 이른바 전(全)독일국민당(Gesamtdeutsche Volkspartei)이 스스로를 해체하고 사회민주당에 합쳐졌을 때인 1957년, 사회민주당은 이미 두 번째 통합의 거대한 기회를 잡았었다. 동시에 「고데스베르크 강령」이 마르크스를 배제했음에도 불구하고, 외르첸 같은 민주-사회주의 좌파들이 당 안에서 "노동자의 평등한 공동결정을 통한 전체 경제적 생활 영역의 민주화"를 효과적으로 이끌기 위한 행동공간은 충분히 남아 있었다.

대연정*에서 사회민주당의 협력은 당을 거의 분당 위기까지 몰고 갔

* 사회민주당과 기독교민주연합/기독교사회연합 간의 첫 번째 대연정은 1966~69년 진행되었고, 총리직은 기독교민주연합의 쿠르트 키징거가, 부총리는 브란트

으나, 결과적으로 성공적이었다. 대연정의 파트너는 스스로를 필수적 개혁들을 조언하고 결정하는 일시적인 현대화의 동맹으로 이해했다. 아직 완전히 확립되지 못한 공화국은 경제적 소용돌이와 사회적 변화과정 속에서 '균형'을 잡아야 했다. 사회민주당 안의 거의 모든 층에서, 특히 젊은 당원들을 중심으로 대연정에 대한 격렬한 비판이 일었지만, 곧 '정부 여당으로서의 사회민주당'이라는 사실을 통상적인 것으로 받아들인다. 사회민주당은 특히 브란트와 하이네만, 카를 실러 등을 통해 시대의 거대한 주제에 대한 여론 주도 역할을 넘겨받는 데 성공했다. 그들은 스스로를 역동적이며 공동의 복지를 지향하는 계몽적 모습으로 드러내면서 사회적 민주주의를 실천하는 지도자상을 보여주었다. 또한 기독교민주연합 내에 사회적으로 개방적인 층들을 개혁 작업의 소용돌이에 함께 끌어들이고, 과반수를 훨씬 넘게 차지하는 연정 상황을 국내정치와 복지정책에서의 의미 있는 입법 작업으로 이끄는 데 성공했다. 아마도 언젠가는 이를 사회민주주의적 성격을 갖는 제2의 독일연방공화국의 창립으로 표현할 수도 있을 것이다. 한 보수적 관찰자가 아마도 시기하는 마음으로 표현했듯이, 사회민주당에 '영웅시대'(Heldenzeitalter)가 시작된 것이다.

이는 이미 정당투표˙에서 기독교민주연합/기독교사회연합과 사회민주당 간의 득표수 차이가 없어지면서 분명하게 나타난다. 1957년 기독교민주연합/기독교사회연합은 사회민주당보다 18.4퍼센트를 앞서 있었고, 그 결과 선거에서 기독교민주연합/기독교사회연합은 50.2퍼센트의 압도적 과반수를 차지한 바 있다. 1961년 선거에서도 여전히 9.1퍼센트, 1965년 선거에서는 8.3퍼센트의 차이가 존재했다. 하지만 1969년

가 맡는다.
• 독일의 의회 선거에서는 두 장의 투표지가 주어지는데, 첫 투표는 정당의 특정 후보를 대상으로, 두 번째 투표는 비례대표 배분을 위해 정당을 대상으로 한다.

선거에서 두 정당은 3.4퍼센트 차이로 가까워졌고, 1972년 선거에서는 드디어 사회민주당이 0.9퍼센트 앞서게 되었다(사회민주당 45.8퍼센트, 기독교민주연합/기독교사회연합 44.9퍼센트). 생산직 노동자가 사적·공적 영역에서의 서비스직에 비해 처음에는 상대적으로, 나중에는 절대적으로 줄어들었고, 이런 사회적 변화에 대한 대응으로서 계층을 초월한 합의에 성공한 것이다. 이렇게 '국정책임정당'이 탄생했다. 특히 1960년대 중반에는 당원구조의 변화가 눈에 띈다. 즉 당원이 젊어졌고, 노동조합과의 새로운 연대를 통해 고전적 지지계층을 흡수하는 한편, 봉급 생활을 하는 중산층의 증가가 확연했다. 사회민주당 역사에 대한 여러 연구와 달리, 「고데스베르크 강령」의 통과 이후에 가능한 한 빨리 집권정당으로 자리잡을 수 있도록 국민정당으로의 급속한 이동은 일어나지 않았다. 사회민주당은 무엇보다 다수당이 되기 위해 자신들의 전통적 잠재 지지층, 특히 라인과 루르, 그리고 자르 지역의 가톨릭 공장 노동자들에게 집중했다. 이어서 중산층에 대한 개방이 뒤따랐다. 중산층 사무직 노동자와 공무원, 그리고 대학교수들이 그들이다. 물론 이 과정에서 사회민주당이 자신들이 기대하는 잠재적 지지층에게 더 이상 닫힌 세계관을 가진 정당이 아니라 노동자를 중심으로 하는 다원주의적 좌파 국민정당으로 실제로 발전했다는 것을 전달한 것이 커다란 역할을 했다.

사회민주당은 더 이상 높은 전문성을 갖춘 숙련 노동자의 당이 될 수 없었다. 또한 당은 사무직 노동자들을 얻기 위해 노력해야 했고, 노동자와 사무직 노동자 간의 과거 대립이 완전히 사라지고 나서야 비로소 이런 노력도 성공할 수 있었다. 가톨릭 정서공동체의 성공적 해체와 병행해 농촌의 전통적 정서공동체로의 침투도 일어났다. 하지만 역사적으로 오랫동안 성장한 정서공동체의 해체가 사회민주당에서도 그냥 지나가지는 않았다. 노동자의 집단주거 단지는 현대화된 도시 건설에서도, 전원에 자신의 집을 가꾸는 경향에서도 비껴갔다. 특히 1945년 이후 많은 노력을 통해 다시 만들어졌고 명맥이 유지되던, 한때 찬탄의 대상이던

당의 삼두마차 빌리 브란트, 헬무트 슈미트, 헤르베르트 베너

노동자 클럽문화(Vereinskultur)의 잔재들도 조용하게 완전히 사라졌다. 즉 오직 노동운동 진영에만 속하는 독립적 정서공동체의 상실 맞은편에는 보수적 정서공동체(예를 들면 바이에른처럼)의 일부가 여전히 유지되고 있었다. 이들 지역은 사회민주주의자들의 접근이 거의 금지된 곳처럼 보였다. 그러나 전체적으로 보아 사회민주당이 예전의 계급(투쟁)정당에서 노동자 지지자를 기반으로 하는 공개된 국민정당으로 새롭게 시작되었다고 평가하는 것이 아마도 적당할 것이다.

1960년대 말, 사회민주당의 내부 모습 또한 놀랄 만큼 변했다. 이제 브란트와 에를러보다는 — 정확히는 에를러의 1967년 사망 이후 — 슈미트와 베너가 지도부를 구성하게 된다.

이들은 각각 자기 역할을 가지고 있었다. 브란트는 두 가지 역할을 수행했는데, 우선 시민층 지지자를 겨냥한 총리 후보의 역할이 있었다. 이는 비공식적 역할로서, 대략 1960년대 '창안'된 케네디 스타일의 독일

버전을 수행하는 것이었다. 다른 하나는 1964년부터 당대표로서의 역할이었다. 이를 통해 그는 당내에서 중재자(Moderator)로서의 역할을 해낸다. 흔히 사람들이 표현하듯이, 베벨의 증손자 역할이 그것이었다. 하지만 브란트는 베너의 대연정 구상을 마지못해 따랐다. 브란트는 비록 외무부장관과 부총리를 거쳤지만* 자신에게 주어진 역할에서 '시대정신'(Zeitgeist)을 따르는 일, 즉 연방 총리 쿠르트 게오르크 키징거(Kurt Georg Kiesinger)와의 화해를 받아들이지는 않았다. 이 둘은 두 개의 서로 충돌하는 독일의 과거를 갖고 있었고 — 한 사람은 적극적 나치 협력자로서, 또 한 사람은 망명을 강요당했던 사람으로서 — 두 삶의 여정을 드러냈다. 그는 키징거와 냉정히 거리를 두었다. 냉정함이라는 표현이 적절하지 않다면, 철저한 객관적 대립(sachlicher Gegensätze)을 유지했다는 정도로 표현할 수 있겠다.

프리츠 에를러는 — 이미 겉으로 드러나는 모습에서도 그의 명석함은 인상적인데 — 연방의회 의원을 이끌어야 했으며, 모든 이들이 무서워하는 '큰삼촌'으로서 당을 정비해 나갔다. 또 다른 역할로서, 그는 대연정 정부에서 장관을 맡아 안정화의 역할을 수행했다. 당시 지도부가 칭했던 것처럼 '삼총사'(Triumvirat) 또는 '삼두마차'(Troika)로 즐겨 인용되었던 표현이 모든 것을 설명해주는 것은 아니다. 처음부터 불협화음이 있었고, 클라우스 쇤호펜(Klaus Schönhoven)의 연구에서 알 수 있는 것처럼, 특히 브란트는 베너와 슈미트의 협공으로 빈번히 고립되었다. 그러나 공동의 목표가 이들의 행동을 하나로 묶었다. 그것은 바로 자신들이 사회민주주의의 독일 모델을 창조한다는 것이었다. 1970년대에 이미 증폭되었던 모든 차이에도 불구하고, 브란트와 슈미트는 '우정어린 신념'(브란트)으로 연결되어 있음을 느꼈다. 그리고 슈미트는 브란트가 세상을 떠난 이후에 다음과 같이 고백했다. "그리고 나는 훗날에

• 연정에서는 일반적으로 소수당 대표가 부총리 겸 외무부장관을 맡는다.

도 또한 브란트의 친구로 불릴 것이다."

당의 새로운 자기이해로의 길에서 사회민주당과 노동조합 사이의 밀접한 관계는 다시 헐거워졌다. 당의 사회적 다변화는 10년 동안 동일한 몸체의 두 부분으로 굳게 구성되어 보였던 사회민주주의적 노동운동의 '통일전선'(Einheitsfront)을 흔들어놓았다. 이것은 단지 사회민주당과 그것의 변화된 당원구조, 그리고 여당으로서 우리가 잘 모르는 위상에만 책임이 있는 것이 아니었다. 노동조합 또한 노동자계급의 대변에서 노동자 이익단체로 변화하는 길에 있었다.

1960년대 말, 막 「고데스베르크 강령」을 통과시켜 이데올로기 문제를 끝냈다고 믿었던 시기에 다시금 당 강령상의 이데올로기적 논의들이 시작된다. 반(反)권위주의적 학생운동 내 사회주의-마르크스주의자들과 청년사회주의자(Jungsozialisten)●들의 급진민주주의로의 전환이 그 계기가 되었다. 이 젊은이들은 오랜 시간 동안 매우 순종적인 당의 차세대로서 독립적 위치를 갖고 정치적 청년동맹으로 발전해왔지만, 1968년 사회민주당과 더욱 멀어지면서 좌파 사회주의적 경향성을 가진 조직이라는 새로운 단계로 들어선다. 1945년 이후 사회민주당에서는 또 한 번 세대교체가 나타났다. 바이마르 세대, 즉 히틀러 이전 시대의 경험을 함께했던 간부들이 서서히 물러나며, 전후 재건 세대로 전환한 히틀러-유겐트 세대는 급진민주주의적이지만 극좌파는 아닌 공화국의 첫 번째 청년 세대와 경쟁하게 된다. 그들 속에는 후일 이른바 '손자'들이 숨어 있었다. 브란트는 반란적 성향의 젊은이들을 당

● 일반적으로 'Juso'로 표현되는 사회민주당 내 청년조직이다. 그렇기는 하지만 1969년 이후 당내에서 단지 청년조직으로 남지 않고 사회주의와 페미니즘, 국제연대 등을 강조하는 당내 좌파조직으로서의 성격을 강화했으며, 1980년대 후반 이후부터는 점차 고유의 좌파적 성격이 탈색되어가면서 오늘날에는 다양한 여러 지향들이 혼재해 있다. 35세 이하면 자동적으로 'Juso' 회원이 되며, 각 조직은 기존의 당 조직과 동일하게 지역적으로 분포되어 있다.

에 잡아두거나 — 부분적으로는 — 되잡아오는 작업에 성공했다. 브란트는 1969년에 자신의 목표를 달성한 듯 보였다. "나는 집단적 사고(Gruppendenken)를 멀리하고, 사회민주당을 근본 지향성의 탈색 없이 현대적 국민정당으로 만들기 위해 노력했다"(Brandt, *Begegnungen*, 165쪽).

4. 탈프롤레타리아화, 그렇다고 노동계급이 사라진 것은 아니다

1960년대 말 이후, 서독 노동자 가족의 탈프롤레타리아화 과정은 눈에 띄는 특징이었다. 그러나 이는 헬무트 셸스키(Helmut Schelsky)가 자신의 테제에서 "평준화된 중산층 사회"로의 변화로 해석한 것처럼 계급과 계층이 해체되기 시작함을 의미하는 것은 결코 아니었다. 전쟁과 전후 시기 내내 오랫동안 유지되던 사회의 엄격한 분리선이 사라진 것처럼 보였고, 빈곤화된 사회에서의 '탈계급화'가 대부분의 계층과 계층적 혼합 속에 거의 예외 없이 나타났다. 그러나 이전의 계급구조를 조건지었던 분리선이 다시 등장했고, 그와 함께 익숙했던 불평등과 불공정도 다시 빠르게 출현했다. 1960년까지 여전히, 정확히 말하자면 1920년대처럼 생업인구의 절반이 남녀 노동자들이었다. 그러나 2004년까지 계속적인 감소로 인해 그 비율은 거의 2/5 수준인 31퍼센트로 줄어들었다. 1971년의 소득계층 분포를 달리 해석하면 다음과 같다. 일하는 국민의 21.2퍼센트가 개인가계 평균순소득(Nettoeinkommen)의 60퍼센트보다 적은 수입으로 살고 있었다. 단지 장인이나 조장(Vorarbeiter)만이 사무직 노동자와 비슷했다. 그럼에도 노동자 수입의 82퍼센트가 사무직 노동자의 수입과 같은 수준이었다. 1925년에는 그 비율이 57퍼센트에 불과했었다.

이것은 노동자와 사무직 노동자 간 대립의 해체를 의미한다. 확실히 프롤레타리아의 전형적 징표는 ─ 물질적 곤궁, 특히 노인들의 불안정한 직업과 생존조건 등 ─ 눈에 띄게 줄어들었다. 그러나 서독에서 노동자가 균질적(homogen) 계급(마르크스에 따르면)이 되지는 못했고, 매우 다양한 형태로 남거나 새로운 형태를 이루었다. 계층만의 고유한 특별함들이 남거나 강화되었다. 즉 노동과정 안에서나 노동 이외의 삶에서도 사무직 노동자와는 확연히 구분되는 사회적 행동 양식을 유지하면서 스스로를 노동자로 분류하고자 하는 의식이 대표적이었다. 다음 10년 동안에도 이러한 추세는 거의 변하지 않았고, 1980년대 들어 숙련·비숙련 노동자의 29퍼센트와 전문직 노동자의 43퍼센트가 자기 소유의 집이나 주택에서 살고 있는 상황에서도 마찬가지였다. 그 외에 1955년 이후 시작된 외국인 노동자의 채용을 통해 새롭게 프롤레타리아화의 효과를 갖는 하급계층이 생성되었다. 이들의 수는 채용 중지되는 1973년까지 200만 명에 달했으며, 전체 노동자의 16퍼센트에 해당했다. 이들은 주로 부분적으로는 저평가된 비숙련직이나 숙련직에서 일했다. 이런 사실은 종종 가볍게 사용되는 '탈(脫)프롤레타리아' 개념이 단지 제한적으로 사용되어야 함을 분명히 보여준다. 즉 확실하게 도달한 상태에의 표지가 아니라 (1990년대 말에 보았듯이) 얼마든지 변화될 수 있는, 아직 끝나지 않은 과정인 것이다.

1960년이 되면 점점 많아지는 기혼 여성 노동자(Arbeiterehefrauen)의 직업 활동을 포함해 완전고용이 달성되었다. 이것은 이미 예전부터 사회 상층부에 폭넓게 퍼져 있었던, 직업 활동을 통해 여성해방을 이루고자 하는 긍정적 사고의 표현이었다. 노동자 가족이 양질의 생활수준에 이르고 이를 유지하려면 대개 여성의 수입이나 가족의 수입까지를 합쳐야 가능했다. 하지만 그렇게 되자 여성의 부담은 더욱 늘었다. 또한 1950년 이후 노동시간 단축을 통해 자유로운 (비노동) 시간이 늘어났지만, 이런 자유롭게 처분할 수 있는 시간을 채우는 일이 다시 여성에게 부담이 되었지, 여성에 대한 부담을 더는 방향으로 가지는 않았다.

1960년대 중반 이후, '계급 소속감'의 의미는 점점 더 퇴색해갔다. 다른 사람들(계급)과 엄격히 구별되는 특징인 노동자 계급의식은 기업 내 계급적 서열 안에서 '상사와 부하'라는 일상적으로 경험할 수 있는 대립으로 축소되었다. 모든 이들의 삶이 노동하지 않는 시간의 구성이라는 측면에서는 점점 유사해졌다(수적으로 얼마 되지 않는 계층에서는 생활 방식이 특히 더 유사해진다). 이제 도시와 지방 사이의 차이도 점점 사라지고 삶의 스타일 또한 비슷해졌다. 이렇게 사회적 대립들이 녹아 없어지는 현상은 번성하는 자본주의적 경제질서의 기초 위에서 사회적 보장이라는 거대하며 동시에 촘촘히 짜인 네트워크를 통해 진행되었고, 이를 통해 비로소 가능해졌다. 하나의 동화 모델(Integrationsmodell)로서 늘 반복해서 제시되는 '시민계층화'(Verbürgerlichung)가 모두에게 같은 것은 아니었다. 왜냐하면 일반화하는 능력이 있는 생활 양식으로서의 '시민성'(Bürgerlichkeit)은 심각한 의미변화를 겪었고, 겉으로는 모순적이게도 1970년대 교육개혁을 통해 오히려 가속화되었다. 결국 보편적 '탈시민계층화'(Entbürgerlichung)는 별 차이 없이 어느 정도 평등화된 피고용자 사회(Arbeitnehmergesellschaft)를 만들었으며, 정치적 영역에서 그 대상을 성인이 되고 있는, 혹은 이미 성인이 된 국가시민(Staatsbürger)에서 찾았다.

| 참고 문헌 |

Bouvier, Beatrix W.: *Zwischen Godesberg und Großer Koalition. Der Weg der SPD in die Regierungsverantwortung. Außen-, Sicherheits- und deutschlandpolitische Umorientierung und gesellschaftliche Öffnung der SPD 1960-1966*, Bonn 1990.

Brandt, Willy: *Begegnungen und Einsichten. Die Jahre 1960-1975*, Hamburg 1976.

Dowe, Dieter (Hg.): *Partei und soziale Bewegung. Kritische Beiträge zur Entwicklung* der SPD seit 1945, Bonn 1993.

Faulenbach, Bernd u. a. (Hg.): *Sozialdemokratie im Wandel. Der Bezirk Westliches Westfalen 1893-2001*, Essen 2001.

Geissler, Rainer: *Die Sozialstruktur Deutschlands. Zur gesellschaftlichen Entwicklung mit einer Bilanz zur Vereinigung*, Wiesbaden 4. Aufl. 2006.

Grebing, Helga: *Von der 'Traditionskompanie' zur 'Staatspartei'. Die Modernisierung der Sozialdemokratie in den 1950er und 1960er Jahren*, in: *"Wie weiter, Genossen?"*, Essen 2000, S. 65-83.

_____: *Ideengeschichte des Sozialismus und Deutschland*. Teil II, in: *Geschichte der sozialen Ideen in Deutschland. Sozialismus-Katholische Soziallehre-Protestantische Sozialethik. Ein Handbuch*, Wiesbaden 2. Aufl. 2005, besonders S. 365-441.

Grebing, Helga/Süss, Dietmar (Hg.): *Waldemar von Knoeringen 1906-1971. Ein Erneuerer der deutschen Sozialdemokratie*, Berlin 2006.

Heimann, Siegfried: *Die Sozialdemokratische Partei Deutschalands*, in: Stöss, Richard (Hg.): *Parteien-Handbuch. Die Parteien der Bundesrepublik Deutschland 1945-1980*, Bd. 2. Opladen 1984, S. 2025-2216.

Meyer, Christoph: *Herbert Wehner. Biographie*, München 2006.

Miller, Susanne: *Der Weg zum Godesberger Programm (1994); Zur Wirkungsgeschichte des Godesberger Programms (1984)*, in: *Sozialdemokratie als Lebenssinn*, Bonn 1995.

Münkel, Daniela: *Bemerkungen zu Willy Brandt*, Berlin 2005.

_____: *Willy Brandt und die "Vierte Gewalt". Politik und Massenmedien in den 50er bis 70er Jahren*, Frankfurt a. M. 2005.

Rudolph, Karsten: *SPD und Ruhrgebiet: "Sozialdemokratisierung" einer Region?*, in: *Mitteilungsblatt des Instituts zur Erforschung der europäischen Arbeiterbewegung*, Nr. 18, 1997, S. 166-80.

_____: *Die 60er Jahre — das Jahrzehnt der Volksparteien?*, in: Schildt, Axel u. a. (Hg.): *Dynamische Zeiten. Die 60er Jahre in den beiden deutschen Gesellschaften*, Hamburg 2000.

Schönhoven, Klaus: *Wendejahre. Die Sozialdemokratie in der Zeit der Großen Koalition 1966-1969*, Bonn 2004.

Süss, Dietmar: *Kumpel und Genossen. Arbeiterschaft, Betrieb und Sozialdemokratie in der bayerischen Montanindustrie 1945–1976*, München 2003, insbesondere S. 385–436.

_____: *Die Enkel auf den Barrikaden. Jungsozialisten in der SPD in den Siebzigerjahren*, in: AfS, 44. 2004, S. 67–104.

_____: *A scheene Leich? Stand und Perspektiven der westdeutschen Arbeitergeschichte nach 1945*, in: *Mitteilungsblatt der Instituts für soziale Bewegungen*, Heft 34, 2005.

제8장

진보·해방 지향적 전환과 노동운동의 전통들
(1966~90년)

우리 국민(Volk)에게는 다른 모든 사람들처럼 내적 질서가 필요하다. 그러나 우리는 1970년대에는 이 나라에서 공동책임을 갖도록 하는 정도로만 질서를 갖게 될 것이다. 이런 민주적 질서는 서로를 이해하고자 경청하는 것에 대한 엄청난 인내심과 특별한 노력을 요구한다. '우리는 더 많은 민주주의를 감행할 것이다'(Wir wollen mehr Demokratie wagen). 우리는 우리의 노동 방식을 개방할 것이고, 정보에 따른 비판적 부족함들을 채워 나갈 것이다. ……

시민의 민주적 참여가 함께할 때만, 정부는 민주주의 안에서 성공적으로 작동할 수 있다. 우리 국민이 높은 품위와 위엄 있는 거리 두기를 필요로 하는 만큼 우리는 맹목적 동의를 필요로 하지 않는다. 우리는 숭배자를 찾는 것이 아니다. 우리에게는 비판적으로 함께 생각하고 함께 결정하고 함께 책임지는 인간이 필요하다.

지난 몇 년 동안 이 땅의 많은 이들은 두 번째 독일 민주주의가 첫 번째 갔던 길을 다시 밟는 것이 아닌가 두려움을 느꼈다. 나는 그것을 결코 믿지 않았다. 지금도 전혀 믿지 않는다. 아니다. 우리는 민주주의의 끝에 서 있는 것이 아니라 이제야 제대로 시작하고 있다. 우리는 국내에서나 국외에서나 주변의 좋은 이웃 민족이고 싶다.
• 연방 총리 빌리 브란트의 독일 연방의회 정부 성명, 1969년 10월 28일

우리는 사회민주주의적 국민정당임을 분명히 해야 하며 ── 나는 또한 하나의 통합정당(Integrationspartei)이라고 이야기하고 싶다. ── 50퍼센트 또는 그보다 많은 지지자들을 한데 통합하고자 하는 당, 사회적 동맹을 곧바로 짜 만들어야 하는 당이다. 오늘날의 사회민주당은 한편으로는 서비스 직종, '사무직', 공공부문 등 선거에 결정적인 새로운 집단들이, 다른 한편으로는 숙련공과 기술력 있는 지식인이 연합한 거대한 블록동맹으로 이해될 수 있다. …… 우리는 서로 다른 인간과 인간집단들

을 연결하는 일에 유능해야 한다. '새로운' 사회민주당의 관심과 정치적 의지 표명
은 우리나라의 다양한 사회적 조류들에 대한 사회민주당의 표현이며 대응이기도 하
다. …… 우리의 노동자에 대한 이해관계 ― 그들의 정당한 물질적 요구와 그들의
공동결정권의 확대, 그들의 노동조건의 인간화 ― 의 대변은 분명해야 하고 의심의
여지가 없어야 한다. 반대로 이해관계의 대변에서 다시금 철저히 경험을 쌓아 나가
야 한다. …… 우리는 노동자의 권리가 우리의 의사 형성에서 뒤편으로 밀리거나 이
용당하는 것을 절대로 허락할 수 없다. 그러나 나는 또한 이야기한다. 이 둘은 서로
를 배제하지 않는다. 전통적 의미에서의 확실한 노동자 이해 대변은 우리가 삶의 질
을 높이기 위해 다른 모든 요구들을 추구하는 행위를 배제하지 않는다. 비록 그것이
주로 '새로운 계층'에서 요구된다 하더라도 말이다. 우리 스스로가 만드는 동맹이라
는 의미에서, 이 둘을 모두 수행할 수 있다.

• 빌리 브란트, 「사회주의적 정체성」, 『새로운 사회』, 1981년

1. 사회민주주의적 '독일 모델'

사민-자유당 연정의 시작은 하나의 역사적 돌파구였다. 그것은 1918/ 19년 혁명 이후 그때까지 독일 역사에서 가장 왼쪽으로 향한 표심의 결과였고, 사회의 질적·구조적 변화라는 형태로 나타난 하나의 '뒤늦게 만회한 혁명'(eine nachholende Revolution)이었다. 이런 역사적 돌파의 주된 동기가 브란트의 "더 많은 민주주의를 감행한다"라는 구호를 기존의 기독교민주연합 국가에 대한 대안으로 여겼기 때문이라는 것에는 의심의 여지가 없었다. 보수주의자들이 민주주의를 단지 '국가의 조직 형태'로 받아들였다면, 사회민주주의자들은 민주주의 개념에 대한 그런 제한적 적용을 거부했다. 브란트의 말에 의하면, 자신들의 대안은 다음과 같았다. 민주주의란 "인간이 갖는 모든 사회적 요소들에 영향을 끼치고 침투해야 하는 원칙"이다. 국가와 사회의 민주화 없이, 공동결정과 공동책임 없이는 "안정된 민주주의가 주어지지 않을 것이다."

이미 대연정의 시작과 함께 거대한 개혁작업의 윤곽들이 내정(內政)의 거의 모든 영역에서 나타났다. 학교개혁, 대학개혁, 지방자치체의 개혁, 재정관련법 개혁, 행정관청 개혁, 공공서비스 부문 개혁, 공간편제 정책(Raumordnungspolitik), 환경정책, 평등고용 정책, 헌법 제218조● 조항

● 독일 헌법 제218조는 임신중절, 즉 여성의 임신 상태를 의도적으로 중단하는 행위에 대한 국가의 처벌 조항이다. 여성의 임신중절 허용과 처벌을 사이에 두고 독

과 가족법, 형법의 개혁 등에서 그러했다. 기독교민주연합이 '자유냐 사회주의냐'와 같은 저속한 구호로 자신들의 추종자를 동원하고자 했던 것만큼 분명하게 보수주의 진영이 사회민주주의의 이런 포괄적 개혁 운동에 반대하면서도 어쩔 줄 모르고 당황하는 모습을 보여주는 것도 없을 것이다. 연방공화국 주민 대부분의 삶의 감정은 깊숙한 곳에서부터 변화하기 시작했고, 반권위주의적 학생운동은 정치·문화적 변혁들을 야기했다. 이후 이런 변혁들은 흔히 사람들이 관용적으로 말하는 독일의 '종복문화'(Untertanenkultur)에 엄청난 변화를 가져왔고, 이런 것들이 1989년 독일연방공화국(서독)을 자신의 정체성으로 받아들여 많은 이를 놀라게 했던 바로 그 사고의 초석이 되었다. 이제 시간이 지나고 보니 1969년에 시작되었던 (그리고 이미 1974년 그처럼 뜻하지 않게 끝나버린*) 것들을 '연방공화국의 재창건'(Umgründung)으로 특징지어 표현했던 것은 과장인 듯하다. 그런 표현들은 1960년대에 이루어졌

일에서는 서로 다른 윤리적 판단과 법적 규정 속에서 역사적으로 오랫동안 논란이 있어왔다. 1933년까지 독일 헌법에서는 임신중절에 대해 벌금 혹은 3개월 이하의 수감에 처해졌으며, 나치 시대에는 처벌이 더욱 강화되어 수감되는 여성이 늘게 된다. 68혁명과 피임약의 보급, 성윤리의 개방적 변화, 여성의 자기결정권의 강화 등은 임신중절 처벌에 대한 인식을 많이 약화시켰고, 마침내 1974년 사회민주당과 자유민주당은 연방의회에서 임신 12주까지는 처벌 없이 임신중절이 가능하도록 한 법안을 통과시켰다. 하지만 헌법 제218조 자체를 없애고자 하는 여성운동측과 임신중절에 대한 처벌을 강화하고자 하는 교단이나 보수 진영 간의 갈등은 독일 사회에서 여전히 진행 중이다.

• 1969년 연방의회 선거에서 사회민주당의 승리로 브란트가 총리직을 수행하게 되지만, 1973년 브란트의 최측근 가운데 하나였던 귄터 기욤(Günter Guillaume)이 총리청에 침입한 동독의 간첩임이 드러나면서 1974년 5월 브란트는 책임을 지고 총리직을 사임한다. 동독 출신의 기욤은 국가보안부 출신의 장교로서 1956년에 서독으로 이주한 후 1957년 사회민주당에 입당, 1972~74년 브란트의 개인 보좌관으로 일했다. 1975년 기욤은 국가반역죄로 13년형을 선고받았으나, 형량을 다 채우지 않은 채 1981년 포로 교환의 형식으로 동독으로 귀환했다. 이후 동독 국가보안부 고위관료로 재직하다 1995년에 사망했다.

던 개혁의 초기 시도들을 묻혀버리게 만든다. 그럼에도 이 시기 '브란트 지지자'와 브란트 추종자들은 정치적으로 일어날 일들의 예고와 진행을 '재창건'으로 받아들였음에 틀림없다. 그들 가운데 젊은이들은 새로운 시대를 자신들 스스로가 만들어낸 변혁으로 받아들여 조금은 우쭐했고, 나이 든 세대는 마침내 목표에 도달했다는 만족감에 젖게 된다. 바이마르 공화국 시대에는 종종 대립으로 여겨졌던 공화국과 민주주의가 이제 서로 거의 일치하게 된 것이다. 이런 '심정적' 평가들은 브란트 자신의 글을 통해 인정받게 된다. 1969년 10월 28일자 그의 정부 보고서는 "국가와 사회의 민주화를 위한 부분적으로는 열정적인 고백이었다"(Wolther von Kieseritzky, 41쪽). 아울러 공개적 토의는 개혁과 계획 같은 선도적 단어(Leitworten)와 공동책임, 참여, 전수되어온 위계질서의 극복, 생활세계의 전체 계획 같은 선도적 개념들(Leitbegriffen), 그리고 "이제 비로소 우리는 제대로 출발한다"라는 표어로 장식되었다. 브란트는 이런 사민-자유당 연정으로 개혁적 노동운동과 좌파 자유주의 시민계층 사이의 동맹을 만들고자 했다. 100여 년 전에 베벨이 이루지 못했던 것, 즉 노동운동과 진보적 시민계층 사이에 오래 지속된 분리가 초래했던 것들을 이제 브란트가 이루고자 했다. 당시 그는 독일 정치에서의 '새로운 중도'(neue Mitte)를 "연정의 현주소이며 이를 가능하게 하는 역사적 기능"이라고 설명했다.

1966~76년 사회민주당은 사회정치적 개혁운동의 구성 요소이자 동력이었는데, 1969년과 1972년 연방의회 선거 결과에서 드러난 것처럼 국민으로부터 커다란 인정을 받았다. 1969년 선거에서 사회민주당은 정당투표에서 42.7퍼센트를 획득할 수 있었고, 1972년 선거에서는 45.8퍼센트로 이전에도 없었고 이후에도 없을 최고의 득표율을 획득했다. 이행 가능한, 사회적이며 세계관과 계획에 바탕을 둔 동맹은 유연성 있는 당 내외의 통합노선을 통해 연결되었고, 브란트 개인의 영향력을 통해 심정적으로 느껴지게끔 된다. 노동자, 새로운 중산층, 개신교도, 가

톨릭 교도, 학자, 의회 밖 대항세력의 일부, 청년, 여성 등이 지금까지 유례없을 정도의 규모로 사회민주당을 선택했다.

그 당시 브란트의 '새로운 중도'가 전체적으로 안정적이지 않다고 했던 표현은 이미 1972년의 극적인 '브란트' 선거°에서 현실로 드러나기 시작한다. 개혁을 지연시키는 사람으로 평판이 난 한스-디트리히 겐셔(Hans-Dietrich Genscher)가 내무부장관이 되었을 뿐만 아니라 브란트와 연정을 함께 만들어 나갔던 신뢰성 있는 발터 셸(Walter Scheel)마저도 이미 1973년 연정에서의 공통성의 축소된 규모를 언급했다. 사회경제적 행동조건의 악화가 후과를 드러냈다. 겉으로 드러난 최초의 현상은 선거 후 사회민주당 내 계파 형성(Flügelbildung)이었다. 이는 당 최고위원회와 연방의회 의원에서 거의 파당에 가까운 규모와 특징을 갖고 동시에 나타났다. 좌파는 '레버쿠젠 모임'(Leberkusener Kreis), 우파는 '운하 노동자'가 중심이 되었고 거기에 한스-요헨 포겔(Hans-Jochen Vogel), 슈미트, 게오르크 레버(Georg Leber) 등 중도로 분류할 수 있는 '고데스베르크파'가 생겨난다. 1974년 5월 초, 브란트의 총리직 사임의 이유에 대해서는 지금까지 거의 논의되지 않았는데, 거기에는 사민-자유당 연정의 지속에 대한 브란트의 우려도 포함되었다(Karsten Rudolph, 29쪽 이하 참조). 그래서 브란트는 총리직 사퇴 이후에도 당대표로서 연정의 지속을 위해 집중적으로 노력했다. 또한 그와 비슷한 정도로 심도 있게 브란트가 노력한 부분은 사회민주당의 특징을 선명하게 드러내는 일이었

• 비록 1969년 연방의회 선거에서 사회민주당이 승리했지만, 이후 1972년까지 사회민주당과 자유민주당의 여러 의원들이 기독교민주연합/기독교사회연합으로 당을 옮김으로써 기독교민주연합이 사실상의 과반을 차지하게 된다. 이처럼 정국이 불안해지자 브란트는 재신임안을 제출했고, 대통령은 브란트의 의도에 따라 의회를 해산했다. 1972년 11월에 실시한 연방의회 재선거에서 브란트 정부는 45.8퍼센트를 획득함으로써, 역대 최고의 지지율로 재신임 획득에 성공했다. 이후 안정적 정국 운영의 길로 들어서게 되었다.

다. 왜냐하면 지난 몇 년 동안 당이 상당히 근본적으로 변했기 때문이다. 노동자계층 중심의 정당에서 모두를 통합하는 정당으로 된 것인데, 그래서 결국 어떤 정당이 된 것인가? 좌파 국민정당? 근본가치를 지향하는 사회개혁적 노동자정당? 사회적 동맹을 만들고 정치적 의사 형성을 가동하는 과제를 짊어지는 사회운동의 한 부분? 아직은 전혀 그런 것이 아니거나, 그저 조금만 이룬 정도? 이렇듯 겉으로 드러나는 모습은 대단히 불확실했으며, 안팎으로 혼란스러웠다.

사회민주당이 높은 선거 득표율을 얻어 승리한 상황에서, 그리고 민주-사회주의적 의미를 갖는 사회로의 변환을 위한 정치권력의 획득이라는 지금까지 계속 추구해오던 목표에 거의 다가간 시점에서, 어떻든 그것으로 끝이 났고 더 이상 지속될 수 없었다는 것은 역사의 아이러니처럼 들린다. 즉 지금까지 전승되어온 의미에서의 노동자계급 정당! 이제 이런 노동자계급은 더 이상 존재하지 않았다. 사람들이 과거에 이 개념 아래 생각했던 것들에서 남은 것이라고는 그저 침몰하는 산업세계의 잔여물밖에 없었다. 조금 더 첨예화해서 표현하자면, 더도 덜도 없이, 일반적 의미에서의 노동운동에 대한 이해는 이제 종말을 고했다는 뜻이다. 즉 그 의미는 이제는 역사서술이 노동운동 이후의 사회운동과 제도, 조직들을 중심으로 기술하고자 노력하고 있으며, 노동운동의 이념들(Ideen)이 그 속에서 물론 여전히 가치를 갖고 있지만, 그것이 더 이상 노동운동은 아니라는 것이다.

1972년 선거를 통한 사민-자유당 연정의 동방정책(Ostpolitik)은 민주적 정당성을 획득했다. 동방정책은 국제적 상황, 특히 초강대국들 간의 긴장완화와 서방 동맹국의 지원 덕택에 순조로워졌다. 자유주의적 언론의 후원과 동독과의 교역에 대한 산업 부문의 관심을 고려한다 해도, 이런 상황조건이 없었다면 아마도 기독교민주연합/기독교사회연합과 의회 밖 우파들의 저항을 정치적으로 막아내지 못했을 것이다. 동방정책의 목표는 '유럽의 평화로운 질서'였고, 그 전(前) 단계로 '유럽의 안보

시스템'을 구성하는 것이었다.

유럽의 평화로운 질서틀에 포함되는 목표의 하나는 '독일 문제 (Deutsche Frage)*의 해결'이었다. 브란트(그리고 바르)는 이 문제를 동시 대인들이 받아들인 것보다 더 강하고 지속적으로 강조했다. 그것은 전 유럽의 화해과정에서 유럽과 독일의 분리를 극복하는 것이었다. 거기 에는 오데르-나이세 국경(Oder-Neiße-Grenze)의 인정,** 현실적 존재로 서의 동독의 인정 같은 것이 포함되었으며, 그러면서 두 국가 한 민족 의 '협약에 따른 상호 공존'(geregeltes Miteinander)이 추구되었다. 이것 은 1970~73년 소련, 폴란드, 체코슬로바키아와 맺은 이른바 동방협약 (Ostverträge)***과 베를린에 관한 합의틀 안에서 세운 목표였다. 이를 통

• '독일 문제'란 1806년 신성로마제국의 몰락에서부터 1990년 동서독의 통일까지 독일의 통일을 둘러싸고 유럽 내 힘의 불균형으로 일어나는 다양한 문제들을 복 합적으로 부르는 명칭이다. 원칙적으로 국경과 영토적 규정들을 중심으로 제기 된 문제지만, 1945년 이후에는 독일이 분단을 통해 냉전의 최전선에 위치하게 되 면서 만들어지는 동서 진영의 대치에서 비롯된 포괄적 문제들로 개념이 확대되 었다.

•• 오데르와 나이세는 독일 북동부와 폴란드 사이에서 발트해로 흘러드는 강의 이 름으로, 오늘날 폴란드와 국경을 이루고 있다. 제2차 세계대전 종전 이후에 포츠 담 회담의 결정에 따라 1937년 당시의 국경이 전후 독일의 국경으로 확정되면서, 역사적으로 독일 지역이었으나 당시 폴란드 관리 아래 있던 오데르 강과 나이세 강의 동부 지역, 즉 포메른, 슐레지엔, 작센과 브란덴부르크의 동부, 단치히 등 프 로이센 동부의 곡창지역이 모두 폴란드로 넘어가게 되며, 그곳에 거주하던 독일 인들은 모두 강제적으로 독일로 쫓겨온다. 동독은 처음에는 오데르-나이세 국경 의 수용을 거부했으나 소련의 압력으로 결국 수용하게 되고, 서독에서도 이 국경 을 공식적으로 인정하지 않다가 1970년 폴란드와의 국교재개 협정에서 최종적으 로 승인하게 된다. 1990년에 미국, 영국, 프랑스 3개국은 오데르-나이세 선을 독 일과 폴란드 간의 최종적 국경으로 인정함을 전제로 독일 통일에 동의하며, 콜 정 부는 이를 받아들임으로써 국경 문제는 일단락되었다.

••• 동서 냉전 속에서 서독이 브란트와 바르의 주도 아래 소련 및 동유럽 국가들과 국교정상화를 위해 맺은 일련의 국가협약들로서, 1970년 모스크바 협약을 시작 으로 같은 해에 폴란드와, 1971년에는 동독과, 1973년에는 체코와 체결하였으

해 연방공화국은 그렇게 오랫동안 고대했던 국제정치에서의 행동의 자유를 얻었고, 그 결과로 독일이 '경제적 거인'이 될 수 있을 것처럼 보였다. 하지만 사회민주당의 입장에서 동방정책은 평화의 보장이라는 자신들의 꿈의 실현이었다.

동방정책은 두 가지 전제를 바탕으로 진행되었다. 첫 번째 전제는 사회·정치적 시스템으로서의 공산주의와 조심스럽게 거리를 두는 것이었다. 그런 동기에서 1970년 11월 사회민주당 당대표회의에서는 사회민주주의자와 공산주의자 사이의 공동행동 모임(Aktiongemeinschaften)을 배제하기로 하는 거리 두기 안을 통과시키며, 이어서 1972년에는 이른바 급진주의자처리안(Radikalen-Beschluss)*으로 불리는 안을 통과시켰다. 두 번째 전제는 군사적으로 동등한 힘의 유지였다. 하지만 이 전제는 마침 1970년대 말기의 국제 상황과 맞물려 긴장완화 정책에 대한 혼란을 가져오게 된다. 연방공화국에 대한 나토-이중결정(NATO-Doppelbeschluss)**을 근거로 군비확장 논쟁이 시작되는 가운데 평화운동

며, 1973년에는 동독과 서독이 함께 유엔 회원국으로 등록된다. 그럼으로써 서독은 냉전으로 고착된 동유럽 국가들과의 관계를 평화적으로 타개해 나갈 수 있게 되었으며, 대외적으로 동서독을 아우르는 대표성과 정통성을 인정받게 되었다.

• '급진주의자처리안'의 공식 명칭은 '공무상의 반헌법 세력 문제에 대한 기본 법안'이며, 1972년에 브란트 총리 주도 아래 만들어진 법안이다. 이 법안은 공무원을 채용할 때 적극적으로 헌법을 준수하겠다는 의지가 전제되어야 하며, 이에 따라 반헌법적 조직의 구성원은 채용을 거부할 수 있는 법적 근거가 마련되었다. 이는 주로 극좌나 공산주의를 표명하는 당의 당원들을 겨냥한 것이었지만, 당원이 아닌 일반 개인에게도 이 규정을 적용했다. 시행 범위는 각 주의 권한에 맡겨졌다. 그러나 서독에서 직업의 자유를 침해하는 대표적 규정으로 국내외에서 많은 반대와 저항이 있었고, 최종적으로 1991년 바이에른 주에서 법안을 폐기함으로써 사라지게 된다. 오늘날까지도 법안 피해자에 대한 보상 문제가 소송 중에 있다.

•• 1979년 12월에 내려진 나토-이중결정은 다음 두 부분으로 되어 있다. 1. 나토는 서유럽에 핵탄두가 장착된 로켓과 대륙간 탄도미사일을 배치한다. 2. 유럽 내 핵탄두 중거리미사일의 제한을 위해 미·소 간의 상호 협약을 제안한다. 그러나 1982년 미·소 간의 군축협상은 실패했고 많은 나토 회원국들은 이의 배치에 반

1959년 고데스베르크에서의 당대회 이후 개혁정책은 새로운 디자인을 입고 제시되었다.

도 함께 성장했다. 평화운동은 그 자체로서는 대단히 이질적인 것들의
연합이었지만, 나토-이중결정에 대한 반대를 공식적으로 표명하는 데
는 일치된 의견을 나타낼 수 있었다. 하지만 사회민주당 내에서는 이를
두고 위험할 정도로 입장이 갈라진다. 그렇기는 하지만 이런 양극화 하
나만이 1974년 브란트의 후임으로 들어선 슈미트 총리 체제를 종식시
키고 사민-자유당 연정이 막을 내리도록 이끈 것은 아니었다.

대했지만, 독일은 1983년 의회에서 이를 받아들이기로 결정하여 같은 해 12월에
핵탄두 미사일이 배치되었다. 1985년에 미국은 고르바초프와 핵무기 감축협정을
체결했으며, 1991년 이행이 완료됨으로써 협정은 종료되었다.

2. 개혁정책의 한계

사회민주주의적 '독일 모델', 즉 분배정의를 추구하고 불평등을 완화하는 개입국가(Interventionsstaat)는 기술관료적 거시경제의 지휘와 합리적이고 정치·경제적 계산에 기반한 국가라는 의미에서는 실패했다. 1970년대 말까지 경제적 성장과 이익의 확보, 자본주의 경제를 위한 투자의 확대라는 한편과 사회민주주의 지지자들이 갖고 있는 관심 분야의 충족이라는 다른 한편이 어느 정도 균형이 맞춰지기를 원했지만, 1970년 말 이후 세계경제 위기 속에서 더 이상 그것들을 이루지 못했다. 사회민주당과 연정의 기초를 이루었던 자유민주당(Freie Demokratische Partei, FDP)이 처음에는 외교정책에서, 다음에는 국내정책에서 자유주의적 개혁목표를 설정했지만, 노동자의 경제적 공동결정과 사회정책적 개혁의지에 지속적으로 제동을 거는 역할을 보여준 뒤로는 점점 더 경제적 이익의 직접적 대변을 통해 자신들의 특징을 만들어간다. 분배정책과 세금정책의 개혁 중에서도 특히 사회복지 네트워크를 둘러싼 이견 하나로 사민-자유당 연정은 마지막 해를 맞게 된다. 사회민주당으로서는 연정 종식 이전에 이를 통과시켜야만 했고, 그래서 어떻게든 동의했다.

사민-자유당 연정을 통해 사회민주당은 자산보호 정책과 사회정책상의 권력분산 문제 같은 가장 분명히 드러나는 불평등도 바로잡지 못했다. 나아가 그보다도 훨씬 근본적인 것들, 즉 반자본주의적 요소들이 뒤섞인 68운동의 변혁이 신자유주의적 보수주의의 장벽 앞에서 좌절되고 말았다는 것이 명백해졌다. 이들 보수세력은 민주화 프로젝트를 지연 내지 방해하고자 시도함으로써 가능한 한 오랫동안 어떻게든 원칙적으로 사회·경제적 현상유지(Status quo)를 지속하고자 했다. 사회민주당 외부에 혹은 당 내부에 있는 좌파는 이미 1970년대 중반/말 이후에 정당성의 궁지에 몰렸고, 그래서 투쟁 개념과 적대적 상(Feindbilder)의 제시를 통해 이로부터 벗어나고자 했다. 시스템 변화와 구조혁명이 예고되었으며, 시스템을 극복하는 개혁과 반자본주의적 구조개혁 같은 슬로건을 통해 어느 정도는 혁명적 성격이 강조되었다. 이른바 국가독점자본주의 이론 안에서 자본의 지배적 독점집단을 위해 헌신한다고 여겨지는 국가에 국가독점자본주의 이론을 거꾸로 적용했다. 이어서 시스템 경계를 뛰어넘는 목표 수립을 통해 새롭게 사회의 질서를 만드는 과제를 부여했다. 그 당시에 이미 정치적 민감함을 피해 내용이 불분명한 도덕주의로 기울어지는 논리가 횡행하고 있었다.

민주화 과정의 지속 여부 및 어디에 강조점을 둘 것인가와 관련해, 그리고 유럽의 평화질서, 즉 세계평화에 기여하는 긴장완화 정책에 대한 관점들과 관련해 생겨난 논쟁들은 '가치관의 위기'를 통해 더욱 강화되었다. 가치관의 위기란 공업적 생산 시스템이 갖는 사회적·생태적 결함을 인식함으로써 인간의 지구상의 생존을 위한 자원의 유한성을 미리 예측할 수 있도록 만드는 것을 의미한다. 사회민주당은 1980년대 초에 이제 무엇이 '사회민주주의의 정체성'일 수 있는가라는 급박한 질문을 던지면서 불안감의 소용돌이 속에 빠지게 된다. 이런 정체성 위기는 당과 상관없이 생겨난 사회운동들이 — 녹색당, 대안운동, 평화운동, 여성운동 — 사회 내 몇 가지 문제에만 집중했고, 그 때문에 사회민주당 내 좌파가 자신들의 테마를 훨씬 설득력 있게 대변할 수 있음이 확인되면서 더욱 첨예해지고 날카로워졌다. 반면에 사회민주당은 이런 문제들을 과반수 이상의 동의를 얻어 통과시키거나 합의하는 과정을 거쳐야만 했다. 이런 것들이 근본주의를 지향하는 사람들로 하여금 사회민주당을 녹색당 쪽으로 몰고 가거나 당과 연관된 사회집단을 (지지자 혹은 당원으로서) 떠나게 만들었다. 이런 방식으로 사회민주당은 야당으로서의 독점적 지위와 저항의 잠재력을 상실했으며, 좌파정당으로서의 정당성 위기에 빠졌다.

그와 동시에 사회민주당은 낮은 경제성장률로 인해 자신들의 오래

된 지지자들 ― 노동자와 사회적 약자들 ― 에게 지지에 대한 정당성
의 근거들을 제시하고 완전고용과 소득 증가, 사회적 안전 확보라는 고
전적 사회민주주의 정책에 대해 정치적으로 설득력 있는 근거를 제시
해야 하는 어려움에 빠지게 된다. 그 결과 노동자와 사회적 약자들이
1970년대 말, 1980년대 초 이후에 사회민주당에서 기독교민주연합으
로 이동했다(이러한 현상은 1990년 첫 번째 독일 전체 선거 당시, 동독 지역
에서 다시 되풀이되어 나타난다). 특히 남서부 독일과 관련해 결코 가볍게
웃어넘길 수 없으면서 확실하고도 분명하게 결론 내릴 수 있는 바는 그
곳 노동자들이 소득 개선을 위한 금속노동조합의 요구를 목표삼아 특
히 더 맹렬하게 싸웠으면서도 선거에서는 기독교민주연합을 지지했다
는 사실이다. 이는 다른 지역에도 해당되는 이야기다.

3. 옛 노동운동과의 결별

이미 암시한 것처럼 사회민주당은 1980년대 초반까지 예측하기 힘든
넓은 폭에서 변화했고, 따라서 옛 노동운동과의 결별은 피할 수 없게 되
었다. 1969~74년에 사회민주당은 4만 명의 새로운 당원을 받아들였다.
1952년 당시 당내에서 45퍼센트에 달했던 노동자 비율이 1978년에는
27.4퍼센트로 낮아졌고, 사무직 노동자 비율은 17퍼센트에서 23.4퍼센
트로 올랐다. 공무원의 비율은 5퍼센트에서 9.4퍼센트로 상승했다. 지
금까지 구분하여 측정하지 않았던 견습생(Lehrling), 고등학생, 대학생
당원 비율은 12.7퍼센트에 달했다. 전 당원의 1/3은 16세에서 24세 사
이였다. 1976년과 1977년 사회민주당은 당원 1백만 명의 울타리를 넘
어선다. 1976년에 1,022,191명이었고, 그 가운데 21.06퍼센트가 여성이
었다. 1977년에는 1,006,316명의 당원에서 21.65퍼센트가 여성이었다.
이러한 현상은 당 간부의 신상에서 더욱 분명하게 나타나, 공공서비스

에 종사하는 사람들은 50~57퍼센트임에 반해 노동자는 10퍼센트 이하로 줄었다. 1950년대와 1960년대 사회민주당이 사회적 변화상보다 뒤처져 있었다면, 이제는 이를 거의 회복했다.

새로운 직종 종사자들이 당의 외형을 크게 변화시켰다. 공공서비스 부문 종사자, 탈산업 부문 개인사업가들, 교사, 사회복지 노동자, 고등학생, 대학생, 대학교수, 범상치 않은 외모와 행동으로 틀림없이 반권위주의 운동(antiautoritäre Bewegung)에서 왔을 것 같은 사람들이 들어왔고, 그들 사이에서 소시민적 삶을 이끌어온 노동자들의 수는 줄어들었다. 그들 모두에게 적어도 하나는 공통적인 것이 있었다. 그들은 몇 시간 동안, 종종 밤늦은 시간까지 이어지는 정당 모임에서 맥주를, 그것도 병맥주를 마셨다. 이 밀려드는 젊은이들이 모두 '빌리 지지자'였다는 것을 생각한다면, 당이 문화권력 투쟁(Kulturmachtkampf)이라고 표현할 수 있는, 세대갈등 상황에 빠지게 되었으리라는 것은 어렵지 않게 상상할 수 있다. 청년사회주의자(Jungsozialisten, Juso)가 몇몇 부문에서 사회민주당을 새롭고 활력 있게 이끄는 데 기여했음은 반박할 수 없지만, 이제는 거의 자율적 투쟁단체가 되어버렸다. 여성들은 1972년에 설립된 사회민주주의여성공동체(Arbeitsgemeinschaft Sozialdemokratischer Frauen, ASF)와 함께 당내 기구들 안에서 실질적 해방을 위한 전략을 진행하기 시작했다. 사회민주주의선거인단(Sozialdemokratische Wählerinitiative, SWI) 안에서 선거투쟁을 성공적으로 이끌었던 지식인들은 권력 획득 가능성을 인지했다. 1973년 첫 회의를 연 '피고용인 문제를 위한 작업공동체'(Arbeitsgemeinschaft für Arbeitnehmerfrage, AfA) 모임은 ── 의사, 법률가, 자영업자 또는 교육 분야에서 일하는 사람들이 만든 작업공동체처럼 ── 당내에서 계속 존재를 드러내기 위해 피고용인 문제에 집중한다. 또한 당 지도부도 주목할 만한 다양성을 나타냈다. 1964년 이후 당 대표였던 브란트는 당연히 당을 "프로이센식 군대 편성의 또 다른 형태"로 이끌고자 하지 않았다. 그는 "저항을 줄이는 유선형이 당의 이상적 내부 형태"라고 생각하지 않았으며, 행정적으로 '다른 것은 용납할 수 없고, 오직 이것만'을 고집하는 결정(2000년 그의 다섯 번째 후임자처럼 '바스타'Basta로 마무리짓지 않고*)을 내리고자 하지도 않았다. 그는 훈육 교사는 물론이고, 결코 꼰대(Lehrmeister)가 되려 하지 않았다. 그는 집단, 흐름, 방향 등 1백만 명의 당원을 유지하는 당으로서 필요한 모든 것들을 함께 끌고 나가는 일종의 지속적인 조정자가 되고자 했다. 전문위원회의 결정은 동료애와 토론을 바탕으로 결정되어야 하며, '평'당원들의 의견도 — 예를 들면, 대표가 서한을 통해 전달하는 방식으로 — 의사 형성과정에 함께 포함했다.** 느슨하고 가벼운 듯 느껴지지만 실제로는 그렇지 않았다. 브란트는 언제 확실한 결정을 내려야 — 대부분 혼자 내리는 것이지만 — 하는지, 토론과 조정에서 결정을 내려야 할 경계가 어디에 놓여야 하는지를 잘 알고 있었지만, 그를 분석하는 역사서들에서는 이런 그를 저평가했다. "그 누구에게도 신념을 강요할 수는 없지만, 밖으로 드러나는 당의 위상을 위해 다수가 결정한 것을 따라야 한다"라고 1982년에 뮌헨에서 개최한 연방 전당대회에서 그는 말했다.

슈미트와 베너는 이를 가장 의심스러워했다. 그들은 이를 '지도력 취약'으로 불렀고, 당 내부적 권위 붕괴가 올까 두려워했다. 그리고 당내에서 이들과 뜻을 같이하는 이들이 박수부대처럼 이에 동조했다. 슈미트는 가능한 한 단선적 결정과정을 거치는 기술관료주의적 효율성을 선호했고, 베너는 위에서 밑으로 향하는 민주적으로 느슨한 명령구조를 선호했다(만일 역사적으로 잘못 채워지지만 않았다면, 이를 '민주적 중앙집권

---

* 'Basta!'란 '이제 끝!'이란 의미로 더 이상 논의 없이 끝내겠다는 권위주의적 표현이 담긴 일상 용어이다. 슈뢰더 총리는 재임 기간(1998~2005)에 종종 논의를 '바스타!'로 끝냄으로써 자신이 우두머리이자 최종 결정권을 갖고 있음을 공공연히 드러내 사람들은 그를 '바스타 총리'로 불렀다.
** 물론 당대표가 '평당원'은 아니지만, 전문위원회에서는 평당원의 자격으로 참여해 자신의 견해를 표현했다.

주의'라는 개념으로 불렀을 것이다). "내용과 관련된 문제들에 대해서는 분명하게 입장을 밝힐 수 있던"(Karsten Rudolph, 22쪽) '조정의 대표' 브란트는 당대표 선거의 지지율이 보여주듯이, 마침내 인정을 얻었다(1968년 323표 득표에 반대 10표, 1970년 318표 득표에 반대 11표, 1973년 404표 득표에 반대 20표와 기권 4표, 1975년 407표 득표에 반대 9표와 기권 2표). 브란트는 "갈등의 경계를 넘어 융합과 정체성의 상징"(Daniela Münkel, 45쪽)이 되었고, 1980년까지 그렇게 지속되었다.

사회민주당은 1969년 이후에 젊은 유권자와 가톨릭 노동자, 그리고 여성들로부터 지금보다 훨씬 많은 득표를 할 수 있었으며, 이에 당내에서는 머지않아 바이에른의 마지막 가톨릭 농촌여성까지도 확신을 갖고 사회민주당을 뽑을 날이 올 것이라는 희망이 생겨났다 — 이 모든 생각이 실제로 맞지도, 아주 터무니없는 공상이 되지도 않았다. 단지 반쪽의 진실일 뿐이었다. 사민-자유당 연정의 붕괴 이후 사회민주당이 여론조사기관 시누스(SINUS)와 인프라테스트(Infratest)에 의뢰해 실시한 연구가 이를 증명한다. 이 연구는 생활세계 혹은 정서공동체로 불릴 수 있는 서로 구분되는 여덟 개의 카테고리를 다음과 같이 선정했다. 1. 보수적 고급 생활세계(유권자의 10퍼센트)에서는 기독교민주연합이 거의 60퍼센트, 사회민주당이 17퍼센트를 차지했다. 2. 소시민적 생활세계(유권자의 29퍼센트)에서는 기독교민주연합이 55퍼센트를 차지해 가장 큰 지지층을 이루고 있으며, 사회민주당은 29퍼센트를 차지했다. 3. 전통적인 노동자 생활세계(대도시 공업지역의 전문직 노동자들로 유권자의 9퍼센트)에서는 52퍼센트가 사회민주당을 선택했지만, 기독교민주연합/기독교사회연합도 34퍼센트를 차지했다. 4. 낮은 사회적 지위를 갖는 전통 없는 노동자 정서공동체와 많은 실업자들(유권자의 8퍼센트)에서는 사회민주당이 49퍼센트, 기독교민주연합/기독교사회연합이 31퍼센트를 차지했다. 5. 상승 지향적인 전문직 노동자와 사무직 노동자의 생활세계(유권자의 21퍼센트)에서는 두 당 모두 40퍼센트로 동일했다.

6. 기술관료적·자유주의적 생활세계(유권자의 11퍼센트)에서는 사회민주당이 39퍼센트, 기독교민주연합/기독교사회연합이 36퍼센트로 거의 비슷했다. 7. 향락주의적(hedonistisch) 생활세계(소득이 적은 젊은 층으로 유권자의 8퍼센트)에서는 사회민주당이 42퍼센트를 차지해 27퍼센트의 녹색당과 17퍼센트의 기독교민주연합을 앞섰다. 8. 대안적·좌파적 생활세계(유권자의 4퍼센트)에서도 사회민주당은 46퍼센트로 32퍼센트의 녹색당이나 13퍼센트의 기독교민주연합/기독교사회연합에 앞섰다.

보수적 고급 생활세계(혹은 '자영업자' 집단에 소속된 이들)를 제외한다면, 사회민주당과 기독교민주연합의 ― 또한 부분적으로는 기독교사회연합도 ― 지지자와 유권자는 동일한 생활세계 안에서 살고 있었다. 이 두 국민정당 사이의 차이는 무엇보다 가치관이다. 물론, 다음 사실들이 간과될 수는 없다. 사회민주당은 어느 정도는 이른바 태생적으로 지지하는 계층을 기대할 수 있는 반면, 기독교민주연합은 특히 선거에서 매우 강력하고 지속적으로 보수적이며 소시민적으로 각인된(적어도 선거인구의 39퍼센트 정도를 차지), 보다 넓은 범위를 감안해야 한다. 노동자층에서도 그들 각각의 생활세계를 구성하는 요소들에 따라 사회적 행태에는 차이가 있었다.

사회민주당은 기독교민주연합보다 훨씬 더 어렵게 양다리를 걸치고 있는 상황이었다. 중간으로부터 기독교민주연합/기독교사회연합 및 자유민주당의 경계 구역에 있는 사회적·자유주의 성향의 유권자에서 녹색당과의 경계 구역에 있는 포스트 유물론에 경도된 유권자까지, 그러면서도 사회보수적 지향의 원래 지지자들을 놓치면 안 되었다. 좀 더 노골적으로 표현하자면 다음과 같다. 사회민주당은 이제 더 이상 분명하게 자신들에 속한다고 할 수 있는 생활세계를 갖고 있지 않다. 특히 그들이 강력하게 뿌리를 내렸던 곳에서의 정서공동체는 전체 선거인구 가운데 차지하는 비율에서 어느 정도, 또는 완전히 약화되었다. 그 결과 완전히 쇠잔한 다양성을 바탕으로 위에서 언급했던 양 진영에 다리를 걸치고 있는 상황이 진행되었고, 이는 당내에서도 그 그림자를 드리우게 된다. 여기서는 이 논의와 관련하여 단지 두 가지 근본적이고 불협화음 가득한 논쟁만 제시하겠다. 첫 번째는 중앙의 정책 교체와 관련된 문제이다. 1970년대 이후 당내에서 에르하르트 에플러(Erhard Eppler)로 대표되는 좌파-대안적 흐름이 새로운 정치관을 지향하고자 힘을 기울였고, 그 결과 당의 장기적·정치적 방향성에서 패러다임을 교체하는 결과를 가져왔다. 자연스러운 인간적 삶의 근간들을 보존하고 산업사회를 생태적으로 변화시키고자 하는 패러다임으로 교체된 것이다. 비록 1980년대 이후 복지국가로의 개편이 불가피하게 나타났음에도 불구하고, 복지정책은 그와 반대로 전통적 노동조합 정책에서 자신들의 영역을 찾거나 거대한 사회복지보험 기관들 안에서 자신들의 권한을 획득했던 당료(Genossen)들의 손 안에 단단히 머물렀다. 두 번째 경우에서 브란트는 하나의 길을 발견하기 위해 노력했는데, 평화와 생태적 삶의 기반 유지를 위해 싸우는 새로운 사회운동들을 반대편으로 여기는 것이 아니라 당의 정치적 업무를 위한 파트너로 획득하고자 한 것이었다. 그에 반해 '전통주의자들', 특히 브란트의 오랜 친구인 리하르트 뢰벤탈(Richard Loewenthal), 안네마리 렝거(Annemarie Renger)와 베너 같은 사람들은 평화운동과 환경운동을 주변부 집단의 문제로 받아들였고, 사회민주당이 이들과 거리를 두어야 한다고 여겼다. 또한 그들은 브란트가 노력을 기울인 당의 개방이 당의 사회적 기반을 소홀하게 만들 것이라고 경고했는데, 그렇게 되면 자신들이 당내에서 과반 유지를 상실하게 될 것을 두려워해서였다. 그때가 1981년이었다.

브란트는 일종의 빈정거림처럼 자신의 당내 경쟁자를 '철강 노동자 뢰벤탈'이나 '여성 섬유 노동자 렝거' 같은 식으로 부르면서 어느 정도 그들의 활동을 제한하고자 했고, 사회민주당이 "한편으로는 전문 기술 노동자 및 기술을 가진 지식인과의 대규모 동맹블록(Blockbündnis)을 구성하면서, 또한 선거에서 결정적 역할을 할 새 집단을 끌어들이는 법을 배워야 한다"라는 생각을 갖고 있었다(이 장의 시작 인용구 참조, Karsten Rudolph, 146쪽). 잠재적으로 50퍼센트 혹은 더 많은 지지자를 끌어들일 수 있는 사회민주주의적 국민정당이 되기 위해서는, 그가 말한 대로 "사회적 동맹에 들어가야만 하며, 그것도 지금 당장 짜 맞추어야만 한다." 또한 이런 정체성의 요소들을 지속적으로 유지하기 위해서는 장기적 계획에 따른 목표 설정이 더해져야 한다는 것이 브란트를 비롯해 당시 소수의 사람들이 가졌던 분명한 생각이었다. 그 당시 시작된 논쟁은 마침내 1989년 「베를린 강령」(Berliner Programm)에서 정점에 달한다. '과거의 분배사회주의'(Verteilungssozialismus)가 더 이상 기능할 수 없다는 것이 더욱 명백하게 드러날수록 이런 논쟁이 사회민주당에는 실존적으로 필요해졌다. 사회민주당은 정의로운 사회를 만드는 미래 지향적 사고와 복잡하고 많은 타협이 요구되는 현재 간에 교량적 기능을 수행할 능력을 기르고 나서야 비로소 자신의 미래를 가질 수 있었으며, 옛 당명은 유지하지만 완전히 다른 정당이 될 수 있었다. 드러난 것처럼 이는 사회민주당이 21세기까지 계속 가져가야 하는 커다란 문제였다.

새로운 사회운동의 한 부분으로서 새로운 사회적 동맹의 중앙결집체(Kristallisationszentrum)가 되고 이를 통해 자신의 이상적 지평을 잃지 않으면서 과거의 노동운동을 대체하는 것은 결코 전망 없는 헛수고가 아니었다. 그에 비하면 사회적 변화를 목표로 하는 대안적 운동이 오히려 특정 분야에 대한 이해 대변을 통해 관심을 끌거나, 새롭고도 오래된 시민계층성(Bürgerlichkeit)의 지지자로서 보편적 해방을 자기 자신에게만 국한해 실현하고자 하는 측면들이 있었다. 대안운동에서 가장 큰 부족함은 과거 노동운동이 역사적 영향력을 발휘할 수 있도록 했던 집단적 힘과 연대에 기반한 단결을 과소평가하는 데 있었고, 지금도 역시 그러하다. 사회를 역사적으로 변화시킨 그런 요소들을 제대로 인식하지 못하는 가운데 대안운동이 부르주아 지식인적 행위 양식들에 종속되어 나타나는 것이다.

4. 사회민주당의 위기와 연방 주(州)가 제시한 개혁의 자극들

사회민주당이 과거의 노동운동과 결별한 후부터는 야당의 위치에서 새롭게 재생할 수 있는 기회를 갖게 된다. 아직 여전히 효용을 잃지 않은 과거 노동운동의 보편적 이념들과 효과가 입증된 노동조직의 조직력은 새로운 역사적 시대의 과제를 담당해 나가는 데 능력이 있는 것으로 드러났다. 하지만 1983년의 선거 결과는 좋은 전망을 보여주지 못했다. 사회민주당은 38.2퍼센트를 득표함으로써, 1961년의 상태로 뒷걸음질했다. 유권자들은 (특히 사회민주당이 1970년대에 획득한 '신'중간층에서) 사회민주당이 경제정책과 고용정책을 다룰 충분한 능력이 있는지 확실하게 신뢰하지 않았다. 1987년에는 37퍼센트의 득표율로 더욱 나쁜 결과를 보여주었다. 즉 녹색당에 대한 거부와 사회민주당 총리 후보 요하네스 라우(Johannes Rau)의 '분열 대신 화해'라는 선거공약이 대연정에 대한 위장 제안이라는 오해를 받으면서 사회민주당은 거의 주변적 존재가 되어버렸다. 특히 1987년, 브란트의 당대표직 사임과 함께 사회민주당은 더 깊은 추락의 계기를 맞게 된다.

개혁의 자극들은 연방 주들로부터 왔다. 헤센에서 1985년 처음으로 적-녹 연정(rot-grüne Koalition)이 시도되었고, 후에 니더작센과 베를린, 그리고 또 한 번 헤센이 그 뒤를 따랐다. 노르트라인-베스트팔렌 주와 구(舊)서독의 오래된 공업지역인 자를란트 주에서는 사회민주당이 단독으로 주 정부를 지배하면서 사회적 동맹의 폭이 주 총리 개인에게 의존하게 된다. 그 가운데 한 사람이 라우였다. 그는 개신교 신자이자 신학을 공부했으며, '소시민'을 위한 평범하고 현명한 주 수반이었다. 또 다른 주 총리 오스카르 라퐁텐(Oskar Lafontain)은 가톨릭 교도이고 자연과학자이며, 고상한 탈유물론적(postmaterialistisch) 삶의 방식을 좋아하는 지속적인 횡단적 사고의 소유자(Querdenker)였다. 이 둘은 모두 권력의지를 갖고 있었다. 또한 슐레스비히-홀스타인 주에서도 사회민주

1986년 3월 3일 슐레스비히-홀슈타인에서의 지방자치 선거 이후 당대표회의에서 요하네스 라우와 한스-요헨 포겔이 대화하고 있다.

당이 제2기 행정부를 홀로 지배하면서 비외른 엥홀름(Björn Engholm)을 필두로 새롭고 부드러운 좌파 포퓰리즘을 발전시켰는데, 함부르크와 브레멘, 베를린같이 사회민주당이 지배하는 주나 도시에서 그를 롤 모델로 삼는다는 것은 설득력도 없었고 이루어지지도 않았다. 연방 주 수준에서의 이런 성공들은 사회민주당이 통치할 수 있는 예상 가능한 대안임을 여론에 알릴 수 있는 기회를 제공했다. 라우가 1985년의 노르트라인-베스트팔렌 선거에서 대승을 거두고 1987년 총리 후보로 선출되었을 때, 사회민주당과 기독교민주연합/기독교사회연합은 거의 비슷하게 나가고 있었다.

그에 반해 '붉은 시청들'을 통해 새롭게 시작하고자 했던 시도들은 별로 성공하지 못했다. 비록 많은 시청들이, 심지어 바이에른에서까지도 녹색당의 도움을 받아 다시 '붉은색'이 되었다. 하지만 '성숙한 시민'들은 지방자치 차원에서는 기성 정당들을 — 많은 곳에서는 녹색당까지 포함해 — 제치고 무소속연합이 성공적으로 진출하도록 선택했다. 그리고 '시민화'된 녹색당은 사회민주당 외에 다른 연정 파트너들도 찾아냈다. 사회민주당 입장에서 볼 때, 진전은 달팽이 걸음과도 같았음에 틀림없다. 고전적 사회민주주의의 주제들이 그 의미를 상실했으며, 그나마 남아 있는 주제들도 그 의미를 다시 회복하기가 매우 어려웠다. 여성과 평화, 생태학 같은 좌파정치의 새롭고 큰 주제들이 1970년대 말 이후 생겨나기 시작한 사회적 불평등의 질적·양적 심화를 덮어버렸다.

구(舊)동독에서는 산업구조의 파괴로 새로운 빈곤 현상이 급격히 심화되었으며, 새로운 하층민들이 생겨났다. 또한 정치적으로 우편향화하기 시작했고 자신들의 선거 결과를 있는 그대로 받아들이기를 거부했다. 악화의 결정적 원인은 재정적자를 메워주기 위한 경제부양책이나 경제구조 유지를 위한 지원 같은 오래된 적극적 정책들이 더 이상 채택되지 않거나 신자유주의적 경제이론의 지배에 있는 것으로 진단된 것이다. 장기 실업자의 급격한 증가 앞에서 완전고용에 다시 이를 전망은 사라졌고 이미 한계에 부딪힌 복지국가의 길은 빈곤의 덫 속으로 빠져들기 시작했다.

그러나 1980년대에 대한 사회민주당의 결산이 결코 부정적인 것만은 아니었다. 당대표인 브란트와 연방 사무총장이자 독특한 개성의 지식인으로 크뇌링겐의 손자이기도 했던 페터 글로츠(Peter Glotz)는 당의 내부 구조를 매우 조심스럽게 재건했다. 그 밖에도 연방의회 원내대표로서 당의 의회 업무를 다시 결과 중심으로 끌고 나갔던 포겔과 노르트라인-베스트팔렌의 '승리자' 라우가 연방 서열 3위를 지키고 있었다. — 이들 셋은 밖으로 드러나지 않은 채 두 번째 트로이카를 구성해갔다. 글로츠는 사회의 목적단체들(Zielgruppen)을 당으로 가까이 끌어들일 '작은 네트워크'의 구성을 지원했다. 사회민주당 지도부 차원에서는 역사위원회(Historische Kommission)가 구성되어 정치적 결정들이 가졌던 의미를 역사적 차원에서 밝히도록 했다. 그리고 1988년 당대회에서 오랫동안의 힘든 논의 끝에 모든 당 기구와 당 의석에 남성과 여성의 최소 비율(40퍼센트)을 보장하는 할당규정(Quotenregelrung)을 성공적으로 통과시켰다. 이로써 사회의 중요 문제 하나를 해결하기 위한 힘찬 발걸음을 내딛는다. 1989년 「베를린 강령」은 "인간적 사회를 원한다면, 남성사회를 극복해야 한다"라고 선포했다.

하지만 두 가지 문제가 여전히 풀리지 않은 채 남아 있었다. 사회민주주의자들에게는 통치를 위한 신뢰할 수 있는 연정 파트너가 없었다. 브란트는 1983년 헤센에서의 성공적인 주 선거 이후, 이번에는 기독교민주연합을 제치고 녹색당과 함께 과반수를 구성할 것을 구상했다. 그래서 헤센에서 1985년 적-녹 연정이 구성되지만 1년을 지탱하지 못했다. 노르트라인-베스트팔렌 주의 사회민주당은 '자력'에 의한 주 정부 구성을 시도했고, 1985년에 52.1퍼센트의 득표로 단독정부 구성에 성공한다. 1987년 함부르크에서는 자유민주당과의 연정을 구성해 사민-자유당 연정의 새로운 판(Neuauflage)에 대한 희망을 태동시켰다. 이처럼

1987년 연방의회 선거에서 패배한 후 브란트는 자신의 퇴진을 다음 세대 지도자들에게 설명하고자 했다.

모든 것은 불확실한 상태로 남았고, 1987년 연방의회 선거에서 총리 후보 라우는 — 당 대표부의 회의적 시각 아래 — 연방 전체에 걸쳐 자력에 의한 승리를 목표로 설정했지만 37퍼센트의 득표로 실패한다. 이는 1983년 총리 후보 포겔이 획득했던 것보다 1.2퍼센트 적은 득표율이었다.

당대표의 후계자 문제 또한 해결되지 않았다. 라퐁텐을 필두로 엥홀름과 슈뢰더 같은 '손자 세대'의 대두가 이미 1980년대 초부터 시작되기는 했지만, 1987년 1월 선거에서의 패배*와 브란트 사임 두 달 이후부터는 실질적으로 후계자 문제가 나타난다. 브란트는 1988년 선거에 다시 당대표 후보에 나서지 않을 것임을 이미 1986년에 예고했었다. 그런데 다수의 예상과는 달리 라퐁텐은 후보로 나서지 않았다. 그는 아직 대

• 1987년에 실시한 연방의회 선거에서 사회민주당 총리 후보로 요하네스 라우가 나서지만 기독교민주연합의 헬무트 콜에게 패배한다.

표직을 수행할 의사가 없었다. 이에 따라 브란트의 후계자로 포겔이 되면서 동시에 원내대표를 맡게 된다. 라우와 라퐁텐은 당 부대표직에 임명되었다.

현대사의 기술에서는 포겔이나 라우를 '과도기적 인물', 자신들과 손자 세대 사이에서 브란트를 뛰어넘으려 했던 '중간 세대'로 정리하는 경향이 있다. 사회민주당의 지도부 내 1922~32년 출생자들은 전쟁과 전후 시대를 겪은 고유한 세대들이다. 포겔과 라우 외에도 한스 아펠(Hans Apel), 에곤 바르, 홀거 뵈르너(Holger Börner), 에르하르트 에플러, 클라우스 폰 도나니(Klaus von Dohnanyi), 호르스트 엠케(Horst Ehmke), 헤르베르트 에렌베르크(Herbert Ehrenberg), 안티에 후버(Antje Huber), 한스 코슈니크(Hans Koschnick), 페터 폰 외르첸, 카를 라벤스(Karl Ravens), 클라우스 쉬츠(Klaus Schütz), 한스 위르겐 비슈네프스키(Hans Jürgen Wischnewski) 같은 사람들이 이에 속한다. 이들은 모두 나중에 버릇없는 손자 세대들이 정치적 능력을 발휘할 때까지 오랜 기간 활동했고, 손자 세대보다 오히려 더 큰 목소리를 개별적으로 냈었다. 그럼에도 그들은 수십 년에 걸쳐, 즉 브란트 사망 이후까지도 당의 신뢰감 있는 안정적 요소로 남았다. 먼저 1990년에 라퐁텐이 총리 후보가 되면서, 그리고 1991년에 엥홀름이 당대표가 되면서 손자 세대는 지도집단으로 자리잡게 된다. 제10장에서 서술할 사회민주당의 라퐁텐화(Lafontainisierung)는 이미 그 훨씬 전부터 착수되었던 것이다.

5. 강령에 따른 개혁

사회민주당은 시작부터 강령정당(Programmpartei)이었다. 이는 끊임없이 스스로에게 도전하면서 자신의 정체성을 반추하고, 이 과정을 강령을 통해 매듭짓는 당이라는 뜻이다. 항상 기본강령(Grundsatzprogramm)으로 이루어지는 것은 아니고, 종종 특정 시기만을 위한 행동 강령(Aktionsprogramm)이나 전망을 갖춘 장기적 시각의 입장 표명도 있었다. 이런 노력들은 종종 많은 다툼과 극적 대립을 수반했다. 그러나 돌이켜볼 때, 이런 과정은 기본 원칙의 문제에 대한 논의에 대단히 적절해서 지금까지 있었던 차이점들을 줄여주는 경험들을 가져다주었다. 강령 작성 작업은 가야 할 길과 목표를 밝혀주는 데 있어 문서 형태로 결과를 남기는 것보다 더 가치 있는 작업임이 반복적으로 증명되었다.

1970년 초반 즈음 이미 외르첸과 요헨 슈테펜(Jochen Steffen)은 '고데스베르크'를 넘어서서 생각하기 시작했지만, 당과 당 지도부는 아직 「고데스베르크 강령」과 결별하려고는 하지 않았다. 즉 거기에서 언급된 모든 것이 아직은 유효해야 했다. 그래서 사람들은 이 강령으로부터 출발하고자 했고, 이를 기본으로 목표 설정을 재검토하고 확장하려 했다. 드디어 1975년, 수년에 걸쳐 연장된 논의 끝에 「방향 설정의 틀 1985」(Orientierungsrahmen 1985)를 가결한다. 이것으로 1985년까지 10년의 전망을 구체화했는데, 특히 경제구조의 변화 및 경제와 사회에 대한 기능적 방향 설정을 그 시야에 담고자 했다.

「방향 설정의 틀 1985」에 분석적으로 깔린 전제들은 예기치 않게 빨리 변화되었고, 강령 작성 작업은 1980년대 초반에 새롭게 시작되었다. 1983년 에플러가 주도한 기본가치위원회(Grundwertekommision)는 당대표로부터 그동안 생겨난 「고데스베르크 강령」의 부족한 점들을 지적하라는 임무를 받았다. 브란트를 수장으로 하는 첫 강령위원회는 1986년 6월 하나의 계획안을 제출하는데, 위원회가 열린 장소의 이름을 따 이르제(Irsee) 위원회라는 이름이 붙었다. 위원회는 좌파 사회민주주의 측으로부터 날카로운 비판에 직면한다. 계획안에서 경제적 결정관계의 제도적 신질서가 불충분하게 다루어진 반면, 너무도 분명하게 윤리적 사회주의자(ethische Sozialisten)들의 흔적이 확인된다는 것이었다. 당 사무총장 라퐁텐의 주도 아래 두 번째 강령위원회는 1989년 3월 계획안을 내놓는다. 포겔과 에플러는 더욱 심도 있고 목표 지향적인 방식으로 위원회 작업에 참여하면서 계획안에 합의할 수 있는 특성을 불어넣었다. 이 강령은 1989년 12월에 개최된 베를린 당대회에서 수용되었다.

당대회에서는, 부분적으로는 아주 놀랍게도 기술관료적 보수주의와 윤리적 신념에 바탕을 둔 근본주의(Fundmentalismus)를 넘어서서 산업사회의 생태적 현대화라는 주요 관심사에 대한 폭넓은 합의를 이끌어냈다. 여기에 기본가치를 지향하는 정치의 급진적 개혁주의가 새로운 사회운동으로 합쳐져야 했으며, 이는 '민주적 사회주의' 강령에서 표현되었던 것과 같은 과거 노동운동의 기본 관심에서 결코 멀지 않았다. 그에 따라 사회민주당이 근거로서 끌어오는 역사적 뿌리는 더 이상 논쟁거리가 되지 않게 되며, 마르크스가 다시 끌어들여지고, 그 대신 기독교는 더 이상 우선적으로 언급되지 않게 된다. 이 강령이 민주적 사회주의를 그 자체로서 하나의 완결된 계획으로 구성한 아마도 마지막 작업이었을 것이다. 즉 '지속적 과제'는 사회 시스템도, 사회 그 자체로서 완결된 질서도 아닌, 인간의 자유라는 개념을 만들어내는 서로 연결된 근본원칙들의 앙상블과도 같은 것이다.

삶의 질과 관련된 인간상, 진보에 대한 이해, "모든 사회에서 효용 있고 필수적인 활동"(라퐁텐)으로서의 노동 개념에 대한 새로운 이해, 이와 함께 노동을 단순한 상품의 성격에서 분리하기, 복지국가를 능력 있고 기본적으로 자본주의적이지만 질적인 과제와 연결된 경제 기반 위에서 질적으로 건설하며 변혁하기 — 이 강령은 이와 같은 모든 것을 제기했으며, 사회 안에서 연대하는 공동작업의 새로운 문화와 결합했다. 이는 유토피아적이거나 공상적으로 들릴 수도 있지만 그렇지는 않았으며, 결코 역사철학적 정당화의 이데올로기(Legitimationsideologie) 같은 형태가 아닌, 가능성 있는 다른 삶에 대한 상들 내지는 구체적 행동을 위해 포기할 수 없는 상들로 이해되어야 한다.

당의 목표에 대한 합의가 곧 실천의 적절성을 의미하지는 않는다. 여기에 새 강령의 결함이 있었다. 즉 강령은 근본 원칙들과 근본적 사고들, 방향 설정 등을 확정짓는 것에 국한되며, 실천의 구체적 도구들에 대해서는 많이 언급하지 않았다. 예를 들면, 사회민주당은 환경친화적 개선을 결과로서 확보하기 위해서는 경제적·기술적 과정들에 대한 사회적 통제에서 생태적이며 사회적인 요소들을 엄격하게 적용해야만 한다는 것을 결코 의심하지 않았다. 이런 전제조건 아래에서 자본주의적 이윤 논리를 문제화하는 것이 배제될 수는 없다. 왜냐하면 그것을 극복하거나 길들이지 않고는 사회나 국가의 생태주도권이 항상 반복적으로 그 한계에 부딪힐 것이기 때문이었다.

1989년의 사회민주당은 더 이상 1950년대의 사회민주당과 같지 않았다. 당은 서비스 기업과 같은 방식으로 대조직을 대폭 분권화하고 분산했다. 어쩌면 지역이나 지방의 당 조직들의 거대한 연정, 지역을 초월한 이익단체들, 당을 초월한 공동체, 각각의 방향이 표시된 지역들 등이 모두 어느 정도의 자율성을 지니거나, 그렇지 못하면 이를 추구하는 그런 모습이었다고 표현하는 것이 더 적절할지도 모르겠다. 당 지도부는 더 이상 지배적 영향력을 가진 지도력의 중심이 아니라 조정 기능을 갖는 이해 조정자 역할을 했다. 이 구조 모델(Strukturmuster) 안에 미래에 더욱 강하게 드러날 사회민주당의 사회적 다양성이 반영되어 있었다.

그사이에 세대교체 또한 실현되었다. 이는 특히 당 수뇌부에서 분명하게 나타났지만, 그 밖의 전 차원에서도 이루어졌다. 이와 함께 정치적 문제에서 가치의 중점을 어디에 둘 것인가에 대해서도 위치 이동이 있었다. 즉 더 이상 노동조합이 아니라 시민단체들이 선호되는 파트너로 받아들여졌다. 인권과 시민권이 사회정책과 나란히 동등한 중요성을 갖게 된다. 이런 강조는 동독 사회민주당에 의해 다시 한 번 강조되었는데, 서독의 사회민주당이 이들을 당원으로 얻기 위해 훨씬 오랫동안 노력해야 했을 것을, 동독에서는 보다 쉽게 중산층으로부터 충원했다. 공학자, 자연과학자, 기술자, 의학자들이 그 대상이었다. ─ 개신교 목사들은 단지 표면적으로만 중요한 역할을 하는 듯 보였을 뿐이다.

이런 상황에서 일상의 정치적 결정에 영향을 끼칠 당의 공통적 기반을 구성하는 것은 무엇이었는가? 아니면 보다 단순하게 질문해 '소시민의 보호권력'일 뿐만 아니라 거물 정치가들의 출세를 위한 발판이 되고자 했던 당을 한데 결합하는 것은 무엇이었는가? 의석의 과반수를 획득하고 이를 유지하기 위한 다른 민주적 정당들과의 경쟁, 즉 정치적 지휘력의 획득 하나만으로는 충분할 수 없었다. 상징들 — 당의 강령과 역사 — 을 포기할 수는 분명 없으며, 마찬가지로 카리스마를 가진 지도자나 서로 다른 연관성으로 맺어진 하나의 팀 또한 포기할 수 없다. 이뿐만 아니라 신분과 계급을 넘어 사회민주주의적 입장에서의 총체적 관심(Gesamtinteresse) 같은 것이 있어야 했다. 아니면 1983년 이미 랄프 다렌도르프(Ralf Dahrendorf)가 생각했던 것처럼 독일 노동운동이 만들어낸 '사회민주주의 세기'는 역시 끝난 것인가?

| 참고 문헌 |

Faulenbach, Bernd: *Die Siebziger Jahre — ein sozialdemokratisches Jahrzehnt?*, in: AfS, Bd. 44, 2004, S. 1-37.

Grebing, Helga: *Traditionskompanie — Volkspartei. Wie weiter Genossen? (1992)*, in: Dies.: *"Wie weiter Genossen?" Essays zur Sozialdemokratie im Epochenwechsel*, Essen 2000, S. 11-17.

_____: *Johannes Rau — der Sozialdemokrat*, in: Gisela Kayser/Klaus Wettig (Hg.): *Johannes Rau. Das Leben menschlicher machen*, Berlin 2007, S. 14-20.

Handbuch zur Statistik der Parlamente und Parteien in den westlichen Besatzungszonen und in der Bundesrepublik Deutschland 1945-1990. Bd IV, Mitgliedschaft und Sozialstruktur 1945-1990 (SPD, KPD, DKP, Grüne), bearbeitet von Josef Boyer/Till Kössler, Düsseldorf 2005.

Heimann, Siegfried: *Zwischen Aufbruchstimmung und Resignation. Die SPD in den 80er Jahren*, in: Süss, Werner (Hg.): *Die Bundesrepublik in den 80er Jahren*, Opladen 1991, S. 35-52.

Kieseritzky, Wolther von: *Einleitung*, in: *Mehr Demokratie wagen. Innen- und Gesellschaftspolitik 1966-1974*. Berliner Ausgabe Bd. 7, hg. von Grebing, Helga/Schöllgen, Gregor/Winkler, Heinrich August, Bonn 2001, S. 1-81.

Marssolek, Inge/Potthoff, Heinrich (Hg.): *Durchbruch zum modernen Deutschland? Die Sozialdemokratie in der Regierungsverantwortung 1966-1982*, Essen 1995.

Merseburger, Peter: *Willy Brandt. 1913-1992. Visionär und Realist*, Stuttgart 2002.

Münkel, Daniela: *Einleitung*, in: *Auf dem Weg nach vorn. Willy Brandt und die SPD 1947-1972*. Berliner Ausgabe Bd. 4, hg. von Grebing, Helga/Schöllgen, Gregor/Winkler, Heinrich August, Bonn 2000, S. 19-65.

_____: *Willy Brandt und die "Vierte Gewalt". Politik und Massenmedien in den 50er bis 70er Jahren*, Frankfurt a. M. 2005.

_____: *Willy Brandt und seine "Enkel". Zur Nachwuchspolitik eines Parteivorsitzenden*, in: Dies.: *Bemerkungen zu Willy Brandt*, Berlin 2005, S. 236-52.

Rudolph, Karsten: *Einleitung*, in: *Die Partei der Freiheit. Willy Brandt und die SPD 1972-1992*. Berliner Ausgabe Bd. 5, hg. von Grebing, Helga/Schöllgen, Gregor/Winkler, Heinrich August, Bonn 2002, S. 15-72.

Walter, Franz: *Führung in der Politik. Am Beispiel sozialdemokratischer Parteivorsitzender*, in: *Zeitschrift für Politikwissenschaft* 7, 1997, H. 4, S. 1287-1336.

롤프 춘델(Rolf Zundel, 주간지 *Die Zeit*), 군터 호프만(Gunter Hofmann, *Die Zeit*), 로베르트 라이히트(Robert Leicht, 일간지 *Süddeutsche Zeitung*), 마르틴 쥐스킨트(Martin E. Süskind, *Süddeutsche Zeitung*) 등 언론인의 당대분석 기사는 깊이 있는 인식을 전해주었다.

제9장

민주사회에서의 노동조합

1945년 나치 정부의 붕괴 이후 자유롭고 독립적인 노동조합 조직의 형성이 다시 가능해졌을 때, 바이마르 공화국 시대와 파시스트 탄압 시기의 경험들 및 노동조합 운동의 통합과 단결은 독일 민주주의의 보장을 위해 매우 중요한 전제로 받아들여졌다. 노동조합의 재건은 경제와 국가의 새로운 정비를 통해 독일 민주주의를 위한 안정된 기초를 만들어야만 한다는 생각을 갖고 진행되었다. 사회의 민주적 질서를 지켜내는 일은 정치적 민주주의의 수립 하나만으로 되지 않는다. 사회적 민주주의가 추가되고 발전되어야 한다. 즉 노동하는 인간은 경제와 사회 안에서 지금까지 자신들의 이해(Interesse)를 대변해왔던 것과는 달리, 국민 과반수의 이해를 지키고 대변할 수 있어야만 한다. 결국 문제는 두 가지이다. 사적인 경제권력의 해체와 민주적 통제, 그리고 공공의 이해에 기반한 경제의 계획적 조정과 지휘가 그것이다.

• 금속노동조합 대표 오토 브레너, 「노동자와 사회화」, 『새로운 사회』, 1959

1. 민주국가 안에서의 자기발견 단계

1945년 이후 서독 지역에서는 중앙집권적으로 조직된 통합노동조합이
존재하지 않았다. 먼저 지역에서의 분권적 조직화 단계를 거쳐 1949년
에 비로소 자율적 개별 노동조합들로 구성된 하나의 노동조합연맹이
창설되었다. 바로 16개로 시작된 단위조직들의 지붕으로서의 독일노동
조합총연맹(Der Deutsche Gewerkschaftsbund, DGB)이 그것이다. 이 통합
노동조합의 주된 특징은 세계관적·정치적 지향성 극복과 이를 통한 정
당정치로부터의 독립이지만, 그렇다고 정치적 중립을 의미하지는 않았
다. 노동자든 사무직 노동자든 공무원이든 공산주의자든 사회민주주의
자든 기독교적 민주주의자든 가톨릭이든 혹은 개신교도든 간에 모든
이들이 연맹(Bund) 안에서 조합원이 될 수 있으며, 그 목적은 "강한 효
력을 발휘할 단결과 모든 영역, 특히 경제와 사회, 문화정책에서 공동의
이해 대변을 위한 전체 노동조합들의 결합"이 되어야 했다(1949년 독일
노동조합총연맹 정관 제2조). 사무직 노동자들이 추가로 독일사무직노동
조합(Deutsche Angestellten-Gewerkschaft, DAG)*을 결성하고, 독일공무원
연맹(Deutsche Beamtenbund)**이 생겨나면서 '통합'에 대한 요구는 불완

---

* 독일사무직노동조합은 1949년 창설되었고 2001년 해산되어 독일노동조합총연
  맹 산하로 들어온다.
** 독일공무원연맹은 1949년 창설되어 지금까지 존속하고 있다.

전하게 실현된다 — 이는 전통적인 육체 노동자와 사무직 노동자 사이의 깃(Collar) 색깔*에 따른 경계를 그처럼 빨리 극복하지 못했음을 증명하는 것이다. 창립 시기에 독일노동조합총연맹 안에서 여성과 청소년, 그리고 공무원의 참여도는 비교적 낮았다.

처음에는 모든 연합군 점령지역을 포괄하는 노동조합 조직이 생겨나지 못했다. 소련점령지역(SBZ)에서 1946년에 자유독일노동조합연맹(Freier Deutscher Gewerkschaftsbund, FDGB)이 창립되고, 1948년에는 이미 하나의 '국가노동조합'(Staatsgewerkschaft)으로 변형되어 모든 사회민주주의적 입장의 조합원들을 자발적 사임, 공식적 기능정지, 제명, 나아가 체포까지 동원해 억압한다. 수많은 사회민주주의 간부들과 조합원들이 순응하거나 자발적으로 이에 동조했고, 항복하거나 물러났다. 노동조합의 과제는 정치적 · 이데올로기적 계획경제에 맞춰졌고, 그 결과 노동조합 활동의 결정적 기준, 즉 자율성(Autonomie)이 상실되었다 — 자유독일노동조합연맹은 곧바로 도구화되고 미성년자처럼 보호받아야 하는 대중적 조직이 되었다. 그렇더라도 이런 진술에는 일정 부분 수정이 필요하다. 즉 노동하는 이들의 기대와 가장 강하게 대면했던 자유독일노동조합연맹은 그 결과 사회적 업적들의 가장 중요한 조직자이자 분배자가 되었고, 비록 표면적으로라도 국민을 성공적으로 만족시키는 독일사회주의통일당(Sozialistische Einheitspartei Deutschlands, SED)-국가의 지배기술 가운데 가장 중요한 도구가 되었다.

1950년에 독일노동조합총연맹의 총조직률(Bruttoorganisationsgrad)은 36퍼센트에 달했다. 특히 숙련공의 조직률이 월등히 높았던 반면, 사무직 노동자와 공무원의 참여도는 현저히 낮았다(2~3퍼센트). 1960년대

• 셔츠에서 목이 닿는 깃 부분을 의미하며, 일반적으로 사무직 노동자들은 와이셔츠 같은 흰 깃의 옷을, 육체 노동자들은 푸른색 깃의 작업복을 입는 데서 양 노동자를 색깔에 따라 구분하는 관행이 비롯되었다.

이후 조직률은 줄어들어 30퍼센트까지 하락한다. 여성의 참여 또한 적었는데, 1950년부터 1990년 사이에 16퍼센트에서 19퍼센트로 늘었다. 이 모든 것들은 독일노동조합총연맹이 노동계 각 분야의 구조변화에 효과적으로 답하기에는 처음부터 엄청난 어려움을 갖고 있었음의 표지(標識)였다.

네 개의 기본 요구 사항(Grundsatzforderungen) ─ 첫째, 완전고용, 둘째, 경제 운영과 경제 건설에서의 모든 인사 문제와 경제적·사회적 문제들에 대한 공동결정, 셋째, 핵심 산업과 은행의 공공재산화 및 계획적 국민경제 실시, 넷째, 적절한 임금과 노동 불능자에게 충분한 생활비를 지급함으로써 사회적 정의 실현 ─ 은 경제적·사회적 관계와 관련한 새 질서에서 공동결정을 요구하는 노동조합 프로그램의 골격을 형성했다. 그곳을 향한 길은 대의제적·의회주의적 민주주의라는 방식과 가능성을 통해 가야 한다. 조합원들에 대한 의회제도 바깥에서의 동원은, 특히 민주적 질서가 위협받는 심각한 충돌의 경우들로 제한해야 한다. 이제 노동조합은 ─ 바이마르 공화국 마지막 시기에 분명하지 않았던 그들의 입장과는 달리 ─ 스스로를 민주주의에 대한 보장이자 동력으로 이해했다.

국가와 사회의 공동 건설이라는 요구는 단순한 이익단체로서가 아니라 노동자가 사회정책 및 경제정책에 대한 의사 형성의 담당자라는 자기이해를 기반으로 했다. 1951년에 노동조합은 절대적 권위를 갖고 이끌어가는 독일노동조합총연맹 대표 한스 뵈클러(Hans Böckler)의 지도와 일종의 '독일적 방식의 역사적 타협'을 통해, 기업에서의 그리고 기업을 넘어서는 범위에서의 공동결정이라는 자신들의 목표에 결정적으로 다가갈 수 있었다. 연방 총리 아데나워의 주도 아래, 1951년 4월 연방의회는 기독교민주연합/기독교사회연합, 사회민주당, 중앙당 등 일종의 중도좌파 연합의 찬성으로 광산업에서의 노동자-기업 간 동등한 공동결정을 법적으로 보장하기로 결정했고, 노동조합 지도부는 그 반대급부로서 이미 마셜 플랜 원조를 수용함으로써 진행되고 있는 아데나워식 '서구로의 통합정책'(Westintegrationspolitik)을 (사회민주당은 반대했지만) 지속시켜 나갔다. 그러나 사실 광산 분야의 공동결정제를 제외하고는 이미 1952년 기업경영법(Betriebsverfassungsgesetz)의 가결에서 보듯이, 더 이상의 실질적 확장은 없었다.

1945년 이후 노동조합의 주도적 대표자들은 '공동결정'을 바이마르 시대와는 달리 더 이상 대의제적·조합주의적 의미로 이해하지 않고, 공적으로 정당화될 수 있는 이해관계 대변의 한 부분으로 여겼다. 이런 복잡하고 다원적·참여적인 의미에서 공동결정제란, 노동조건들의 구성에서 더 많은 자유와 참여, 자본과 노동 간의 동등한 가치와 동등한 권리 보장, 사회의 구성 원칙으로서의 민주주의 인정과 이를 통해 민주주의를 단지 국가-정치적 복합체를 위한 질서 원칙으로 제한하는 것에 대한 개선 등을 뜻했다. 이런 높은 목표들에 비한다면, '공동결정' 프로젝트는 그것의 관철을 위한 노력이 시작하자마자 실패한 것이나 마찬가지다. 마치 '신질서'(Neuordnung) 프로그램이 그랬던 것과 유사한 결과가 되었다. 이후 공동결정제에 대한 논의는 어느 정도 후퇴하게 된다. 노동조합 일부에서는 공동결정제를 절대적으로 필요한 핵심 산업에서의 국유화가 진행되지 않았던 것에 대한 대체물로 결코 보지 않았다. 그들은 경제 민주화 건설을 위한 최종 작업으로서 국유화를 여전히 요구했다.

1950년대까지 신질서의 핵심 사항인 국유화 문제를 떨쳐버리는 데는 오랜 시간이 걸렸다. 하지만 공동결정제에 대한 논의는 자꾸 다시 타오르곤 했다. 1950년대 초반 공동결정 요구의 관철에 대한 단지 상대적 성공 혹은 상대적 실패는 결과적으로 일정 정도 노동조합의 과격화를 가져왔지만 이렇다 할 성과를 이끌어내지는 못했다. 그럼에도 노동조합은 곧 '팽창적 임금정책'을 통해 자신들의 전략을 정치적 권력관계에 맞춰 나갔다. 즉 팽창적 임금정책이 능동적 경기정책과 구조정책을 위한 공격적 도구가 되어야 했으며, 임금인상이 항상 경제성장에 뒤따라 일어나는 전통적 난관으로부터 벗어나야만 했다.

정치적 패배와 목표 설정에 대한 논의들은 이미 1950년대에, 이제 막 획득한 통합을 분열시키는 시험대가 된 바 있다. 기업 차원에서의 공산주의자들의 영향력은 차단되어야 했고, 사회보수적 가톨릭 측의 요구는 거부되어야 했다. 이는 기독교노동조합의 창립으로 이어졌지만 별 호응 없이 끝나며, 결국 서독의 사회적 가톨릭 이념이 '스스로 중립화'되는 결과를 가져왔다. 독일노동조합총연맹 테두리 안에서 기독교-사회적 노동조합 정책의 형성은 기독교민주연합/기독교사회연합의 사회복지위원회(Sozialausschüsse)로 넘어갔다. 이런 통합과 배제, 그리고 주변화 과정들의 결과가 1950년대 말 사회민주주의적 헤게모니 아래 결성된 하나의 통합노동조합이었다.

2. '대항세력과 질서유지 요소' 사이에서의 노동조합

1960년대와 1970년대 초에 보여준 것처럼 민주주의 국가에서 노동조합의 역할에 대한 자기발견의 과정은 결코 끝나지 않았다. 노동조합이 무엇이었고 무엇을 원했으며, 무엇이 될 수 있었던가? 계급투쟁 조직, 사회 안에서 정치·경제적 권력 나눠먹기에 반대하는 저항조직, 종속적이고 특권 없는 대다수 노동하는 사람들의 사회적 저항이라는 의미에서의 대항세력(Gegenmacht), 예를 들어 핵무장 반대나 비상사태법 (Notstandsgesetzgebung)* 반대 같은 것일까? 아니면 부분적으로는 공식

---

* 독일에서 비상사태법은 1968년 5월, 즉 제1차 대연정 시기에 연방의회에 의해 제정되었으며, 대규모 국민적 저항을 불러일으켰다. 이 법안은 국가가 위기 상황 (자연 재난, 반란, 전쟁 등)에서 민주적 질서를 보호하고 행동력을 강화하기 위해 국민의 권리와 통신의 자유를 제한할 수 있는 조치를 포함했으며, 이와 동시에 법안에 대한 비판을 누그러뜨리기 위해 다른 선택의 여지가 없는 최종적 수단으로

적이며 법적으로 인정된 화합 기능을 가지면서, 노동자들을 기성 정치·경제적 권력 나눠먹기를 통한 현상유지 체제 안에 자리잡게 하는 사회 내 질서유지 요소(Ordnungsfaktor)인가? 노동조합이 이처럼 공공의 과제를 인식하는 조직으로 변화하는 경우, 그 길은 곧 자신들의 조합원을 위한 서비스 기업, 노동력을 위한 판매 중개소, 모든 종류의, 특히 파업과 공장폐쇄에 대한 완전보장을 전문으로 하는 보험단체가 되는 것을 의미한다.

이런 대항세력과 질서유지 요소 사이에서의 갈등에 대해서는 단지 노동조합 주변의 이론가들만 고민한 것이 아니었으며, 그 갈등은 이미 1950년대 말 노동조합 내부투쟁의 장이 되었다. 한편에 오토 브레너(Otto Brenner)로 상징되는 '대항세력파'가 형성되었다면, 그 반대편에는 건설·석재·토건노동조합(IG-Bau-Stein-Erde)의 대표 게오르크 레버(Georg Leber)가 있었다. 레버는 통합으로의 길을 주장했고 현존하는 민주국가 테두리 안에서의 질서유지 기능을 노동조합의 과제로 삼았다. 그에게 현재의 국가는 1963년 자신이 속한 노동조합 총회에서 밝혔듯이, "전체적으로 과거보다 더 자유롭고 더 인간적이며 더 아름다워졌다." 이 양 입장에 대한 논쟁의 배경에는 세대갈등이 숨어 있었다. 1907년생의 브레너는 1920년의 카프 쿠데타-총파업(Kapp-Putsch-Genealstreik) 신화*를 하나의 모범으로 생각하고 있었고 1932/33년 패배**의 트라우마에 시달렸으며 ─ 1945년 신념을 갖고 사회민주당과

서 국민의 저항권도 명시했다. 유럽에서의 핵탄두 미사일 배치는 1979년의 '나토-이중결정'으로 시작되었고, 동시에 전 유럽과 독일에서 핵무기 도입 반대운동이 벌어졌다.

- 바이마르 공화국 초기인 1920년에 발생한 카프 쿠데타(83쪽 각주 참조)를 노동조합이 전국적 총파업으로 막아냄으로써, 쿠데타가 실패하는 데 일조했던 경험을 의미한다.
- 바이마르 공화국 말기인 1932년 7월 제국의회 선거와 같은 해 11월 제국의회 재선거에서 나치는 연속하여 제1당이 되었고, 민주주의 세력이나 노동자 세력은 패

오토 브레너와 게오르크 레버는 1950년대와 1960년대 성공적인 노동조합 대표였다.

연계했으나, 당의 진보파에 의해 외면당함으로써 불만족스러운 상황에서 ― 오직 노동조합에만 집중했다. 1920년생인 레버는 전후 재건 세대에 속하며, 신념에 찬 사회민주주의자였다. 1957년 이후에는 사회민주당 연방의회 의원이 되었으며, 대연정 아래서 장관이 된다.

노동조합이 '대항세력'이냐, '질서유지 요소'냐를 두고 벌어지는 논의들의 대립적 첨예화가 실제로는 큰 의미를 갖지 못했으며, 잘못된 양극단으로 치부된 측면이 있다. 왜냐하면 실제로 노동조합에는 늘 두 가지가 함께 존재했기 때문이다. 즉 노동조합은 자본주의 안의 내재적 구성 요소로 조합원들에 대한 보호 역할을 수행했으며, 사회복지 · 법치국

배했다. 마침내 힌덴부르크 대통령에 의해 1933년 1월 30일 히틀러가 총리로 임명되었다.

가로서의 임무보장을 위한 사회적 질서유지 요소로서 그 적절성을 입증했다. 하지만 다른 한편으로는 사회의 불평등과 사회적 불의에 대항해 또는 노동하는 사람이 생산과정과 공동결정 과정에 참여해 함께 만들어가는 작업을 거부당하는 경우, 노동조합은 해방적 요구와 이에 걸맞은 구축의 과제(Gestaltungsaufgabe)를 갖는 '대항세력'으로 남아 있었다. 그런 한에서 노동조합은 사회 민주화 과정을 단계적으로 끌고 나가면서 인간의 욕구에 방향을 맞추어 계속 실행해 나가는 전략을 의무로 갖는 개혁주의 노동운동(Arbeiterbewegunsreformismus)의 한 부분이었다.

문세는 노동조합이 점차 분화되어가는 피고용자 사회에 통합될 준비를 하고 있는지, 또 피고용자의 이익과 국민정당으로서의 목표 설정 사이에 간극이 있는 가운데 정치적 의사결정 과정에서 자신들의 의사를 전할 충분한 전달력을 지니고 있는지 등이다. '조율된 작업'(konzertierte Aktion)*에서 정점에 이르렀던 대연정에서의 조합주의적 접근들을 노동조합은, 경제과정 전체의 안정화와 규율화, 주기를 억제하는 조정 등을 한데 묶어낸 도구상자의 일부라는 의미에서 하나의 기회로 받아들였다. 이 시기에도 경제적 공동결정에 대한 진전은 없었다. 그 대신 노동조합은 (거칠었거나 급작스러웠다고 할 수 있는) 1969년 9월 파업을 통해 점점 약화되어가는 대중적 정당성의 문제, 그리고 중앙집권적인 노동조합 전략의 조정에서 벗어나는 문제와 직면하게 된다. 그러는 사이에 1970년

• 단기적이거나 중요도가 떨어지는 다양한 목표는 무시하고 중장기적으로 보다 나은 전체 결과를 얻기 위해 서로 다른 경제정책적 행위자들 간의 이해관계를 조율을 통해 일치시키는 정책을 의미한다. 사회민주당은 1967년부터 정부, 지방자치단체, 노동조합, 연방은행 등이 모여 실업자를 줄이고 물가를 안정시키며 적절한 경제성장에 이르는 것을 목표로 상호 간의 대화를 통해 거시경제적으로 유용한 정책들을 조율하는 모임을 만들었다. 그렇지만 그 모임이 구속력 없는 대화기구로 취급되면서, 그리고 노동조합으로서는 이를 통해 자신들이 갖고 있는 임금협상의 자율권이 손상될 것을 두려워해 적극적으로 임하지 않았다. 이에 따라 지속적 성격의 협의기구로 발전하지는 못했다.

대 이후 경제 위기의 현상 및 그로 인한 패배는 오히려 조직의 견고함을 가져왔다.

노동조합의 역할에 대한 판단에서 역사서술은 노동조합이 이미 1950년대 중반 이후 합리화와 자동화라는 테마에 직면하게 되었다는 사실을 별로 고려하지 않는다. 미국의 예는 역사서술에서 다음과 같은 인식을 환기하는데, 즉 이것은 생산기술상의 문제만이 아니라 당대에는 '제2의 산업혁명'이라는 일리 있는 명칭을 가졌던, 사회적 파급력이 강한 사회경제적 변혁과정과 관련된 문제였다는 것이 고려되어야 한다는 것이다. 사람들은 직업의 질적 가치감소와 심화되는 기업의 집중, 심화되는 시장의 독점 등을 두려워하지만, 다른 한편으로는 생산성 증가, 육체적으로 힘든 노동의 감소, 지속적인 노동시간의 축소, 이에 따른 자유시간의 획득과 임금의 상승, 노동 재교육, 자격 능력의 재취득, 나아가 빈곤의 제거까지도 희망했다.

1963년에 독일노동조합총연맹 강령은 처음으로 창립 시기부터의 모토였던 '신질서'와 최종적 결별을 선언한다. 1933년 이전에는 자유주의적 사무직노동자 노동조합동맹(Gewerkschaftsbund der Angestellten)의 간부였고, 이후 망명생활을 거쳐 1962년부터는 독일노동조합총연맹 대표였던 루트비히 로젠베르크(Ludwig Rosenberg)는 이를 통해 "완전한 계획경제와 거침없고 무례한 시장경제 사이"에서의 길이라는 자신의 생각에 동의하게끔 만드는 네 성공했다. 개인의 손아귀에 있는 경제권력 집중으로 공공복지가 위협받는 곳에 그는 국유화 대신 '공공의 통제'를 주장했다.

그리하여 독일노동조합총연맹 내의 서로 다른 경향들을 한데 묶을 하나의 강령이 만들어졌다. 노동조합이 민주주의를 위한 결정적 통합 요소라는 의미를 갖고 있음이 증명되었다. 그러나 사회적 대안의 성격은 부족했다. 그보다는 수정주의적 변화를 더 따랐고 경제적 경쟁 원칙을 받아들였다. 동등한 권리 아래에서의 공동결정은 여전히 매우 중요

노동시간 축소투쟁을 통한 주 40시간 노동은 노동조합의 가장 성공적인 캠페인이었다.
"토요일엔 아빠 내 거예요"라는 표어를 갖고 노동조합은 자신들의 목표를 선전했다.

한 목표로 남았다. 즉 경제적 권력을 통제하기 위한 수단 목록 안에는 핵심 산업의 국유화와는 다른 시장지배적 기업들의 공공재산화도 여전히 남아 있었다. 하지만 그것은 그저 시장경제의 조정 도구일 뿐이었지, 더 이상 사회적 변혁을 목표로 하지 않았다. 그 밖에 완전고용과 경제성장의 보장, 물가안정, 노동자의 재산 형성과 같은 구체적 요구 사항들이 나타나고 이야기되기 시작했다. 이 강령으로써 노동조합은 사회민주당의 「고데스베르크 강령」을 뒤늦게 따라가게 되었고, 1950년대 말 이후 분명해졌던 노동조합과 사회민주당 사이의 거리감은 상당 부분 사라지게 되었다.

1966~73년 노동조합은 전반적으로, 특히 임금상승과 사회복지국가의 발전에서 긍정적 성과를 가져왔다. 1960년에 피고용자, 즉 육체 노동자, 사무직 노동자, 견습생의 평균순소득이 491마르크였다면 1982년에는 2,337마르크가 된다. 월평균 노령연금은 1957년에는 184마르크였다가 1982년에는 999마르크로 상승했다. 실업률은 1949년에 10.3퍼센트에 달했던 것이 1960년대 중반에는 0.7퍼센트로 떨어졌고, 1967년 이후부터는 다시 계속 증가해 1982년 7.5퍼센트에 이르렀다. 이처럼 임의로 계속 확대할 수 있는 사회안전망 관련 데이터는 일반적 소득전략의 틀 안에서 자산 상태를 유지하거나 지속적인 소득 상태의 확대를 추구하는 노동조합에 내재되어 있는 경향을 강화했다. 1970년대 말에 이미 사람들은 노동조합이 곧 노동자세층만의 특별한 이익을 대변하는 시스템을 갖는 강력한 서비스기업이 될 것을 우려했으며, 결국 자신들의 동원력을 상실하게 될 것으로 보았다. 이미 '대항세력과 질서유지 요소'라는 상호 모순된 전략적 개념은 어느 정도는 손상되었거나 더 이상 불필요한 것으로 보였다. 노동조합은 더 이상 정치 전체를 지향하는 단체가 될 수도 없고, 되려고도 하지 않는 것처럼 보였다.

1974년이 지나면서 일련의 중요한 개혁 프로젝트들이 좌초되었다. 즉 공동결정제가 확대될 수 있는 여지가 더 이상 없어졌으며, 경제평의회(Wirtschaftsräte)와 사회복지평의회(Sozialräte)처럼 바로 "더 많은 민주주의를 감행한다"라는 구호와 같은 선상에 놓여 있는 계획들도 좌초한다. 주 35시간 노동제의 보편적 도입도 실패한다. 여기에 1973년 석유위기는 증가하는 세계경제 간의 상호 연결이 사회적 영향력을 갖게 되는 출발점이 되었으며, 이에 따라 위기 상황에 대한 국민경제의 취약성도 높아졌다. 1981년 독일노동조합총연맹의 기본강령은 변화된 상황을 반영했다. 노동조합의 자율성을 강조했으며, 노동할 수 있는 권리와 일자리의 보장을 요구했던 것이다. 여기에 노동조합은 점점 더 공개적으로 '내부를 향한 계급투쟁'의 문제와 대면하게 된다. 개별 노동조합들 간의, 그리고 개별 노동조합 안에서의 분배 싸움과 자리 싸움으로 조합 내에서 고임금을 받는 서비스 업무가 늘어난 반면, '본래의' 생산 노동자들은 수세에 몰리게 되었다. 계층 피라미드(수입과 사회적 지위에 따른)가 다양화되었으며, 개인화와 탈(脫)연대화 경향도 더 확연해졌다. 피라미드의 정상에는 이제 최고위 계급(학자와 기술자)이 있고, 그 밑에는 교사, 은행 부서장, 컴퓨터 전문가부터 생필품 회사 지사장까지 모든 종류의 전문자격증을 갖춘 서비스 직군이 따르며, 그다음에는 고급 숙련기술을 갖고 있는 전문 노동자와 일반 노동자가 자리했다. 바닥은 두 부분으로 나뉘는데, 외국인 노동자로 구성된 '대체 프롤레타리아'(Ersatzproletariat)와 청소년, 여성, 실업자, 전문성 없는 지식인, '나이 든' 노동자 등 주목받지 못하고 사회 한구석으로 몰린 대중이 그들이었다. 특히 이들 '나이 든' 노동자는 점점 더 일찍, 점점 더 자주 사회복지 프로그램이나 조기정년의 대상이 되었으며, 이에 따라 '내부적 노령 빈곤화'(innere Altersverelendung) 현상이 나타나기 시작했다.

3. 1980년대의 노동조합: 막다른 길로

이런 문제 상황들은, 그렇다면 노동조합의 운동적 특성에서 무엇이
남았는가와 같은 물음을 끌어내게 한다. 이 물음을 따로 격리해 제기하
는 일은 서독 노동조합이 늘 다시금 대안적 사고 능력을 보여왔다는 것
을 고려하지 않는 것이다. 1950년대 이미 자동화의 사회적 결과에 대
한 평가, 노동의 인간화 개념, 원자력 에너지의 평화적 사용 제안, 새로
운 노동자층의 형성 및 그들과의 연계에 대한 대처, 또는 더 좋은 삶의
질과 대안적 성장에 대한 요구 같은 것에서 서독 노동조합은 대안적 사
고 능력을 보여왔다. 독일노동조합총연맹의 계획을 담은 문서들은 ─
1981년의 기본계획안이나 1988년의 행동강령 같은 ─ 정당들에 맞선
노동조합 정책의 자율성에 대한 증표인데, 이를 통해 노동조합과 사회
민주주의 사이의 역사적·고전적 공생이 의심할 여지 없이 상대화되었
다. 더욱이 사회민주당이 국민정당으로 발전하면서 노동자 문제를 위한
(여럿 중의 하나로서) 작업공동체(Arbeitsgemeinschaft)의 설립을 통해 노동
자의 관심사를 형식적 카테고리로 묶어두고자 시도하면서부터는 상대
화되지 않을 수 없었다. 그 결과는 경제발전의 위기 앞에서 항상 보수적
정치세력들과의 반복되는 협력 시도였다.

1980년대 이후 노동조합의 활동공간은 점점 좁아졌다. 이는 한편으
로 서독 경제의 구조와 관련되어 있는데, 기계 제작과 화학산업, 그리
고 특히 1990년 서독 노동자 7명 가운데 1명이 종사하는 자동차산업
등의 분야에 중심점이 맞추어져 있었기 때문이다. 언급한 산업의 핵심
분야들은 모두 높은 수출률을 보였다. 1989년 자동차산업의 수출률은
58.7퍼센트에 달했다. 세계시장에서의 경쟁과 동유럽 시장의 붕괴는 서
독의 경제적 거대기업들의 구조적 취약성을 예상된 규모를 넘어 가속
화했다. 여기에 서비스 부문에서의 노동구조 변화가 꼭 필요해졌지만,
통일 이후에야 제대로 시작됨으로써 네덜란드와 영국, 특히 스칸디나비

아 국가들보다 뒤처지게 되었다.

　이미 언급했듯이, 1980년대의 시작과 함께 실업률이 증가했고 합리화가 가속화되었다. 1984년 철강산업과 인쇄산업에서의 동시파업 — 파업뿐만 아니라 공장폐쇄까지 동반한 — 같은 노동갈등은 '독일 모델'이라는 사회적 평화의 종말을 상징했다. 노동조합 자신에 의한 공동경제의 운영 실패는 조합에 엄청난 경제적 부담을 가져왔다. 비록 자본주의에 순응적이기는 하지만 개인적 이익의 극대화라는 착취적 성격을 제한하는 요소들을 가졌던 원래의 의도가 실패한 것이다. 노동조합적 공동경제는 자본주의라는 바다의 '붉은 섬'을 상상하면서 그들의 수익 이외에 조합원 회비와 자산가치 등 셋을 기둥으로 삼아 노동조합의 재정 능력의 기반을 만들었다. 1986년 노동조합이 운영하는 공동경제 기업은 80억 마르크의 가치를 갖는 것으로 평가되었다. 코오프 소매업 콘체른(Einzelhandelskonzern co-op)은 1985년 분사되었고, 공동경제를 위한 은행은 1986년에, 보험회사인 '국민보험'(Volksfürsorge)은 1988년 각각 매각되었다. 1926년 창설되어 이제는 서유럽에서 가장 큰 주택과 도시 건설 콘체른이 된 '새로운 고향'(Neue Heimat)은 1980년대 초부터 1990년까지 47만 채의 주택을 지속적으로 팔았다. 이는 독일 전체 공공주택의 13퍼센트에 해당했다. 그럼에도 불구하고 노동조합은 50억 마르크의 손실을 입었고, 이는 지난 20세기 마지막 10년과 독일 통일을 위해서 좋은 출발은 아니었다.

　불안, 새로운 방향을 찾으려는 시도, 다시금 사회민주당과의 거리 두기, 녹색당과 여성운동에 대한 접근 시도 등이 노동조합의 상황을 그리 크게 변화시키지는 못했다. 하지만 가끔은 민주적 사회주의라는 장기목표를 갖는 공격적 대항세력이 형성되어 사회정책적 프로필의 혁신을 새롭게 펼치고자 하는 시도들이 생겨나기도 했다.

4. 사회복지국가 : 어제의 모델인가 미래의 모델인가

독일 사회복지국가(Sozialstaat)는 1960년대까지 비스마르크 시대에서부터 비롯된 권위주의·관료주의적 과거 때문에 특별히 빛을 발하지 못했다. 즉 그것은 1920년 이후 발전한 자본주의의 수리공장 같은 역할로 받아들여졌지만 사회적 자조(Selbsthilfe)를 대체하고자 하며, 국가가 조정하는 복지사업을 통해 개인들의 자주적 노력을 더 이상 필요 없게 만든다는 비판에 놓이게 된다. 비판의 대부분의 논점들은 노동조합과 가톨릭 사회교리의 대표자들 사이에서도 일치했다. 그렇기는 하지만 1960년대가 되면, 복지국가야말로 사회적 기본 합의가 이루어낸 믿을 만한 보장이라는 생각이 일반적으로 받아들여지면서 사회복지국가에 대한 상은 변화된다. 물론, 사회복지국가는 자본주의적 시장경제에 바탕을 둔 경제와 거기에 포함된 노동자가 겪을 위험 요소까지도 기본적으로 인정하는 것을 전제로 세워졌다. 하지만 사회복지국가는 경제적 연관성을 안정시켰고, 피고용자의 실질적인 경제적·사회적 안전에 대한 보장을 제공했다. 사회의 변혁이라는 노동운동의 예전 목표의 시각에서 보자면, 사회복지국가는 그런 면에서 진정한 대체물이기도 하다 ── 기업가와 고용자에게도 마찬가지로, 또한 사회민주당뿐만 아니라 기독교민주연합/기독교사회연합에게도 마찬가지로 그렇다.

독일연방공화국(서독)은 그래서 "사회보장 원칙에 기초한 '보수적 사회복지국가'의 모범적 예"가 되었다(Christoph Egle, 182쪽). 이런 틀 안에서 독일 사회복지국가의 보수적 구조는 '신분을 유지'하며 '분배에 저항'하도록 작용했다. 그러나 노동조합은 점차 이를 근본적으로 막아보고자 시도했는데, 그것은 노동조합이 고용주와 함께 사회복지국가를 이끌어가는 사회보장 체제를 관리했기 때문이었다. 그럼에도 불구하고 이미 1970년대 말이 되면 사회복지국가의 한계가 운위되며, 그것을 개조하자는 목소리도 높아진다. 다시금 거의 모든 방향으로부터 비난이 쇄

도했다. 사람들은 '경제적 입지가 굳건한 독일'(wirtschaftlicher Standorts Deutschlands)이라는 위상이 위협받고 있으며, 국제시장으로의 진출의 방해, 연금 지급의 불확실, 과한 혹은 부족한 사회복지 보장 내용, 의료체제의 정글 같은 복잡함 등에 대해 지적했다. 사회복지국가는 — 일반적 비판에 따르면 — 변화된 시대에 꼭 필요한 것들이라는 측면에서 뒤처져 있다는 것이었다. 그런데도 이런 변화된 시대에 적응하고 계속 발전시키는 대신, 어떤 대가를 치르더라도 자신의 보수적 구조를 보존하고자 한다는 것이다.

사회복지국가에 대한 가중되는 비판으로부터 벗어날 수 있는 가장 가까운 출구(Einfallstor)는 실업의 엄청난 증가 혹은 거의 다 이룬 것 같았던 완전고용 체제의 극적인 분해였다. 1993년의 경기후퇴 이후 실업은 독일에서 가장 중요한 정치 문제가 되었다. 실업률은 1990년과 1997년 사이 5퍼센트에서 10퍼센트로 두 배가 되었다. 1998년에는 실업자가 4백만 명, 그리고 '잠재적 실업 후보군'(stille Reserve), 즉 일자리를 갖기는 했으나 노동청에 신고되지 않은 이들이 약 2백만 명에 달하게 된다(2005년에는 처음으로 실업자 수가 5백만 명의 경계를 넘는다). 실업은 주로 전문 능력이 부족한 사람, 나이 든 노동자, 여성 등에서 현저하게 나타났다. 장기 실업률은 50퍼센트에 달했다. 실업률이 높은 요인으로는 — 여기서 임의로 선택한 연도인 1998년에는 단지 프랑스만이 독일보다 높았다 — 다음과 같은 것들이 지적되었다. 너무 높은 노동비용, 독일 통일의 '충격', 노동력과 비용이 많이 들고 서비스 인력을 필요로 하는 일자리를 창출하지 않으려는 경향, 노동시장에 대한 너무 강한 규제 같은 것들이 지적된 것이다.

도저히 개혁하기 어려운 '보수적' 독일 사회복지국가의 종말은 이미 선포되었다. 이에 대응하여 다른 모든 논의들을 무력화하는 하나의 근본적인 반론이 있었다. 그것은 만일 모든 사회세력들이 사회복지국가를 경제와 사회의 인간적 유지를 위한 필수불가결한 전제로 여긴다면, 그리고 동시에 개인적인 자유권이 단지 사회 안에서만 행사되며 절대로 자의적으로 행사될 수 없다는 것이 확고하게 성립된다면, 모든 시민들은 자유롭고 스스로의 판단에 따라 행동하게 될 것임에 틀림없다는 것이다. 이를 보장하는 것이 사회복지국가이다. 누군가 이렇게 여긴다면 사회복지국가에 대한 철폐는 이야기할 수도 없고, 사회복지국가의 변화에 대해서도 조심스럽게 이야기해야 하며, 그것의 축소에 대해서도 마찬가지이다. 더욱 높은 수준의 사회복지국가가 필요해질 테지만 동시에 상당히 달라져야 한다. 계속해서 세금으로 재정을 감당하고, 최고의 교육 기회를 보장하고, 재산과 수입에서의 빈부격차를 줄이고, 사회가 노동을 원하는 모든 이에게 노동의 권리를 보장하며, 동시에 각각의 개별적 가능성을 발현시켜줘야 한다. 동시에 사회복지국가는 '공공자산'을 누가 준비하고 이에 대한 접근권을 누가 쥐게 될 것인지에 대해 예민해져야 한다. 복지국가가 제대로 기능하기 위해서는 서로 다른 이해들이 함께 소통할 수 있도록 유지하고 연결하며 서로 책임지는 노력들이 필요하다. ─ 이것을 연대의식이라 부를 수 있으며, 이를 통해 과거의 노동운동이 가졌던 가치 지평과의 연결점도 되찾을 수 있을 것이다. 과거를 돌아보는 시각을 유지한 채 미래를 향하여.

| 참고 문헌 |

Brunner, Detlev: *Sozialdemokraten im DGB,* Essen 2000.
Borsdorf, Ulrich: *Hans Böckler. Bd. 1: Erfahrungen eines Gewerkschafters 1875-1945,* Essen 2005.
Egle, Christoph: *Sozialdemokratische Regierungspolitik: Länderanalysen/Deutschland,* in: Merkel, Wolfgang u. a.: *Die Reformfähigkeit der Sozialdemokratie. Herausforderungen und Bilanz der Regierungspolitik in Westeuropa,* Wiesbaden

2006.

Hemmer, Hans-Otto/Schmitz, Kurt Thomas (Hg.): *Geschichte der Gewerkschaften in der Bundesrepublik Deutschland. Von den Anfängen bis heute*, Köln 1990.

Lauschke, Karl: *Hans Böckler. Bd. 2: Gewerkschaftlicher Neubeginn 1945-1951*, Essen 2005.

_____: *Die Gewerkschaftselite der Nachkriegszeit: Prägung-Funktion-Leitbilder* (Mitteilungsblatt des Instituts für soziale Bewegung Nr. 35), 2006.

Prantl, Heribert: *Kein schöner Land. Die Zerstörung der sozialen Gerechtigkeit*, München 2005.

Schroeder, Wolfgang/Wessels, Bernhard (Hg.): *Die Gewerkschaften in Politik und Gesellschaft der Bundesrepublik Deutschland. Ein Handbuch*, Wiesbaden 2003.

Stadtland, Helke: *Herrschaft nach Plan und Macht der Gewohnheit. Sozialgeschichte der Gewerkschaften in der SBZ/DDR 1945-1953*, Essen 2001.

제10장

노동: 산업사회와 탈산업사회 구조에서의 의미

수년 전부터 보훔 철강산업에서 수많은 일자리가 사라졌다. …… 17,581개의 일자리가 사라진 것이다. 앞으로도 1,363개의 일자리와 견습공 자리가 보훔에서 사라지게 된다. 보훔 철강산업에 있는 철강 콘체른의 계획에 따라 일자리가 사라질 우리 노동자, 사무직 노동자, 직업교육생! 이에 따라 광산, 상업, 가공, 배달산업에서 고용된 일자리 또한 위협받고 있는 우리들. 보훔에서 매상의 격감으로 경제적 실존이 걱정되는 상공업자와 개별 상인들. 우리 보훔의 시민들은 고향의 궁핍화를 우려할 수밖에 없다. 우리는 다음과 같이 요구한다. 실업 대신 일자리를. 고용계획과 대체 일자리를. 실업을 지원할 것이 아니라 노동을 지원해야 한다.

- 보훔 금속노조 제1대표 루드거 힌제의 성명서, 「보훔은 철강산지(産地)로 남아야 한다」, 1987년 6월, 보훔 집회

충분하고도 보장된 소득에 대한 권리가 더 이상 지속적이고 고정된 일자리에 달려 있어서는 안 되며, 영향력을 발휘하거나, 일하거나, 다른 사람의 인정을 받고자 하는 욕구가 더 이상 돈으로 계산되는 낯선 노동의 형식을 띠어서는 안 된다. 이런 것들은 그와 반대로 사회생활과 각자의 생활 속에서 점점 더 작은 존재가치를 갖게 될 것이다. 일상생활에서 급여와 수익성이 필수적 조건이 되거나 나아가 목표가 되지 않고, 다양한 활동을 통해 서로의 부족한 것을 갚거나 교환할 수 있다. 말하자면 어느 개인이나 모든 이들의 삶의 의미는 자본이 아니라 사회적 친밀성과 협동적 관계 같은 활동들을 통해 그 가치가 인정되거나 나타나게 될 것이다.

- 앙드레 고르, 『곤궁과 유토피아 사이의 노동』, 프랑크푸르트, 2000, 102쪽 이하

1. 1950년대 이후 서독의 구조변화와 공장노동

살아가기 위해 자연과 씨름하면서 물건, 사물, 도구들을 자체적으로 만들어내야만 하고 만들어낼 수 있는 것이 인간의 본성이다. 유럽의 사회문화적 발전에서 사람들은 이것을 '노동'이라 불렀다. 즉 노동은 인간의 존재를 구성하는 일부인데, 왜냐하면 노동이 인간에게 가치 있는 삶의 가능성을 부여하기 때문이다. '노동'은 하나의 역사적 카테고리로서 지속된 변화 안에서 이해되어왔고, 또 그래야만 이해될 수 있다.

1950년 이후 서독에서의 '노동'의 변모는 그 결과를 놓고 보면 분명하지만, 이에 대해 분석적으로 정확한 상을 얻기에는 변화를 구성하는 개별적 요소들이 너무 복잡하다. 나아가 변모가 몰아닥친 개별 활동 영역들에 대해서는 거의 연구되지 않았다. 그래서 21세기 '노동'변화의 의미를 설득력 있게 설명하기 위해 여기서는 대표적인, 단지 몇 개의 커다란 윤곽만 언급할 것이다. 그 시작에 있어 제기되는 질문은 매우 단순하게 들린다. 예를 들면, 도대체 어떻게 "황금기였던 1950년대"(디트마르 페치나Dietmar Petzina) 이후, 독일 산업경제의 핵심지역인 루르가 1980년대에 실업률 15~17퍼센트라는 1929년 이후 가장 심각한 위기에 빠지게 된 것인가? 이 위기는 먼저 1950년대 말 광산에서 시작되었다. 당시 싼값의 외국 석탄이 시장에 들어왔고, 루르 석탄은 경쟁력을 상실했다. 광산의 광구 종사자 가운데 1960년에 40만 명이 채광 노동자였다면, 1980년에는 단지 14만 2천 명에 불과했다. 루르 광산업의 쇠락이

루르 지역 광산과 철강업의 산업시설 자리에 구조개혁 이후에는 낯설고 새로운 이용 시설들이 들어섰다. 그 한 예가 에센에서 작동을 중단한 코크스 제조공장 '졸페라인' (Zollverein)이다.

시작되고 15년 후, 즉 1970년대 중반 강철산업의 위기가 뒤따랐다. 루르 지역을 상대적으로 균질적 노동자층으로 채색했던 남성, 즉 (극단적으로 낮은 여성 비율의) 비숙련 '집단 노동자'(Massenarbeiter)는 '사라졌다'.

예를 들면 보훔은 많은 광산지역들이 모여 만든 공업도시로서, 그 이미지는 거대한 탄광과 제철공장, 그리고 그곳에서 일하는 수많은 남성 노동자를 통해 각인되었다. 갱도시설 수는 몇 년 만에 13개에서 5개로 줄어들었고, 광산 노동자 수는 4만 3천 명에서 2만 명으로 줄었다. 어떤 광산은 단 '하룻밤 사이에' 사라져버렸고, 또 다른 곳은 종사자의 절반을 잘라내는 극적인 감원 대책으로 수명을 연장했지만, 결국은 문을 닫고 말았다. 그렇다면 매일 자신들의 목숨까지 걸어야 했던 그 특별한 노동의 종사자들은 모두 어디로 사라졌는가? 그들은 일단 동일하거나 비슷한 일자리가 있는 근처 공업도시의 광산을 찾았고, 수십 년간의 육체적 부담으로 인해 조기정년에 들어가거나 광부자조조합(Knappschaft)으로부터 특별연금을 받았다. 그들은 광산 숙소 뒤에 있는 작은 정원에서 진폐증이 그들의 삶의 끝을 장식할 때까지 햇볕을 쬐며 낡고 삐걱거리는 의자에 앉아 있었다. 사회적 위기는 없었으며, 새롭게 세워진 오펠(Opel) 자동차공장에 일자리를 구하러 가는 광산 인부들은 그리 많지 않았다. 새로 설립된 루르 대학에서 서비스직을 찾아 취직하는 이들도 있었다. 시가 오펠과 대학을 계기로 새로운 얼굴을 획득한 반면, 오늘날 광산박물관이나 과거 연금보험과 건강보험을 이끌었던 연방광부자조조합 건물만이 그저 과거에 광산지역이었음을 상기시킨다. 또한 과거 그렇게 막강했던 광산 및 에너지 노동조합의 나머지는 화학 노동조합과의 합병으로 이제는 하노버에 가서나 찾을 수 있다.

또한 다른 광산지역에서의 경제적 변동 역시 다른 형태라 하더라도 비슷한 결과를 초래했는데, 예를 들면 바이에른 주 오버팔츠(Oberpfalz) 광산지역이 그랬다. 바커스도르프(Wackersdorf)와 슈반도르프(Schwandorf)에는 서독에서 두 번째로 큰 규모의 노천 갈탄 채굴광이 있었다. 노천 채굴은 갱도 채굴보다 육체적으로 덜 힘들고 쉽게 숙련될 수 있다. 종사자 1,400명의 바이에른 갈탄공업주식회사(BBI)는 국영기업으로서, 1950년대 굴착기와 벨트 장치뿐만 아니라 수송 — 디젤기관차를 통한 증기기관차의 대체 — 등 성공적 기술개혁을 위해 노력했다. 또한 이와 함께 보수와 수리를 전문으로 하는 새로운 전문 노동자 카테고리가 생겨났다. 즉 사람들은 적절한 시기에 석탄을 통한 전기생산(Kohleverstromung)으로 갈아탈 수 있었다. 난방연료와 석유가 시장에 유입되면서, 그리고 잉골슈타트(Ingolstadt)에 거대한 정유공장이 생기면서 오버팔츠 광산은 더 이상 경쟁력을 유지할 수 없었고 문을 닫아야 했다. 그나마 '목탄화'(Auskohlung) 작업은 1980년대까지 유지될 수 있었다. 오버팔츠처럼 오버바이에른의 펜츠베르크(Penzberg) 유연탄 광산지역도 문을 닫는다. 1960년대 말에 이미 슈바벤(Schwaben)과 오버프랑켄(Oberfranken)의 직물산업은 끝이 났고, 수천 명의 종사자들이 '해고'되었다. 하이드호프(Haidhof)와 슐츠바흐-로젠베르크(Sulzbach-Rosenberg)의 막시밀리안 제련소(Maximilians-Hütte)는 그래도 1980년대가 되어서야 다른 여러 거대 철강기업들과 같은 일들을 겪는다. 이 회사는 원래 플리크 콘체른(Flickkonzern)에 속했던 용광로 기업체로서, 압연공장을 가지고 있었고 지역 청동광산도 부분적으로 소유하고 있었다. 파산은 1987년 4월에 일어났다. 19세기 이후 발전해온 지역이 탈산업화되었다고 할 수 있다. 대체 일자리는 만들어지지 않았다. 1950년 말 바이에른 갈탄공업주식회사와 막시밀리안 제련소에서는 1만 명의 노동자가 일하면서 그 자신과 가족을 합쳐 총 6만 명을 먹여 살리고 있었다. 그들은 '바이에른 주'의 현대화에 크게 기여했다. 이제 "제 몫을 다했으니, 더 이상 필요치 않게 되었고 사라져줘 고맙다"*라고 할 수 있게 된 것이다.

---

* "Der Mohr hat seine Schuldigkeit getan, und kann gehen." 프리드리히 실러의 「게누아의 피에스코의 반란」이라는 드라마에서 연유된 속담이다.

하지만 한 지역의 사회적·정치적·경제적 변화과정을 가까이서 세밀히 관찰한다면(Dietmar Süss), 그보다 더 많은 것들이 상실되었음을 확인할 수 있다. 공동결정제라는 것도 거시적 시각에서 보면 결코 성공적 모델이라 할 수 없다. 오버팔츠 탄광산업이 이를 대단히 잘 보여준다. 공동결정제는 경영평의회, 노동조합, 기업 경영진 간의 서로 다른 이해관계를 융합하는 울타리 역할을 한다. 그것은 권위적인 표본에서 벗어난 새로운 공장 내 결합(Werkverbundenheit)을 생성했다. 즉 확대된 자기책임(Eigenverantwortung)은 '계급 특유의 노동윤리'(klassenspezifische Arbeitsethos)에 영향을 끼쳤고, 일종의 집단적 자기수련 및 서로 간의 전문화와 경력을 지원했다. 노동 방식상의 변화는 자기책임 및 승진 가능성의 증대와 함께 하나의 새로운 전문 노동자 유형을 발생시켰다. 완전히 자동화된 압연 롤러들 속에서 노동자가 "마치 선교(船橋) 위의 선원처럼" 조종판 위에 서 있는다(카를 라우쉬케Karl Lauschke가 도르트문트의 현대적 제철소인 회쉬Hoesch 공장에 대해 적절하게 보고했듯이). 종국에는 젊은 노동자층 가운데 상당수가 대단히 외골수적 사고를 갖고 정치화되는 경향을 만들어냈다. 1968년 오버팔츠의 강철 노동자들은 전혀 체제변화를 원하지 않았고, 전통적 의미에서의 계급투쟁 또한 원하지 않았다. 그러나 그들은 반항 기질이 있었고, 반항할 준비가 되어 있었으며, 오래된 질서규범에 의문을 제기했고, 새로운 자신들의 욕구를 새로운 규범에 맞추고자 했다. 아마도 독일 광산업이 몰락하기 바로 직전에 하나의 새로운 '프롤레타리아 정서공동체'가 생성된 것인데, 이는 예전과는 완전히 다르지만 여전히 노동공동체로 간주될 수 있었다. 단지 보다 계몽되고, 보다 고집스러우며 더 주체적이었다고 표현할 수 있을 것이다.

루르 지역에서는 1970년대 중반 철강 위기가 시작되어 1983~87년 정점에 이른다. 위기는 여기서도 마찬가지로 유럽광산연합(Montanunion)의 틀 안에서의 초과투자, 초과생산, 매출감소로 시작되었다. 그러나 루르 지역의 시계는 어쩐지 다르게 갔다. 지역의 인프라가 사회민주주의 지방정부에 의해 확실하게 지원되면서 월등히 개선되었다. 사회적 인프라의 부족, 특히 공중보건과 교육 지원의 부족이 몇몇 대학의 설립뿐만 아니라 다음 세대를 위한 교육 대책과 직업교육 대책의 개선으로 해결되었다. 자본과 노동의 강화된 동원이 주목을 받았고, 기술적으로 고도로 무장한 중소기업들의 새로운 창업이 지원을 받았다. 목표는 과거의 석탄-철강 지역을 국제적으로 경쟁력 있는 기술 입지 지역으로 만드는 것이었다. 이는 그저 부분적으로만 성공했다. 그럼에도 주민의 다변화(Ausdifferenzierung)라는 효과를 가져왔고, 루르 지역의 사회구조는 다른 탈산업화된 인구 밀집지역과 비슷해졌다. 하지만 문제점은 곧 드러났다. 대규모 구조변화는 "사회민주당의 철옹성과도 같은 단독통치 시대와 이를 통해 각인되었던 정치 모델의 종말"(Stefen Goch, 245쪽)을 예고했다. 그것은 사회민주당에 의해 대변된 바닥 정서로서, 이미 구시대적 모델이었던 것이다.

독일 노동운동에 대한 역사서술은 광범위하고 정확한 해석틀을 통해 근대적인 '아래로부터의 노동자의 역사'를 보다 풍부하게 전할 수 있다. 그것은 점묘화같이 혼란스러운 것이 아니라 공장, 지부(Branche), 지역 노동시장, 정치구조적 행동 영역, 공장 밖의 삶의 세계 등을 하나의 전체로 엮는 미시분석적 진술이다. 그렇게 되면 우리는 짧지만 혁신적 단계였던 지난 몇 년간의 독일 산업세계 내 노동자적 존재(Arbeiterdasein)에 대한 우리의 의미분석에 보다 확신을 가질 수 있을 것이다.

2. 미래가 없는 미래의 노동?

이 '더 많은 지식'이 요구되는 질문에 답을 기대하기는 어렵겠지만, 이를 찾고자 인간적 실존의 기본 전제로서 '노동'의 — 단지 세속적·

물질적 의미에서뿐만 아니라 포괄적이고 실존적인 의미에서 — 미래의 의미에 대해 질문을 제기할 수 있다. 1950년대부터 미래 문제에 대한 논의가 시작되었지만, 세기말까지도 (그리고 이를 넘어서) 여전히 결론을 내지 못하고 있다. 우리가 예상하듯이, 노동사회에서 노동이 사라진다면 어떤 일이 일어날 것인가, 또는 일어나야만 하는가라는 질문이 그것이다. 한나 아렌트(Hannah Arendt)는 거의 최초로 이 옛 주제를 새롭게 끄집어냈을 것이다. 그녀는 (이미 1958년 자신의 책 『실천적 삶』*Vita activa*에서) 총체적 소비사회가 온다고 보았다. 그것은 인류학적으로 인간이 기본적으로 그렇게 되어 있기 때문이라는 것이다. 그녀는 이런 미래 예측을 인간의 전 지구적 몰락의 전망과 연결했다. 또 다른 저자들은 그녀의 생각을 응용해 노동과 삶의 의미에 대한 질문이 가치변화와 지향성의 위기 때문에 서로 분리되어야만 한다고까지 예상했다. 그러나 사람이 더 이상 일할 수 없게 되면, 또 설령 더 이상 원하지도 않게 된다면 무엇으로 살아야 하는가? 노동에 대한 인간의 적극적 참여가 점점 불필요해지는, 기술적으로 조직화된 노동생산성의 역동성 앞에서 수많은 상상력 넘치는 제안들이 있어왔고 또 있다. 예를 들면 더 짧은 노동시간, 불만족스러운 인간의 짜투리 노동(Rest-Arbeit)을 위한 높은 지불, 현존하는 노동의 유연한 분배와 만족스러운 자기 일동(Eigenarbeit)을 위한 시간의 획득 같은 것들을 들 수 있다.

이 모든 것들은 마르크스의 '두 왕국' 유토피아(Zwei-Reiche-Utopie)에 대한 인정을 넘어서는 것들이다. '두 왕국'이란 '필연성이라는 왕국'과 '자유라는 진정한 왕국'인데, 하지만 그 모든 것들은 오직 필연성의 왕국을 기반으로 했을 때에만 꽃을 피울 수 있다. 마르크스는 산업화된 세계의 시각에서 짧고 단호히 결론을 맺는다. "노동 일수의 축소는 기본조건이다"(『자본』 제3권). 1960년대 말, 출간과 함께 유럽 좌파들에게 '프롤레타리아로부터의 작별'을 준비시키고, 이를 인간적 삶을 위한 의미 부여라는 전통적 노동사회가 제시했던 목표와의 결별과 연결시킨 사람은 앙드레 고르(André Gorz)였다. 고르의 이론에도 또한 마르크스의 '두 왕국'이 이바지했다. 즉 폐기할 수 없는(왜냐하면 그것이 인간이라는 종의 본질에 필연적으로 속하는 것이기 때문에) 필연성의 왕국은 자동화와 소형화 과정(Mikroprozessoren)을 이용해 점점 더 작게 유지될 수 있지만 사라지지는 않는다. 그리고 자기 일과 협동, 자조 등으로 무장한 자유의 왕국은 점점 더 커진다. 그리하여 일하는 인간은 (작은) 필연성의 왕국과 (큰) 자유의 왕국 사이를 생산적으로 이리저리 뛰어다닐 것이다(뛰어다니려 할 것인가?).

고르는 직업 활동을 하지 않는 사람을 위한 사회구제(Sozialhilfe) 개념에서 벗어나고자 했으며, 또한 완전고용이라는 허상으로부터의 탈출구로 보편적 기본소득 개념을 생각하는 것에도 반대했다. 그는 모든 사람이 보다 적은 노동으로 자신의 생계를 꾸려가고, 이를 통해 시민의 지위에 대한 권리를 주장하며, 사적 혹은 미시적 사회 영역이나 공공 영역에서 '두 번째 삶'을 살 수 있는, 그런 사회를 구상했다 ─ "이런 비전은 일하는 사람뿐만 아니라 실업자, 새로운 사회운동들과 노동운동 등이 모두 공동의 투쟁 안에서 하나로 결합하는 것을 가능하게 한다"(『경제적 이성 비판』, 1989).

『아름답고 새로운 노동세계』(*Schöne neue Arbeitswelt*, 1999)는 울리히 벡(Ulrich Beck)의 저서이다. 그 안에서 그는 고르의 사고를 연장해 다음과 같은 우려를 전개한다. 즉 자유로운 시장의 신자유주의적 유토피아는 서구를 '브라질화'(Brasilianisierung)●로 몰아갈 것이다. 점점 더 많은 사람들이 자신의 사회적 안전을 상실할 것이며, 겉으로는 자립적으로 보일 것이고, 여러 직업을 오가거나 불법노동을 하며 ─ 노동조합은 점

● 벡이 1990년대 말 창안해낸 용어로, 전(全) 지구화와 신자유주의적 시장경제의 영향으로 서구의 탈산업사회가 점차 불평등과 불안정 일자리로 채워지는 사회를 향해갈 것이며, 궁극적으로 이러한 현상들이 유럽을 제3세계의 발전도상국과 유사한 상태로 만들어갈 것이라는 의미를 담고 있다.

점 더 무의미해질 것이다. 벡은 사회적 안전의 상실을 '정치적 시민사회' 안으로 끌어들여와야 할 '사회적 창조성의 발현'으로 바꿔 생각하려 했다. 이는 전통적 노동사회 혹은 직업사회(Erwerbsgesellschaft)의 의미를 '이해당사자 사회'라는 개념 속에서 달리 생각할 것을 요구한다. '이해당사자 사회' 안에는 정상노동뿐만 아니라 가정에서의 비정형적 노동, 자가노동, 협회 일이나 사회사업 같은 것들이 포함된다. '시민급여'(Bürgergeld)를 통한 지불이 실업자 지원금이나 사회구제 대신 등장할 것이다. 요하노 슈트라서 역시 — 벡이나 다른 사람들처럼 — 점점 더 적은 생계노동이 주어질 것이고, 이것이 모든 사람에게 충분할 만큼은 아닐 것이어서, 어찌됐든 직업을 거의 모두가 갖게 되지는 못할 것이라는 입장이다.(Johano Strasser, 『노동사회에서 노동이 사라진다면』*Wenn der Arbeitsgesellschaft die Arbeit ausgeht*, 1999) 벡의 생각을 변형한 그의 모델은 고전적 생계노동과 자유로운 노동 간의 교환과 재교환 가능성이 생겨날 것을 예상했다.

이 모든 것이 공상적으로 들리며, 사실 또한 그렇다. 그럼에도 "인간이 살아가기 위해 얼마나 많은 노동이 필요한가?"라는 근본적인 문제제기에 대해 의미 있는 대답을 찾기 위한 열정적인 노력들에 기여했다. 이 문제제기는 전적으로 겉으로 드러나지 않는 물질적인 의미에서뿐만 아니라 인간의 인류학적 의미에서의 생존 능력의 핵심에 속한다. 이미 언급한 대로, 아렌트는 노동의 종말에 대한 자신의 결론을 전 세계적이고 총체적인 소비사회의 최종적 붕괴라는 보편적 몰락의 관점과 연결했다. 이를 막고자 하는 사람은 인간의 생계노동이 산업지배 자본주의가 사라져버릴 정도로 그 독점적 특성을 상실했음을 인정해야 한다. 한때는 자본주의가 인간의 생계노동을 자신의 존재 기반으로 '발명'해내기도 했었지만(마르크스가 『자본』에서 언급했듯이, 봉건제에서 상업자본주의적 생산관계로의 이행에서 그러했다).

그러나 여전히 생계노동과 그것에 참여하는 것은 인간의 삶에서 무시할 수 없는 중요한 위치를 갖는다. 그것은 인간의 자기발견과 자기결정 방식에 속하며, 인간이 자본주의 경제구조의 맥락 안에서 '활동함'으로써 '스스로를 창조해냄'(sich selbst schaffen)을 선포하는 것이다. 또한 이는 점점 더 전 지구적 의미를 갖는다. 아마도 이로부터 인간이 존재하는 한 노동도 존재할 것이라는 결론을 이끌어낼 수 있을 것이다. 노동사회의 종말에 대한 끝도 없는 논쟁이 지나가면 이런 고민들을 통해 아마도 ─ 인간을 성과도 없이 이리저리 교육하려는 의도 없이도 ─ 노동을 지금까지와는 달리 새롭게 생각할 수 있는 기회가 있을 것이다.

고전적 생계노동과 달리, 새로운 노동 형식들이 자꾸 반복해 논거로서 끌어들여진 것처럼, 이 새로운 노동 형식들을 아무런 의미가 없다고 밀쳐낼 수는 분명 없다. 그러나 새로운 종류의 노동사회에 대한 정의(定義)를 위한 공간을 마련할 수는 있다. 그럼으로써 사람들은 먼저 무엇이 노동이 될 수 없는가만을 알 뿐이다. 노동은 더 이상 갖는(hat) 것이 아니라 하는(tut) 것이다. '정상적 노동관계'는 줄어들고 파견노동(Leiharbeit)과 시간노동, 기간제 프로젝트에 기반한 계약들이 급격히 증가하며, 생산의 탈시간화와 탈공간화가 늘고, 성과급 계약들과 그에 동반된 불안정한 보상 또한 점점 더 일상적이 되고, 몫에 따라 할당되는 노동계약에 대한 지속적인 협상이 있고, 노동조직은 늘 그물망 모양으로 구성된다 ……. 이처럼 아직 정리되지 못하고 부분적으로는 윤곽만 묘사되는 새로운 노동세계를 위해 포기할 수 없는 전제는 교육과 직업심화교육(Weiterbildung)이다. 이를 통해 자기중심적 행동(Egotrip)과 개인화, 그리고 탈연대에서 벗어나 대안을 향한 지향의 모범이 만들어질 수 있으며, 다른 가치 척도가 드러날 수 있다는 예시들이 있다. 예를 들면, 성실성(Zuverlässigkeit)과 질서, 노력 등과 같이 오래되어 색이 바랬다고 믿어졌던 부수적 미덕들이 그런 다른 가치 척도들이다. 다른 한편으로 노동의 새로운 구성이라는 테두리 안에서 지위상의 한계와 신분적 한계, 출생적 한계 등이 세계 도처에서 교육과 심화교육을 통해 극복

될 수 있다. 아마도 그렇게 된다면 이 새로운 노동세계 안에서 노동과 삶이 더 이상 모순적인 것으로 경험되지는 않을 것이다.

그렇지만 이 다른 '아름답고 새로운 노동세계'가 전 지구적 현실에서 유토피아의 일부로 제시될 수 있기 전에, 그 반대 방향으로 작용할 두려움들 또한 분명히 해야 한다. 즉 새로운 '대체 프롤레타리아'가 생겨날 수 있거나 이미 만들어지는 중일 수도 있다. 진짜 실업자 외에도 그때그때 바뀐 일의 형태가 늘 마지막 일감일 수 있는 불안정한 노동자들이 있으며, 비자발적 자영업자, 거의 추방된 것이나 마찬가지인 상태의 사람들의 증가, 기간이 정해진 열악한 임금의 직업 등이 여전히 있다. 이런 방식으로 새로운 계급사회가 생성 중이며, 그런 사회는 고도로 전문화되고 고도의 기술을 가지며 높은 임금을 받는 소수의 '새로운 노동자'와 완전히 추방된 사람들을 기반으로 하는 열악한 직업을 소유한 사람들로 분열되어 있다. 그러나 이런 새로운 시나리오 속에서 계급분열은 기회를 받아들이는 것과 좌초 가능성 사이의 빠른 변화를 통해 더욱 가속화되는 자장 속에 놓이게 된다. 여기에 더해 '노동'을 전 지구적으로 생각하자면 여전히 대다수의 '옛' 노동이 있는데, 즉 선진국의 노동자로 하여금 그런 노동을 면하게 해주는, '제3세계'에서의 '보이지 않는' 잔인한 육체노동이 있다.

지금까지 조망해본 것과 같이, 새로운 노동조건 아래에서 사회적 노동재산의 새로운 형성을 어떤 모델로 나타낼 수 있을 것이며, 미래를 확신하기 위해 행동을 이끌 수 있는 사고들을 어떻게 묶을 수 있을지에 대한 구체적 고민들이 이제부터 시작되었다. 이 프로젝트가 그들의 모델로 수용되기 위해서는 옛 노동운동에서부터 생성된 모든 조직들에 자극이 되어야만 한다. 그렇게 된다면 그것은 21세기의 새롭고 다른 노동운동의 시작이 될 것이다.

| 참고 문헌 |

Beck, Ulrich: *Schöne neue Arbeitswelt. Vision: Weltbürgergesellschaft*, Frankfurt a. M.
1999.

_____ (Hg.): *Die Zukunft von Arbeit und Demokratie*, Frankfurt a. M. 2000.

Ehmer, Josef/Grebing, Helga/Gutschner, Peter (Hg.): *"Arbeit": Geschichte-
Gegenwart-Zukunft*, Leipzig 2002. (Hier auch weitere Literatur sowie Hinweise
auf die einschlägigen Veröffentlichungen der Autorin.)

Goch, Stefan: *Eine Region im Kampf mit dem Strukturwandel. Bewältigung von
Strukturwandel und Strukturpolitik im Ruhrgebiet*, Essen 2002.

Gorz, André: *Kritik der ökonomischen Vernunft. Sinnfragen am Ende der
Arbeitsgesellschaft*, Hamburg 2. Aufl. 1998.

_____ : *Arbeit zwischen Misere und Utopie*, Frankfurt a. M. 2000.

Lauschke, Karl: *Die Hoesch-Arbeiter und ihr Werk. Sozialgeschichte der Dortmunder
Westfalenhütte während der Jahre des Wiederaufbaus 1945-1966*, Essen 2000.

Negt, Oskar: *Arbeit und menschliche Würde*, Göttingen 2001.

Petzina, Dietmar: *Wirtschaft und Arbeit im Ruhrgebiet 1945 bis 1985, in: Das
Ruhrgebiet im Industriezeitalter* (Geschichte und Entwicklung, Bd. 1), Düsseldorf
1990.

Petzina, Dietmar: *Zwischen Zusammenbruch und Krise. Wirtschaftliche Entwicklung,
Wiederaufbau und sozialer Wandel in Bochum nach dem Zweiten Weltkrieg*, in:
Westfälische Forschungen Bd. 41, 1991, S. 106-24.

Süss, Dietmar: *Kumpel und Genossen. Arbeiterschaft, Betrieb und Sozialdemokratie in
der bayerischen Montanindustrie 1945 bis 1976*, München 2003.

Vester, Michael u. a.: *Soziale Milieus im gesellschaftlichen Strukturwandel. Zwischen
Integration und Ausgrenzung*, Frankfurt a. M. 2001 (1. Aufl. Köln 1993).

제11장

'길었던' 1990년대

친애하는 동지 여러분, 모두가 보는 앞에서 40년 넘는 독일사회주의통일당 지배의 붕괴가 — 수많은 오판, 거짓, 시민에 대한 멸시(Missachtung) 등을 남긴 채 — 진행되고 있습니다. 우리가 어떤 근본적인, 진실로 혁명적인 변혁을 유럽에서 진행시키고 있는가에 대해 충분히 인식할 때에만 비로소 우리는 바른 지향점을 갖게 될 것입니다. 1989년 한 해는 1789년과 같이 유럽의 역사에서 위대한 한 해로 기억될 것입니다. (박수) 그리고 다음과 같이 이야기할 수 있어 좋습니다. 독일인이 함께했다. — 결코 마지막도 아니고, 적은 비중도 아니었습니다. (박수) 그러나 유럽이 실제의 대상이며, 독일은 중요한, 제 생각으로는 대단히 중요한 하위 주제입니다. 국민들은 그럴 권리도 없고, 이를 통해 더 현명해지지도 않은 채 이런저런 지시만 하는 지도자를 지겨워합니다. 그들은 언론의 자유, 법의 확보, 시민의 권리 등을 체계적으로 짓밟아버렸습니다. 그들은 경제 문제에 완전 실패했고, 자신들은 충분히 벌어들이지만 다른 많은 이들은 생계를 위해 정신적·육체적 노동에 뛰어들어야 했습니다.

지금 세계의 인민들이 만들어가고 있는 것은 우리 오래된 대륙에 새로운 의미를 가져다줍니다. 미국은 여전히 중요하며, 동아시아도 점점 더 중요해지고 있는 가운데, 유럽이라고 밑으로 가라앉고 있지는 않습니다. 연초에 나는 미국에서 다른 소리를 들었습니다. 제가 다시 한 번 반복합니다. 유럽은 가라앉지 않습니다. 유럽의 몫이 함께 성장하는 것이 역사적 논리에 맞습니다. 지금을 넘어서서 함께, 그리고 보다 책임감을 갖게 된다면, 미래는 더 잘 보장될 것입니다. 또한 사람들도 이를 느끼고 있습니다. 우리가 조금 전까지도 기다려야 했던 독일 통일이 이제 가까이 다가왔다는 것이 — 그것이 어떤 형태가 되든 간에 — 확실해지고 있습니다. 밑으로부터 통일이 자라나고 있으며, 또한 계속 성장할 것입니다. ……

또한 예전처럼 과거로 돌아가는 일은 없을 겁니다. 한데 속해 있는 것은 함께 성장하도록 우리는 도울 수 있습니다. 비록 모든 것들이 다음 주 저녁 6시에 전부 일어나지는 않는다 하더라도 말입니다. 우리와 다른 체제로의 통일은 있지 않을 것입니다. (박수) '제국'(Reich)으로의 복귀 또한 없을 것입니다. (박수) '제국'으로의 복귀는 1950년대에나 있었던 '자기기만'(Lebenslüge)과 마찬가지이며, 나 자신도 거기에 참여한 바 있지만, 이를 계속 추구한다는 것은 옳다고 생각하지 않습니다. (박수) 궁극적으로 헌법은 우리 편입니다. 왜냐하면 헌법은 재통일의 '재'(再, wieder)가 아니라 스스로 내리는 결정, 자유 속에서의 통일, 유럽, 평화에의 공헌 등에 대해 이야기하고 있기 때문입니다.

- 빌리 브란트 사회민주당 명예대표의 연설, 베를린 사회민주당 당대회, 1989년 12월 18~20일

사회정의는 우리의 이해상 결코 국민국가의 국경 안에서만 생각할 수는 없습니다. 누군가가 사회정의라는 사고를 이런 경계 안에 밀어 넣고자 한다면, 그는 더 이상 시대에 맞는 사람이 아니며, 크게 착각하고 있는 것입니다. 그는 의도하지 않게 불의를 저지를 수 있습니다. 우리는 우리나라, 즉 독일이라는 국가에서의 사회정의에 대해 생각할 때, 우리가 지구상의 굶주리고 가난한 국민보다 높은, 훨씬 더 높은 복지수준을 가졌음을 염두에 두고 논의하는 것임을 잊지 말아야 합니다. (박수)

인간의 위대한 과제는 다음과 같은 인식들에서 생겨납니다. 기아와의 투쟁, 생태계 파괴와의 투쟁, 핵 위협의 중단, 군비경쟁과의 싸움, 사회정의의 창조 같은 것들은 오직 국제적으로, 국제적 협업에 의해서만 해결될 수 있다는 인식이 그것입니다. 그래서 나는 바로 여기에 우리의 새로운 기본강령의 주안점이 있다고 생각합니다. 이 점은 우리가 수년간의 논쟁과정을 거치며 작업해왔습니다. 우리는 국제주의를 강조해왔습니다. 우리는 그것을 민족국가(Nationalstaat)와 민족국가적 사고의 르네상스로 도처에서 규정할 수 있는 것들과 대치되도록 의식적으로 배치했습니다. …… 민족국가에 관해 말하자면, 우리는 이를 해체하고 민족이라는 사고와 결별해야 합니다.

- 사회민주당 부대표 겸 당 강령위원회 사무총장 오스카르 라퐁텐, 베를린 사회민주당 당대회, 1989년 12월 18~20일

1. 사회민주당 1989/1990: 민족을 잊은 정당?

2006년 한 젊은 언론인은 자신의 저서에서 사회민주당이, 적어도 지도부에서는 통일에 대해 의견이 통일되지 못하고(Uneinig in die Einheit) 걸려 넘어졌음을 지적했다. 사회민주당은 동독이 쇠락한 국가였다는 인식을 거부했고 동독의 몰락과 해체 현상 앞에서 완전히 당황했으며, 수십 년 동안 미성년 상태에 머물고 있던 시민의 자기해방 시도에 대해 이상하리만치 소극적으로 물러나 있었고, 여전히 독일사회주의통일당(SED)을 자신의 파트너로 생각하면서, 동독에서의 사회민주주의 정당의 결성을 거의 무시했다는 것이다.

사회민주당이 1990년 선거전에서 민족이라는 차원을 전적으로 배제했다는 주장이 있다. "사회민주주의는 역사적 기회(Kairos)를 놓쳤다. 작센과 튀링겐에 있던 자신들의 뿌리를 되찾지 못했다. 그곳의 수많은 사람들을 낯선 이들로 남겨두었다"(Daniel Friedrich Sturm, 387쪽). 오늘날도 여전히 민족적 전통을 열렬히 추종하는 사회민주주의자들은 사회민주당이 항상 민족정당이었음에도 불구하고, 도대체 이 모든 것이 어떻게 일어날 수 있었던 것인지 의문을 제기한다. 그러나 당이 그랬던가? 정말 그랬다면 어떤 모습이었던가? 이런 질문에 대부분 어떤 답도 찾을 수 없었다. 왜냐하면 재빨리 악당을 찾아냈기 때문이다. 그의 이름은 라퐁텐이었다.

그러나 당이 분화되기 시작한 증거들은 이미 많았고, 그래서 '그' 사회민주당만 그랬다고 이야기할 수는 없으며, '통일에 대한 의견 불일치'라는 딱지도 많은 것들이 섞여 있는 지극히 복잡한 상황이라는 사실을 왜곡하는 표현일 뿐이다. 지도부의 의견 또한 둘로 나뉘어 있었다. 한쪽은 — 1989년 여름에 — 지금까지의 '두 개의 독일'이라는 애국주의적 노선을 계속 끌어가고자 했다. 라퐁텐, 에곤 바르, 발터 몸퍼(Walter Momper), 슈뢰더, 하이데마리 비초레크-초일(Heidemarie Wieczorek-Zeul) 등이 그랬다. 그들의 견해에 따르면, 동독의 안정화와 민주주의화를 통해 가능한 한에서의 통일의 길을 가고자 했다. 그러지 않으면 독일 민족주의가 생겨날 것이며 전 세계, 특히 유럽의 이웃 국가들이 민족주의적 독일이라는 국가의 탄생을 반대할 것을 염려했다. 지도부의 나머지 한쪽은 방향 전환을 지지했다. 라우, 한스-울리히 클로제(Hans-Ulrich Klose), 에플러, 엥홀름, 잉게 베티히-다니엘마이어(Inge Wettig-Danielmeier), 특히 포겔과 브란트가 그랬다. 이들은 동독이 이제 전 세계 앞에 쇠락한 정치·경제 시스템을 드러내 보였고, 그 시스템은 강제로도 '틈새문화'(Nischenkultur)●의 보장으로도, 자신들의 국민에 대한 사회적 안전의 약속으로도 정당화될 수 없다고 이해했다. 여기에 라이프치히 월요집회에서 구호가 "우리가 국민이다"(Wir sind das Volk)에서 "우리는 한 민족이다"(Wir sind ein Volk)로 변경된 깊은 이유가 있다. 전개되어 나가는 역동성이 통일로의 길을 이끌었다.

사회민주당이 한 번도 순수하게 민족정당이었던 적은 없었다. 하지만 다른 유럽 국가 대부분의 사회주의적·사회민주주의적 정당들처럼 민족국가라는 틀 안에서 행동하는 당이었으며, 노동자계급의 보편적이고 해방적 진보가 이 틀 안에 묶여 있다는 것을 알고 있었다. 그렇기 때문

● 사회학적 용어로 '니셰'(Nische)란 벽이나 담 사이에 생겨나는 틈새를 의미한다. 국가의 금지나 억압 혹은 주류문화에서 벗어나 사회 내 소수집단이 자신들만의 고유성을 갖고 만든 문화를 뜻한다.

에 그들은 전 독일 차원에서의 해결을 위해 싸웠다. 1871년 제국의 성립으로 소(小)독일 방식의 해결책*이 관철되었을 때, 사회민주당은 민족적 정체성 형성에서의 군국주의적 형태에 완강히 거리를 두었으며, 상당한 노력을 들여 국제주의(Internationalismus)를 유지했다. 민족적(national) 요소들은 부르주아들의 시선 돌리기 전략으로 취급해 기계적으로 축소되었으며, 동시에 역설적이게도 사회민주당 안의 비독일 국적 당원에게는 전혀 자율적 권한을 부여하지 않음으로써 민족적 요소를 강화했다.

이처럼 '이것도 저것도 다 받아들이는'(sowohl-als-auch) 기묘한 상황은 오래가지 않았다. 베른슈타인은 민족적 요소를 계급의 적들에게 넘겨주는 것을 경고하면서 당이 민족을 인간공동체의 독립적 형태로 받아들일 것을 권했던 첫 번째 사람이었을 것이다. 이와 비슷하게 오스트리아-헝가리 다민족국가**에 살고 있던 오토 바우어(Otto Bauer)는 민족을 계급을 초월하는 특성을 갖는 공동체 형태로 이해하는 것을 옹호했

• 1870년까지 통일을 이루지 못했던 독일은 1848년 혁명을 맞아 프랑크푸르트 국민회의에서 독일 제국으로부터 오스트리아를 제외할 것인지 포함할 것인지를 논의했다. 대다수 의원들은 오스트리아를 제외한 소(小)독일 형태의 독일 제국을 구성할 것에 동의했다. 1870/71년에 비스마르크는 오스트리아, 프랑스와의 전쟁을 통해 독일 통일과 카이저 제국(das Deutsche Kaiserreich, 1871~1918)을 출범시키는 과정에서 오스트리아를 제외한다.

•• 오스트리아-헝가리 왕국(1867~1918)은 합스부르크 제국(1878~1918) 말기에 오스트리아와 헝가리 두 왕국이 합쳐 만들어진 국가이다. 거기에 1878년부터 점령한 보스니아와 헤르체고비나가 추가되었다. 양 국가는 동등한 권리를 가지며, 합스부르크 가문의 후손이 오스트리아의 황제와 헝가리의 왕 두 자리를 모두 겸하면서 외교와 군, 해군을 지휘했으며, 내각을 구성하는 장관은 양 국가마다 한 명씩 각각 왕에 의해 임명되었다. 1867~1916년에는 프란츠 요제프 1세가, 그 이후 1918년까지는 그의 손자인 카를 1세가 자리를 지켰다. 제1차 세계대전에서의 패배와 이후 평화조약에 따라 오스트리아-헝가리 왕국은 분리되어 각기 독립국가를 구성했다.

다. 바이마르 공화국에서는 **청년우파**(Junge Rechte)[*] 그룹에게 영향력 있던 헌법 전문가 헤르만 헬러(Hermann Heller)가 민족에 대한 새로운 접근을 제안해 광범위한 반향을 얻었다. 민족을 일체감과 가치를 공유하는 문화공동체 및 운명공동체로 이해하며, 시민사회를 넘어서 사회주의에서 그 완성을 발견할 수 있다는 것이다.

이러한 입장으로부터 쿠르트 슈마허(Kurt Schumacher)로 가는 연결통로가 어렵지 않게 만들어진다. 그는 1945년 이후 독일적·사회민주주의적 애국주의와 민주적·사회주의적 입장이 갖는 동일한 뿌리를 주장했다. 그래서 그는 '독일 제국'의 국경을 1937년 당시의 국경선에 고착시키고자 했으며, 이에 따라 스탈린주의에 반대했을 뿐만 아니라 소시민적 가톨릭이 지배하는 유럽에도 반대했다. 그는 베너를 조력자로 발견했는데, 그 또한 독일연방공화국을 미래 전체 독일의 '핵심 국가'(Kernland)로 간주했으며, 독일 노동운동의 민족적 뿌리를 드러내 알리고 독일 노동자를 국가나 민족과 화해시키는 작업에 전력을 다했다. 여기에는 이미 슈마허의 사고를 결정했던 내적 일관성이 자리잡고 있었다. 즉 누구든 '제3제국'의 대안으로서 '다른 독일'의 창조를 목표로 하는 사람은, 그리고 동시에 부르주아적·자본주의적 복원(Restauration)을 제안하고자 하는 사람은 이를 위한 전제로서 자유 안에서의 민족의 통일을 추구해야만 한다는 것이었다. 그처럼 사회민주당의 큰 부분은 긴 시각에서 소(小)유럽이라는 셔츠보다는 전체 독일이라는 피부(Haut)에

● '청년우파' 그룹은 바이마르 시대 사회민주당 내에서 민족적·사회혁명적 성향을 가졌던 일군의 젊은이들을 말한다. 이들은 주로 1930년에 창간된 『사회주의를 위한 새 신문』(*Neue Blätter für den Sozialismus*)의 편집부를 중심으로 한 — 젊고 대학교육을 받은 후 당이나 노동조직에 들어온 — 지식인들이었다. 명시적으로 '청년우파'라는 이름으로 활동한 것이 아니라 사회주의 내에서 실용주의적·민족적 성향을 갖고 자신들끼리 서로 소통했던 사회민주당 내 영향력 있는 세력이 후대에 '청년우파'로 지칭한 것이다. 1933년 이후 그들 가운데 다수는 흩어져 다양한 저항운동에 참여하거나 집단수용소에 잡혀 들어가 죽임을 당했다.

더 밀착되어 있었다.

슈마허의 민족주의적 성향을 이어받은 사람은 베너였다. 물론 오늘날 많은 이들이 브란트를 기꺼이 민족적 인간으로 생각할 테지만 브란트는 그렇지 않았다. 브란트는 망명 중에는 독일민주주의적 애국주의자면서 동시에 스칸디나비아의 영향을 받은 사회주의적 국제주의자였다. 그에게는 '두 개의 조국'만 있는 것이 아니었다. 독일과 노르웨이, 정확히 말하자면 '성공한' 민주주의를 일군 우리의 사회민주주의 총리는 동시에 노르웨이인이기도 했다. 그는 또한 서로 배타적이지 않은 두 개의 근본적 입장을 가지고 있었는데, 모든 사람을 위한 당장의 자유와 평화, 그리고 자유롭게 살 수 없었던 사람들 — 동독에 사는 독일인 같은 — 과의 가능한 한 많은 연대가 그것이었다. 그래서 1989년의 브란트에게 가장 중요한 문제는 (아마도 결코) 독일 민족, 더 나아가 독일 민족국가가 아니라 독일의 다른 반쪽에 사는 사람들이 자유롭게 스스로를 결정하는가 여부였다. 이것이 통일을 이끌었고, 기본법이 요구하는 바에 따라 성취된 것이다. 연로해지고 곧 위중한 병에 걸린 브란트는 "한데 속하는 것들"이 함께 성장하는 과정에서 사회민주주의가 이룬 공헌을 다음과 같은 순서로 이해했다. 가장 우선은 유럽에, 그러고는 독일에, 마지막으로는 베를린에 공헌한다는 것이다. 독일 역사의 교훈을 이제 누구나 알게 되었다. 자유에 따른 결과가 통일이었던 것이지 그 반대로 통일의 결과로 자유를 얻은 것이 아니었다.

라퐁텐도 이와 비슷한 지평에서 생각했지만, 완전히 다른 결과에 도달한다. 그가 유럽 내 민족국가(Nationalstaat)와 이별을 고한 것은 1989년이 처음은 아니었다. 이미 그는 자신의 책『미래 사회』(*Die Gesellschaft der Zukunft*, 1988)에서 단정적으로 확언했다. "민족국가로는 불충분하게 되었다. 그것의 정치적 제도들은 전 지구적 문제를 푸는 주인(Herr)이 될 수 없다. 이제 그것을 효과적으로 장악할 수 있도록 민주적이고 정당성 있으며 국가를 넘어선 정치적·국가적 조직으로 대체해야 할 때가 왔다"(174쪽). 이런 기본 입장이 그의 독일 통일에 대한 태도를 결정했다. "이미 단기적 시각에서도 민족국가의 정치적 이상이 민족국가 간의 상호 전이(Transnationalität)를 통해 사실상 힘을 상실한 상황에서, 민족국가적 통일을 위해 노력하는 것은 긴 시각에서 도대체 어떤 의미를 갖는가?"(188쪽) 라퐁텐의 이러한 견해는 결코 혼자만의 것이 아니었으며, 1989/90년을 겪으며 더 오랫동안 지속되지만 내용적으로 더 심화되지는 못했다. 그의 견해에 따르면, 독일인은 사실 무엇보다도 그 역사적 배경으로 인해 하나의 민족국가가 됨을 포기해야 할 의무를 지고 있으며, 동시에 유럽의 초국가적(supranational)* 통합과정에서 이를 끌어가는 힘이 되도록 역할이 주어졌다. 라퐁텐은 사회적 정의(soziale Gerechtigkeit)라는 사고를 사회민주주의 정체성의 핵심으로 간주했고, 이 핵심은 민족국가의 존재/부재의 문제와 분리해 오직 국제적으로만 생각하고 실현할 수 있다고 생각했다. 이런 해석 아래 라퐁텐은 민족통일을 향한 다리를 건설했지만, 그것이 곧 민족국가의 수립과 동일한 것은 아니었다. 만일 '사회적 정의'라는 문제를 우선으로 놓는다면, 독일 통일은 사회적·민족적 문제에 불과했다. 그래서 "그 본래의 목표가 무엇인가"라는 자체에서 제기되는 질문에 사회민주당 총리 후보는 다음과 같이 답했다. "내게서 답은 상대적으로 간단하다. 동등한 생활관계의 형성, 즉 생활조건과 사회적 조건, 개별 인간들의 구체적 삶의 상황들의 통일……"(1990년).

통일을 차마 말할 수 없는 공포로 받아들인 사람은 라퐁텐이나 '좌파' 혹은 귄터 그라스뿐만이 아니었다. 수많은 당원들도 마찬가지였으며, 손자 세대 출신의 젊은이들도 또한 같은 생각이었다. 이들은 두 번

• 'supranational'(초국가적)과 'transnational'(상호 전이적)의 의미를 구분할 필요가 있다. 'supranational'이 국가와 국가 간의 경계를 초월한 그보다 더 상위 개념으로 사용된다면, 'transnational'은 국가와 국가 사이 혹은 국가 간의 경계를 가로지르며 소통하거나 주고받는 관계나 상황을 의미한다.

출범한(1949년과 1969년)* 두 번째 독일공화국의 민주주의와 자신을 동일시하는 것을 배웠던 바로 그 세대였으며, 이제 하나의 독일 민족국가가 평행사변형을 이루는 가운데 만들어진 유럽 내 힘의 균형을 위협한다고 본 그 세대였다. 또한 '분단된 독일'이라는 형태의 국가는 ─ 힘들지만 자신의 동쪽 부분까지 아울러 민주화하고자 하는 기회까지 포함해서 ─ 20세기 전반에 독일인이 전쟁과 인종학살에 대한 책임 때문에 감당해야만 했던 일종의 공물(Tribut)이었다는 견해를 나타냈다. 그들 가운데는 당연히 리스본, 마드리드, 파리, 밀라노 또는 로마를 더 가까이 느끼면서 소독일의 소시민적 연방공화국과 거리를 두고 살 수 있는 사람들이 있었다. 그러나 서독의 통일 회의론자들은 대부분 궁극적으로 스스로를 헌법애국주의자(Verfassungspatrioten)**로서의 의무를 갖는 사람으로 받아들였다. 기본법에는 '독일인'이 자유로운 자기결정을 통해 독일의 통일과 자유를 성취했다고 적혀 있다.

결국 누가 어떤 동기로 서독의 어떤 당 지역에서 어떤 방식으로였건 아무 상관없이, 각자는 지금까지 전혀 한데 속하지 않았고 또한 아직 서로 한데 어울릴 준비도 되지 않았던 것들의 통일을 위해, 자신의 연대

---

* 바이마르 공화국(1919~33)에 이어 두 번째로 1949년에 공식적으로 독일연방공화국이 출범했다. 그레빙은 1969년에 사회민주당이 처음 집권 여당으로서 독일 민주주의를 개혁해낸 것을 전후 제2의 공화국의 출범으로 해석하고 있다.

** 헌법애국주의는 애국의 대상으로서의 국가를 혈통이나 언어의 동일성에서 찾는 대신 민주주의나 사상의 자유와 같은 공동의 정치적 가치를 같이하는 공동체에서 찾음으로써, 국가의 국민 혹은 시민으로서 지향해야 할 바에 대해 기존의 민족 중심의 국가에 대한 대안으로 제시된 개념이다. 1980년대 초 독일의 정치학자 롤프 슈테른베르거(Rolf Sternberger)에 의해 처음 제시되었으며, 이후 철학자 위르겐 하버마스(Jürgen Habermas) 등에 의해 더욱 구체화되었다. 헌법애국주의는 하나의 국가가 혈통을 기반으로 만들어짐을 부정하고 국민의 의지와 역사로써 만들어짐을 주장한다. 또한 시민들이 자신과 동일시하는 기본가치로 공화국적 정치질서와 헌법, 공화국적 제도들을 제시하며, 국가를 구성하는 시민으로서의 적극적 역할을 기대한다.

감에 기반해 '봉사'를 한 것이다. 연대를 바탕으로 만들어진 기회는 무한히 많았다. 그에 대해서는 아직 역사적으로 기술되지 않고 있으며, 당원에 기반한 정당(Mitgliederpartei)인 사회민주당은 이를 감출 필요가 없다. 연대 — 그것이 그들이 할 수 있는 일이었다. 물론 사회민주당 당원들이 브란트를 잘못 이해했을 수도 있다. 그들은 자유와 민족을 혼동했고, 그래서 사회 안에는 지금까지 억압되었던 민족적 존재를 충족시킨다는 희망을 뛰어넘어 통일에 대한 낙관적 환상을 갖는 사람들이 생겨날 수 있었다. 또한 사회민주당 당원 가운데는 옛 동독이 그 어떤 사회주의적인 것들을 유지했음에 틀림없다고 여전히 믿거나, 적어도 옛 사회민주주의적 노동자의 거점이 폐허에서 부활하게 될 것이라고 생각하는 사람들이 틀림없이 많았다.

하지만 동독의 젊은 평화적 혁명가들은 어떻게 생각하고 행동했을까? 그들 가운데 몇몇은 용감하게도 국가보안부(Stasi)*의 감시 아래서도 자신들의 사회민주주의 정당을 결성했고, 이를 통해 유럽의 자유로운 노동운동 대열에 합류했다. 그들에게는 통일이 자유보다 우선이었을까? 그들이 자유를 대가로 통일을 포기했었어야 했을까?

---

* 국가보안부(슈타지, Ministerium für Staatssicherheit, 약자로 MfS 혹은 Stasi)는 과거 동독에서 의회나 다른 공식 국가기관으로부터 통제를 받지 않고 활동했던 정보부이자 비밀경찰이었다. 동독 정권이 국민을 억압하는 도구로 사용하여 불법적 감시와 고문, 감금 등을 일상적으로 자행했으며, 그럼으로써 국민들의 정치적 저항이나 반정부 활동 등을 억누르는 도구로 사용되었다. 1950년 2월에 처음 세워졌으며, 약 9만 1천 명의 정식 직원과 약 20만 명의 '비공식 협조자'(Inoffizielle Mitarbeiter, IM)를 두어 각계각층의 국민들을 위협하고 감시했다. 통일과 함께 국가보안부는 해체되었다. 1991년에 '슈타지 자료법'(Stasi-Unterlagen-Gesetz)이 통과되어 이들의 과거 행위들을 밝혀내고, 이들이 작성했던 사찰 대상자들의 자료를 피해자들에게 열람시켜 그들이 피해 보상을 받도록 지금까지 지원하고 있다.

2. 동독의 사회민주당 : 독일 사회민주당의 자매당?

동독사회민주당(Sozialdemokratische Partei in der DDR, SDP)은 1989년 10월 7일에 베를린 북동쪽 오라니엔부르크(Oranienburg) 지역 슈반테(Schwante)라는 마을의 목사관에서 창당했다. 그 공간은 거리에서는 결코 안을 들여다볼 수 없는, 이웃의 묘지를 통해 도망칠 수 있는 곳이었다. 그것은 전례 없는 사건이었다. 집권당의 독점을 깨뜨리고자 하나의 당이 창립된 것이다. 그것은 지금까지 알려진 동독 내 반대 집단들과는 근본적으로 달랐다. 또한 1989년의 교회라는 동독에서 유일하게 어느 정도 자율적인 단체 아래 구속력 없이 느슨한 조직과 개인적인 모임이나 비밀 그룹 등의 방식으로 모였다. 이들이 공유했던 주제들은 평화, 하나의 세계, 생태학 등이었으며, 국내정치적 상황과 관련된 것은 의도적으로, 그리고 타당한 근거 아래 다루어지지 않은 채 남겨졌다.

동독사회민주당 창립자들, 특히 목사인 마르틴 구트차이트(Martin Gutzeit)와 마르쿠스 메켈(Markus Meckel)은 이에 반대해 독일사회주의통일당(SED) 안에서는, 그리고 독일사회주의통일당을 갖고는 정치개혁에 대한 기회를 더 이상 기대할 수 없기 때문에 당과 같은 구속력이 있는 또 다른 조직 형태를 원했다. 사전에 통보된 인권단체 지도자들은 거리를 두었다. 그들은 하나의 당을 설립하는 계획을 모험적이라 여겼다. 지배적 국가조직에 칼을 휘두르며 달려드는 것처럼 독일사회주의통일당을 자극해 예측할 수 없는 결과를 초래할 것으로 생각했던 것이다. 이미 창당하는 날짜 자체가 하나의 자극이었다. 1989년 10월 7일은 동독의 40번째 건국 기념일이었다. 사람들은 새로운 당명의 약칭을 의식적으로 SDP로 선택했다. 즉 SPD(독일 사회민주당)를 다시 세우는 것을 염두에 둔 것이 아님을 드러내고자 했던 것이다. 내무부에 서면으로 통지함으로써 창당은 성공했다. ── 후일 사람들은 이를 하나의 센세이션으로 생각한다.

이 새로운 정당은 무엇을 하려고 했을까? 1989년 10월 7일의 창당사에 따르면, "생태를 지향하는 사회적 민주주의" 활동을 하며, "국가와 사회의 일관성 있는 민주화"에 참여하기 위한 것이라고 설명했다. 1989년 7월의 창당 준비 주도 모임이 낸 포고문에서는 "정치적 전통과 연결되면서 민주주의와 사회정의를 지향하는, 우리나라를 위한 정치적 대안"을 준비하고자 한다는 광범위하면서도 보다 분명한 의도를 내놓는다. "이들 민주주의와 사회적 정의는 이 전통들 가운데서도 중요한 위치에 속한다. 이 전통은 지난 수십 년의 역사에서 계속적으로 폄하되어왔다. 사회주의 진영이 처한 오늘날의 상황에서 어떤 경제적·정치적 구조가 사회주의적 비전에 해당될 수 있는지를 제시하는 것은 간단하지 않다. 여기서 새로운 길들을 찾기 위해서는 우리 국가의 정신적·정치적·경제적·생태적 상황에 대한 철저하고 비판적인 목록 조사가 필요하다." "죄지은 과거에 대한 결과로서 독일의 두 국가체제를 인정"하는 것 또한 주도 그룹의 생각 가운데 하나였다. 동시에 유럽의 평화질서라는 틀 안에서의 가능한 변화를 배제해서는 안 되었다. 나아가 "공동의 민족과 역사, 그리고 여기서 비롯된 책임을 바탕으로 한 독일연방공화국과의 특별한 관계"가 강조되었다. 메켈은 창당 모임 연설에서 (거의 라퐁텐의 의미와 유사한) 이런 생각을 구체적으로 발표했으며, 연방공화국과의 특별한 관계의 근거를 "우리와 공통된 역사와 문화, 공동의 민족이라는 소속감" 등으로 표현했다. '통일'과 관련해서 언급하는 것은 "통일이 분명히 오지 않을 것이기 때문에 매우 비생산적이고 과거로 후퇴하는 것"이라고 표현했다.

슈반테에서 결정된 정관 조항 제2조에서는 지금까지보다 더 분명하게 표현된다. "동독사회민주당은 민주적 사회주의 전통, 유럽사회주의, 사회민주주의 등의 전통에 가까이 서 있다." 이 근본적 입장은 원칙적으로 변한 것이 없었다. 1990년 1월, 동독사회민주당이 동독SPD*로 당명 변경을 결정했을 때, 당의 기본강령 및 이와 관련된 '민주적 사회주

1990년 9월 27~28일 베를린에서의 독일 사회민주당 통합대회

의' 개념의 삭제에 대해 토론했다. 1990년 2월 말, (최고인민회의 선거를 위한) 라이프치히 당대회에서 기본강령과 선거 프로그램을 결정했다. 비록 이제 '사회적 민주주의' 개념을 앞세우기는 했지만, 동시에 민주 사회주의자와 사회주의자들의 세계적 공동체가 갖는 민주적 사회주의 라는 전통 안에 스스로가 서 있음을 확인한 것이다.

하지만 '독일 민족의 통일'에 대한 견해는 서로 달라 보였다. 이미 1989년 12월 3일, 즉 다른 모든 재야단체나 과거의 위성정당들(Block-

---

● 앞쪽의 'Sozialdemokratische Partei in der DDR(SDP)'이나 1990년 1월에 변경한 당명 'SPD in der DDR'은 모두 우리말로 번역하면 같은 '동독사회민주당'이지만, 전자는 동독만의 독자성이 강조되는 반면에 후자는 서독사회민주당과 관련을 맺는 자매당으로서의 성격을 분명히 하는 표현이다. 이에 따라 전자는 '동독사회민주당'으로, 후자는 '동독SPD'로 번역했다. '동독SPD'는 1990년 9월, 즉 공식적인 통일의 날(10월 3일) 일주일 전에 서독의 사회민주당과 합당했다.

Parteien)보다 일찍 동독사회민주당 대표부는 서독 총리 콜의 10단계 계획안*(Zehn-Punkte-Plan)에 대한 반응으로서 통일이 이제 양국 모두의 목표로 설정되어야만 한다고 제안한다. 자신들은 빠른 '통일'을 원하는 것이 아니라 함께 성장하는 느린 진행을 추구하며, 그것이 유럽 평화질서의 건설을 위협해서는 안 된다는 것이었다. 그렇다면 역시 동독사회민주당 대표부도 장벽 개방 이후 폭동처럼 끓어오르는 국민의 압력에 따라 '자유보다 먼저 통일'을 추구했던 것인가? 이는 독일 역사에서 처음 있는 일이 아니지 않은가? 드러난 입장들의 변화를 따라가보면 동독의 세 사회민주당의 원래 목표는 자유였음을 알 수 있다. 그러나 통일을 통해 유럽의 민주적 시민사회라는 의미에서의 자유에 실제로 도달할 수 있다면, 거기에 어떤 이의를 제기할 수 있을 것인가? 1945년 당시와 마찬가지로, 이 역사적 상황 안에서 '제3의 길'은 존재하지 않았다. 1989/90년의 평화혁명도 1918/19년의 혁명과 마찬가지로** 정체된 채 앞으로 나아가지 못하고 있었다. 물론 독일 민족을 구성하는 양 분단국

- 1989년 11월 28일에 콜 총리는 서독 의회 연설에서 10개 항에 걸친 단계적 통일안을 갑자기 제시했다. 이 시점은 1989년 11월 9일에 장벽이 무너지면서 동서독 간의 관계에 대한 근본적인 설정이 필요했지만, 아직 공개적으로 통일이나 통일 계획에 대한 언급을 꺼리던 단계였다. 콜은 통일을 위한 구체적이고 단계적인 안을 내놓았는데, 내용은 다음과 같다. 1. 즉각적인 인도적 지원, 2. 광범위한 경제 원조, 3. 양국 간의 협력 기반 구축, 4. 조약을 통한 협의공동체 구성, 5. 연방제적 구조 구축, 6. 독일 통일의 과정을 전체 유럽의 발전 안에서 진행시킴, 7. 개혁을 지향하는 동유럽 국가들을 유럽공동체에 가입시킴, 8. 유럽안전보장협력회의 (KSZE/CSCE) 강화, 9. 군축과 전쟁무기 감독 강화, 10. 독일 통일. 그러나 동독의 현실은 이보다 더 빨리 변화했으며, 통일의 과정은 이러한 단계를 훨씬 앞질러 진행되었다.
- 1918/19년 11월에 빌헬름 제국은 무너지고 황제가 물러남으로써 처음으로 민주 공화국 체제가 구축되었지만, 사회민주당은 의회에서 과반을 차지하지 못했고, 전후 다양한 우파 및 극우세력의 공세로 적체된 여러 구습들을 변혁하지 못한 채 거의 모든 것들에서 기존 세력과 타협하며 국정을 운영해야만 했다.

(Teilstaaten)의 통일을 통해 그들의 민족적 민주주의(Nationaldemokratie)는 종결되었으나 사회정치적으로는 고착된 채 진전이 없었고, 그래서 예전 독일의 1848년 혁명이나 1918/19년 혁명처럼 미완성인 채로 끝나고 말았다.

동독SPD는 1990년 2월 강령을 통해 서독의 여러 희망 사항들을 고려하면서 짧지만 대단히 분명하게 표현했다. "우리 정당은 새로운 정당이다." 구체적 경험들과 뒤이어 뒷받침된 연구들은 이런 진술이 정당하다는 것에 대한 의심을 불식했다. 1989/90년 이후, 사람들은 튀링겐을 '붉은 왕국 작센'과 '붉은 아성'으로 마치 동화처럼 이야기했다. 그러나 사회민주당이 다시 과거의 전통과 연결할 수 있는 동독의 주들은 더 이상 남아 있지 않았다. 이를 열망했던 사람들은 —— 브란트도 또한 여기에 속했다 —— 독일사회주의통일당 독재자가 역사 앞에 이뤄낼 수 있었던 (어쩌면 가장 유일한) 가장 큰 성공이 사회민주주의 노동운동에 대한 동독 독재의 승리였다는 것을 서글픈 아이러니로 받아들여야만 했다. 이른바 '사회민주주의 사상'(Sozialdemokratismus)*에 대항한 투쟁의 결과로서의 총체적 탈사회민주주의화(Entsozialdemokratisierung)는 오랜 시간이 걸렸다. 그 결과 드레스덴에서 가까운 프라이탈(Freital)처럼 1920년대 사회민주주의의 모범적 공업도시였던 곳도, 하르츠 남부의 노르트하우젠(Nordhausen)이나 튀링겐 동쪽의 슈묄렌(Schmöllen), 게라(Gehra), 예나(Jena), 아이제나흐(Eisenach), 바이마르(Weimar), 줄(Suhl), 알텐부르크(Altenburg), 에르푸르트(Erfurt), 그 밖의 다른 많은 곳들에서도 과거의 흔적은 아무것도 남지 않았다. 정말로 과거 사회민주주의의 영광은 더 이상 전혀 남아 있지 않았다.

동독 시민운동의 한 부분으로 창립되었던 동독사회민주당이 1990년

• 동독 사회주의 체제가 없애고자 했던 자신들의 지역 내의 과거 사회민주주의적 전통을 그레빙은 '사회민주주의 사상'으로 칭하고 있다.

9월 서독사회민주당과 합당한 이후 새로웠던 것은 예전의 위성정당으로 있었던 기독교민주연합이나 자유민주당(Liberal-Demokratische Partei)과는 달리 무엇보다 그들은 '새롭게' 시작해야만 했기 때문이다. 특히 그 새로운 시작은 동쪽의 새로운 당이 서쪽의 '옛' 당에 비해 '더 현대적'임을 분명히 드러내는 구조적 계기들을 확실하게 만들었다는 점에서도 새로웠다. 동쪽 지역의 사회민주당 당원은 우선 동독의 좌파 지식인의 대안적 정서공동체에서 생겨났다. 그들은 자연과학자, 기술자, 목사(드물지 않게 이들의 첫 번째 직업은 자연과학자였다), 교회와 관련된 다른 직업들, 교사, 상업 부문에 종사하는 소수의 노동자, 공공서비스 부문 노동자 등이었으며, 대개 35세에서 60세 사이였다. 당의 여성 참여 비율은 서쪽 지역보다 월등하게 낮았다. 그래서 독일 동부의 사회민주당은 어쩌면 미래의 정당이 밟아 나갈 보편적 길을 선취해 나가고 있는지도 모른다. 하나의 새로운 중도정당 또는 새로운 형태의 정당이 모습을 드러내게 되는데, 그것은 얕은 당원 기반, 약한 조직적 참여, 그에 비해 비교적 높은 지지율, 다양한 분파의 정치적 대표들로 구성된 핵심 지도부 등이 그 특징이다. 이런 정당이 10퍼센트나 20퍼센트 또는 40퍼센트의 지지를 달성했을 때, 그때마다 다른 연정을 형성하기는 실제로 쉬워 보였다. 오늘날 작센, 작센-안할트(Sachsen-Anhalt), 브란덴부르크(Brandenburg), 베를린, 메클렌부르크-포르포메른(Mecklenburg-Vorpommern) 등에서 연정을 통해 부분적으로 사회민주당이 끌어가고 있다. 단지 튀링겐만 그렇지 못했다.[*]

당원에 기반한 정당을 너무 일찍 포기한 것이 아니었냐라는 질문은 정당하다. 독일사회주의통일당/민주사회주의당(PDS) 출신의 사회민주

---

[*] 튀링겐 주의회는 통일 이후 지속적으로 기독교민주연합이 지배해왔으나, 2014년 주의회 선거에서 좌파당과 사회민주당, 녹색당이 연정을 통해 다수당을 구성하여 독일 역사에서 처음으로 좌파당이 주 총리로 당선되어 현재에 이르고 있다.

주의적 사고를 가진 당원이 동독사회민주당(SDP)에 입당하는 것을 배제했던 것과 그럼으로써 민주사회주의당/좌파당(Die Linke)*이 계속적으로 안정화할 수 있도록 간접적으로 공헌한 것이 어쩌면 현명한 선택은 아니지 않았던가라는 다른 견해가 존재한다. 동독사회민주당(SDP)의 기원과 그 설립자들의 삶의 이력을 보면 그들의 일관성 있는 태도를 이해할 수 있다. 그러나 오늘날의 사회민주당은 동부 지역에서의 자신들의 발전을 당 전체의 모범으로, 즉 '투표자 정당(Wählerpartei)**'인 동시에 원내정당(Fraktionspartei)'(Franz Walter, 1995)을 추구하는 정당임을 인정할 것인지, 아니면 당원을 기반으로 하는 좌파 국민정당을 유지하고자 하며 또 유지할 수 있을 것인지에 대해 결정해야만 한다. 만일 후자의 경우라면 독일 동부 지역에서 "사회민주당으로의 입당 촉진"을 위한 대대적 캠페인을 벌여야만 할 것이다. 아울러 동부 독일에서 많은 당원에 기반한 '좌파당'이 그저 쉽게 '사라져버리는' 것을 기다리거나 기대할 수는 없을 것이다.

3. '민주사회주의'는 누구에게 속하는가 : 1990년대 노동운동에 남은 근본 문제에 대한 논쟁

사회민주당 안에서의 논의는 다음과 같은 질문들로부터 시작되었다. 1989년 「베를린 강령」에서 다시 한 번 나타났던 이 사회민주주의의 정체성을 결정짓는 '민주사회주의'라는 개념이야말로 보다 시대에 맞고

---

* '독일사회주의통일당'(SED)은 1990년 2월 '민주사회주의당'(PDS)으로 당명을 바꾼 후, 다시 2005년 7월에 '좌파당'(Die Linke)으로 개칭하여 지금까지 지속되고 있다.
** 투표자 정당은 당원에 기반한 정당과는 대립되는 개념으로서, 복잡한 당 조직 없이 오직 선거 때 지자자의 투표를 통해 존립이 지속되는 정당이다.

역사적으로도 더 진지하며 정치적으로도 더 의미 있는 것이 아닌가? 또 이것이 사회주의적이라고 불렸던, 공산주의 독재의 붕괴 이후 동독이 라는 '실제 존재하는 사회주의'를 대치할 수 있는 것이 아닌가? 이 질문 은 새롭지 않았으니, 「베를린 강령」을 이끌었던 강령위원회 및 1984~ 89년 사회민주당 기본가치위원회의 위원들이 독일사회주의통일당 지식인들과 함께 나눈 대화에서 중요한 역할을 한 바 있다. 그러나 1990년 이후 사회민주당 안에서 논의는 다시 새롭게 타올랐다. 독일사 회주의통일당은 어려움 없이 민주사회주의당(Partei des Demokratischen Sozialismus, PDS)으로 새롭게 출발할 수 있었고, 그 후에는 당과 밀접한 관계의 재단 이름을 로자 룩셈부르크(Rosa Luxemburg)로 명명했다.

그 당시 민주사회주의당(PDS)이 자격도 없이 당명에 스스로 사회민 주주의적 노동운동의 상징을 간단히 갖다 붙인 행위는 사회민주주의 세계를 흔들었고, 요란한 반대가 있었어야만 했다. 하지만 그런 반대는 그저 일부에 그쳤다. 그렇지만 지난 수십 년간 사회민주당은, 특히 로자 룩셈부르크 같은 이런 상징들에 전적으로는 아니라 하더라도 별로 가 치를 두려고 하지 않았음을 인정해야만 한다. 자신의 삶의 마지막 몇 년 동안 사회민주주의 안에서 민주적 사회주의의 유산을 활발하게 유지할 수 있도록 노력했던 사람은 바로 브란트였다. 그는 마지막 원대한 저술 계획의 일부를 '사회민주주의의 미래(그리고 자유로운 사회주의)'로 채우 고자 했었다. 그의 마지막 의미 깊은 연설 가운데 하나면서 1991년 11월 13일에 행한 뉘른베르크 사회민주당 창립 125주년 기념 연설에서 그는 같은 제목 아래 "자유로운 사회민주주의의 정신적 기초는 권위적 집합 주의와는 어느 정도 원칙적으로 달랐고 지금도 다르며, 그래서 이것과 는 점진적으로나 개별적으로뿐만 아니라 근본적이면서도 전체적으로 차이가 있음"을 더 분명하게 항의하지 않았던 것은 '중대한 오류'였다 고 밝혔다. 또한 그는 자신이 스스로에 대해 이해하는 한 '사회주의자 로 성장'했으며, "그것과 연결된 희망과 신념들이 ─ 비록 많이 이루어졌다 하더라도 ─ 오늘날도 여전히 소진된 것은 아니라"고 생각한다고 덧붙였다.

브란트는 또한 같은 맥락에서 다음과 같이 의지를 드러낸다. "그 어떤 조건도 없이 사회민주주의자로 부를 수 있는 사람은 ─ 나를 포함해 ─ 우리 당원들 가운데 적지 않아 보인다. 그런데 어디에서 우리의 사회주의가 서로 근본적인 차이가 있으며, 그로부터 어떤 다른 것이 만들어지는지를, 비록 그것이 이제 필요 없다고 생각하건 답하기 어려운 과한 질문이라고 느끼건 간에, 여전히 한 번은 밝혀내야 한다"(Brandt, 476쪽). '원래의' '진짜' 사회주의는 '자유롭고' '민주적인' 사회주의였음에는 의심의 여지가 없다. 그럼에도 논쟁은 계속되었다. 그 결과로 사회민주당 기본가치위원회는 일종의 '권고' 성격을 갖는 30쪽의 소책자 형태로 1994년에 「'사회주의': 개념 사용의 어려움에 대하여」를 출간했다. 여기에서는 '사회주의'의 문제사(Problemgeschichte)에 대한 짧고 비판적인 재구성에 이어, 사회민주당 내 두 개의 일반적 노선과 그것들의 지적 저변이 간단명료하게 서술되었다.

그 하나의 방향은 '민주적 사회주의' 개념의 포기와 '사회적 민주주의' 개념으로의 대체를 제안했다. 이것이 잘못된 해석의 방지에 기여할 수 있다는 것이다. '민주적 사회주의' 개념을 붙잡고 있는 것을 다른 지역, 특히 동부 독일과 동유럽에서는 좌초한 잘못된 대안체제와의 동일시로 잘못 이해했고, 따라서 통합 유럽과 통일된 독일을 한데 묶는 데 작용할 현대화 방향으로의 꼭 필요한 발전이 방해받고 있다는 것이다. '민주적 사회주의' 개념은 전 지구적 근본 대안이라는 제공할 수도 없는 약속으로 사람들을 설득했고, 독일 사회민주주의를 위해서는 그 개념이 더 이상 모델도 아니고 추구하고자 하는 사회경제적 구조로 서술되지도 않는다는 점을 숨기고 있다는 것이다. 반면 '사회적 민주주의' 개념은 사회민주주의가 대변하는 "기본가치를 통해 정의되고 규정되는 정치적이고 도덕적인 이념"을 위한 일반화된 요약으로 더 잘 들어맞는다고 옹호한다. 또한 이 개념은 독일 노동운동의 역사 안에 있으면서, 그 이론 논쟁 안에 뿌리를 두고 있고, 그 기원은 1848년 혁명기의 노동운동 성립기까지 거슬러 올라간다는 것이다.

'민주적 사회주의' 개념을 꼭 필요한 것으로 생각하면서 계속 붙잡고자 하는 또 다른 방향은 무엇보다 두 가지 인상을 남긴다. 즉 개념을 포기한다는 것은 공산주의 독재를 '사회주의'로 받아들였지만 성과 없이 끝난 것에 대해 실패를 인정함을 의미하는 것일 것이다. 또한 개념에 대한 포기는 자본주의와 그것을 지탱하는 이데올로기가 사실은 승리한 것이 아니며, 단지 '민주적 사회주의'라는 이상과 실천을 지속적으로 교정함으로써 계속 살아남을 수 있었다는, 역사적으로 확인된 전개의 결과를 덮어버리는 일이다. '민주적 사회주의' 개념은 결과적으로 '민주적 사회주의'라는 의미 지평 안에서 연대에 바탕한 자기조직화와 동료의식에 바탕한 대화에의 의지를 가져다줄 힘이 사회적 변동과정을 통해 더 이상 존재하지 않는다고 설득하게 된다.

논쟁의 장은 여전히 닫히지 않은 채 그대로 남을 수 있다. 그 이유는 내용상의 차이 때문이 아니라 '민주적 사회주의'와 '사회적 민주주의'라는 두 개념에 대해 상당 부분 내용상 일치하는 발언들이 있었으며, 또한 무엇이 '민주적 사회주의'가 아니며, 왜 그것은 실패한 '거친'(roh) 사회주의와 혼동될 수 없는가에 대한 동의가 있었기 때문이다. 그것은 폐쇄적인 사회 시스템이 아니고, 민족적 또는 민족 간을 횡단하는 국가적 질서도 아니며, 기술중심주의적으로(technizistisch) 각인된 경제적 조직 형태도 아니고, 사유의 시스템도, 일반화의 능력이 있는 사회적 이념도 아니다. 그렇다면 무엇이 되어야 하는가? 하버마스를 끌어들여 이야기한다면 그것은 사회적 관계에 전적으로 영향을 끼칠 연대의식의 일반화, 즉 하나의 삶의 형식(Lebensform)이다. 브란트의 말에 따르면, 이 개념 규정을 '민주적 사회주의'의 목표 전망과 연결할 수 있다. 즉 그것은 "타인들과의 연대적 공동체 안에서 스스로를 규정해 나가는 것"이다. 구체적으로 요약하자면 '민주적 사회주의'는 여전히 일반화의 가능성을 갖고 역사적 카테고리라는 형식 안에 집어넣을 수 있다. 그것은 각기 존재하는 자본주의적 경제 형태와 사회 형태에 대한 대안적 원칙이며, 동시에 해방적 발전을 규제하는(regulative) 사고이다. 즉 양자는 모두 계몽과 휴머니즘, 자기결정권으로부터 끌어온 역사적 의미 지평이라는 배경 앞에 놓여 있다.

최근 들어 '민주적 사회주의'로 말하든 — 이 단어가 반드시 남아 있을 필요는 없을 것이다 — 아니면 '사회적 민주주의'로 말하든 — 적어도 이 단어는 반드시 남아 있어야 한다 — 간에, 이는 중요하지 않게 되었다. 결정적인 것은 유럽의 사회민주주의적/사회주의적 노동운동을 통해 역사적으로 힘을 갖게 된 기본가치가 보존되어 남아 있으며, 현실에서의 그것의 실현이 계속 '지속적 과제'로 받아들여졌다는 것이다. 이런 관점에서 마르크스주의적 전통의 사회주의자인 영국의 역사가 에릭 홉스봄(Eric Hobsbawm)이 제안했던 것처럼 "논쟁이 자본주의와 사회주의를 서로 배제하고 상충하는 대립적 논리로 기술되면서, 미래 세대는 이를 그저 20세기 냉전의 이데올로기적 종교전쟁의 잔재로 여기게 되는"(695쪽) 그런 시각을 받아들이는 것도 전혀 불가능한 것은 아니다.

만일 1990년대에 민주사회주의당으로 명명했던 — 독일사회주의통일당의 직접적 후계자 — 그 당이 없었더라면, 이것으로 "'민주적 사회주의'란 누구에게 속하는가?"라는 문제에 바쳐진 홉스봄의 언급을 인용해 끝낼 수 있을 것이다. 1980년대 말에 독일사회주의통일당 안에서나 그 주변 지식인들에 의해 시작된, 독점을 통해 지배되는 자본주의 사회 체제와 스탈린적 기원을 갖는 중앙집권적·권력독점적 사회 시스템에 대한 대안으로서 동독을 '제3의 길'이라는 의미에서 개혁하고 변화시키기 위한 몇몇 노력들이 있었다. 하지만 이런 개혁과 변화의 기회는 전혀 주어지지 않았다. 마르크스-레닌주의에 의해 기초되고 명명된 사회주의적 생산양식의 정치·경제적 시스템은 내재적이었다. 즉 스스로 개혁할 수 없었으며, 이 방향으로의 모든 걸음은 체제의 경계가 터져버릴 수도 있다는 위험성 때문에 폭력적으로, 즉 경제외적인 강제를 통해 억눌리게 된다. 결국 남겨져 현실에서 들이닥친 것은 폭발을 통한 총체적 체제 붕괴였다.

민주사회주의당의 '민주사회주의'라는 자기명명(Selbstetikettierung)과 동유럽에서의 과거 사회주의 후속정당들에도 불구하고 그들은 '마지막 기회'마저도 잡지 못했고, 그 어떤 '제3의 길'을 향한 변혁으로도 이어지지 못했다. 그런 한에서, 사회민주주의 전통에서 온 '민주적 사회주의'에 대한 이해와 민주사회주의당이 그렇게 이름 붙였던 '민주적 사회주의'가 양립할 수 없었던 것은 처음부터 명확했다. 그런 의미에서 정치학자들은 1990년대 민주사회주의당은 구(舊)동독의 전환과정에 따른 부수적 현상이었다고 분석한다. 즉 1989년 가을, 효용은 있었지만 전체적으로는 없어도 되는 당이었다. 그들의 강령은 시대에 뒤떨어져 있었고, 지금도 뒤떨어져 있다. 왜냐하면 계급적대에 고착된 정책은 더 이상 현대 산업사회를 안정시키거나 고도로 분화된 탈산업사회로 이끌어 갈 능력이 없기 때문이다. 많은 그룹과 기반 모임, 작업공동체 등으로 당이 분절된 것은 그들의 이데올로기적 불안정성의 표현이다. 그 안에는 근대적 개혁가, 과거 지향적 이데올로기를 여전히 추종하는 옛 공산주의자, 풀뿌리민주주의에 바탕한 근본주의자, 지역 단위에서 실용 정치를 지향하는 행동가 등이 다양하게 모여 있었다. 1990년대 초에 이미 민주사회주의당은 더 이상 노동자정당이 아니었다. 노동자들은 당원 수에서 평균보다 한참 적었다. 무엇보다 사무직 노동자, 지식인, 연금생활자들이 당에 존재했다. 지역적으로는 대도시들과 구동독 행정의 중심지에 집중되었으며, 정서공동체에 기반한 강한 단결력을 보였다. 1990~95년에 독일사회주의통일당/민주사회주의당은 자신들 당원의 3/5을 잃었고, 그 결과 당원의 지나친 고령화에 직면한다. 특히 30~40대의 사람들이 탈퇴했기 때문이었다. 다른 한편, 적어도 선거에서는 점차 늘어나는 청년층의 지지를 확인할 수 있다.

그리하여 민주사회주의당은 어느 정도 동부 독일의 좌파 국민정당, 지역적 정서공동체 정당, 반자본주의적 저항정당, 노동자 지향적 이익 정당(Interessenpartei)이 되었다. 문제는 그들이 지속적으로 공화국의 정당 시스템 안에서 사회민주당의 왼쪽에 자리를 잡는 데 성공할 수 있을 것인가이다. 그래서 서부 독일의 군소정당인 사회정의를 위한 대안 (Wahl-Alternative-Soziale-Gerechtigkeit, WASG)과의 합당이나 새롭게 좌파당(Die Linkspartei)으로 당명을 고친 것이 의미를 갖는다. 그들에게는 1989년 동독의 지배 집권정당이던 독일사회주의통일당과 근본적으로 단절하지 않았다는 것이 여전히 중요한 의미를 갖는다. 비록 1989/90년에 민주사회주의당이 스탈린주의와 완전한 단절을 실행하고자 한다고 선포했지만, 그들 자신의 역사적 정당성을 여전히 1946년 4월의 독일사회주의통일당 설립에서 찾고 있다. 그래서 1989년 이후의 시기에는 당을 진작하고 혁신적 영향을 끼칠 새로운 기본 합의가 존재하지 않는다. 사회민주당으로서는 이 새로운 옛 정당을 언젠가는 받아들이기 위해 상호 접근을 더욱 강화해야 하는가의 문제가 남아 있다. 라퐁텐이 좌파당을 새롭게 영향력을 발휘할 장소로 선택함으로써, 이런 관측은 어려워졌다. 사회민주당으로서는 좌파·민주주의적, 사회·진보적 중도좌파 정당이라는 입장에서 그동안 잃어버렸던 영역의 재탈환을 목표로 대대적인 운동을 주도하는 것이 더 합리적일 것이다.

4. 1990년대 노동조합: 구조적으로 막다른 골목과 미래 창출 사이에서

1990년대로 들어서면서, 견고한 정치적 관계와 상대적인 경제적 안정성, 사회적 균형과 적은 갈등비용 등으로 높게 평가되어온 '독일 모델'(Modell Deutschland)이 약속해왔던 바를 더 이상 지키지 못하게 되었음이 확실해졌다. 특히 두 가지 측면에서 커다란 부족함을 드러냈다. 변화된 기술적인 혹은 경쟁상의 조건들에 대한 적응과정에서 유연성 부족이 나타났으며, 아울러 계속 증가하는 실업에 대한 효과 있는 대응이 부족했다. 세계화와 대량실업, 독일 통일 등의 도전들에 대해 그 어떤 설득력 있는 답이 나오지 못했고 '독일 모델'의 성능에 의심이 생겨났다.

동부 독일에서의 수요(Nachfrage)는 소비재 생산에서 반짝 호황만을 일으켰다. 그 후로 지금까지 권위적으로 형성되어왔던 독일 동부 사회를 극복하고 적응하고 회생시키는 과정이 일반적인 사회경제적 구조변동의 소용돌이 속으로 빠져들게 되었다. 노동조합 또한 그 하나의 대상이었다. 그들은 먼저 꽤 성공적으로 조직상의 자유화 과정과 안정화 과정에 착수했다. 하지만 대단히 빠르게 반대 현상, 즉 탈안정화의 역풍을 맞는다. 당원 수는 지속적으로 줄어들었고, 통일적 임금협약(Flächentarif, 특정 업종이 먼저 그 지역에서 맺은 임금협약을 모범으로 삼아 전국 각 지역이 통일적으로 이를 따르는 방식의 임금협약)은 해체되었으며(동부 독일에서만 그랬던 것이 아니다), 노동조합을 배제한 가운데 관리자와 기업평의회 사이의 협력이라는 새로운 형태가 만들어졌다(이 또한 동부 독일에서만 그랬던 것이 아니다). 그렇다고 이미 동부 독일이 — 일반적으로 판단하건대 — 절반의, 또는 모든 혁신과 투자가 중단되고 두려움의 대상이 되는 독일의 메초조르노,* 즉 이른바 하향안정화(Konsolidierung)된 것은 아니다(특히 강철과 전기산업에서). 지역적으로 안정된 경제구조를 발전시켰고, 틈새제품(Nischenproduktion)을 생산하는 수많은 작은 기업들이 생겨났으며, 수출 또한 늘어났다. 하지만 동시

• 메초조르노(Mezzogiorno)는 이탈리아 남부 지역을 의미하며, 종종 독일 동부 지역의 경제발전이 투자 없이 다른 지역에 의존하는 상황을 이 지역의 낮은 생산성에 빗대어 이와 같이 표현하기도 한다.

에 전국이 메초조르노화되는 경향 또한 분명히 있었다. 변화의 진행은 노동조합을 '구조적인 막다른 골목'(strukturelle Sackgasse)으로 끌어갔는데, 궁극적으로 그것은 기업가들이 점차 자신들 카르텔의 제어에서 벗어나 구조적이며 화급한 난관들을 자신들에게 유리한 탈규제화 공격에 이용할 수 있는 기회로 인식했기 때문이다. 이미 강철기업가들은 1993년 5월 임금협약의 합의 사항 해지를 통보한 바 있다. 역사가의 입장에서는 1928년의 루르 철강분쟁(Ruhreisenstreit)* 같은 바이마르 모델이 의미 있다고 생각한다. 나아가 ― 거기에 더해 ― '구조적인 막다른 골목'에 대해 이야기하자면, 국가 또는 과반수를 형성하는 집권당의 추세가 일종의 후기 대처주의(Spät-Thatcherismus)처럼 사회복지국가의 보장에서 후퇴함으로써, 노동조합이 (거의) 모든 것을 사회복지국가 카드에 걸 수 있던 전통적인 국가중심주의적 신뢰와 작별해야만 할 정도까지 되었다.

'구조적인 막다른 골목'으로의 고착이라는 표현은 또한 모순적이고도 전략적인 선택이다. 한편으로 노동조합은 사회민주당과 함께 카르텔 분쇄와 시장경제적 경쟁 확대(학계에서는 이미 '조직자본주의'라는 힐퍼딩 모델의 침몰로 해석했던)를 옹호했다. 다른 한편으로 그들은 노사관계라는 범위 안에서 기업가 단체들과의 장기적인 협조체제를 유지할 수 있는 가능성을 원했다. 이런 모순적이면서 전략적인 선택은 1996년 노동

---

* 1928년 11월 1일부터 12월 3일까지 루르 철강지역에서 발생한 바이마르 시대 최대 규모의 노사분쟁을 가리킨다. 1920년대 후반 아직 세계적 경제 위기에 빠지기 전에 노동조합은 시간당 15페니히의 임금인상을 요구했고, 고용주 단체가 이를 거부하면서 정부에 의한 조정에 들어갔다. 그러나 고용주 단체는 최종 조정안을 거부하고 공장폐쇄를 단행해 약 24만 명의 노동자를 해고했다. 양쪽의 피해가 커지면서 결국 양쪽은 서로 양보하여 기업주들은 공장폐쇄를 철회했으며, 노동자들은 임금을 1~6페니히 인상하고 노동시간은 주 60시간에서 52~57시간으로 축소하는 선에서 합의했다. 결과적으로 노동조합의 안이 대폭 축소되었다. 이 분쟁은 라인-베스트팔렌 공업지역에서만 발생했지만, 전 독일에 영향을 끼쳐 이후 기업가들이 노동조합에 공격적으로 대처하게 되는 계기를 마련했다.

조합의 기본강령에서 읽을 수 있는데, 국가가 더 이상 모든 것을 규정해서는 안 되지만 다른 한편으로는 전통적인 사회복지국가로서의 과제를 국가에 맡겨야 한다는 것이 노동조합의 입장이었다.

또한 유럽 통합은 노동조합의 이해와 관련해서는 중기적으로 오히려 부담이 될 것이었다. 왜냐하면 유럽이라는 공간 안에서 기업이라는 적수의 우위가 확연하기 때문이다. 수십 년 동안 지속되어 거의 제도화된 로비구조 때문에 유럽 관련 일들이 벌어지는 브뤼셀*에 기업가들이 출몰하는 현상은 너무도 노골적으로 나타난다. 콘체른의 다국적 결합 또한 비밀이 아니다. '콘체른 지배 방식을 따르는 유럽'이라는 말이 이 상황을 매우 분명하게 보여준다. 이에 반해 노동조합은 유럽 차원에서는 여전히 잘 드러나지 않는다. 그 밖에도 노동조합은 한목소리를 낼 수 있도록 앞으로도 오랫동안 투쟁해야 할 것이었다. 독일의 공동결정제 모델도 유럽의 사회복지헌장이라는 큰 틀 가운데 노동자 참여권이라는 목록 안에 가까스로 포함되었다. 사회복지국가로서의 기준에 영향력을 발휘하고 참여하는, 긴 역사적 과정 속에 성장한 여러 메커니즘들은 특히 작은 국가(덴마크가 그 예로 적절하다)의 노동자들을 독일 노동조합의 중앙중심적 공동결정 형태 앞에서 고개를 절래절래 흔들게 만들었다.

다른 한편 독일 노동조합에는 '막다른 골목'으로부터 벗어나려는 노력들도 있다. 작업 현장에서의 친기업적 임금정책과 공동결정이 많아졌다. 왜냐하면 기업 경영자들과의 협력 속에 진행되는 기업평의회를 미래의 실질적인 노동자 이해의 대변 기구로 보았기 때문이다. 기업평의회에 대한 이런 의미 강조는 기업평의회가 단지 기업의 자율적 결정들의 금전적·양적인 성과를 관리하거나 제한하기 위해서

---

* 브뤼셀은 벨기에의 수도이면서 유럽연합(EU) 본부 및 나토 사령부의 소재지이다. 그 밖에도 유럽연합의 기구인 유럽이사회(European Council)와 유럽집행위원회(European Commission)가 브뤼셀에 있어 사실상 유럽연합의 수도 역할을 하고 있다(유럽의회는 프랑스 동남부의 스트라스부르에 있다).

만 활동하는 것이 아니라 기업 활동의 과정에 대한 간섭권을 요구할 수 있음을 전제로 한다. 결국 문제는 이런저런 일들을 겪으면서 흘러갈 '운명공동체'(Schicksalsgemeinschaft)의 결성이 아니라 '생산성 동맹'(Produktivitätskoalitionen) 혹은 보다 일반적으로 표현해서 '공동결정된 시장자본주의'(마르틴 회프너Martin Höpner)가 문제인 것이다. 노동조합이 미래의 영역인 직업 심화교육(Weiterbildung)에 착수하는 것은 — '현장에서의' 노동자 이해 대변을 위해서뿐만 아니라 빠르게 늘어나는 노동자 자신이 갖고 있는 전문지식의 가치 상실에 대응하기 위해서도 (이것은 단지 기업과 관련된 문제일 뿐만 아니라 노동시장이 지향하는 방향과 관련된 문제이기도 하다) — 중요한 결정이다. 왜냐하면 노동조합은 이를 통해 조합원들을 한데 묶는 효과를 낼 수 있을 뿐만 아니라 종사자들의 증가하는 개별화 경향(Partikularisierung)에 대응해 그들을 일정한 방향으로 이끌어갈 수 있기 때문이다.

노동조합의 새로운 편성 문제도 이런 관련성 속에 있다. 모(母)조직인 독일노동조합총연맹(DGB)은 창립 이후 지속적으로 개별 단위노동조합에 대한 조정 능력을 상실해가는 문제를 안고 있다. 독일노동조합총연맹은 1990년대에 옛 업종별 구조의 해체와 맞닥뜨리면서 성공적으로 합병과 협력을 이끌어갔다. 문제는 여러 업종노동조합들의 합병이 과연 더 큰 관철력을 갖도록 단결을 이루는 것인가라는 것과 개별 경제 부문을 넘어서는 복합노동조합(Multibrachengewerkschaft)의 결성으로 가게 되는가였다. 1997년 광산·에너지산업노동조합, 화학·종이·도자기산업노동조합, 가죽노동조합 등을 합쳐 광산·화학·에너지산업노동조합(IG BCE)이 세워졌고, 2000년에는 여기에 목재·직물노동조합을 합쳐 금속산업노동조합(IGM)이 탄생했다. 2001년에는 독일사무직노동조합(DAG), 판매·은행·보험노동조합(HBV), 방송산업노동조합, 공공서비스·운송·운수노동조합(ÖTV) 등을 합쳐 서비스노동조합연합회(Vereinte Dienstleistungsgewerkschaft e. V., ver.di)가 만들어졌다. 이 세 노동조합을 합치면 전체 독일노동조합총연맹 조합원의 80퍼센트를 차지한다. 그 밖에 남은 노동조합들은 건설·농업·환경산업노동조합(IG Bau), 교육과학문노동조합(GEW), 생필품·음식·음식점노동조합(NGG), 경찰노동조합(GP), 운송노동조합(Transnet)이다. 장차 어떻게 공동의 지붕을 만들어야 할 것인가는 여전히 답변되지 못한 질문으로 보인다.

노동조합은 이제 거의 조망하기 힘들 만큼 넓은 문제 상황에 직면해 있다. 포기하고도 싶고 어느 견고한 진지 안에 전통의 파수꾼으로 물러나고도 싶은 위험을 내부에 감추고 있다. 비록 1980년대 말 이후에 노동조합이 새로운 주제를 받아들이고 녹색당에 대한 자신들의 선입견을 벗어버렸음에도 불구하고, 여전히 그들은 사회 상황의 개인화와 조합원 관심사의 잡다함을 이겨내야 하는 대단히 어려운 상황에 놓여 있다. 또한 노동조합에는 자신의 견해와 생각들을 계몽된 대다수의 시민들이 알아들을 수 있도록 일반화된 형태의 메시지로 묶는 능력이 부족하다. 이런 측면에서 오랫동안 여론을 형성해오던 잡지 『월간 노동조합』(*Die Gewerkschaftlichen Monatshefte*)을 폐간한 것에 대해 전문가들로부터 대단히 거친 비난을 들어야 했다. "자신들이 스스로 기술한 바 '총괄적으로 구성해가는 임무를 갖는 조직'이 의미하듯, 노동조합이 사회 내에서 그런 이념적 지도부 또는 프로그램 지도부로서 역할을 한다는 것"을 이제는 결코 생각할 수도 없다. 기껏해야 시민사회가 만들어내는 그때그때의 주제에 대해 목적에 맞는 용인만 남았다"라고 비판한다. 노동조합이 주제에 따라서는 5년에서 15년까지 이론적으로 뒤처진 현상은 "이해 대변이라는 노동조합 목적의 한계가 드러난 것이다"(Helmut Wiesenthal & Ralf Clasen, 308쪽). 노동조합이 그들 본래의 운동적 특징을 회복할 수 있을 것인지는 궁극적으로 노동조합이 독일과 유럽공동체 내의 좌파정당들 가운데 어떤 파트너를 선택하느냐에 달렸다. 그것이 언제나 사회민주당일 필요는 없다. 하지만 좌파당(die Linkspartei)만큼은 아니다.

5. '새로운 중도'를 택한 '새로운 사회민주당'이 새로운 '제3의 길'로?: 1990년대의 사회민주당

또한 1990년대에는 학계와 언론계에서 더 이상 사회민주당이라고 부를 수 없는 것, 결코 남아 있어서는 안 되는 것, 이미 오래전에 되었어야 하는 것 혹은 결코 되어서는 안 되는 것에 대해 많은 논의들이 있었다. 국민정당, 좌파 국민정당, 당원정당과 간부정당, 부분적으로는 이미 가시화된 대중매체 정당, 참여적 네트워크 정당, 원내정당, 총리선거단 등이 그것들이다. 분석해보면, 사회민주당이 여전히 어떤 모습이거나 이미 그 모든 것으로부터 무엇인가가 되었다거나 하는 것들이 그렇게 잘 상응하는 것처럼 보이지는 않는다. 처음으로 설득력을 가졌던 표현은 "느슨하게 연결된 무정부 상태"(Peter Lösche)라는 말이었다. 마찬가지로 당의 상태를 규정하는 것은 지속적인 당원 수의 감소였다. 30년 동안 당원 수는 반으로 줄었다. 1976년에 최초로 1백만 명을 넘는 정점에 도달했지만, 2006년에는 단지 56만 8천 명일 뿐이었다(기독교민주연합이 56만 1천 명, 기독교사회연합이 17만 명이었다).

그 어떤 정당도 사회민주당만큼 그렇게 많은 사회적 상황, 정치적 이해관계와 관련을 맺으면서, 그렇게 자주 서로가 모순관계에 놓여 있는 것처럼 보이거나 실제로 그랬던 당도 없었다. 사회민주당은 다른 어떤 정당들보다 더 분명하게 연방공화국 사회구조 내 변화에 노출되었다. 그들은 다른 정당들보다 더 피부에 밀착하거나 가까이에서 탈전통주의적 삶의 형태와 사회적 불평등으로 흘러가는 삶의 개인화를 감지했다. 그들은 지속적으로 이중전략 문제에 직면했다. 그들은 점점 줄어드는 전통적 지지층을 붙잡아야 했고, 자신들의 태도에 놀라 혼란스러워한 나머지 떠나간 지지자들을 일시적으로라도 잡아야만 했다. 그들은 새롭게 부상하는 '새로운 중도'와 — 이 개념을 무엇으로 이해하든지 상관없이 — 모든 계급 및 계층으로부터 지속적이고 분명히 드러나는 '패배자들'인 '새로운 하층민' 사이에서 그 어떤 균형을 찾아야만 했다. 그리고 그들은 최종적으로 콜 시대의 기독교민주연합이 자기 힘으로 과반의 집권정당을 세우고 이끌다가 소진해버린 몇몇 희망에 자신들을 걸어야 했다. 보다 중도 쪽으로 옮아간다 해도, 그렇게 되면 그들은 다른 어떤 정당들보다 연정 형성을 위해 더 많은 조건들을 선택해야 할 것이었다. 이것이 그들이 극복하는 법을 배워야만 했던 수많은 불리함 속에서도 갖고 있던 한 가지 장점이었다.

20세기 마지막 10년 속으로의 '손자' 세대의 출발은 그리 나쁘지 않았다. 비외른 엥홀름은 배운 사람들, 이성적 사람들, 숙고형의 사람들, 예술과 문화에 능통한 사람들을 끌어모았다. 라퐁텐은 당원들과 전통적 지지자들을 끌어모으는 담당이었고, 그들을 개혁과정에 힘차게 합류시켰다. 게르하르트 슈뢰더(Gerhard Schröder)는 기독교민주연합 진영으로부터 불만인 사람들을 불러 모았고, 대중매체가 좋아하는 근대화론자의 이미지를 만들어냈다. 루돌프 샤르핑(Rudolf Sharping)은 내부를 향한 강한 지도력을 보였다. 이른바 킬 사건(Kiel Affäre)*으로 엥홀름이 추락하고 샤르핑이 2선으로 밀려난 후에 남은 것은 단지 2인 지도체제밖에 없었다. — 알려진 여러 소문과는 달리, 라퐁텐이 1995년 만하임 당대회에서 반란을 일으켜 당수가 된 것은 아니었다. 그것은 브란트를 상기시키는 위대한 시대로 라퐁텐이 당을 이끌어가리라는 신뢰를 가졌던 당

---

* 바르셸 사건(Barschel-Affäre)으로도 불리는 이 사건은 1987년 당시까지 슐레스비히-홀슈타인 주 총리였던 우베 바르셸(Uwe Barschel)이 언론인 라이너 파이퍼(Reiner Pfeiffer)를 매수해 차기 강력한 주 총리 후보였던 엥홀름을 염탐하게 했던 사건이다. 선거 직전에 이러한 사실이『슈피겔』에 의해 보도되자 바르셸은 처음에 자신의 행위를 부인했으나, 점차 자신에 대한 조사가 강화되면서 선거 직후 스위스의 한 호텔에서 죽은 채 발견되었다. 1988년부터 주 총리였던 엥홀름은 과거 이 사건의 조사위원회에 자신이 1987년 주의회 선거 이전 파이퍼의 염탐 행위를 몰랐다고 증언했던 것이 사실과 다름이 드러나면서, 이미 처벌의 시효가 지났음에도 1993년 주 총리와 당 대표위원 등 모든 정치 일선에서 물러났다.

대의원들의 투표로써 이루어졌다. 이제 쌍두마차 체제가 만들어진 것이다. 라퐁텐은 당 지휘를 맡았고, 슈뢰더는 대중매체에 의해 차기 총리로 부상했다.

이들 주위에는 항상 많은 집단들이 부산히 움직였다. 프랑크푸르트 그룹(der Frankfurter Kreis)은 일종의 '붉은 세포'로서 좌파들의 토론 집단이었다. 제하임 그룹(der Seeheimer Kreis)은 그저 우파로 분류하기에는 무리가 있지만 조직적이면서도 영향력을 성공적으로 발휘하는 집단이었다. 1998년 이후에는 젊고 야망 있는 연방의원들의 모임인 네트워크(Netzwerk)가 생겨났다. 그 밖에 당 지도부가 허용하거나 나아가 후원하는 잡지들이 있었다. 이 잡지들 ——『사회주의 정치와 경제를 위한 잡지』(Zeitschrift für sozialisitische Politik und Wirtschaft, spw), 『민주사회주의의 지평』(Perspektiven des demokratischen Sozialismus), 『대학 주도의 민주사회주의 잡지』(Zeitschrift der Hochschulinitiative Demokratischer Sozialismus), 『베를린 공화국』(Berliner Republik, 1999년 이후) —— 은 모두 당 외곽에서 영향력을 가지면서 내부적으로는 상호 충돌하는 다양한 여론을 형성하는 데 기여했다. 여기에 당의 곁에 있는 프리드리히 에버트 재단이 만들어내는 『새로운 사회/프랑크푸르트지』(Die Neue Gesellschft/Frankfurter Hefte)도 추가할 수 있을 것이다.

정치적·지적 담론의 다양성을 아무리 기뻐한다 하더라도, 당 지도부는 이런 다양성을 정치적 여론 형성과 의사 형성을 위한 소통으로 묶어내지 못했다. 그들에게는 무엇이 사회민주주의의 이름을 걸고 미래에 공동으로 구성할 과제가 될 것인지를 만들어내고 전달할 압도적인 세력이 없었다. 라퐁텐은 기본 원칙 논쟁에서 건조한 형식적 타협이나 뜨거운 열기 이상으로 건설적인 발언들을 종합해낼 수 있는 마지막 기대주였지만, 그는 자기 스스로의 한계에 부딪혔다. 1980년대 말 이후에 그는 전통적 사회복지국가 전략과 연결점을 갖기도 했지만, 이를 생태학적·사회적으로 이끌면서 시장경제적으로 조직된 서비스사회 모델에 적응시키고자 시도했다. 그는 노동을 확장된 개념으로 받아들이고자 노력했다. 즉 자본에 고착된 노동은 문화적으로 인정된 형식의 확장과 심화 등을 통한 '다른 노동'(andere Arbeit)으로 대체되거나 보강될 수 있어야 한다는 것이다. 이처럼 미래의 사회발전을 제시하는 지평 속에서 국가는 무엇보다 시장의 왜곡을 고쳐 나가야 하지만, 시장에서 일어나는 일들에 가능한 한 적게 개입해야 한다는 것이다.

라퐁텐의 이런 견해는 노동조합과의 엄청난 충돌을 초래했고, 그는 마지막까지 고전적 사회복지국가가 갖는 일률적인 골격을 흔들었다. 그러면서 그는 실업자 지원에 대한 청구권을 필요에 맞추어 지급하는 방식으로 바꾸는 대안을 제시했다. 여기서 그의 문제는 경쟁력, 사회윤리적 기반, 생태학적 개조라는 새로운 경제질서 정책˚상의 '마의 삼각형'(magisches Dreieck)을 창조해내기는 했지만, 자신의 총체적 목표를 달성할 수는 없었다는 것이다. 그것이 단지 그만의 문제는 아니었다. 사회민주주의 경제학자들 사이의 40년의 논쟁 후에도 여전히 경제와 사회 가운데 어떤 영역을 시장경제적 메커니즘에 맞추어 구성해야 하는가, 그리고 어떤 영역에서 이윤 극대화 경쟁이 전혀 쓸모없는 조정 도구가 될수 있는가 등의 문제에서는 합의를 이루지 못했다. 재무부장관으로서라퐁텐의 실수는 경솔하게도 이미 오래전부터 진행되어온 경제적 세계화를 사회복지 측면에서 감당할 수 있는 방향으로 돌이킬 수 있을 것이라고 믿었던 데 있었다. 그래서 그는 경제의 세계화가 국민국가의 정치적 수단을 통해서는 이미 불가능할 만큼 시너지 효과를 내고 있어서 유럽연합(EU) 차원에서도 더 이상 어쩔 수 없다는 사실을 간과했다.

그리고 그는 떠났다.˚˚ 이미 1990년에 페터 글로츠(Peter Glotz)는 라퐁

• 경제질서 정책(Ordnungspolitik)이란 경제질서의 유지와 적응, 개선 등을 목표로 경제를 이루는 큰 틀을 구성하는 모든 국가적 대책을 의미한다. 시장경제를 구성하는 힘을 강화하고 경제력 집중을 막기 위한 국가 경제정책의 한 방식이다.
•• 1998년 9월 연방의회 선거에서 사회민주당이 승리한 후에 자신의 라이벌인 슈뢰

텐이 "언젠가 한번은 모든 것을 다 내던져버릴 거라고 믿는다"라고 예상한 바 있었다. 사회민주당 당원들은 그동안 — 물론 보다 온건한 형태였기는 했다 — 당의 대표가 '다 내던져버리는' 여러 행태들에 익숙해 있기는 했지만, 도대체 왜 라퐁텐이 그렇게 극적인 방식으로 작별을 고했는지에 대해서는 어쩌면 언젠가는 이해할 수 있을지도 모른다. 그렇더라도 그사이에 그가 새롭게 자신의 정치 활동 영역을 찾고 발견했던 행위들에 대해서는 아마도 결코 용서하지 않을 것이다.*

1990년대의 사회민주당에 대한 평가는 거의 전적으로 당의 부족함에만 집중되었고 성과에 대해서는 거의 알려지지 않았다. 사회민주당은 친생태학적 조세개혁 실현에 성공했다. 또한 오랫동안 얕잡아보았던 사회적 세계화를 과제로 받아들였고 단지 트랜스내셔널한 당이 아닌, 실제로 유럽적 당으로서의 길을 성공적으로 내디뎠다. 동시에 사회민주당은 — 1976년부터 1992년 사회주의 인터내셔널(Sozialistischen Internationale)의 의장으로서 브란트가 이룬 마지막 공헌으로 — '유럽을 넘어' 생각하면서 시대에 뒤처진 '유럽중심주의'를 개선해야 한다는 것을 알게 되었다. 아울러 급진적 페미니즘과는 충분히 거리를 두면서도 여성의 지속적 해방을 전체 당의 과제로 삼았고, 그것을 넘어서 이런 해방의 노력이 사회의 많은 부분에서 수용되게 이끌 수 있었다. 여성해

더가 총리가 되자, 라퐁텐은 재무부장관을 맡는다. 그러나 둘 사이의 잦은 충돌은 마침내 1999년 3월에 라퐁텐의 갑작스러운 사퇴로 이어진다. 그는 재무부장관뿐만 아니라 모든 정치 활동으로부터 은퇴했다. 그가 재무부장관을 맡은 지 4개월만의 일이었다. 그의 구체적인 사퇴 이유는 아직까지 밝혀지지 않고 있다. 이후 그는 지속적으로 슈뢰더 정권을 직접적으로 비판했으며, 2005년 마침내 사회민주당을 탈당해 민주사회주의당(PDS)으로 당적을 옮겼다.

• 라퐁텐이 사회민주당을 탈당한 이후 민주사회주의당으로 당적을 옮겨 그곳에서 당수로까지 두루 활동했던 사실을 의미한다. 그는 2013년에 전립선암 수술을 받으면서 모든 당직과 정치 일선에서 물러났지만 여전히 민주사회주의당 당원으로 활동을 계속하고 있다.

방을 달성하지는 못했지만, 조직에 의해 지지되는 당원 간의 단결이라는 그들만의 전적으로 고유한 특성은 결코 사라지지 않았으며, 오히려 더욱 커질 수 있었다. 내부를 향한 안정화와 동시에 당의 현대화는 성공했다. 이는 왜 오늘날까지도 그 모든 소용돌이를 뛰어넘어 '당의 지휘탑'이 무너지지 않았는지를 설명해준다. 당 대표부는 어느 정도는 스스로 영향력 있는 조정과 통합의 중심지 역할을 했다. 선거전 계획과 선거 수행은 전문적으로 서비스 업무의 중심인 캄파(Kampa)*에서 진행했다. 일반적으로 말해 당내 정치적 의사 형성의 효율성 있는 형태는 효과를 보았다. 공식 석상에서 당의 존재는 조심스러우면서도 적당한 속도로 확장되었다.

무엇보다 당의 재정은 1991년 이후 재무 담당이던 잉게 베티히-다니엘마이어(Inge Wettig-Danielmeier)에 의해 투명하게 정비되었고 민주화되었다. 당은 여전히 당원의 당비를 모아서 유지되며, 따라서 거액 기부자들과는 독립적 관계를 유지할 수 있었다. 다른 한편으로 사회민주당은 함부르크 소재 독일인쇄출판회사(Deutsche Druck- und Verlagsgesellschaft)의 지주회사를 통해 언론매체 분야에서 과반지분(Mehrheitsbeteiligung)과 소수지분(Minderheitsbeteiligung)을 점유하고 있는데, 그 덕분에 2000년에는 총 1,280만 마르크가 당에 유입될 수 있었다. 베를린에는 독립적인 부동산 유한회사를 소유하고 있어 당이 소유하고 있는 부동산의 개축과 관장, 필요한 서비스 관리 등을 담당하고 있다. 특별히 이런 활동 영역에서 성공적이었던 부문은 통일 이후 동부 독일 지역에서 나치에 의해 몰수되었던 당의 재산을 복원하는 작업이었다. 2000년에 35건의 소송이 끝났고, 21건의 청구권이 인정되었으며,

---

• 선거전을 수행하는 사회민주당의 중앙기구로서, 1997년 10월에 처음 만들어졌다. 미국 정당의 선거 방식을 모방해 중앙당에서 모든 선거전에 대한 진행을 관리하는 방식이다. 325곳의 지구당과 긴밀히 연계하면서 전문적 선거기술과 여론조사를 실시하고 대중매체와의 접촉 등을 동원한 선거전을 구사한다.

1993년 11월 9일 베를린 당사 빌리 브란트 하우스 상량식

69건은 아직 판결이 나지 않았다. 독일적 철저함과 지연 작전은 여기서도 되풀이되고 있는 듯 보인다. 1946년부터 1972년까지 베를린 서부점령지역(Westzone)과 구(舊)서독에서 진행된 복원과 보상 작업은 새 연방주에서도 되풀이되었다. 나치에 몰수된 사회민주당 재산은 약 75년이 지났어도 여전히 보상이 실행되기를 기다리고 있다.

당은 지식인에 대한 통상적 접촉을 넘어서 예술과 문화에도 폭넓게 문호를 개방했다. 1996년 5월에 베를린에 문을 연 '빌리 브란트 하우스'라는 이름의 당사 건축물은 공공에게도 주목받는 두드러지게 강렬한 외형을 갖고 있다. 빌리 브란트 하우스는 지금까지 익숙해져온 에리히 올렌하우어 하우스(Erich-Ollenhauer-Haus) — 본에 있으며, '바라크'로 지어진 전설적인 건물이다 — 의 1950년대 가난이 풍기는 악취에서 벗어나 완전히 다른, 문화적으로 열려 있는 건물이다. 사회민주당은 베를린의 빌리 브란트 하우스를 계기로 당사 문제에서 전통주의와 현대 간의 대립을 최종적으로 끝냈다.

그러나 이런 판단이 당 자체에도 해당되는가? 이미 1997년에 슈뢰더는 당내에서 새로운 세기까지 이어질 논쟁에 불을 지폈다. 1998년 연방의회 선거에서 승리한 후에 — 사회민주당은 비례대표 정당투표에서 40.9퍼센트라는 높은 지지율을 획득했는데, 이는 1994년 선거에 비해 4.5퍼센트가 증가한 것이었다 — 연방 차원에서 녹색당(6.7퍼센트)과 첫 적-녹 연정을 구성했다. 이 연정이 충분한 과반수에 기반한 것은 아니었지만(669석 가운데 345석), 그럼에도 열망했던 두 번째 '정권교체'(Machtwechsel)를 하기에는 충분했다. 열띤 환호는 채 1년을 가지 못했다. 이후 사회민주당은 1999년 가을의 주의회 선거와 지방자치 선거에서 급전직하 — 지지율이 브란덴부르크에서 14.8퍼센트, 자를란트에서 5퍼센트, 튀링겐에서 11.1퍼센트, 노르트라인-베스트팔렌에서 8.4퍼센트, 쾰른에서 12.2퍼센트, 도르트문트에서 10.4퍼센트, 에센에서 14.3퍼센트 떨어졌다 — 했다. 이미 그해 여름에 실시된 유럽 선거의 결과는

빌리 브란트 하우스

사회민주당 지지층에 대한 동원 능력의 약화를 예고하고 있었다. 사회민주당은 단지 1.5퍼센트만 잃었지만, 기독교민주연합/기독교사회연합은 9.3퍼센트를 늘렸다. 1년 전에 실시된 연방의회 선거와 비교하자면, 사회민주당은 10.2퍼센트를 잃은 것이고 기독교민주연합/기독교사회연합은 13.6퍼센트가 늘어난 것이었다.

이러한 상황에서 이른바 슈뢰더/블레어(Schröder/Blair) 문서(정확히는 「유럽 사회민주주의자를 위한 전진의 길: 게르하르트 슈뢰더와 토니 블레어의 제안」, 1999년 6월 8일 런던에서 발표)는 대단히 커다란 의미를 획득했다. 이 문서에서는 사고의 구조를 울타리로 둘러싸고 논리적으로 치장함으로써, '새로운 사회주의'를 향한 '새로운 길' 또는 '새로운 중도'와 함께 하는 새로운 '제3의 길'에 다다르고자 했다. 이는 지금 꼭 필요한 본질이 무엇인가에서부터 시작해 사회민주주의적 기본 입장에서 전 유럽에 해당되는 정치적 공통가치의 핵심 문제가 무엇인가에 대한 기대를 안겨주었다. 이 문서에서는 이미 출발점에서부터 구조적 결함이 보이는데, 왜냐하면 이 문서가 독일에 적절하지 않는 영국적 사회복지 모델에 방향이 맞추어져 있을 뿐만 아니라 상당 부분이 옛 계급구조에 바탕을 두고 논의를 전개하고 있기 때문이다.

이 문서가 불러일으킨 뜨거운 논의과정에서 슈뢰더에게는 곧바로, 특히 노동조합의 시각에서 노동자를 배신한 신자유주의자라는 꼬리표가 붙게 되며, 이제 그는 '사장들의 동지'(Genosse der Bosse)로 받아들여진다.

그렇기는 하지만 과연 사회민주주의와 신보수주의적 자유주의 사이에서 전 지구화라는 시대의 가장 큰 도전에 맞설 길을 찾고자 추구하는 것이 무슨 잘못일 수 있겠는가? 잘못된 것이라면 그가 늦어도 1980년대 말 이후부터 사람들이 기대해왔던 것, 다렌도르프는 '사회민주주의적 세기의 끝'으로 표현한 바 있고 하버마스는 '스스로 개선할 능력이 있는 프로젝트'로 변호했던 사회주의를 너무도 빈약하고 피상적인 형태로 다루었다는 것이다. 사회주의는 구체적인 역사적 상황 안에서 조건들을 부여할 수 있고, "그럼으로써 ─ 그것이 무엇이든 ─ 해방된 삶의 형식을 만들어낼 수 있다." 그렇지만 그 문서는 이미 오래전에 정리되었어야 했을 몇 가지 진실들 ─ 사회적 정의에 대한 지원과 평등에 대한 요구를 혼동해서는 안 된다. 국민의 권리가 의무보다 더 높이 평가되어야 한다. 공급정책과 수요정책 사이에는 단지 겉으로만 모순이 있는 듯 보일 뿐이다. 투자의 최우선권은 인간 자본과 사회적 자본에 주어져야 하며, 국가는 이를 자신의 가장 중요한 역할로 삼아야 한다. 저임금으로 구성되는 새로운 부문의 노동시장이 필요한데, 왜냐하면 실업자들은 임금이 아주 없는 것보다는 나쁜 직업이거나 임금이 적게 지불되는 직업이라도 직업을 가지려 하기 때문이다 ─ 을 포함하고 있다.

슈뢰더는 2000년에 '뒤늦게 제출한' 근대적 사회민주주의 시민사회에 대한 청사진에서 이미 오래전에 제기된 화급한 물음에 답변을 시도했다. 국가가 더 이상 "더 많은 정의를 달성하기 위한 최고의 수단으로" 보이지는 않지만, 결코 그보다 덜하다고는 할 수 없는 새로운 역할을 갖게 되었다. 즉 국가는 "정의를 위한 조건들을 만들어내며, 사회적 연대의 기반구조를 보장하는 것"에 집중해야 한다. 그와 함께 국가는 "시민사회의 강화와 혁신"을 위한 기반을 만들어야 한다. 이는 "정치적 통합과 새로운 시민의식"을 통해 '변화의 문명화'(Zivilisierung des Wandels)를 가능케 한다. 중요한 것은 공동의 복지로 이끌 '더 많은 자기책임'이다.

현실 앞에서 부서져버릴 요란한 프로젝트와 쪽대본을 갖고 이를 준비한다고?!

21세기로 향하는 길에 대해 꼭 물을 필요는 없다. 무엇이 사회주의에서 남았는가? 어쩌면 이미 질문만으로도 충분할 수 있다. 사회민주당이, 나아가 유럽 사회민주주의가 미래에 사회민주주의적으로 할 수 있는 무엇이 남았는가?

| 참고 문헌 |

(앞에서의 예와 다르게 이 장(章)에서 참고 문헌은 각각의 절(節)별로 제시했다.
1990년대를 전체적으로 정리한 서적들이 거의 없어서 주로 논문 중심으로 제시해
야만 했기 때문이다.)

제1절

Grebing, Helga: *Die SPD — Eine nationale Partei?*, in: Grebing, Helga: *"Wie weiter Genossen?" Essays zur Sozialdemokratie im Epochenwechsel*, Essen 2000.

Lafontaine, Oskar: *Die Gesellschaft der Zukunft. Reformpolitik in einer veränderten Welt*, Hamburg 1988.

_____: *Probleme und Perspektiven der Deutschlandpolitik*. Rede am 17. September 1990 in Bonn vor der Friedrich-Ebert-Stiftung, Bonn 1990.

Sturm, Daniel Friedrich: *Uneinig in die Einheit. Die Sozialdemokratie und die Vereinigung Deutschlands 1989/90*, Bonn 2006.

Winkler, Heinrich August: *Der lange Weg nach Westen. 2 Bde. Deutsche Geschichte vom "Dritten Reich" bis zur Wiedervereinigung*, München 2000.

제2절

Historische Kommission beim Parteivorstand der SPD (Hg.): *Von der SDP zur SPD*, Bonn 1994.

Meckel, Markus/Gutzeit, Martin (Hg.): *Opposition in der DDR. Zehn Jahre kirchliche Friedensarbeit*, Köln 1994.

Rudolph, Karsten: *Einleitung*, in: *Die Partei der Freiheit. Willy Brandt und die SPD 1972-1992*. Berliner Ausgabe Bd. 5, hg. von Grebing, Helga/Schöllgen, Gregor/Winkler, Heinrich August, Bonn 2002, S. 15-72.

Tiemann, Heinrich: *Die SPD in den neuen Bundesländern — Organisation und Mitglieder*, in: *Zeitschrift für Parlamentsfragen* 3, 1993, S. 415-22.

Walter, Franz: *Die SPD nach der deutschen Vereinigung — Partei in der Krise oder bereit zur Regierungsübernahme?*, in: *Zeitschrift für Parlamentsfragen* 1, 1995, S. 85-112.

Walter, Franz/Dürr, Tobias/Schmidtke, Klaus: *Die SPD in Sachsen und Thüringen*

326

zwischen Hochburg und Diaspora, Bonn 1993.

제3절

Euchner, Walter: *Abschied vom demokratischen Sozialismus*, in: Rudolph, Karsten/ Wickert, Christl (Hg.): *Geschichte als Möglichkeit: über die Chancen von Demokratie* (Festschrift für Helga Grebing), Essen 1995.

Gerth, Michael: *Die PDS und die ostdeutsche Gesellschaft im Transformationsprozeß. Wahlerfolge und politisch-kulturelle Kontinuität*, Hamburg 2003.

Grebing, Helga: *Von der Notwendigkeit der Zukunft des Sozialismus*, in: *Für eine Kultur der Gerechtigkeit. Positionen des christlich-sozialistischen Dialogs* (Festschrift für Johannes Rau), Wuppertal 1991.

_____ : *'Dritte Weg' — Programmatische Konzepte über Alternativen zu den beiden, real existierenden Deutschlands*, in: Dies. *"Wie weiter, Genossen?" Essays zur Sozialdemokratie im Epochenwechsel*, Essen 2000, S. 95-103.

Grebing, Helga: *Sozialismus im 21. Jahrhundert —Programmatische Korrekturen*, in: Dowe, Dieter (Hg.): *Demokratischer Sozialismus in Europa seit dem Zweiten Weltkrieg*, Bonn 2001, S. 41-55.

Habermas, Jürgen: *Die nachholende Revolution*, Frankfurt a. M. 1990.

Hobsbawm, Eric: *Das Zeitalter der Extreme. Weltgeschichte des 21. Jahrhunderts*, München 1995.

Meyer, Thomas: *Was bleibt vom Sozialismus? Reflexionen über die Zukunft einer notwendigen Hoffnung*, in: Rudolph, Karsten/Wickert, Christl (Hg.): *Geschichte als Möglichkeit. Über die Chancen von Demokratie* (Festschrift für Helga Grebing), Essen 1995.

_____ : *Die Transformation der Sozialdemokratie. Eine Partei auf dem Weg ins 21. Jahrhundert*, Bonn 1998.

Meyer, Thomas, u. a.: *Theorie der Sozialen Demokratie*, Wiesbaden 2005.

Neugebauer, Gero/Stöss, Richard: *Die PDS. Geschichte, Organisation, Wähler, Konkurrenten*, Opladen 1996.

Malycha, Andreas: *Der ewige Streit um die Zwangsvereinigung*, in: Berliner Republik, H. 2006, S. 62-68.

제4절

Höpner, Martin: *Sozialdemokratie, Gewerkschaften und organisierter Kapitalismus, 1880‑2002*, in: *Kölner Zeitschrift für Sozialogie und Sozialpsychologie* (Sonderheft 45), 2005, S. 196‑221.

Schroeder, Wolfgang: *Das Modell Deutschland auf dem Prüfstand. Zur Entwicklung der industriellen Beziehungen in Ostdeutschland (1990‑2002)*, Wiesbaden 2003.

Wiesenthal, Helmut/Clasen, Ralf: *Gewerkschaften in Politik und Gesellschaft: Von der Gestaltungsmacht zum Traditionswächter*, in: Schroeder, Wolfgang/ Wessels, Bernhard (Hg.): *Die Gewerkschaften in Politik und Gesellschaft der Bundesrepublik Deutschland. Ein Handbuch*, Wiesbaden 2003, S. 296‑322.

제5절

Brunner, Detlev: *50 Jahre Konzentration GmbH. Die Geschichte eines sozialdemokratischen Unternehmens 1946‑1996*, Berlin 1996.

Danker, Uwe u. a.: *Am Anfang standen Arbeitergroschen. 140 Jahre Medienunternehmen der SPD*, Bonn 2003.

Giddens, Anthony: *Der dritte Weg. Die Erneuerung der sozialen Demokratie*, Frankfurt a. M. 1999.

Glotz, Peter: *Versuch über Lafontaine*, in: *Die neue Gesellschaft/Frankfurter Hefte 7*, 1990, S. 583‑84.

Grebing, Helga: *Sozialdemokratische Zustände*, in: *Blätter für deutsche und internationale Politik 8*, 44. Jg., S. 1033‑37.

Grundwertekommission beim Parteivorstand der SPD: *Dritte Wege —Neue Mitte. Sozialdemokratische Markierungen für Reformpolitik im Zeitalter der Globalisierung*, Berlin 1999.

Heimann, Siegfried: *Die SPD in den 90er Jahren*, in: Süss, Werner (Hg.): *Die Bundesrepublik in den 90er Jahren*, Leverkusen 2002, S. 83‑104.

Lafontaine, Oskar: *Die Gesellschaft der Zukunft. Reformpolitik in einer veränderten Welt*, Hamburg 1988.

Lafontaine, Oskar/Müller, Christa: *Keine Angst vor der Globalisierung. Wohlstand und Arbeit für alle*, Bonn 1998.

Lösche, Peter: *Sozialdemokraten im Niedergang? Zum Zustand der SPD und ihrer europäischen Schwesterparteien*, in: *Blätter für deutsche und internationale Politik* 2, 2003, S. 207-16.

Merkel, Wolfgang u. a.: *Die Reformfähigkeit der Sozialdemokratie. Herausforderungen und Bilanz der Regierungspolitik in Westeuropa*, Wiesbaden 2006.

Oeltzen, Anne-Kathrin/Forkmann, Daniela: *Charismatiker, Kärrner und Hedonisten. Die Parteivorsitzenden der SPD*, in: Forkmann, Daniela/Schlieben, Michael: *Die Parteivorsitzenden in der Bundesrepublik Deutschland 1949-2005*, Wiesbaden 2005.

Rother, Bernd/Schmidt, Wolfgang (Bearb.): Über Europa hinaus. Dritte Welt und Sozialistische Internationale. Willy Brandt, Berliner Ausgabe Bd. 8, hg. von Grebing, Helga/Schöllgen, Gregor/Winkler, Heinrich August, Bonn 2006.

Rudolph, Karsten: Über die Zukunft von Mitgliederparteien und Parteiprogrammen, in: *Frankfurter Rundschau*, 18. Dezember 2000.

Schröder, Gerhard: *Die zivile Bürgergesellschaft. Anregungen zu einer Neubestimmung der Aufgaben von Staat und Gesellschaft*, in: *Die Neue Gesellschaft/Frankfurter Hefte* 4, 2002, S. 200-07.

Stöss, Richard/Niedermeyer, Oskar: *Zwischen Anpassung und Profilierung. Die SPD an der Schwelle zum neuen Jahrhundert*, in: *Aus Politik und Zeitgeschichte* 5, 2000, S. 3-11.

Tenfelde, Klaus: *Arbeiter, Arbeiterbewegungen und Staat in Europa des "Kurzen" 20. Jahrhunderts*, in: Hübner, Peter/Klessmann, Christoph/Tenfelde, Klaus (Hg.): *Arbeiter im Staatssozialismus. Ideologischer Anspruch und soziale Wirklichkeit*, Köln u. a. 2005.

Vester, Michael: *Gibt es eine "neue Mitte"? Die gesellschaftliche Basis für eine sozialdemokratische Reformpolitik*, in: *Perspektiven demokratischer Sozialismus* 1, 2000, S. 17-31.

Walter, Franz: *Die SPD nach der deutschen Vereinigung — Partei in der Krise oder bereit zur Regierungsübernahme*, in: *Zeitschrift für Parlamentsfragen* 1, 1995, S. 85-112.

언론인 니나 그루넨베르크(Nina Grunenberg), 베르너 페르거(Werner A. Perger), 군터 호프만(Gunter Hofmann) (이상 *Die Zeit*), 헤리베르트 프란틀(Heribert

Prantl), 헤르베르트 릴-하이제(Herbert Riehl-Heyse), 안드레아스 칠케(Andreas Zielke) (이상 *Süddeutsche Zeitung*) 등의 기사에서 다양한 자극을 받았다.

에필로그

역사학자가 역사의 전개를 이해하고 나아가 그것에 의미를 부여하기 위해서는 자신이 살고 있는 시대로부터의 거리가 필요하다. 미리 앞을 내다볼 수 있는 도구는 없다. 만일 그들이 진지한 학자로 남고자 한다면, 예언의 영역으로는 결코 발을 들이지 말아야 할 것이다. 그래서 이 책도 경계를 넘는 소소한 몇 가지를 제외한다면, 2000년까지로 마감한다. 하지만 적어도 역사가라면 역사에서 무엇을 배울 수 있는가에 대해서는 이야기할 수 있어야 하지 않겠는가? 그러나 이런 능력이 설사 있다 하더라도, 바로 그 한계에 부딪히게 된다. 유추에 기반하여 결론을 내릴 때 생기는 위험은 대단히 크다. 따라서 특별히 많은 이야기를 할 필요는 없을 것 같다.

분명한 것은 노동운동에서 그 역사는 언제나 그 행위의 원동력이었다는 것이다. 또한 노동운동의 역사에 대한 지식이 노동운동에 헌신하고 이를 목표로 행동하도록 통찰력을 제공한다는 것도 분명하다. 그것은 물론 유럽뿐만 아니라 착취와 비참함이 가득 찬 전 세계에서 고전적 의미의 노동운동은 더 이상 없으며, 또 그 목표에도 여전히 다다르지 못했음에도 그러하다.

그렇다 하더라도 가치 지향과 이념 지평, 의미의 모범과 같은 사회적 이념들이 사회주의의 구성 요소로 남는 한, 그 이념들은 21세기에도 여전히 영향력을 발휘할 것이다. 왜냐하면 불충분하고 위협적인 오늘날의 관계망들에 맞서 개인의 자유와 사회적 정의라는 이념은 그 내용이 갖는 힘에서 늘 다시 새로워져야 하기 때문이다. 어느 정도의 미래에 대한 전망, 어느 정도의 유토피아는 있어도 좋다. 인간에게는 비록 현재는 아직 아니지만 앞으로 도달할 수 있는 상(像)이 필요하다.

그래서 사회민주당은 계속해서 스스로를 강령을 제시하는 당(Programmpartei)으로 인식해야 한다. 무엇보다 먼저 장기적 목표 설정과 연결된 공동의 기본 신념들에 대한 확인이 그들에게 행동력을 심어줄 것이기 때문이다. 사회민주당은 좌파 국민정당으로서의 개념과 내용을 보존함으로써 정당으로서의 연대의식을 발휘해야 한다. 그래야 사회적 약자와 경계 밖으로 쫓겨난 이들이 정치나 사회에서 극좌나 극우 주변집단으로 넘어가지 않는다. 나아가 당원 중심의 정당으로 남아야만 하며, 지속적 집회민주주의(Versammlungsdemokratie)라는 의미에서 끊임없이 노력함으로써, 한데 속하는 것들을 한데 모아 이끌어가야 한다.

그러한 지평을 염두에 두면서 노동운동의 두 가지 강력한 상징적 인사로 이 책을 마치고자 한다. "전진!"(Vorwärts) 그리고 "안녕하시기를!" (Glück auf!). ●

● 'Vorwärts'는 '전진'이라는 의미로, 1876년 사회민주당이 발간한 첫 당 기관지의 이름이며 지금까지도 발간되고 있다. 'Glück auf'는 16세기부터 내려오는 광부들 간의 안녕을 기원하는 전통적 인사말로서, 갱도에서의 안전뿐만 아니라 불안정한 직업 상황에서 안정적 수입에 대한 기원도 담고 있다.

감사의 말

가슴 깊이 감사의 말을 전해야 할 사람들이 많다. 다양한 조언과 격려를 해준 내 친구 클라우스 베티히(Klaus Wettig)와 디트마르 쥐스(Dietmar Süss), 원고를 철저히 손봐준 과거의 제자이자 오늘날의 친구인 슈테파니 쉴러-슈프링고룸(Stefanie Schüler-Springorum), 원고를 기술적으로 잘 꾸미기 위해 끈기 있게 지원해준 율리아 클라인슈미트(Julia Kleinschmidt)와 위르겐 알베르스(Jürgen Albers), 짧은 인물사전과 연대표를 독자적으로 꾸며준 토마스 렐러(Thomas Reller), 인쇄본을 읽고 도움말을 해준, 어린 시절부터 알아온 동료 울리케 해렌델(Ulrike Haerendel) 등이 그들이다.

또한 이 책은 루신데 슈테른베르크-보링거(Lucinde Sternberg-Worringer)에 대한 오래되고 행복하며 고마운 기억 속에서 만들어졌다.

헬가 그레빙(Helga Grebing)

연표

1832   파리에서 독일국민협회(Deutscher Volksverein) 설립. 독일의 통일과 자유
를 위한 투쟁을 목표로 망명자와 방랑 수공업 직인으로 구성된 외국에서
의 독일 최초의 단체. 정치적 망명자의 경제적 지원과 정치 전단의 발행
을 자신들의 과제로 설정(2월).

1834   독일국민협회의 금지 이후 추방자동맹(Bund der Geächteten)이라는 비
밀조직을 파리에서 결성.

1836   추방자동맹의 분열 이후 급진파들은 '정의로운 자 동맹'(Bund der Gerechten)
이라는 비밀조직을 결성.

1840~   자유주의적 시민계층의 지휘 아래 독일에서 노동자교육협회 및 수공업자
협회 설립.

1847   런던에서 '정의로운 자 동맹'을 공산주의자동맹(Bund der Kommunisten)
으로 명칭 변경(6월).

1848   프랑스(2~3월), 독일(베를린, 3월 18일), 오스트리아, 헝가리 등지에서
혁명 발발.
2월 말 런던에서 카를 마르크스와 프리드리히 엥겔스에 의해 「공산당 선
언」 발표.
독일연방(Deutscher Bund)에 속한 거의 모든 국가들에서 노동자연맹이
생겨남. 특히 베를린에서는 노동자형제단(Arbeiterverbrüderung) 설립
(8월 23일~9월 3일).

1850   프로이센에서는 정치결사들 간에 상호 접촉을 금지하는 새로운 결사법

공포(3월 11일).

1854   독일 의회는 독일연방 내 정부들로 하여금 사회주의적이든 공산주의적이든 간에 정치적 목표를 추구하는 남아 있는 모든 노동자연맹과 노동자형 제단을 해체할 것을 명령(7월).

1859   프랑크푸르트에서 자유주의적 성격의 독일민족연합(Deutsche Nationalverein) 설립(9월 16일).

1861   독일 최초로 작센에서 노동자들의 결사금지법 폐지(10월 15일).

1862   페르디난트 라살의 연설 「오늘날의 역사적 시기와 노동자 현실의 이념 사이의 특별한 관련성에 대하여」(노동자 강령)와 『입헌론』 출간(4월).

1863   라살이 「중앙위원회의 라이프치히 독일노동자총회의 소집에 대한 공개 답변」 발표(5월).
       라살과 11개 도시에서 온 12명의 대표들에 의해 라이프치히에서 독일노동자전국연합(ADAV) 설립(5월 23일).

1864   마르크스와 엥겔스가 참여한 국제노동자협의회(Internationale Arbeiter-Assoziation)가 런던에서 결성(9월 28일).

1865   연초노동자전국연합(Allgemeiner Deutscher Zigarrenarbeiterverein)의 설립과 함께 노동조합의 새로운 결성의 시기가 시작됨(12월 25/26일).

1866   아우구스트 베벨과 빌헬름 리프크네히트가 주도하는 작센국민당(Sächsische Volkspartei) 결성(8월 19일).

1869   아이제나흐에서 사회민주주의노동자당(Sozialdemokratische Arbeiterpartei, SDAP) 결성과 함께 「아이제나흐 강령」 발표(8월 7~9일).

1870/71 독일-프랑스 전쟁.

1870   슈투트가르트 총회에서 사회민주주의노동자당을 독일사회민주주의노동자당(Sozialdemokratische Arbeiterpartei Deutschlands)으로 개명(6월 4~7일).
       북독일 제국의회에서 베벨과 리프크네히트는 전쟁채권 발행을 위한 투표에서 기권했고(7월 21일), 나폴레옹 3세가 포로로 잡힌 뒤에 전쟁채권 발행을 위한 투표에서 반대표를 던짐(11월 28일).

1871   빌헬름 제국(제2제국) 창설(1월 18일).

1874   국가적 억압의 새로운 물결이 시작되며(1월), 이어서 곧 프로이센에서는 독일노동자전국연합(ADAV)이 금지됨.

1875 사회민주주의노동자당과 독일노동자전국연합은 연합하여 고타에서 독일
사회주의노동자당(Sozialistische Arbeiterpartei Deutschlands, SAP)을 결
성하고 「고타 강령」 발표(5월 22~27일).

1876 프로이센에서 독일사회주의노동자당은 1850년의 단체결성법에 따라 금
지됨(3월 30일).

1878 '사회민주주의의 공공위협 시도 대응법'(사회주의자탄압법)이 시작되어
제국의회와 주의회를 제외한 독일 제국 내에서의 사회주의적 혹은 사회
민주주의적 조직과 행위들이 금지됨(10월 21일).

1879 베벨의 『여성과 사회주의』 출간(1911년 50판 발행).

1890 제국의회가 사회주의자탄압법의 연장을 거부(1월).
제국의회 선거에서 독일사회주의노동자당이 모든 정당 가운데 가장 많은
득표수를 획득(2월 20일).
사회주의자탄압법 종결(9월 30일).
할레에서 합법적으로 개최된 사회민주주의자 당대회에서 당명을 독일사
회민주당(Sozialdemokratische Partei Deutschlands, SPD)으로 변경(10월
12~18일).
베를린에서 독일노동조합전체위원회(Generalkommission der
Gewerkschaften Deutschlands)를 결성하고 대표로 카를 레기엔을 선출
(11월 16~17일).

1891 사회민주당 당대회에서 「에르푸르트 강령」 결정(10월 14~20일).
교황 레오 13세가 가톨릭 최초의 포괄적·사회적 교리를 담은 교서 「새
로운 사태」(Rerum Novarum, 노동자계급의 현황에 대한 교서) 발표
(5월 15일).

1892 할버슈타트에서 제1회 독일노동조합총회 개최(3월 14~18일).

1894 뉘른베르크에서 노동자들의 노동문제, 사회적 권리와 관련된 문제들을
조언하고 맡아주는 노동자사무국(Arbeitersekretariat) 설립(11월 1일).
에센에서 독일 기독교노동조합 최초로 기독교광산노동조합(Gewerkverein
christlicher Bergarbeiter) 설립(11월 1일).

1896 프리드리히 나우만이 사회적 문제들에 대한 개신교 기본 입장의 근본적
변화를 위한 민족사회주의협의회(Nationalsozialen Verein) 결성(11월).

1898 로자 룩셈부르크가 독일 노동운동에 참여하며, 슈투트가르트에서 개최된
사회민주당 당대회에 폴란드 문제를 위한 전문가로 참가(10월).

1899	에두아르트 베른슈타인의 저서 『사회주의의 전제와 사회민주주의의 과제』 출간(1월).
	마인츠에서 첫 기독교노동조합총회 개최(5월 21~22일).
1900	마인츠에서 첫 사회민주주의 여성총회 개최. 클라라 체트킨을 대표로 선출(9월 15~16일).
1903	독일소비자단체중앙회(Zentralverband deutscher Konsumvereine) 결성.
	러시아 사회민주주의노동자당(Sozialdemokratische Arbeiterpartei Russlands, SDAPR)이 이른바 다수파(볼셰비키)와 소수파(멘셰비키)로 갈라짐(8월 23일).
	드레스덴에서 개최된 사회민주당 당대회에서 에두아르트 베른슈타인의 수정주의안을 놓고 격론이 벌어지지만, 대표위원들의 과반수가 계급투쟁 이론의 지지를 의결(9월 13일).
1905	루르 지역 광산 노동자 파업에 한 달 동안 20만 명의 노동자들이 참여. 발생 원인은 1904년 12월에 도입된 노동시간 교대 연장에 대한 원상회복 요구였음(1월 7일~2월 9일).
	'페테르부르크 피의 일요일'의 촉발과 총파업의 개시로 러시아혁명 발발(1월 22일).
	독일노동조합 제5차 총회에서 노동조합의 요구 사항 관철을 위한 총파업에 과반수가 반대(5월 22일).
	예나에서 개최된 사회민주당 당대회에서 아우구스트 베벨이 작성한 파업을 정치적 도구로 사용할 것에 대한 결의안 통과(9월 23일).
1906	독일 사회민주당은 만하임에서 개최된 사회민주당 당대회에서 정치적 총파업 문제를 두고 생겨난 당과 노동조합 간의 갈등을 가라앉힘(9월 23~29일).
1907	슈투트가르트에서 25개국 884명의 대표들이 모인 사회주의 인터내셔널 총회(Internationale Sozialistenkongress) 개최(8월 18~24일).
1908	제국의회에서 새로운 집회와 결사에 관한 법 제정. 이에 따라 여성들도 정치적 결사체를 조직하고 활동할 수 있게 됨(4월 8일).
1910	프리드리히 나우만이 자유국민당(Freisinnige Volkspartei), 자유연합(Freisinnige Vereinigung), 독일국민당(Deutschen Volkspartei) 등을 합쳐 좌파 자유주의자와 부르주아-민주주의자들로 구성된 진보국민당(Fortschrittliche Volkspartei) 결성(3월 6일).

1912	제국의회 선거에서 사회민주당이 34.8퍼센트를 득표하여 제1당이 됨 (1월 12일).
1914	반전 시위(7월 말).
	독일 제국이 러시아와 프랑스에 전쟁을 선포(8월 1~3일).
	자유노동조합 대표자총회는 모든 임금 관련 운동을 포기할 것을 결의함으로써 성내평화 단계로 진입(8월 2일).
	사회민주당 원내회의에서 14명의 의원이 제1차 전쟁채권 발행의 승인을 거부(8월 3일).
	제국의회에서 사회민주당이 전쟁채권 발행을 승인하기로 결정(8월 4일).
	전쟁채권 발행의 재승인 건에 대해 사회민주당 의원으로서는 유일하게 카를 리프크네히트가 반대표를 던짐(12월 2일).
1916	카를 리프크네히트와 로자 룩셈부르크를 둘러싼 사민당 내 비주류 집단이 인터내셔널 그룹(Gruppe Internationale) 혹은 스파르타쿠스 그룹(Spartakusgruppe)으로 이름을 지음(1월 1일).
	전쟁채권에 대한 또 한 번의 승인을 계기로 18명의 의원들이 사회민주당으로부터 탈당하여 사회민주주의노동공동체(Sozialdemokratische Arbeitsgemeinschaft, SAG)를 결성(3월 24일).
	제국의회가 조국봉사법(Gesetz über den vaterländischen Hilfsdienst)을 통과시켜, 17~60세의 독일인 남성을 전쟁 기간 조국 구호에 의무적으로 동원할 수 있도록 함.
	노동조합이 노동자의 대표자로 인정받음(12월 2일).
1917	첫 번째 겨울 기아(1916/17)와 생필품 보급 상황의 대참사로 인해 독일 여러 도시에서 소요와 시위, 파업 등이 발생(1~4월).
	러시아에서 2월혁명 발발(3월 10일).
	사회민주당 내 비주류 세력이 스파르타쿠스 그룹을 포함한 독일독립사회민주당(Unabhängige Sozialdemokratische Partei Deutschland, USPD) 결성(4월 6~8일).
	제국의회에서 사회민주당, 중앙당, 진보국민당 등이 제안한 평화안 채택(7월 19일).
	러시아에서 10월혁명 발발(11월 7일).
1918	베를린의 무기공장에서 정치적 대파업 발발. 프리드리히 에버트가 파업

을 지휘(1월 28일).

사회민주당 제국의원과 당 위원회가 정부 각료로 들어가는 데 대한 조건을 제시(9월 23일).

군(軍)의 최고지도부가 최대한 넓은 기반 위에 정부를 구성할 것을 추밀원(Kronrat)에서 요구(9월 28/29일).

사회민주당 제국의원들이 정부 조각에 참여할 것을 결의(10월 2일).

막스 폰 바덴 왕자를 제국 총리로 임명(10월 3일).

미국 대통령 우드로 윌슨의 14개 조항에 기반해 독일 평화조약과 휴전조약을 윌슨에게 제시(10월 3일).

사회민주당의 참여 아래 새로운 정부가 조각(10월 4일).

사회민주당 지도부가 오직 평화로운 변혁을 통해서만 사회민주주의자들이 국가체제를 민주주의와 사회주의적 경제생활로 이끌어갈 것임을 천명(10월 17일).

독립사회민주당이 사회적 공화국을 요구하는 대규모 집회·시위를 개최(10월 27일).

킬에서 첫 번째 유혈충돌이 일어나 병사평의회(Soldatenrat)가 선출(11월 3일).

베를린 노동자·병사평의회가 사회민주당과 독립사회민주당 공동의 지휘 아래 총파업을 선언.

바덴 왕자가 카이저 빌헬름 2세의 퇴위를 선포하고 제국 총리직을 에버트에게 넘김. 샤이데만은 자유독일공화국을 선포, 이에 반해 카를 리프크네히트는 독일사회주의공화국을 선포(11월 9일).

사회민주당과 독립사회민주당 지도부가 인민대표평의회(Rat der Volksbeauftragte)를 결성(11월 10일).

에버트가 군 최고지도부의 제안을 받아들여 그들과 함께 독일 내 볼셰비키 테러의 확산을 막는 데 협조하기로 함(11월 10일).

노동조합과 고용주 단체가 '독일 산업 고용자와 피고용자 간 중앙노동협의체'(Zentralarbeitsgemeinschaft der industriellen und gewerblichen Arbeitgeber und Arbeitnehmer Deutschlands) 결성(11월 15일).

노동자·병사평의회의 실행위원회가 프롤레타리아 민주주의라는 기본 틀에 따라 헌법을 제정할 국민의회 결성을 통해 헌법이 제정되어야 함을 천명(11월 17일).

독립사회민주당이 국민의회의 즉각적 소집에 대한 반대의사를 표명 (11월 25일).

국민의회 선거에 대한 조례 발표(11월 30일).

독립사회민주당 대표단이 인민대표평의회에서 탈퇴(12월 29일).

베를린에서 스파르타쿠스 동맹(Spartakusbund)의 주도로 독일공산당 (Kommunistische Partei Deutschlands, KPD)이 결성(12월 30일~1월 1일).

1919　혁명적 노동자와 병사들이 정부에서 투입한 군인들과 전투를 벌임(1월 5~12일).

룩셈부르크와 카를 리프크네히트가 용병대에 의해 살해됨(1월 15일).

국민의회 선거에서 사회민주당이 과반 득표를 이루지 못함(1월 19일).

샤이데만이 사회민주당, 독일민주당(DDP), 중앙당과 함께 바이마르 공화국의 첫 연정을 구성(2월 13일).

구스타프 바우어에 의한 정부 조각 구성(6월 20일).

독일노동조합전체위원회(Generalkommission der Gewerkschaften Deutschlands)의 후신으로 레기엔의 지휘 아래 독일노동조합전국연맹 (Allgemeine Deutsche Gewerkschaftsbund, ADGB)이 출범(6월 30일~ 7월 5일).

독립사회민주당이 라이프치히 당대회에서 당 행동강령을 결정(11월 30일~12월 6일).

1920　총파업을 통해 카프-뤼트비츠 쿠데타를 굴복시킴(3월 13~17일).

노동조합이 정부정책에 대한 자신들의 참여를 요구(3월 20일).

헤르만 뮐러에 의해 제3차 바이마르 연정을 구성(3월 27일).

사회민주당의 제국의회 선거 패배로 바이마르 연정 종료(6월 6일).

콘스탄틴 페렌바흐의 주도 아래 제1차 부르주아 내각 결성(6월 25일).

독립사회민주당이 과반수의 결정으로 공산주의 인터내셔널 (Kommunistische Internationale)의 21개 조건을 받아들임(10월 12~ 17일).

독립사회민주당 좌파와 공산당이 통합하여 대중정당화됨(12월 4~ 7일).

1921　「괴를리츠 강령」을 통해 사회민주당이 프롤레타리아가 아닌 집단들과의 대화를 시도(9월 18~24일).

자유사무직노동자전국연맹(Allgemeiner freier Angestelltenbund, AfA-Bund)이 독일노동조합전국연맹(ADGB)과 통합해 첫 총회 개최(10월 2~3일).

1922　독립사회민주당의 남은 인원들이 사회민주당으로 통합(9월 24일).

1924　독일노동조합전국연맹(ADGB)이 고용주 단체와 맺은 중앙노동협의체 (Zentralarbeitsgemeinschaft) 파기(1월 16일).

1925　프리드리히 에버트 대통령 사망(2월 28일).
　　　사회민주당이 「하이델베르크 강령」에서 스스로를 노동자계급의 당으로 정의(9월 13~18일).

1927　루돌프 힐퍼딩이 킬에서 열린 사회민주당 당대회에서 연정 참여를 준비하고, 사회민주당을 모든 노동하는 이들의 연합체로 구성할 것을 시도 (5월 22~27일).

1928　헤르만 뮐러가 독일국민당을 포함하는 바이마르 연정 정부를 구성(6월 28일).
　　　독일노동조합전국연맹(ADGB)이 경제민주주의 프로그램을 제시(9월 3~7일).
　　　북서 루르 지역의 철강산업 부문에서 심각한 임금투쟁이 발생함(10~12월).
　　　공산당이 당내 우파 비주류를 형성했던 공산당-재야파(Kommunistische Partei Deutschlands-Opposition, KPDO)를 당에서 제명(12월 30일).

1929　공산당이 제12차 당대회에서 사회민주주의를 자신들의 주적으로 선언함 (6월 8~15일).
　　　뉴욕 주식시장의 붕괴에 따른 주가 폭락으로 세계경제 위기가 시작됨 (10월 25일).

1930　노동조합이 실업자보험의 납입금 인상을 거부하면서 기업가 대표들(독일국민당)은 통령내각(Präsidialkabinett)을 구성할 것을 밀어붙였고, 이에 따라 대연정이 파기됨(3월 27일).
　　　민족사회주의독일노동자당(나치당, NSDAP)이 제국의회 선거에서 괄목할 만한 성공을 거둠(9월 14일).
　　　사회민주당이 브뤼닝의 통령내각을 용인하기로 결정(9월).

1931　나치당, 민족국민당(DNVP), 공산당이 연합하여 시도했던 국민투표가 무산됨(8월 9일).

사회민주당 좌파가 당을 나와 독일사회민주주의노동자당(Sozialdemo-kratische Arbeiterpartei Deutschlands)을 결성(10월 4일).

나치의 위협을 방어하기 위한 사회민주주의 노동운동의 투쟁조직인 '철의 전선'(Eiserne Front)이 결성됨(12월 23일).

1932   프란츠 폰 파펜이 공화국의 총리로 임명됨(6월 1일). 대통령 긴급조치(Notverordnung)를 이용하여 오토 브라운과 카를 제버링이 지휘하는 프로이센 정부를 해체시킴(7월 20일).

제국의회 선거에서 나치당은 제1당이 되며, 사회민주당은 다수 의석을 상실하고, 공산당은 상당수의 의석을 회복(7월 31일).

민족사회주의공장조직(NSBO)과 '혁명노동조합-재야파'(RGO)가 연합해 베를린 교통파업을 단행(11월 3~8일).

제국의회 재선거에서 나치당이 상당량의 표를 상실(11월 6일).

쿠르트 폰 슐라이허가 총리에 임명(12월 3일).

1933   힌덴부르크 대통령이 히틀러를 총리에 지명함(1월 30일). 제국의회 방화사건 이후에 공산당 당원, 사회민주주의자, 노동조합원, 부르주아 민주주의자들에 대한 탄압의 열풍이 불어닥침(2월 27일).

제국의회 선거에서 사회민주당은 단지 6만 8천 표만을 상실(3월 5일).

독일공산당이 얻은 81석의 제국의회 의석이 무효화(3월 8일).

사회민주당을 제외한 모든 당이 '국민과 제국의 위기를 제거하기 위한 법'(전권위임법, Ermächtigungsgesetz)에 찬성(3월 23일).

나치 돌격대(SA)와 친위대(SS)가 자유노동조합 본부를 점령하고, 선출된 노동조합원 대신에 특별감독관(Kommissare)으로 대치(5월 2일).

사회민주당의 금지 이후에 사회민주주의자들에 대한 체포의 열풍이 시작(6월 22일).

1934   빈과 린츠에서 경찰과 무장한 노동자들 간에 심각한 충돌이 발생하며, 사회민주주의자들이 총파업을 선포. 이어서 오스트리아 총리 돌푸스가 사회민주주의를 금지하고 그 지도자들을 체포(2월 12일).

독일에서의 경제적·정치적 상황에 대해 서술한 「녹색 보고서」(Grünen Berichte)가 처음으로 발간되며, 국경사무국을 통해 프라하에 있는 망명 사회민주당에 전달(연초).

1941   런던에서 영국 내 독일사회주의단체연합(Union deutscher sozialistischer Organisation in Grossbritannien) 결성(3월 19일).

1944   사회민주주의자 빌헬름 로이슈너가 준비에 참여했던 히틀러 암살 시도
        실패(7월 20일).

1945   하노버에서 쿠르트 슈마허가 사회민주주의자들과 만나 사회민주당의 재
        결성을 결의(4월 19일).

        사회민주당 하노버 지부의 재결성 자리에서 슈마허가 공산당과의 통합당
        결성에 반대하고, 각기 분리된 상태에서의 연합을 천명(5월 6일).

        베를린 노동자대표단 준비위원회는 새로운 노동조합을 조직할 것을 천명
        (6월 15일).

        사회민주당 베를린 지부가 노동계급의 통일적 프롤레타리아 투쟁조직을
        만들기 위한 모임의 소집을 요구(6월 15일).

        소련점령지역 내 사회민주당과 공산당이 회합을 통해 즉각적으로 두 조
        직을 통합하자는 발터 울브리히트의 제안을 거부하고, 대신 공동행동위
        원회를 구성(6월 19일).

        슈마허가 「독일 국가체제의 구성을 위한 지휘」라는 사회민주당의 제안서
        를 작성(7월).

        빌헬름 피크가 사회민주당과 공산당 간의 즉각적 통합을 요구(11월 9일).

        오토 그로테볼이 공산당과 사회민주당 간의 통합이 관련 단체들 간의 결
        정의 결과일 수는 없고, 모든 독일 노동계급의 분명한 의지여야 함을 천
        명(11월 11일).

        공산당 중앙위원회와 사회민주당 중앙위원회가 공동협의회를 개최한 자
        리에서 그로테볼이 공산당에 대한 우대와 사회민주당이나 개별 사회민
        주주의자들에 대한 부당한 압력 행사를 비판하면서, 양당이 공동의 선거
        후보자 목록을 작성하는 것을 거부(12월 20~21일).

1946   소련점령지역과 베를린에 자유독일노동조합연맹(Freie Deutsche
        Gewerkschaftsbund, FDGB)을 결성(2월 9~11일).

        하노버에서 제1차 영국점령지역 내 노동조합 총회를 개최(3월 12~14일).

        베를린 사회민주당 당원 과반수의 결정으로 공산당과의 즉각적인 통합
        반대 의결(3월 31일).

        소련점령지역 내 사회민주당과 공산당이 독일사회주의통일당
        (Sozialistische Einheitspartei Deutschlands, SED)으로 통합(4월 20~21일).

1947   영국점령지역 내 독립 산별노동조합들을 독일노동조합총연맹(Deutsche
        Gewerkschaftsbund, DGB)으로 통합(4월 23~25일).

1949   사무직 노동자들의 독립조직으로서 독일사무직노동조합(Deutsche
       Angestellten-Gewerkschaften, DAG)을 설립(4월 12~13일).
       첫 의회 선거에서 기독교민주연합/기독교사회연합이 소수정당의 지원을
       통해 과반 의석을 획득(8월 14일).
       16개의 독립적 개별 노동조합 대표들이 뮌헨에서 노동조합 조직의 통
       합체로서 독일노동조합총연맹을 결성하고, 한스 뵈클러를 대표로 선출
       (10월 12~14일).
1950   독일노동조합총연맹이 모든 경제적 독립 관리와 동등한 권한을 가진 노
       동조합원의 이사회 참가를 규정하는 '독일 경제의 신질서 법안'(Gesetz
       zur Neurodnung der deutschen Wirtschaft)을 요구(5월 24일).
       제3차 독일사회주의통일당 당대회에서 '사회민주주의에 대한 투쟁'을 결
       정(7월 20~24일).
       연방의회가 기독교민주연합과 사회민주당이 제안한 노동자의 기업 내 공
       동결정에 관한 법안을 심의(7월 24일).
1951   독일노동조합총연맹이 공산주의적 노동조합 간부들에 대한 처벌과 축출
       을 결정한 것에 대응해 공산당이 뮌헨 당대회에서 우파 노동조합 지도자
       들을 제소하는 극단적 강령을 선택(3월 3~5일).
       연방의회가 탄광 공동결정권에 대한 법안을 통과시킴(4월 10일).
       콘라트 아데나워 총리가 기독교민주연합 최고위원회에서 탄광 공동결정
       권은 특별 규정이며 더 이상 확대할 수 없음을 강조(5월 10일).
       프랑크푸르트에서 사회주의 인터내셔널(Sozialistische Internationale)이
       재설립되고, 이 자리에서 공산당과 소련에 반대하는 슈마허의 입장을 확
       인(6월 30일~7월 3일).
       기업운영법에 대한 정부와 노동조합 간의 협의가 중단(12월).
1952   연방의회가 사회민주당과 공산당의 반대에도 불구하고 경제 문제에서 공
       동결정권을 인정하지 않는 기업운영법을 통과시킴(7월 19일).
       사회민주당이 「도르트문트 행동강령」을 통해 국민정당(노동자정당이 아
       닌)으로의 길을 가기로 결정하면서 국민경제와 개별 기업들 간의 경쟁을
       서로 연결시킬 것을 요구(9월 24~28일).
1953   동독에서 노동자 소요사태가 발발(7월 17일).
       연방의회 선거에서 기독교민주연합/기독교사회연합이 지배하는 연정이
       재통과(9월 6일).

기독교민주연합 지도부가 기독교노동조합의 단독 창립을 반대(9월 10일).

1955 기독교노동조합 창립위원회가 에센에서 구성(10월 15일).

독일기독교노동조합연맹(Christliche Gewerkschaftsbund Deutschlands, CGB)이 에센에서 창설됨(10월 30일). 기독교민주연합 내 기독-민주 근로자조합(Christlich-Demokratische Arbeitnehmerschaft)은 이러한 새로운 창설을 거부(11월 3일).

독일-이탈리아 간 조약 체결을 시작으로 외국인 노동력의 독일 내 수입이 시작되어 1973년까지 지속(12월 20일).

1956 연방헌법재판소에 의해 공산당이 금지(8월 17일).

1957 전(全)독일국민당(Gesamtdeutsche Volkspartei, GVP)이 해체를 결정. 그가운데 구스타프 하이네만과 요하네스 라우, 에르하르트 에플러 등 일부가 사회민주당에 입당(5월 19일).

연방의회 선거에서 기독교민주연합/기독교사회연합이 과반 의석을 획득(9월 15일).

1958 사회민주당과 독일노동조합총연맹의 참여 아래 '원자력에 대한 투쟁'(Kampf dem Atomtod) 실행위원회를 구성(3월 10일).

연방 내무부장관 게르하르트 슈뢰더(기독교민주연합)가 비상사태법을 예고(10월 30일).

1959 사회민주당이 비상 당대회를 통해 「고데스베르크 강령」을 통과시킴(11월 13~15일).

1960 연방 내무부장관 슈뢰더가 비상사태법의 초안을 제시(1월 13일).

사회민주당 부대표 헤르베르트 베너가 세계 상황의 변화를 근거로 정부와 야당이 외교정책 현황에 대한 인식을 같이하고, 기존 국제조약과 동맹의무를 기반으로 하는 공동의 외교정책을 시행하기로 천명(6월 30일).

사회민주당 최고위원회가 독일사회주의학생연합(Sozialistischer Deutscher Studentbund, SDS)과의 관계를 단절하는 대신에 사회주의대학연맹(Sozialsitsicher Hochschulbund, SHB)을 지원하기로 결정(7월 19일).

금속산업노동조합(IG Metall)이 예고된 비상사태법에 대해 항의(10월 17~22일).

1961 사회민주당 최고위원회가 사회민주당 집회에서 공산주의자, 위장 공산주의 대표단, 독일평화연합(Deutsche Friedensunion)은 발언권이 없음을 분

명하게 천명(8월 13일).

연방의회 선거에서 기독교민주연합/기독교사회연합이 과반수 의석을 상실하며, 빌리 브란트를 총리 후보로 하는 자유민주당(Freie Demokratische Partei, FDP)과 사회민주당 연합이 가장 많이 득표(9월 17일).

사회민주당 고문단이 '독일사회주의학생연합의 동료나 후원자, 과거 구성원들을 후원하는 사회주의단체연합'(Verein Sozialistische Fördergemeinschaften der Freunde, Förderer und ehemaliger Mitglieder des SDS) 소속원이 사회민주당 당원이 되는 것을 금지한 11월 6일 당 최고위원회의 결정을 재확인하고, 이에 따라 볼프강 아벤트로트와 오시프 플레히트하임을 당에서 축출(11월 26일).

기독교민주연합/기독교사회연합과 사회민주당 정치인들 간에 아데나워를 총리로 하는 대연정 구상 관련 대화가 실패(11월 26일~12월 2일).

1962 사회민주당이 비상조치법 입법과 관련하여 통과의 조건들을 제시(5월 26~30일).

1963 독일 통일이 소련에 반대해서가 아니라 오직 소련과 함께할 때만 이루어질 수 있다는 사고를 바탕으로, 에곤 바르에 의해 '접근을 통한 변화'(Wandel durch Annäherung) 개념이 확립됨(6월 27일).

아데나워 총리의 사퇴 이후 연방의회가 루트비히 에르하르트를 그의 후임으로 선출(10월 16일).

사회민주당 대표 에리히 올렌하우어가 사망(12월 14일).

연방정부와 연합군의 승인으로 서베를린 상원은 서베를린 시민들의 동독 방문을 위한 통과 서류의 발급에 대해 동독 관리들과 합의(12월 17일).

1964 올렌하우어의 후임으로 브란트가 사회민주당 대표로 선출되며, 1965년 연방의회 선거의 총리 후보로 결정(2월 15~16일).

1965 니더작센에서 사회민주당과 기독교민주연합이 공동정부를 구성할 것을 결정(5월 12일).

연방의회 선거에서 사회민주당이 약간의 득표율 증가를 보임(9월 19일).

1966 노르트라인-베스트팔렌 주 선거에서 사회민주당이 제1당이 됨(7월 10일). 사회민주당 연방의원들이 사회민주당은 기독교민주연합과 연정을 구성하기 위한 협상을 중지할 것을 결정(11월 26~27일).

기독교민주연합/기독교사회연합과 사회민주당이 쿠르트 키징거를 연방 총리로, 브란트를 부총리로 하는 연정 구성을 결정(12월 8일).

1967   경제부장관 카를 실러(사회민주당)를 초대한 제1회 '조율된 작업' (Konzertierte Aktion) 행사를 본에서 개최(2월 14일).

1968   사회주의학생연합이 독일 학생운동을 이끄는 세력이 되며, 원외 반대파 (Ausserparlamentarische Opposition, APO)의 핵심이 됨. 대학생 지도자 루디 두치케에 대한 암살을 계기로 학생운동이 급진적 전환을 맞게 됨 (4월 11일).
        68운동의 결과로서 안드레아스 바더와 울리케 마인호프가 테러조직인 적군파(Rote Armee Fraktion, RAF)를 결성.
        연방의회에서 비상조치법이 통과함(5월 30일).

1969   철강산업 분야가 중심이 되어 진행된 전적인 작업 거부(9월파업)를 통해 임금협정 외의 추가적 임금상승을 달성함(9월 2~19일).
        연방의회 선거에서 사회민주당의 득표율 상승(9월 28일).
        사회민주당과 자유민주당으로 구성된 최초의 사민-자유당 정부가 브란트를 총리로, 발터 셸(Walter Scheel)을 부총리로 구성(10월 16일).

1970   브란트가 모스크바에서 폭력의 포기와 공동작업을 내용으로 하는 독-소 조약을 체결(8월 12일).
        사회민주당의 당대표, 고문, 관리위원회 등이 사회민주주의자와 공산주의자 간에 어떤 공동작업도 있을 수 없음을 천명(11월 14일).
        브란트가 바르샤바에서 양국관계의 정상화를 위한 독일-폴란드 조약을 체결(12월 7일).

1972   브란트의 주재 아래 본에서 주(州) 총리들이 모여 공무원의 극단주의 조직 참여에 관한 기본 원칙안을 통과시킴(1월 28일).
        연방의회에 기독교민주연합/기독교사회연합이 브란트 총리에 대한 불신임안을 제출(4월 27일).
        독일이 소련, 폴란드 등과 맺은 국제조약이 발효되며, 연합군 외무부장관들이 베를린에서 베를린 조약에 대한 최종 협의안에 서명(6월 3일).
        연방의회 선거에서 사민-자유민주당 공동정부가 득표율 상승을 통해 재신임을 받음(11월 19일).
        동독과 서독 간에 관계 정상화를 위한 기본조약을 체결(12월 21일).

1974   연방 총리 브란트가 간첩 기용 사건과 관련해 과실에 대한 정치적 책임을 지고 사퇴(5월 6일).
        연방의회가 헬무트 슈미트를 후임으로 선출(5월 16일).

1975~	원자력발전소 건설을 둘러싼 충돌을 통해 시민이 주도하는 폭넓은 운동이 시작됨.
1975	사회민주당이 만하임 당대회에서 이른바 「방향 설정의 틀 1985」(Orientierungsrahmen 1985)이라는 차후 10년간의 경제적·정치적 강령의 틀을 통과시킴(11월 14일).
1979	북대서양조약기구(NATO)가 브뤼셀에서 미국의 중거리 탄도미사일과 순항미사일을 서유럽에 설치하고 동시에 소련과 군축회담을 열 것을 결정(NATO 이중결정, 12월 12일).
1980	카를스루에에서 녹색당(Grüne)이 결성됨. 그 정치적 기반이 사회적·환경친화적·풀뿌리민주주의적·평화주의적 등의 용어들로 구성(1월 13일). 노르트라인-베스트팔렌 주의 사회민주당이 요하네스 라우의 지도 아래 처음으로 절대과반수(50퍼센트 이상)를 획득함으로써 단독정권을 구성(5월 11일).
	연방의회 선거에서 기존의 사회민주당과 자유민주당의 연정을 재신임(10월 5일).
	NATO의 이중결정에 대한 대응으로 크레펠트 포럼(Krefelder Forum)이 결성되어 정부에 그 결정을 취소할 것을 요구하고 이를 계기로 폭넓은 평화운동 시작(11월 15~16일).
1981	독일노동조합총연맹이 자신들의 새로운 기본강령에 사회적 과제로서 '노동자의 경제적 종속과 사회적 열악함에 대한 원인 제거'를 포함시키면서, '노동의 인간화'라는 장에서 합리화와 자동화가 가져올 위험을 지적(3월 12~14일).
1982	주간지 『슈피겔』(Der Spiegel)이 노동조합총연맹 소유의 '새로운 고향' 콘체른에서 일어난 부패와 치부, 비효율 경영에 대해 보도(2월).
	자유민주당에 소속된 연방 장관들이 사직(9월 17일).
	슈미트 총리에 대한 불신임투표를 통해 헬무트 콜이 총리로 임명(10월 1일).
1983	연방의회 선거에서 기독교민주연합/기독교사회연합과 자유민주당의 연정이 신임을 받음. 한스-요헨 포겔의 지휘 아래 사회민주당은 지지율 대폭 상실(3월 6일).
1984	금속산업과 인쇄산업 분야에서의 수주 동안의 노동투쟁을 통해 주35시간 안(案) 관철(7월 5~12일).

1985	자를란트 주에서 처음으로 오스카 라퐁텐이 사회민주당 주 총리로 당선 (4월 9일).
	헤센에서 사회민주당 소속의 홀거 뵈르너 총리 아래 녹색당 장관 3명이 입각.
1986	독일노동조합총연맹 연방총회에서 기업가들이 참여하는 공공주택 사업으로부터의 탈퇴와 몇몇 노동조합 소유 기업의 매각 결정(5월 25~31일).
1987	연방의회 선거에서 라우가 지휘한 사회민주당이 부분적인 득표율 하락을 보임(1월 25일).
	포겔이 브란트의 뒤를 이어 사회민주당 대표로 취임(6월 14일).
1988	사회민주당 소속 비외른 엥홀름이 슐레스비히-홀슈타인 주에서 새로운 주 총리로 당선됨. 최초로 여성 장관이 탄생(5월 31일).
1989	동독에서 동독사회민주당(Sozialdemokratische Partei in der DDR, SDP) 이 창립 준비를 공포(8월 26일).
	'새로운 포럼'(Neues Forum)이 창립을 선포(9월).
	베를린 슈반테에서 동독사회민주당 창립(10월 7일).
	독일사회주의통일당의 총서기 에리히 호네커가 국가와 당의 모든 직책에서 물러남(10월 18일).
	동독인민의회가 독일사회주의통일당 소속의 에곤 크렌츠(Egon Krenz)를 국가주석으로 선임(10월 24일).
	독일사회주의통일당 소속 빌리 슈토프(Willy Stoph)의 지휘 아래 동독 장관회의가 모두 사퇴(11월 7일).
	동독이 시민들에게 서독과 서베를린으로의 국경을 개방(11월 9일).
	독일사회주의통일당 소속의 한스 모드로프(Hans Modrow)가 동독 총리에 임명되면서 동독 내에서 활동하는 5개 정당의 대표들로 연정내각을 구성(11월 13일).
	사회주의통일당 지도부가 총사퇴(12월 3일).
	크렌츠가 동독 국가주석직에서 사임(12월 6일).
	사회주의통일당이 당명 뒤에 민주사회주의당(Partei des Demokratischen Sozialismus, PDS)을 추가(SED/PDS)(12월).
	사회민주당이 베를린에서 새로운 기본강령을 발표(12월 18~20일).
1990	동독사회민주당이 당명을 동독SPD로 개명하면서 1946년의 강제적 당 병합 이전의 당 전통과 연결시킴(1월 12~14일).

헤르베르트 베너가 본에서 사망(1월 19일).

독일사회주의통일당/민주사회주의당(SED/PDS)이 당명 앞의 독일사회주의통일당(SED)을 떼어냄(2월 4일).

동독SPD가 라이프치히 제1차 당대회에서 기본강령을 통과시킴(2월 25일).

동독인민의회 선거에서 기독교민주연합이 제1당이 됨(3월 18일).

기독교민주연합 소속의 로타르 드메지에르(Lothar de Maizière)가 기독교민주연합, 자유민주당, 사회민주당이 모두 참가하는 대연정을 구성(4월 12일).

선거전 중에 라퐁텐 피격(4월 25일).

볼프강 티에르제(Wolfgang Thierse)가 동독SPD로 대표로 선출됨(6월 9일).

니더작센 주 선거에서 슈뢰더가 승리하여 사민-녹색당 연정에 들어감(6월 21일).

베를린 당대회에서 동서독 양 사회민주당 통합(9월 26~28일).

신(新)연방 주와 동베를린이 독일연방 안으로 들어오면서 독일 통일(10월 3일).

동독의 주 선거에서 기독교민주연합이나 기민-자유당 연정이 우세를 보임. 브란덴부르크에서만 사회민주당, 자유민주당, 동맹 90 등이 연정을 구성(10월 14일).

첫 번째 연방의회 총선거에서 기존 기민-자유당 연정이 재신임을 받으며, 라퐁텐을 총리 후보로 내세운 사회민주당은 득표율의 심각한 손실을 봄(12월 2일).

1991   1990년 12월 2일에 실시한 베를린 시의원 선거에서 사회민주당과 기독교민주연합이 대연정을 구성(1월 11일).

라인란트-팔츠 주 선거에서 루돌프 샤르핑 주지사의 주도로 사민-자유당 연정을 구성(4월 21일).

엥홀름이 사회민주당 대표로 취임(5월 29일).

1992   수주에 걸친 공공서비스 종사자들의 노동파업 끝에 5.4퍼센트 임금인상으로 결말이 남(4월 26일~5월 15일).

브란트 사망(10월 8일).

1993   카를스루에 연방헌법재판소가 절차에 따른 파업에 이른바 파업 파괴자로서 공무원을 투입하는 행위를 위헌으로 판결함. 이로써 연방노동재판부

의 상충되는 판결이 무효화됨(3월 2일).

기업주 단체가 동독 금속산업과 전기산업 부문에서의 단계적 임금협정을 파기(4월 1일).

금속산업노동조합과 독일노동조합총연맹이 예비파업과 항의집회 등으로 대응하며, 동독에서는 5월 3일부터 파업에 들어감.

엥홀름이 사회민주당 대표와 총리 후보, 슐레스비히-홀슈타인 주 총리 등 모든 공직에서 사임(5월 3일).

하이데 지모니스(Heide Simonis)가 슐레스비히-홀슈타인 주에서 독일의 첫 여성 주 총리로 취임(5월 19일).

에센에서의 사회민주당 비상 당대회를 통해 샤르핑을 새 당대표로 선출 (6월 25일).

독일의 콘체른 가운데 볼프스부르크에 있는 폴크스바겐 기업이 최초로 임금감소 대신에 주4일 노동시간제를 도입(10월 26일).

1994   샤르핑이 사회민주당 원내대표직을 넘겨받음(10월 8일).

1995   사회민주당 대표직 선거에서 샤르핑이 라퐁텐에게 당대표직을 넘겨줌 (11월 16일).

1996   사회민주당 당사(黨舍)로서 '빌리 브란트 하우스'가 개원(5월 10일).
        독일노동조합총연맹이 기본강령으로서「미래의 창출」(Die Zukunft gestalten) 강령을 채택(11월 16일).

1997   건설, 에너지, 광산, 화학, 종이, 도자기, 가죽 산업 등의 노동조합이 통합해 광산·화학·에너지산업노동조합(IG Bergbau und Chemnie, Energie, IG BCE)을 설립(10월 6~10일).

1998   1월 노동시장에서의 실업률이 12.6퍼센트에 달한 것을 발단으로 약 4만 명의 실업자가 200개의 독일 도시에서 높은 실업률에 항의하는 집회와 시위를 벌임(2월 5일).
        니더작센 주 선거에서의 확실한 승리 이후에 슈뢰더가 사회민주당 총리 후보로 지명됨(3월 2일, 당에서의 결정은 4월 17일).
        직물·의상노동조합(Gewerkschaft Textil und Bekleidung, GTB)이 금속 산업노동조합과 통합(4월 1일).
        연방의회 선거에서 사회민주당이 승리(9월 27일).
        슈뢰더가 독일 연방 총리로 선출됨. 최초의 사민-녹색당 연정이 실현됨 (10월 27일).

1999	라퐁텐이 당대표와 연방 재무부장관직에서 사임(3월 11일). 슈뢰더가 사회민주당 대표로 취임(4월 12일). 연방총회(Bundesversammlung, 연방의원과 주의원이 모두 참여하는 집회)에서 라우가 제8대 대통령으로 취임(5월 23일). 런던에서 「유럽 사회민주주의자들을 위한 전진의 길」(Der Weg nach vorne für Europas Sozialdemokraten)이라는 제목의 슈뢰더-블레어 제안서가 발표됨(6월 8일). 사회민주당 대표 집무실을 본의 빌리 브란트 하우스에서 베를린으로 옮김(7월).
2000	목재·플라스틱노동조합(Gewerkschaft Holz und Kunststoff, GHK)이 금속산업노동조합으로 통합(1월 1일).
2001	독일사무직노동조합(DAG), 판매·은행·보험노동조합(HBV), 독일우편노동조합(DPG), 인쇄·종이·출판·예술노동조합(IG-Medien), 공공서비스·운송·운수노동조합(ÖTV) 등을 통합해 서비스노동조합연합회(Vereinten Dienstleistungsgewerkschaft, ver.di)를 설립(3월 18일).

주요 인물

가이크, 안드레아스(Andreas Gayk, 1893~1954)

언론인, 정치인(사회민주당). 1912년 사회민주당 입당. 1918~33년 『슐레스비히-홀슈타인 민중신문』(*Schleswig-Holstein Volks-Zeitung*) 편집인. 1933~35년 베를린의 나치 비판 잡지 『시대의 눈길』(Blick in die Zeit) 편집. 1939~43년 약품 판매상. 1943년 베를린 보조경찰 활동. 1946년 킬에서 재발행된 『슐레스비히-홀슈타인 민중신문』 주필. 1946~54년 킬 시장. 1946~54년 슐레스비히-홀슈타인 주의원. 1946~50년 사회민주당 주의원 원내대표. 1946~54년 사회민주당 최고위원. 1948/49년 본 연방의회 준비 모임 위원 역임.

고트푸르히트, 한스(Hans Gottfurcht, 1896~1982)

직물 전문 노동자, 노동조합 간부. 1913년 사회민주당 입당. 사무직노동자중앙회(ZdA) 활동. 1919년 사무직노동자중앙회 사무국장. 1924~33년 베를린 및 북동 독일 사무직노동자중앙회 대표. 1933~38년 보험판매인, 비합법적 노동조합 조직 건설. 1937년 일시적 구금. 1938년 영국으로 망명, 노동당 당원, 영국 노동조합 조합원, 영국 주재 독일 노동조합 대표. 1945~50년 영국 노동조합 조직인 노동조합총회(Trade Union Congress)와 독일 노동조합 간의 연결 역할. 1950년 브뤼셀 국제자유노동조합연맹(Internationaler Bund Freier Gewerkschaften) 교육 담당 부서장, 1952~59년 부대표 역임.

괴레, 파울(Paul Göhre, 1864~1928)

신학자, 정치인(사회민주당). 1888~90년 보조목사 겸 쉰바흐 지역 잡지『기독교 세계』(*Christliche Welt*) 보조편집인. 1890년 노동자들의 생활환경 연구를 위해 켐니츠에서 공장 노동자로 생활. 1891년『3개월간의 공장 노동자와 수공업 도제생활』출간. 1891~94년 개신교사회복지총회(Evangelisch-sozialen Kongress) 사무총장으로 활동하며 프리드리히 나우만과 공동작업. 1894~97년 프랑크푸르트 오더 지역 목사로서 개신교노동자연합회(Evangelische Arbeiterverein) 조직을 위해 진력. 1896년 민족사회주의협의회(Nationalsozialer Verein) 공동창립자 겸 1897~98년 공동대표. 1900년 사회민주당 입당. 1903/1910~18년 제국의원. 1915~18년 참전. 1918/19년 프로이센 전쟁부차관. 1919~23년 프로이센 국무부차관 역임.

구트차이트, 마르틴(Martin Gutzeit, 1952~)

신학자, 정치인(사회민주당). 1989년 7월 마르쿠스 메켈(Markus Meckel)과 함께 동독사회민주당(Sozialdemokratische Partei in DDR, SDP) 창립을 주도, 1989년 10월 동독사회민주당 공동창립자, 최고위원, 후일 당 사무차장, 1989년 12월 중앙원탁회의(Zentraler Runder Tisch) 대표. 1990년 3~10월 인민의회 의원, 사회민주당 원내총무, 1990년 10~12월 연방의원. 1992~94년 사회주의통일당 독재 청산을 위한 연방의회 설문위원회 전문위원. 1993년 이후 베를린 슈타지문서관리청(StU) 위원, 연방 슈타지문서관리청(BStU) 고문 역임.

군틀라흐, 구스타프(Gustav Gundlach, 1892~1963)

신학자, 사회철학자, 사회과학자. 1910~12년 프라이부르크 대학에서 철학 전공. 1913년 예수회 입회. 1929~34년 프랑크푸르트 장크트게오르겐 대학 사회철학·사회윤리학 교수. 1934~62년 로마 그레고리안 교황대학 교수. 1963년 가톨릭사회과학본부(Katholische Sozialwissenschaftliche Zentralstelle) 대표 역임.

그로스, 니콜라우스(Nikolaus Groß, 1898~1945)

광부, 노동조합 간부. 1917년 기독교 광산 노동자 운동의 노동조합 임원. 1920~27년 루르 지역 기독교광산노동조합(Gewerkverein christlicher Bergleute) 등의 다양한 간부직. 1927~38년『서독일 노동자신문』(*Westdeutsche Arbieterzeitung*, 후일『케텔러 파수대』*Ketteler Wacht*로 명칭 변경) 주필. 1934년 이후 쾰른파(Kölner Kreis)의 기독교노동조합 저항운동에 적극 참여. 1944년 8월 체포, 1945년 1월 베를린 플뢰첸제(Plözensee)에서 교수형.

그로테볼, 오토(Otto Grotewohl, 1894~1964)

인쇄공, 정치인(사회민주당/사회주의통일당). 1908년 사회주의노동자청년단 (SAJ) 브라운슈바이크 지부 가입. 1912년 사회민주당 입당. 1912~14년 인쇄공 생활. 1914~18년 참전. 1918/19년 독일-네덜란드 국경지역 노동자·병사평의회 대표. 1920~25년 브라운슈바이크 주의원. 1921~22년 브라운슈바이크 주 국민교육·내무부장관. 1922년 독일노동조합전국연맹(ADGB) 기업평의회 서기. 1923~24년 브라운슈바이크 주 법무부장관. 1925~33년 사회민주당 브라운슈바이크 지구당 대표. 1925~33년 제국의원. 1928~33년 브라운슈바이크 보험관리청 대표. 1933~38년 독립상인. 1938/39년 체포. 1940~45년 베를린의 소기업 사장으로 있으면서 사회민주당 저항 그룹인 하이바코(Heibacko)와 공동 활동. 1945년 7월 베를린 소련점령지역 내 사회민주당 중앙위원회 제헌의회에서 대표로 선출. 10월 영국점령지역을 통해 하노버에서 개최된 사회민주당 간부총회 여행이 거부됨. 1945/46년 공산당과 사회민주당 양측의 중앙위원회가 함께 모인 60인회의 (Sechziger-Koferenz)에 참가, 사회주의통일당 기본강령 및 목표, 정관 등의 작성을 위한 연구 모임 회원. 1946~54년 빌헬름 피크와 함께 사회주의통일당 공동대표. 1949~64년 사회주의통일당 중앙위원 및 사회주의통일당 정치국원. 1949~64년 동독 총리. 1960년 질병으로 정치 일선에서 은퇴.

그리메, 아돌프(Adolf Grimme, 1889~1963)

교육자, 방송인, 정치인(사회민주당). 1914~27년 교사. 1918년 사회민주당 입당. 1928년 프로이센 주 문화부 관료. 1930~32년 프로이센 주 문화부장관. 1942년 체포 및 3년 수감. 1946년 영국점령지역 학제 담당 부서장. 1947/48년 니더작센 주 문화부장관. 1948~56년 북서독일방송국(NWDR) 사장 역임.

글로츠, 페터(Peter Glotz, 1939~2005)

커뮤니케이션학 전공, 언론인, 정치인(사회민주당). 1961년 사회민주당 입당. 1964~70년 뮌헨 대학 조교. 1969~70년 뮌헨 대학 부학장(Konrektor). 1970~ 72년 바이에른 주의원. 1972~77/1983~96년 연방의원. 1974~77년 연방 교육연구부 의회 담당자. 1977~81년 (서)베를린 의회 학문연구부 의원. 1981~87년 사회민주당 사무총장. 1996~99년 에르푸르트 대학 초대 총장. 2000~04년 장크트갈렌(St. Gallen) 대학 언론커뮤니케이션학 교수. 2004년부터 자유기고가, 언론인, 작가로 활동.

나우, 알프레트(Alfred Nau, 1906~83)

보험판매인, 정치인(사회민주당). 1923년 사회민주당 입당. 1928~33년 사회민주당 베를린 최고위원회 총무. 1933~42년 보험판매인으로 일하며 사회민주당 지지자들을 규합하여 나치에 저항하는 비합법 네트워크 결성. 1935/36년 국가반역 모의죄로 14개월 수감. 1942~45년 참전. 1945년 하노버의 쿠르트 슈마허 사무실에서 함께 일함. 1946~75년 사회민주당 최고위원. 1946~75년 사회민주당 재정총무. 1946~83년 프리드리히 에버트 재단 대표 역임.

나우만, 프리드리히(Friedrich Naumann, 1860~1919)

신학자, 정치인(독일민주당). 1886~96년 랑겐베르크(에르츠 산맥) 목사. 1896년 목사직 사임, 민족사회주의협의회(Nationalsozialer Verein)를 창립하고 그 기관지 『원조』(Die Hilfe) 창간, 베를린에서 자유기고가로 활동. 1907년 예술가와 실업가들의 단체인 독일작업연맹(Deutscher Werkbund) 공동창립. 1907~18년 제국의원. 1910년 분산된 자유주의 좌파집단들을 진보국민당(Fortschrittliche Volkspartei)이라는 당으로 조직. 사회민주당과의 의회 내 협력 주장. 1918년 독일민주당(Deutschen Demokratischen Partei, DDP) 공동창립자. 1919년 국민의회 의원 역임.

넬-브로이닝, 오스발트 폰(Oswald von Nell-Breuning, 1890~1991)

신학자, 사회학자. 1911년 예수회 입회. 1916~19년 인스부르크 대학에서 신학 전공. 1921년 신부 서품. 1928년 신학 박사 취득. 1928년 이후 프랑크푸르트의 장크트게오르겐 신학대학에서 기독교 사회윤리 강의. 1936~45년 출판 금지됨. 1944년 3년 감호 판결. 1948~65년 연방 경제부 자문위원. 1949년 프랑크푸르트 노동아카데미에서 기독교 사회윤리 강의. 1956년부터 프랑크푸르트 대학에서 학문의 철학적 기반 과목의 명예교수 역임.

노스케, 구스타프(Gustav Noske, 1868~1946)

직물공, 편집인, 정치인(사회민주당). 1884년 사회민주당 입당, 노동조합 참여. 1892년 사회민주당 브란덴부르크 대표. 1897~1902년 브란덴부르크와 쾨니히스베르크에서 사회민주주의 신문 편집. 1902~18년 켐니츠의 신문『민중의 소리』

(*Volksstimme*) 주필. 1906~18년 제국의원. 1918년 11월혁명이 발발하자 막스 폰 바덴 공에 의해 그곳 해군들의 반란을 진압하기 위한 총독으로 킬에 파견됨. 1918/19년 인민대표평의회 평의원. 1919년 바이마르 공화국 국방부장관. 1920년 카프-뤼트비츠(Kapp-Lüttwitz) 쿠데타 기간에 노동조합의 요구로 사퇴. 1920~33년 하노버 지역 정부관료. 1944/45년 1944년 7월 20일 히틀러 암살 실패 이후 체포, 베를린 함락 이후 게슈타포 감옥에서 풀려나옴.

뇔팅, 카를 빌헬름 에리크(Karl Wilhelm Erik Nölting, 1892~1953)

국가학자, 정치인(사회민주당). 1919년 사회학 및 법학 전공, 박사학위 취득. 1920~23년 데트몰트 주립 전문대학과 하노버의 라이프니츠 아카데미에서 국가학 및 경제학 강사. 1921년 사회민주당 입당, 1923~33년 프랑크푸르트 노동아카데미 교사. 1928~33년 프로이센 주의원. 1928~32년 베스트팔렌 주정부 경제 부문 총괄. 1933년 강사직에서 쫓겨난 후 여러 차례 수감, 1945년까지 페터 헬브라흐트(Peter Hellbracht)라는 가명 아래 자유기고가로 활동. 1945년 베스트팔렌 주의회 경제 부문 총괄. 1946~53년 노르트라인-베스트팔렌 주의원. 1946~50년 주 경제부장관, 연합군에 의한 공장설비 해체를 끝내기 위해 노력함. 1946/47년 사회민주당 최고위원. 1949~53년 연방의원. 1950~53년 도르트문트 사회아카데미 강사 역임.

다이스트, 하인리히(Deist, Heinrich, 1902~64)

법조인, 경영인, 정치인(사회민주당). 1920년 사회민주당 입당. 1921~24년 경제학, 법학, 국가학 전공. 1928년 정부관료로서 에센, 뒤셀도르프 지방의원 대표, 1931년 프로이센 내무부 경찰 부서 관료, 후일 프로이센 주 내무부장관 카를 제버링의 개인비서. 1933년 관료직으로부터 축출된 뒤 뒤셀도르프에서 종이 판매상. 1938년 나치의 정치적 감시를 피하기 위해 나치당 입당. 1941년 감리사, 1942년 세무사. 1945년 독일노동조합총연맹(DGB) 대표 한스 뵈클러의 측근. 1953~64년 연방의원. 1958~64년 사회민주당 최고위원. 1958~64년 사회민주당 대표단 겸 당의 경제·사회복지 정책 분야의 장으로서 「고데스베르크 강령」의 경제정책 분야 관장.

도나니, 클라우스 폰(Klaus von Dohnanyi, 1928~)

법조인, 정치인(사회민주당). 1944/45년 참전. 1951~53년 미국 변호사 사무실에서 근무하며 막스-플랑크연구소 대외·국제사법(國際私法) 분야 담당. 1954~

60년 포드(Ford)사 근무, 1956년부터 사업설계부장. 1957년 사회민주당 입당. 1960~67년 시장조사연구소 인프라테스트(Marktforschungsinstitut Infratest) 운영 파트너. 1968년 연방 경제부차관. 1969~81년 연방의원. 1969~72년 연방의회 교육 및 학술부 의회 책임자. 1972~74년 연방 교육학술부장관. 1976~81년 외무부차관. 1979~90년 사회민주당 최고위원. 1981~88년 함부르크 제1시장. 1982~88년 함부르크 시의회 의원. 1990년 동독 공장 민영화를 위한 신탁청(Treuhandanstalt) 위원. 1995년 후속 신탁기관인 연방통일특임기구(Bundesanstalt für vereinigigunsbedingte Sonderaufgaben, BvS)의 '시장과 국가'(Markt und Staat) 특별위원 역임.

뒤링, 오이겐(Eugen Dühring, 1833~1921)

법조인, 국민경제학자, 철학자. 1859년까지 변호사. 1861~65년 국민경제학과 철학 전공. 1862년 시력 악화로 법조계에서 은퇴. 1864~77년 강사직에서 쫓겨날 때까지 베를린 대학 강사. 1877~1921년 사강사. 1878년 엥겔스가 노동운동에서의 뒤링의 영향력에 대한 글『반(反)뒤링론』(원제 *Herrn Eugen Dühring's Umwälzung der Wissenschaft*) 저술.

디트만, 빌헬름(Wilhelm Dittmann, 1874~1954)

목공, 편집인, 정치인(사회민주당). 1894년 사회민주당 입당 및 독일금속노동자협회(DMV) 가입. 1899~1902년 브레머하펜의 사회민주주의 신문『북독일의 목소리』(*Norddeutsche Stimme*) 편집인. 1904~09년 프랑크푸르트 당서기 및 지역대표. 1909~17년『베르크 노동자의 목소리』(*Bergische Arbeiterstimme*) 편집장. 1912~18년 제국의원. 1917년 독일독립사회민주당(USPD) 중앙위원회 창립인. 1919/20년 국민의회 의원. 1920~33년 제국의원. 1922년 사회민주당으로 복당. 1922~33년 사회민주당 제국의원 및 원내총무. 1933년 스위스로 망명. 1951년 독일로 귀국, 사회민주당 문서보관소 자원봉사.

라벤스, 카를(Karl Ravens, 1927~2015)

금속 노동자, 정치인(사회민주당). 1941~44년 금속기기 제작교육을 받고, 1946~48년 자동차 수리공으로 전직. 1952~61년 보르크바르트(Borgward)에서 견습생 교육을 받음. 1950년 사회민주당 입당. 1961~78년 연방의원. 1969~72년 연방 도시건설·주택제도부 의회파견관. 1972~74년 연방 총리청 의회파견관. 1974~

78년 연방 공간계획·건설·도시건설부장관. 1976~84년 사회민주당 최고위원. 1978~90년 니더작센 주의원. 1978~96년 사회민주당 원내대표. 1979~84년 사회민주당 니더작센 주대표 역임.

라살, 페르디난트(Ferdinand Lassalle, 1825~64)

문필가, 노동운동 지도자, 정치인(독일노동자전국연합). 1840/41년 라이프치히 상업학교 재학. 1843~46년 브레슬라우와 베를린에서 철학, 역사, 언어학 전공. 1846~54년 조피에 폰 헤르츠펠트 공작부인(Gräfin Sophie von Hatzfeldt)의 이혼소송에 변호사로 관여. 1848/49년 혁명 기간 연설가와 언론인으로 활동. 1849년 혁명적 행위로 인해 6개월 구금형. 1862년 연설 「오늘날의 역사적 시기와 노동자 현실의 이념 간의 특별한 관련성에 대하여」(노동자 강령) 발표. 1863년 3월 「중앙위원회의 라이프치히 독일노동자총회의 소집에 대한 공개 답변」 발표. 1863년 3월 독일노동자전국연합(ADAV)을 창립하고 대표를 맡음. 1864년 8월 31일 결투에 의한 상처로 젠프(Genf)에서 사망.

라우, 요하네스(Johannes Rau, 1931~2006)

서적상, 정치인(사회민주당). 1949~67년 출판업자로 활동, 1954년부터 부퍼탈의 유겐트딘스트 출판사(Jugenddienst-Verlag)에서 지배인, 1962년부터 이사, 1965년부터 대표를 역임. 1952년 전(全)독일국민당(GVP) 창당 발기인. 1957년 전독일국민당 해산 이후 사회민주당으로 이적. 1958~99년 노르트라인-베스트팔렌 주의원, 1967~70년 사회민주당 원내대표. 1956~99년 라인란트 개신교교회회의(Synode der Evangelischen Kirche) 최고위원. 1968~99년 사회민주당 최고위원, 1978~99년 사회민주당 대표위원, 1982~99년 사회민주당 부대표. 1969/70년 부퍼탈 시장. 1970~78년 노르트라인-베스트팔렌 주 학술연구부장관. 1977~98년 사회민주당 노르트라인-베스트팔렌 지역협의회 대표. 1978~98년 노르트라인-베스트팔렌 주 총리. 1999~2004년 독일 대통령 역임.

라이히스바인, 아돌프(Adolf Reichswein, 1898~1944)

교육자, 정치인(사회민주당). 1921~23년 베를린 독일국민교육연합위원회(Ausschuss der deutschen Volksbildungsvereinigungen) 총무. 1923~29년 예나 시민대학 총무, 튀링겐에서 성인교육 단체조직, 예나 기숙시민대학 교장. 1929/30년 프로이센 문화부장관의 학술 담당관. 1930년 사회민주당 입당, 1930~33년 할레/잘레 교육대학 시민교육과 역사학 교수. 1933~39년 브란덴부르크의 티펜제 (Tiefensee)에서 농촌학교 교사. 1939~44년 국립민속학박물관 박물관교육학 책임자. 1940년 이후 저항운동 참가, 1942년부터 공산주의 저항운동의 한 부분으로서 히틀러 암살계획에 참여. 1944년 7월 게슈타포에 체포되어 베를린 플뢰첸제에서 교수형.

라퐁텐, 오스카르(Oskar Lafontaine, 1943~   )

물리학 전공, 정치인(사회민주당). 1966년 사회민주당 입당. 1968~96년 자를란트 주 사회민주당 최고위원. 1977~96년 사회민주당 주대표. 1970~75년 자를란트 주의원. 1974~76년 시장, 1976~85년 자르브뤼켄 시장. 1985~98년 자를란트 주 총리. 1979~99년 사회민주당 최고위원. 1987~95년 사회민주당 부대표. 1990년 3월 사회민주당 총리 후보. 1990년 4월 선거운동 중 암살 모면. 1990년 12월 통일 후 첫 전(全) 독일 총선에서 헬무트 콜(기독교민주연합)에게 패배. 1995년 11월 루돌프 샤르핑과의 경선 끝에 사회민주당 대표로 선출. 1998년 10월~1999년 게르하르트 슈뢰더 내각에서 재정부장관. 1999년 3월 당내 모든 직위와 재정부장관에서 사임. 2005년 사회민주당 탈당, '노동과 사회정의를 위한 선거대안'(WASG)으로 이적. 2005년 10월 이후 '노동과 사회정의를 위한 선거대안'과 민주사회주의당 (PDS)의 선거연합인 좌파당(Die Linkspartei) 연방의원 역임.

란다우어, 구스타프(Gustav Landauer, 1870~1919)

작가, 독일 무정부주의 이론가. 1892년 독립사회주의자연합(Verein Unabhängiger Sozialisten) 회원. 1893년 취리히에서 개최된 제2인터내셔널의 사회주의노동자 인터내셔널 총회에 무정부주의적 사회주의를 위한 베를린 아나키스트 대표로 참가, 국가폭력에 대항하는 불복종운동 선동으로 체포되어 9개월 구금형. 1895~99년 『월간 사회주의자-아나키스트』(Sozialist-Arnarchistische Monatsschrift) 편집자. 1908년 사회주의연맹(Sozialistischer Bund) 창립. 1909~15년 잡지 『사회주의자』 (Der Sozialist) 편집자. 1919년 4월 바이에른 주 제1차 평의회공화국에서 국민계몽부 담당자. 1919년 5월 슈타델하임 감호소에 수감 및 살해됨.

랑, 에르나(Erna Lang, 1892~1983, 결혼 전 성은 데무트Demuth)

교육자, 당간부(사회민주당/공산당/사회주의노동자당). 1910년 사회민주당 입당, 1916년 사회민주당으로부터 축출, 함부르크 극좌 그룹에 참여. 1913년 막스 할

베(Max Halbe)와 결혼. 1917년 독립사회민주당(USPD) 입당. 1918년 남편 할베 사망. 1919년 함부르크 노동자·병사평의회에 유일한 여성으로 참여. 1919년 함부르크 공산당 창당 당원, 1920년 바서칸테(Wasserkante) 지역 공산당 여성총무, 1922년 마그데부르크 지역 공산당 정치지도자, 1924~27년 공산당 중앙당 여성부장, 1929년 공산당에서 축출. 공산당-재야파(KPO) 가입, 1932년 사회주의노동자당(SAPD) 입당. 1933년부터 비합법 사회주의노동자당 지도부. 1934년 체코슬로바키아로, 1937년 프랑스로, 1940년 미국으로 이주. 1941년 요제프 랑(Joseph Lang)과 결혼. 1950년 독일로 귀국. 1951년 사회민주당 프랑크푸르트 지부로 복당.

레기엔, 카를(Carl Legien, 1861~1920)

선반공, 노동조합 간부, 정치인(사회민주당). 1881~84년 군 복무, 1885년 독일사회주의노동자당(SAP) 입당. 1887년 독일선반공연합(Vereiningung der Drechsler Deutschlands) 공동창립, 1891년까지 대표. 1890년 함부르크에 있는 노동조합전체위원회 대표. 1892년 할버슈타트에서 열린 총회에서 자유노동조합들이 그를 대표로 통일된 조직 원칙을 갖고, 전체가 통합된 노동조합 운동으로 합치기로 결정. 1893~98/1903~18년 제국의원. 1913년 새롭게 창설된 국제노동조합연맹(Internationaler Gewerkschaftsbund) 초대 대표. 1919년 뉘른베르크 총회를 통해 새롭게 조직된 독일노동조합전국연맹(ADGB) 대표 취임.

레버, 게오르크(Georg Leber, 1920~2015)

벽돌공, 노동조합 간부, 정치인(사회민주당). 1939~45년 참전. 1947년 사회민주당 입당, 독일노동조합총연맹(DGB) 참여. 1949~52년 건설·석재·토건산업노동조합 총무. 1955년 건설·석재·토건산업노동조합 부대표, 1957~66년 건설·석재·토건산업노동조합 대표. 1957~83년 연방의원. 1958/59년 유럽의회 의원. 1961~86년 사회민주당 최고위원. 1968~73년 사회민주당 대표위원. 1966~69년 연방 교통부장관. 1969~72년 교통·우편·통신부장관. 1972~78년 국방부장관. 1967~71년 독일가톨릭중앙위원회(Zentralkomitee der deutschen Katholiken) 위원 역임.

레버, 율리우스(Julius Leber, 1891~1945)

언론인, 정치인(사회민주당). 1913년 경제학 및 역사학 전공. 1913년 사회민주당 입당. 1914~18년 참전, 전쟁 막바지에 장교로 복무. 1920년 퇴역 후 프라이부르크 대학에서 박사학위 취득. 1921년 사회민주주의 성향의 『뤼베크 민중신문』(*Lübecker Volksboten*) 편집장. 1921~33년 뤼베크 시의원. 1924~33년 제국의원. 1933년 1월 암살 위기에서 벗어남. 1933년 3월 제국의원 재선 이후 체포. 1933~37년 20개월 수감, 이후 정권의 위험 인물로 분류되어 작센하우젠 강제수용소에서 수감 생활. 1937년 베를린에서 저항 그룹에 소속되어 이를 은폐하기 위해 석탄사업 종사. 1943년 헬무트 몰트케를 중심으로 하는 크라이사우 그룹과 접촉. 1944년 7월 공산주의 지하 그룹과의 정보 교환 이후 첩자의 밀고로 게슈타포에게 체포. 1945년 1월 베를린 플뢰첸제에서 교수형.

레비, 파울(Paul Levi, 1883~1930)

법조인, 정치인. 1908년 프랑크푸르트 변호사, 사회민주당 입당. 1913년 로자 룩셈부르크가 군인들에게 항명을 사주했다는 비난에 대하여 변호. 1917년 독립사회민주당(USPD)으로 이적. 1918년 스파르타쿠스 동맹 중앙위원. 1918/19년 독일공산당 창당위원. 1920~30년 제국의원. 1919년 3월~1921년 공산당 최고위원. 1921년 독일공산당으로부터 축출, 공산주의 노동공동체(Kommunistische Arbeitsgemeinschaft, KAG) 결성. 1922년 사회민주당 복당. 1923~28년 통신지 『사회주의 정치경제』(*Die Sozialistische Politik und Wirtschaft*) 편집. 1928~30년 좌파 비주류 기관지 『계급투쟁』(*Klassenkampf*) 공동편집인 역임.

레오 13세 교황(Leo XIII, 본명 빈첸초 조아치노 페치Vincenzo Gioacchino Pecci, 1810~1903)

신학자. 1818~24년 예수회 신학교 이수. 1824~32년 신학 전공. 1832~37년 교황청 행정 및 외교 업무 관련 교육. 1837년 신부 서품. 1846~78년 페루자 주교. 1853년 추기경. 1878년 3월 교황 취임. 1891년 최초의 포괄적 가톨릭 사회교리 교서인 「새로운 사태」(Rerum Novarum)를 공포함으로써 '노동자 교황'이라는 별칭을 갖게 됨.

레터하우스, 베른하르트(Bernhard Letterhaus, 1894~1944)

직조공, 정치인(중앙당). 1919년 중앙당 총무. 1920~27년 기독교직조공중앙회 (Zentralverband christlicher Textilarbeiter) 총무. 1927년 서독일 가톨릭노동자단체 협의회 총무. 1928~33년 프로이센 주의원. 1939년부터 참전. 1942년 방어사령부 해외/저항군 부서 대위로서 옛 가톨릭 노동운동의 연락책으로 활동하며 히틀러 암살 기획. 1944년 7월 히틀러 암살 사건에 연루되어 체포. 베를린 플뢰첸제에서 교수형.

렝거, 안네마리(Annemarie Renger, 1919~2015, 결혼 전 성은 빌둥Wildung)

서적상, 정치인(사회민주당). 1938~44년 에밀 렝거(Emil Renger)와 결혼, 이후 남편은 제2차 세계대전에서 전사. 1945~52년 쿠르트 슈마허의 비서 겸 동반자. 1953~90년 연방의원. 1961~73년 사회민주당 최고위원, 1970~73년 사회민주당 대표위원. 1972~76년 연방의회 의장, 1976~90년 사마리아인-노동자연맹(Arbeiter-Samariter-Bund) 부회장, 1985년부터 회장 역임.

로이슈너, 빌헬름(Wilhelm Leuschner, 1890~1944)

조각가, 노동조합원, 정치인(사회민주당). 1909년 독일조각가중앙회(Zentralverein der deutschen Bildhauer) 다름슈타트 지역대표. 1910년 사회민주당 입당. 1924~33년 헤센 주의원. 1926~28년 독일노동조합전국연맹(ADGB) 헤센/헤센-나사우 지역 총무. 1928~33년 헤센 주 내무부장관. 1932~33년 젠프 소재 국제노동기구(Internationalen Arbeitsamts, IAA) 집행위원. 1933년 1~5월 독일노동조합전국연맹(ADGB) 연방최고위원. 1933년 나치의 요구로 젠프에 있는 국제노동기구를 방문하여 독일노동전선(Deutsche Arbeitsfront)을 노동조합으로 인정할 것을 강요당했으나 독일 노동운동의 탄압상에 대해서만 보고. 1933~34년 뵈르거무어(Börgermoor) 강제수용소와 리히텐베르크 강제수용소에 수감. 1934~44년 맥주 병뚜껑 회사 운영. 1939년부터 크라이사우 그룹(1944년 히틀러 암살을 모의한 저항단체)과 접촉, 이 단체에서는 그를 사회민주주의 운동의 대표로서 히틀러가 제거된 후 과도정부 부총리로 내정했음. 1944년 8월 체포되어 베를린 플뢰첸제에서 교수형.

로이터, 에른스트(Ernst Reuter, 1889~1953)

교육자, 언론인, 정치인(사회민주당). 1912년 사회민주당 입당. 1912~13년 빌레펠트에서 가정교사 생활. 1913~14년 사회민주당 교육위원회 순회교사. 1914~15년 베를린의 평화단체 '새로운 조국'(Neues Vaterland) 사무총장. 1919~21년 공산당 입당. 1922년 사회민주당으로 복당. 1922~26년 『전진』 편집. 1925~33년 독일 시의원 모임 최고위원. 1926~31년 베를린 시 교통부 참사. 1931~33년 마그데부르크 시장. 1932/33년 제국의원. 1933~34년 마그데부르크 경찰교도소 수감, 이후 리히텐베르크 강제수용소 수감. 1935년 터키로 이주. 1938~46년 앙카라 대학 지방행정학 교수. 1946년 독일로 귀국. 1947~51년 서베를린 시장, 1951~53년 베를린 시장. 1949~53년 독일시의회연합(Deutscher Städtetag) 대표. 1948~53년 사회민주당 최고위원 역임.

로젠베르크, 루트비히(Ludwig Rosenberg, 1903~77)

상인, 노동조합 운동가. 1924년 사회민주당 입당. 1925년 사무직노동조합연맹(Gewerkschaftsbund der Angestellten, GDA) 가입, 1928~31년 상근 간부, 1931~33년 사무총장. 1933~46년 영국으로 이주. 1946~48년 영국점령지역 빌레펠트의 노동조합 지역사무국 총무. 1948년 연합군 점령지역 노동조합평의회 서기. 1949~69년 독일노동조합총연맹(DGB) 연방최고위원, 대외관계·경제정책본부장. 1959~62년 독일노동조합총연맹 부대표, 1962~69년 대표. 1963~69년 국제자유노동조합연맹 회장, 유럽공동체와 유럽원자력위원회(Euratom) 경제사회위원장 역임.

뢰벤탈, 리하르트(Richard Löwenthal, 1908~91)

정치학자, 정치인. 1926~29년 공산주의학생회(Kommunistische Studentenfraktion, Kostufra) 적극 가담. 1929~31년 공산당-재야파(KPO) 구성원. 1933년 이후 '새로운 시작'(Neu Beginnen) 그룹 결성을 위해 협력. 1935년 체코슬로바키아로, 1936년 영국으로 이주. 1935년 이후 파울 제링(Paul Sering)이라는 가명으로 다수의 글 출간. 1942~58년 런던 로이터 통신사 등에서 자유기고가로 활동, 1949년부터 서독일 통신원. 1949~58년 『옵저버』(*Observer*) 통신원. 1947년 영국 국적 취득. 1945년 사회민주당 입당. 1961~75년 베를린 대학의 오토 주르 연구소(Otto-Suhr-Institut)에서 역사 및 외교 전공 교수 역임.

룩셈부르크, 로자(Rosa Luxemburg, 1871~1919)

언론인, 정치인(사회민주당/공산당). 1890~97년 국가학 및 역사 전공, '폴란드의 산업 발전'을 주제로 박사학위 취득. 1893년 레오 요기헤스와 함께 바르샤바에서 비합법 정당인 폴란드왕국·리타우엔 사회민주주의노동자당(SDKPiL) 창당. 1898년 베를린으로 이주, 언론인 활동. 1898년 사회민주당 입당. 1906년 계급증오 선동 혐의로 2개월 구금형. 1907~14년 사회민주당 당학교 교사. 1914년 제2차 인터내셔널 회원. 1915~16년 국가 권위와 질서에 대한 불복종을 선동한 혐의로 구금. 1916~18년 국가전복죄로 보호감호. 1918년 스파르타쿠스 동맹 기관지 『붉은 깃발』 편집. 1918/19년 독일공산당 창당. 1919년 1월 15/16일 베를린에서 스파르타쿠스 동맹의 1월 반란 이후 암살당함.

뤼데만, 헤르만(Hermann Lüdemann, 1880~1959)

선박기사, 정치인(사회민주당). 1899~1904년 기술자 생활. 1905~12년 기술·
산업공무원연맹(Bund der technisch-industriellen Beamten, Butib)의 노동조합 지
도자, 민주주의자연합(Demokratische Vereinigung) 회원. 1912년 사회민주당 입
당. 1915~22년 베를린 시 공무원. 1918/19년 베를린 노동자·병사평의회 평의원.
1919/20년 연방 노동부 담당관. 1920/21년 프로이센 재정부장관. 1921~27년 프
로이센 주의원. 1922~27년 사회주의 건설회사 경영. 1921~28년 뤼네부르크 정
부대표. 1928~33년 니더슐레지엔 지역대표. 1933~35년 여러 강제수용소에 구금.
1936~44년 영화관 경영. 1944년 다시 체포되어 구금. 1945년 사회민주당 메클렌
부르크-포르포메른 지구당 대표. 1945~46년 베를린 당서기. 1946~58년 슐레스
비히-홀슈타인 주의원, 1946년 주 내무부장관. 1947~49년 슐레스비히-홀슈타인
주 총리 역임.

리프크네히트, 빌헬름(Wilhelm Liebknecht, 1826~1900)

언론인, 정치인. 1847/48년 취리히에서 교사 겸 『석간 만하임』(*Mannheimer
Abendzeitung*) 통신원. 1848년 2월 파리에서의 혁명투쟁 참여, 9월 바덴에서 공화국
건설을 위한 반란에 자발적으로 참가. 1849년 혁명 좌절 후에 스위스로 도주. 1850년
스위스에서 체포되어 독일노동자연합 결성 운동으로 인해 체포와 함께 추방.
1850~62년 런던으로 망명해 카를 마르크스, 프리드리히 엥겔스와 정기적으로 접
촉, 공산주의자동맹에 참가. 1862년 독일 귀국. 1866년 아우구스트 베벨과 함께 작
센국민당 창당. 1867~71년 제국의원. 1869년 아이제나흐에서 사회민주주의노동
자당(SDAP) 창당에 참여, 당 기관지 『국민국가』(*Der Volksstaat*) 편집. 1872년 라이
프치히 국가반역죄 재판에서 2년형 선고. 1874~1900년 제국의원. 1875년 고타에
서 사회민주주의노동자당(SDAP)과 독일노동자전국연합(ADAV)을 통합해 사회주
의노동자당(SAP)을 창당하는 데 적극 참여. 1876~1900년 새로 만들어진 당 기관
지 『전진』 편집, 1891년 이후 편집장. 1891년 사회민주당 에르푸르트 당대회에서
새로운 당 강령 작성. 1896년 국가원수 모독죄로 4개월 구금형.

리프크네히트, 카를(Karl Liebknecht, 1871~1919)

법조인, 정치인(사회민주당). 1899년 베를린 변호사. 1900년 사회민주당 입당.
1907~09년 반역죄로 18개월 구금형. 1908~16년 프로이센 주의원. 1912~17년
제국의원, 1916년 사회민주당 제국의원직 제명. 1916년 1월 로자 룩셈부르크와 함

께『스파르타쿠스 편지』(*Spartakusbriefe*) 편집. 1918년 11월 9일 베를린성(城) 발코니에서 자유사회주의공화국 선포. 1918년 11월 스파르타쿠스 동맹 중앙위원, 『붉은 깃발』(*Rote Fahne*) 편집. 1918/19년 독일공산당 창당. 1919년 1월 15/16일 베를린 스파르타쿠스 동맹의 1월 파업과정에서 암살당함. 빌헬름 리프크네히트의 다섯 번째 아들.

마르크스, 카를(Karl Marx, 1818~83)

언론인, 경제학자, 철학자. 1836~41년 베를린에서 법학 및 철학 공부. 1842~43년 쾰른에서 자유주의 성향의『정치·무역·영업을 위한 라인 신문』편집, 후일 편집장을 맡음. 1843~45년 파리로 이주, 프로이센 정부의 압력으로 추방, 브뤼셀로 이주. 프로이센 소속 국적을 포기한 후 평생을 국적 없이 삶. 1847년 프리드리히 엥겔스와 브뤼셀에서 독일노동자연합(Deutsche Arbeiterverein) 결성. 1848년 2월 엥겔스와 함께「공산당 선언」발표. 1948/49년 혁명 기간 중 쾰른으로 귀환, 『신(新)라인 신문』편집. 1849년 독일로부터 추방, 이후 평생을 런던에서 망명 상태로 보냄. 1850년『신라인 신문』과『정치경제 리뷰』(함부르크/뉴욕) 편집. 1864년 런던에서의 제1차 인터내셔널 결성에 적극 참여. 1867년『자본』(*Das Kapital*) 제1권 출간. 제2, 3권은 그의 사후 엥겔스에 의해 출간됨.

마트회퍼, 한스(Hans Matthöfer, 1925~2009)

경제학 전공, 노동조합 간부, 정치인(사회민주당). 1943~45년 참전. 1948~53년 프랑크푸르트와 미국에서 경제학 전공. 1950년 사회민주당 입당. 1953~57년 금속산업노동조합 경제 부문 최고위원. 1957~61년 워싱턴 및 파리 소재 유럽경제협력기구(OEEC) 근무. 1961~87년 연방의원. 1961~72년 금속산업노동조합 교육 부문 최고위원. 1972~74년 연방 경제협력부 의회 파견 부서장. 1974~78년 연방 연구기술부장관. 1978~82년 연방 재정부장관. 1982년 연방 우편통신부장관. 1973~84년 사회민주당 최고위원. 1985~87년 사회민주당 재정총무. 1987~97년 노동조합 자산관리회사 BGAG 대표최고위원 역임.

메르게스, 아우구스트 에른스트 라인홀트(August Ernst Reinhold Merges, 1870~1945)

재단사, 정치인(사회민주당/공산당). 1899년 사회민주당 입당. 1906~11년 사회민주당 힐데스하임과 알펠트 지구당 간부. 1911년부터 사회민주주의 신문『브라운슈바이크 인민의 친구』(*Braunschweiger Volksfreund*) 기자, 이후 편집인. 1917년 독립사회민주당(USPD)으로 이적, 스파르타쿠스 동맹 회원. 1918년 11월~1919년 4월 브라운슈바이크 사회주의 공화국 대통령. 1919/20년 공산당 당원. 1921~33년 전 국노동조합통합기구(Die Allgemeine Arbeiter-Union-Einheitsorganisation, AAUE) 회원. 1933년 나치 저항운동 그룹의 조직 시도. 1935~37년 반역죄로 수감. 이후 고 문의 후유증으로 사망.

메링, 프란츠(Franz Mehring, 1846~1919)

언론인, 정치인(사회민주당/공산당). 1866~68년 언어학 및 역사 전공, 베를린 의 부르주아민주주의 성격의 신문『미래』(Die Zukunft) 편집. 1871~74년 올덴 부르크의 통신사에서 제국의회·주의회 관련 언론 활동. 1874/75년『프랑크푸르 트 신문』(Frankfurter Zeitung)과 민주주의 성향의 신문『저울』(Die Waage)에서 기 자 생활. 1884년부터 베를린의 자유주의 신문『민중신문』(Volks-Zeitung) 주필. 1890년 부르주아 언론과 개인적으로 다투고 관계를 끊음. 1891년 사회민주당 입 당. 1891~1913년 사회민주주의 이론지『신(新)시대』(Die Neue Zeit) 문화부 담 당. 1902~07년『라이프치히 민중신문』(Leipziger Volkszeitung) 주필, 잡지『전진』및 『진짜 야코프』(Der Wahre Jacob) 등에 기고. 1893~1918년 독일 노동운동에 대한 첫 학문적 서술 시작. 1906~10년 사회민주당 당학교 교장. 1916년 스파르타쿠스 동맹 결성 참여. 1917~18년 프로이센 주의원. 1918/19년 독일공산당 창당 참여.

메켈, 마르쿠스(Markus Meckel, 1952~)

신학자, 정치인(사회민주당). 1971~78년 동독의 나움베르크에서 신학 전공, 베를린 언어연구소 수학. 1980~88년 메클렌부르크 비페로우에서 개신교 목사. 1988~90년 작센-안할트 니더도델레벤(Niederdodeleben)에서 범(汎)교파적인 '만 남과 교육의 집' 대표. 1989년 7월 마르틴 구트차이트(Martin Gutzeit)와 함께 동독 사회민주당(SDP) 창당선언문 발표. 1989년 10월 슈반테에서 동독사회민주당 창 당, 당 최고위원. 1990년 3~10월 동독 인민의회 의원, 4~8월 외무부장관. 1990년 연방의원 역임.

몸퍼, 발터(Walter Momper, 1945~)

정치학자, 정치인(사회민주당). 1967년 사회민주당 입당. 1969년 베를린 자유대 학 오토 주르 연구소 연구원. 1970~72년 프로이센 문화자산재단의 비밀문서보관 소에서 근무. 1972~86년 베를린 역사위원회 총무. 1975~95년과 1999년 이후 베를린 시의원. 1978년 이후 사회민주당 베를린 지구당 최고위원. 1985~89년 베를린 의회 사회민주당 원내대표. 1986~92년 사회민주당 베를린 지구당 대표. 1988~93년 사회민주당 최고위원. 1989년 3월~1990년 11월 베를린 시장. 2001년 이후 베를린 시의회 의장 역임.

뮌첸베르크, 빌리(Willi Münzenberg, 1889~1940)

언론인, 출판인, 정치인(공산당). 1912년 스위스 사회주의 청년단체 중앙위원. 1918년 러시아혁명을 지지했다는 이유로 스위스에서 추방. 1919년 독일공산당 입당. 공산주의 청년 인터내셔널(Kommunistische Jugendinternationale) 대표. 1921년 레닌에 의해 국제노동자원조(Internationale Arbiterhilfe, IAH) 조직을 의뢰받음. 화보지 『소련 화보집』(*Sowjetrußland im Bild*, 1926년부터 『노동자 화보신문』*Arbeiter-Illustrierte-Zeitung*으로 이름을 바꿈) 창간. 1924년 국제노동자원조(IAH)를 위해 신(新)독일 출판사(Neuer Deutscher Verlag) 설립. 1924~33년 연방의원, 공산당 중앙위원. 1926년 신문 『석간 세계』(*Welt am Abend*) 운영. 1928년 하인리히 칠레(Heinrich Zille)와 풍자잡지 『오일렌슈피겔』(*Eulenspiegel*) 출간. 1931년 『조간 베를린』(*Berlin am Morgen*) 편집. 1933년 프랑스로 이주. 1939년 독일공산당으로부터 축출. 사망 원인은 밝혀지지 않음.

뮐러, 헤르만(Hermann Müller, 1876~1931)

상점 보조원, 정치인(사회민주당). 1893년 사회민주당 입당. 1899~1906년 괴를리츠(Görlitz)에서 민중신문 편집. 1903~06년 괴를리츠 시의원. 1906~19년 사회민주당 총무, 1919~28년 최고위원. 1916~18/1919~31년 제국의원. 1920~28년 사회민주당 제국의회 원내대표. 1918년 11/12월 베를린 혁명실행평의회(Vollzugsrat) 평의원. 1918년 12월~1919월 4월 독일공화국 중앙평의회(Zentralrat) 부대표. 1919~20년 제국 외무부장관. 1920/1928~30년 제국 총리. 1923~29년 사회주의노동자 인터내셔널(SAI) 집행위원 역임.

미렌도르프, 카를로(Carlo Mierendorff, 1897~1943)

문필가, 경제학자, 정치인(사회민주당). 1919년 잡지 『헤센 급진주의 신문』(*Das Tribunal. Hessische Radikale Blätter*) 편집인. 1919~22년 하이델베르크, 프라이부르크, 프랑크푸르트 등에서 국가학, 경제학, 사회학 전공. 1922년 '독일공산당의 경제정책'을 주제로 박사학위 취득. 1922~24년 독일노동조합전국연맹(ADGB) 산하의 운수노동자연합(Transportarbeiterverband) 최고위원회 내 연구총무. 1926~28년 베를린의 사회민주당 제국의회 원내비서. 1928~33년 헤센 주 내무부 언론 담당자. 1930~33년 제국의원. 1932년 러시아 이민자 세르게이 차코틴(Sergej Tschachotin, 1883~1973)과 함께 '철의 전선'(Eiserne Front) 상징물로 세 화살 도안. 1933~38년 베를린 프린츠-알프레히트가(街)에서 게슈타포에 체포되어 여러 수용소 전전. 1938년 제국작가회의(Reichsschrifttumskammer)로부터 쫓겨나 카를 빌머(Karl Willmer)라는 이름으로 새로운 생활 시작. 1940~43년 크라이사우 그룹, 빌헬름 로이슈너와 율리우스 레버 주변의 사회민주주의 저항 그룹, 시민사회, 군부 비주류 등 사이에서 연결 역할. 1943년 모든 저항단체들이 나치 체제의 전복을 위해 단결할 것을 호소하는 『사회주의 행동』(Sozialistische Aktion) 집필. 1943년 12월 라이프치히 공습으로 사망.

바르, 에곤(Egon Bahr, 1922~2015)

공산품 판매원, 언론인, 정치인(사회민주당). 1942~44년 참전. 1945년 베를린, 함부르크, 본 등에서 다양한 신문사 기자 활동. 1950~60년 베를린 방송사 RIAS 의 논설위원. 1956년 사회민주당 입당. 1960~66년 베를린 언론 및 정보 담당 부서장. 1963년 새로운 동방정책을 위한 원칙인 '접근을 통한 변화' 작성. 1966~69년 외무부 입안 부서장. 1969~72년 연방 총리청 장관. 1972년 동독과의 기본조약 체결. 1972~90년 연방의원. 1972~74년 연방 베를린 대표부 대표 및 특임장관. 1974~76년 연방 경제협력부장관. 1976~90년 사회민주당 최고위원. 1976~88년 사회민주당 대표위원. 1976~81년 사회민주당 사무총장. 1984~94년 함부르크 대학 평화·안보정책 연구소 소장 역임.

바우어, 오토(Otto Bauer, 1881~1938)

법조인, 오스트리아 정치인(사회민주주의노동자당SDAP). 1900년 오스트리아 사회민주주의노동자당 당원. 1907년부터 제국의회 사회민주당 서기 및 노동자신문 편집장. 1918/19년 임시 외무부장관. 1919~33년 국민의회(Nationalversammlung) 의원. 1926년 「린츠 강령」(사회민주주의노동자당 강령) 작성. 1934년 체코슬로바키아로 망명해 그곳에서 오스트리아 사회민주주의자 재외(在外) 사무실 설립. 1938년 프랑스로 망명.

바이서, 게르하르트(Gerhard Weisser, 1898~1989)

사회정책가(사회민주당). 1919~23년 국가학 및 경제학 전공, 박사학위 취득. 1923~27년 마그데부르크 주택 부서 책임자. 1927~30년 마그데부르크 시 재정 책임자. 1927~30년 사회민주당 입당. 1930~33년 하겐 시장. 1933년 시장직에서 쫓겨남. 1934~45년 지역 전문출판사 편집장 및 책임자. 1943년 교수자격 취득논문 통과. 1945년 브라운슈바이크 주 경제재정부 책임자. 1946~48년 함부르크 영국점령지역 고문단 사무총장. 1948~50년 노르트라인-베스트팔렌 주 경제부차관. 1950~66년 쾰른 대학 복지정책 및 조합운영 전공 교수. 1953~70년 프리드리히 에버트 재단 이사장. 1965년 괴팅겐의 사회정책연구소 및 사회과학협회 공동창립 및 학술 부문 책임자 역임.

바이틀링, 빌헬름(Wilhelm Weitling, 1808~71)

재단사. 1836년 프랑스 이민 중 추방자동맹(Bund der Geächteten) 가입, 추방자동맹은 바이틀링의 영향력 아래에서 '정의로운 자 동맹'(Bund der Gerechten)으로 이름을 바꿈. 1841년 스위스로 이주, '정의로운 자 동맹'의 지부를 조직하고 잡지『독일 청소년들의 도와달라는 함성』(Hülferuf der deutschen Jugend) 편집. 1843년 6월 취리히에서 신성모독, 재산 탈취, 공산주의 준비를 위한 비밀조직 설립 등으로 체포되어 10개월 수감생활 뒤 추방됨. 1844년 영국으로 이주. 1947년 마르크스와 엥겔스의 영향 아래 공산주의자동맹으로 이름을 바꾼 '정의로운 자 동맹'에서 혁명에 대한 견해 차이로 쫓겨난 뒤 축출됨. 1847년 뉴욕으로 이주, 공산주의 신문『민중신문』(Volkstribun) 편집. 아이오와 주의 공산주의자 공동체 코뮤니아(Communia)에서 활동. 1855년 정치 일선에서 물러남.

베너, 헤르베르트(Herbert Wehner, 1906~90)

영업사무직, 정치인(공산당/사회민주당). 1923년 사회주의노동자청년단(SAJ) 회원. 1925/26년 신문『혁명적 행동』(Revolutionäre Tat) 편집인. 1927년 독일공산당 입당. 1929년 혁명노동조합-재야파(Revolutionären Gewerkschaftsopposition, RGO) 동(東)작센 지부 총무. 1930년 작센 공산당 부(副)정치비서. 1930/31년 작센 주의원. 공산당 원내부대표. 1932/33년 베를린 공산당 정치국 기술비서. 1933~35년 나치 저항운동, 국내외에서 독일공산당을 통한 비합법적 당 활동 등으로 탄압받음. 1935년 프라하로 이주, 망명독일공산당 정치국과 중앙위원회 위원. 1936년 파리에서 독일공산당 활동. 1937~41년 모스크바 코민테른에서 독일 문제 연구원.

1941~46년 스웨덴 체류. 1942~44년 '스웨덴의 자유와 중립에 대한 위협'이라는 죄목으로 체포 및 감금. 1942년 독일공산당으로부터 축출됨. 1946년 독일로 귀국, 사회민주당 입당. 사회민주당 신문인『함부르크의 메아리』(*Hamburger Echo*) 기자. 1949~83년 연방의원. 1949~66년 연방의회 전(全)독일 문제 및 베를린 문제 위원회 위원장. 1950년 유엔총회 전쟁포로 문제에서 독일 측 고문을 맡음. 1952~82년 사회민주당 대표위원, 1958~73년 사회민주당 원내부대표. 1966~69년 연방 전(全)독일문제부장관. 1969~83년 사회민주당 연방의회 원내대표.

베른슈타인, 에두아르트(Eduard Bernstein, 1850~1932)

은행원, 편집자, 정치인(사회민주당). 1872년 사회민주주의노동자당(SDAP) 입당. 1875년 사회민주주의노동자당와 독일노동자전국연합(ADAV)이 공동의 강령으로서 채택한「고타 강령」작성에 참여, 1881년 '사회민주주의자'라는 당 조직을 지휘. 1890~99년『전진』의 런던 특파원. 1890년부터 런던에서, 1901년 이후 베를린 등에서 작가로 활동하며 1890~99년『신(新)시대』(*Die Neue Zeit*), 1901~14년『월간 사회주의』(*Sozialistische Monatshefte*) 편집. 1902~07/1912~18/1920~28년 사회민주당 제국의원, 1917/18년 독일독립사회민주당(USPD) 제국의원. 1917년 독립사회민주당 입당. 1919년 독립사회민주당 탈당, 사회민주당으로 복당. 1918년 프로이센 주 재정부 위원. 1921년「괴를리츠 강령」공동작성.

베버, 알프레트(Alfred Weber, 1868~1958)

경제학자, 사회학자. 1899년 베를린 대학에서 국민경제학 전공으로 교수자격 취득논문 통과. 1899~1907년 강사, 1904년부터 프라하 대학 교수. 1907~33년 하이델베르크 대학 교수, 1924년 하이델베르크 대학에서 학문 간 연계를 통한 사회과학 아카데미를 구상하여 사회과학 및 국가학 연구소(Institut für Sozial- und Staatswissenschaften) 건립. 1933년 퇴직하여 수많은 학술서 저술. 1945년 이후 사회민주당 입당.

베벨, 아우구스트(August Bebel, 1840~1913)

선반공, 저술가, 정치인(사회민주당). 1858~60년 선반공 교육 및 방랑 수공업 직인으로서 남부 독일 및 오스트리아 방랑. 1861년 노동운동 합류. 1865년 라이프치히 노동자교육연합(Arbeiterbildungsverein) 대표. 1866년 율리에 오토(Julie Otto)와 결혼. 1866년 빌헬름 리프크네히트와 작센국민당 창당. 1867년 북부 독일 제국의원. 1867년 독일노동자단체협의회(Verband Deutscher Arbeitervereine) 대표. 1869년 리프크네히트와 아이제나흐에서 사회민주주의노동자당(SDAP) 창당. 1871~1913년 제국의원. 1872년 국가반란 모의죄로 2년간 수감 및 국가원수 모독죄로 9개월 추가 수감생활. 1875년 고타에서 사회민주주의노동자당과 독일노동자 전국연합(ADAV)이 통합한 사회주의노동자당(SAP) 창당에 참가. 1878~90년 사회주의자탄압법 기간 중에 제국의회에서 독일 제국의 정치적 상황에 대하여 예리하게 비판함. 1879년 그의 가장 중요한 출판물인『여성과 사회주의』가 독일에서 불법 출간. 1881년 라이프치히에서 추방되어 드레스덴으로 이주. 1890년『전진』편집장. 1892~1913년 동안 1911년까지는 파울 징거와 함께, 1911년부터는 후고 하제와 함께 사회민주당 대표. 1909~13년 사회민주당 제국의원 대표 역임.

베벨, 율리에(Julie Bebel, 1843~1910, **결혼 전 이름은 요한나 카롤리네 율리에 오토**Johanna Caroline Julie Otto)

여성 노동자. 1866년 아우구스트 베벨과 결혼해 라이프치히 소재 베벨의 선반공장 공동운영. 사회주의자탄압법 기간에 수감된 다른 여성들을 조직하고 연대집회 개최, 당 재정관리 및 구호물자 분배. 1890년대 초 베를린의 '여성을 위한 교육협회'(Bildungsverein für Frauen und Mädchen) 창립회원. 사회민주당 동료들의 반대에 다음과 같이 응답함. "만일 …… 직접적으로든 간접적으로든 간에, 이러한 작업들에 자기 인생의 절반을 보낸 사람이라면, 그것으로 또한 남성들로부터도 전적인 신뢰를 얻기에 충분하다!"

베스트팔, 막스(Max Westphal, 1895~1942)

영업사무직, 편집자, 정치인(사회민주당). 1910년 사회민주주의에 영향을 받은 전문교육 단체와 접촉. 1910년 사회민주당 입당. 1917~18년 신문『노이슈타트 전쟁우편』(Neustädter Feldpost) 기자, 1919년 사회주의 청소년지『진격』(Aufwärts) 기자. 1919~21년 함부르크 사회민주당 청소년부 총무. 1921~33년『청년노동자 연보』(Jahrbücher der Arbeiterjugend) 편집, 1924~25년『청년사회주의자 신문』(Jungsozialistische Blätter) 편집. 1921~27년 사회주의노동자청년단(SAJ) 연합회장 및 당비서. 1927~33년 사회민주당 최고위원 비서 및 사회주의노동자청년단 최고위원. 1933년 5개월 수감에 이어 사망보험사에서 근무, 이를 통해 정치 동지들과 연결을 유지하고 정치적으로 탄압받는 이들을 지원. 1938~40년 작센하우젠 강제수용소 수감. 1942년 수감 후유증으로 사망.

베티히-다니엘마이어, 잉게(Inge Wettig-Danielmeier, 1936~, **결혼 전 성은 다니엘마이어**
Danielmeier)

해외통신원, 사회복지 전문가자격(Diplom) 학위 취득, 여성 정치인(사회민주
당). 1959년 사회민주당 입당. 1960~66년 사회복지학 전공. 1969~72년 괴팅겐
대학 조교. 1972~90년 니더작센 주의원. 1981~92년 사회민주주의 여성노동공동
체(Arbeitsgemeinschaft Sozialdemokrratiatischer Frauen, ASF) 연방대표. 1982년 사
회민주당 최고위원, 1988년 이후 사회민주당 대표위원, 1991년 이후 사회민주당 재
정총무. 1990~2005년 연방의원.

벨스, 오토(Otto Wels, 1873~1939)

양탄자 직조공, 정치인(사회민주당). 1891년 사회민주당 입당. 1906년 양탄자직
조공협회 간부. 1907년 브란덴부르크 지역 사회민주당 총무. 1912~18년 제국의원.
1913년부터 사회민주당 최고위원, 1919~33년 헤르만 뮐러와 함께 사회민주당 공
동대표. 1933~39년 망명독일사회민주당(Sopade) 대표. 1918년 11월 노동자·병사
평의회 평의원. 1918년 11~12월 베를린 시 주둔군사령관. 1919/20년 국민의회 의
원. 1920~33년 제국의원. 사회민주당 의원들이 제출한 전권위임법 반대안에 대한
근거 작성. 1933년 5월 당의 결정으로 체코로 이주, 1938년 프랑스로 이주.

보른, 슈테판(Stephan Born, 1824~98, **본명은 지몬 부터밀히**Simon Buttermilch)

식자공, 교육가. 베를린 수공업자협회(Berliner Handwerkerverein) 회원으로 초
기 노동운동 참가. 1846~48년 외국에서의 방랑 직인 생활. 1847년 파리에서 프리
드리히 엥겔스와 만나 그의 공산주의자동맹 조직에서 적극적 활동. 브뤼셀에서『독
일-브뤼셀 신문』식자공으로 일하며 카를 마르크스와 접촉. 1848년 프로이센과 독
일 내 다른 국가들에서의 3월혁명 소식 이후에 베를린으로 귀환. 노동자중앙위원회
(Zentralkomitee der Arbeiter) 창설. 잡지『민중』(*Das Volk*) 발간. 베를린 서적인쇄
공협회(Verein der Berliner Buchdruckergesellen) 대표. 독일 내 첫 전국적 노동조직
인 독일노동자전국연합(ADAV) 창립. 1849년 드레스덴 5월 반란에서 거리투쟁에
참가. 투쟁이 진압되자 스위스로 망명, 스위스 시민권 획득. 1860년 뇌샤텔 아카데
미 교수,『바젤 신문』편집장. 1879년 바젤 대학 독일문학 및 프랑스문학 명예교수
역임.

뵈르너, 홀거(Holger Börner, 1941~2006)

시멘트 숙련공, 정치인(사회민주당). 1948년 사회민주당 입당. 1956~72년 카셀 시의원. 1957~76원 연방의원. 1961~63년 청년사회주의자(Jusos) 연방대표. 1967~72년 의회 내 연방 교통위원장. 1970~88년 사회민주당 최고위원, 1972~76년 연방간사, 1976~88년 대표위원. 1976~87년 헤센 주 총리. 1985~87년 주정부 차원에서의 첫 사민-녹색당 연정을 이끎. 1977~87년 헤센 주 사회민주당 대표. 1978~87년 헤센 주의원 역임.

뵈클러, 한스(Hans Böckler, 1875~1951)

금세공 노동자, 노동조합 간부, 정치인(사회민주당). 1894년 사회민주당 입당과 독일금속노동자협회(Deutscher Metallarbeiterverband, DMV) 회원. 1899~1902년 퓌르트 노동조합 지부대표. 1903년 자르 지역 노동조합 간부. 1912년 금속노동자협회 신문 공동편집 작업. 1927년 라인란트-베스트팔렌-리페 독일노동조합전국연맹(ADGB) 지역대표. 1928~33년 제국의원. 1933~45년 경찰 감시 아래 수차례의 주택 수색과 체포, 빌헬름 로이슈너 중심의 저항운동 세력과 접촉. 1944년 7월 20일(히틀러 암살 실패) 이후 베르크(Berg) 지역의 시골 농가에 은둔. 1945년 라인란트 주와 베스트팔렌 주에서 노동조합 재설립. 1946/47년 노르트라인-베스트팔렌 주의원. 1947년 독일노동조합총연맹(DGB) 영국점령지역 창립총회에서 제1대표로 선출. 1949년 독일노동조합총연맹 전(全)독일 창립총회에서 제1대표로 선출. 1951년 탄광노동자의 동등한 공동결정권 협상을 콘라트 아데나워와 타결.

브라운, 릴리(Lily Braun, 1865~1916, **결혼 전 이름은 아멜리에 폰 크레치만**Amalie von Kretschmann)

작가, 여성운동가, 정치인(사회민주당). 1893~95년 남편 게오르크 폰 기지키(Georg von Gizycki)와 잡지 『윤리적 문화』(*Ethische Kultur*) 편집. 1895년 남편 사망 후에 여성의 경제적·사회적·정신적 지위 향상에 투신. 잡지 『여성운동』(*Frauenbewegung*) 편집, 여성단체 '여성의 행복'(Frauenwohl) 최고위원. 1895년 사회민주당 입당. 1896년 사회민주당 정치인 겸 출판인 하인리히 브라운과 결혼. 1901년 『여성 문제: 역사적 전개와 경제적 측면들』 출간. 1903/1905~07년 브라운과 함께 잡지 『새로운 사회』(*Die Neue Gesellschaft*) 공동편집. 사회주의적 여성운동과 여성의 해방을 위해 수많은 도서 출간.

브라운, 오토(Otto Braun, 1872~1955)

석판인쇄공, 편집자, 정치인(사회민주당). 1888년 사회민주당 입당. 1892년 국가원수 모독죄로 유죄 판결. 1893년 후고 하제와 신문『폴크스트리뷴』(*Volkstribüne*, 후일『쾨니히스베르크 민중신문』*Königiberger Volkszeitung*) 편집. 1897년 쾨니히스베르크 노동자유권자협회(Arbeiter-Wahlverein Königsberg, 당시 쾨니히스베르크의 지구당 조직) 대표. 1898년 동프로이센 지역 사회민주당 대표. 1913~33년 프로이센 주의원. 1918년 11월혁명 기간 베를린 노동자·병사평의회 평의원. 1918~21년 프로이센 주 농촌경제부장관. 1920~32년 프로이센 주 총리. 1932년 공화국 총리 프란츠 폰 파펜에 의해 프로이센 주의 브라운 내각 축출. 1933년 스위스로 망명. 1943년 독일사회주의자·노동조합원연합(Union deutscher Sozialisten und Gewerkschafter) 대표. 요제프 비르트(Joseph Wirth)와 노동공동체 '민주독일'(Demokratische Deutschland) 설립. 1946년 자신의 전후 계획에 대한 사람들의 수용이 부족함을 확인한 후에 노동공동체에서 퇴진.

브라운, 하인리히(Heinrich Braun, 1868~1939)

신학자, 국가학자, 정치인(중앙당). 1890년 크레펠트에서 신부 서품 및 보좌신부. 1900~05년 경영학을 전공하여 박사학위 취득. 1905년 독일가톨릭국민연합(Volksverein für das Katholische Deutschland) 중앙본부 본부장. 1919~20년 국민의회 의원. 1920~33년 제국의원. 1920~28년 노동부장관. 노동조합과 기업가 단체 간의 동등한 권리를 보장하는 정책을 추구하고, 기업평의회, 공동결정권 임금협상, 노동중재 제도, 일자리 중재, 노동재판권 등과 관련된 사안들의 입법화를 지원했으며, 사회보장, 전쟁희생자 보상법, 복지향유권 등 복지정책 부분에서의 입법화 지원.

브라이트샤이트, 루돌프(Rudolf Breitscheid, 1874~1944)

언론인, 정치인(사회민주당). 1898년 함부르크와 하노버의 여러 자유주의적 신문 편집장. 1904~20년 브란덴부르크 주의원. 1908년 민주주의자연합(Demokratische Vereinigung) 공동창립. 1910~12년 잡지『자유 인민』(*Das Freie Volk*) 편집자. 1912년 사회민주당 입당. 1916년 평화운동 잡지『사회주의 대외정책』(*Sozialistische Auslandspolitik*) 편집장. 1917년 독일독립사회민주당(USPD)으로 이적. 1918/19년 제1차 혁명정부의 프로이센 주 내무부장관. 1920~33년 제국의원(1920~22년 독립사회민주당, 1922년부터는 사회민주당 당적으로). 1928~33년 사회민주당 제국의원 대표. 1933년 프랑스로 망명. 1941년 체포와 동시에 여러 수용소 감금. 1944년 부헨발트 수용소에서 공중폭격에 의해 사망.

브란트, 빌리(Willy Brandt, 1913~92, **본명은 헤르베르트 에르네스트 카를 프람**Herbert Ernest Karl Frahm)

언론인, 정치인(사회민주당). 1929년 사회주의노동자청년단(SAJ) 참가. 1930년 사회민주당 입당. 1932년 독일사회주의노동자당(SAP) 입당. 1933년 노르웨이로 망명, '빌리 브란트'라는 필명으로 언론직 종사. 1940년 스웨덴으로 탈출. 1945년 독일 내 스칸디나비아 특파원. 1947년 베를린 내 연합군 고문단에서 노르웨이 군정기구 언론 부문 고문관. 1948년 독일 시민권 재취득, 이후 '빌리 브란트'를 자신의 공식 이름으로 사용. 1949~57년 연방의원. 1955~57년 베를린 시의원 대표. 1957~66년 베를린 시장. 1958년 사회민주당 베를린 지부 당대표. 1958~92년 사회민주당 최고위원. 1962~64년 부대표, 1964~87년 대표, 1987년 명예대표. 1965~92년 연방의원. 1966~69년 제1차 대연정 아래에서 부총리 겸 외무부장관. 1969~74년 사민-자유당 연정 아래 총리. 1971년 노벨평화상 수상. 1976~92년 사회주의인터내셔널(SI) 의장, 1979~83년 유럽의회 의원. 1986년 '발전과 평화 재단'(Stiftung Entwicklung und Frieden) 설립.

브레너, 오토(Otto Brenner, 1907~72)

전기제품 조립공, 노동조합 간부. 1922년 독일금속노동자협회(DMV) 회원. 1926년 사회민주당 입당. 1926~32년 하노마크(Hanomag)사 공장의 전기기술자. 1931년 독일사회주의노동자당(SAP) 입당. 1933년 2년간 체포와 구금. 1936~45년 프랑크푸르트에서 토목기사. 1945년 니더작센 주 사회민주당 및 노동조합 공동발기인. 1947년 하노버 금속산업노동조합(IG Metall) 지역대표. 1951~53년 니더작센 주의원. 1952~72년 금속산업노동조합 대표. 1961~72년 국제금속노동자연합 대표. 1971~72년 유럽노동조합연맹 대표 역임.

브뤼닝, 하인리히(Heinrich Brüning, 1885~1970)

노동조합원, 정치인(중앙당). 1904~11년 역사학, 정치학, 경제학 전공. 1919년 가톨릭 정치인이며 프로이센 주 복지부장관인 아담 슈테거발트(Adam Stegerwald, 1874~1945)의 개인비서. 1921~30년 독일기독교노동조합연맹 사무총장. 1923년 루르 탄광지역에서 (프랑스군 점령에 대한) 수동적 저항에 참가. 1924~33년 제국의원. 1925년 노동조합 조직 '독일인'(Der Deutsche) 의장. 1928~30년 프로이센 주의원. 1930~32년 제국 총리. 1934년 체포를 앞두고 네덜란드로 탈주한 후 미국으로 이민. 1937~51년 하버드 대학 정치학 교수. 1951~55년 쾰른 대학 정치학 교수. 1955년 미국으로부터 귀국.

비초레크-초일, 하이데마리(Heidemarie Wieczorek-Zeul, 1942~)

교사, 정치인(사회민주당). 1965년 사회민주당 입당. 1965~74년 뤼셀스하임에서 교사로 재직. 1974~77년 청년사회주의자(Jusos) 연방대표. 1977~79년 국제청소년연맹 유럽조정관실 대표. 1979~87년 유럽의회 의원. 1984~2005년 사회민주당 최고위원, 1986~2005년 사회민주당 대표위원, 1993~2005년 사회민주당 부대표. 1987년 이후 연방의원. 1998년 이후 연방 제3세계원조부장관.

샤르핑, 루돌프(Rudolf Scharping, 1947~)

정치학자, 정치인(사회민주당). 1966년 사회민주당 입당. 1967~74년 본 대학에서 정치학, 사회학, 법학 전공. 1969~74년 라인란트-팔츠 주 청년사회주의자(Jusos) 대표. 1975~94년 라인란트-팔츠 주의원. 1979~85년 라인란트-팔츠 사회민주당 주의원 원내총무. 1985~93년 사회민주당 라인란트-팔츠 주대표. 1991~94년 라인란트-팔츠 주 총리. 1988~2003년 사회민주당 최고위원, 1993~95년 사회민주당 대표, 1995년 당대표 선거에서 오스카르 라퐁텐에게 패배, 1995~2003년 사회민주당 부대표. 1994년 사회민주당 총리 후보, 헬무트 콜(기독교민주연합)에게 패배. 1994~2005년 연방의원. 1994~98년 사회민주당 연방의회 원내대표. 1995~2001년 유럽사회민주당(Sozialdemokratische Partei Europa) 대표. 1998~2002년 연방 국방부장관 역임.

샤이데만, 필리프(Philipp Scheidemann, 1865~1939)

식자공, 정치인(사회민주당). 1883년 사회민주당 입당, 노동조합 참여. 1895~1911년 다양한 사회민주주의 신문 편집. 1903~33년 연방의원. 1917~19년 프리드리히 에버트와 함께 다수파사회민주당(MSPD) 대표. 1918년 막스 폰 바덴 공이 총리로 있는 제1차 의회주의 제국정부 아래에서 국무부차관. 1918년 11월 9일 빌헬름 2세의 퇴위 이후 국회에서 공화국 출범 선포. 1918/19년 인민대표평의회 평의원. 1919년 2월 13일 제1차 합법적 민주주의 제국정부의 총리, 베르사유 조약에 책임을 지고 6월 20일 사퇴. 1920~25년 카셀 시장. 1922년 극우단체인 콘술

(Organisation Consul) 조직원에게 청산가리 테러를 당함. 1925년 이후 베를린에서 문필가 생활. 1933년 체고슬로바키아를 거쳐 덴마크로 이주.

쉬츠, 클라우스(Klaus Schütz, 1926~2015)

정치학자, 정치인(사회민주당). 1945년 사회민주당 입당. 1946~52년 베를린에서 독일문학과 역사학 전공. 1951~61년 베를린에서 조교로 재직. 1954~57/1963~77년 베를린 시의원. 1958~62년 연방의원. 1961~66년 베를린 시의원 (연방 관련 및 우편·통신제도 담당). 1966/67년 베를린 시 외무부차관. 1967~77년 베를린 시장. 1968~77년 사회민주당 베를린 지구당 대표. 1970~77년 사회민주당 최고위원. 1977~81년 이스라엘 대사. 1981~87년 쾰른에 있는 방송사 '독일의 물결'(Deutsche Welle) 프로듀서. 1987~93년 노르트라인-베스트팔렌 주립 라디오방송사 대표 역임.

슈뢰더, 게르하르트(Gerhard Schröder, 1944~)

상인, 변호사, 정치인(사회민주당). 1963년 사회민주당에 입당해 청년사회주의자(Jusos)에서 활동. 1966~71년 괴팅겐 대학에서 법학 전공. 1978~80년 청년사회주의자 연방대표. 1978~90년 하노버에서 변호사 활동. 1980~86년 연방의원. 1986~2005년 사회민주당 최고위원, 1989~2005년 사회민주당 대표위원, 1994~2004년 사회민주당 대표. 1986~98년 니더작센 주의원, 1990년까지 사회민주당 주의회 원내대표. 1990~98년 니더작센 주 총리. 1998~2005년 녹색당과의 연정에서 독일연방공화국 총리 역임.

슈마허, 쿠르트(Kurt Schumacher, 1895~1952)

정치인(사회민주당). 제1차 세계대전에서 중상을 당함. 1915~19년 법학 및 사회학 전공. 1918년 사회민주당 입당. 베를린 노동자·병사평의회 평의원. 1919년 제국 노동부 보조연구원. 1920~30년 슈투트가르트에서 발행되는 사회민주주의 신문『슈바벤 일보』(Schwäbische Tagwacht) 정치란 편집. 1924~31년 뷔르템베르크 주의원. 1930~33년 제국의원. 1933~43년 여러 곳의 강제수용소 전전. 1945년 4월 하노버 사회민주당 재건에 참여. 1946~52년 사회민주당 대표. 1949~52년 연방의원, 사회민주당 연방의회 원내대표 역임.

슈미트, 카를로(Carlo Schmid, 1896~1979)

법조인, 정치인(사회민주당). 1924년 로이틀링겐에서 변호사. 1925~27년 튀
빙겐에서 사법 연수, 1927~31년 지방법원 판사, 1931~33년 주(州)법원 판사.
1930~40년 튀빙겐 대학 국제법 강사. 1940~44년 릴레(Lille) 야전사령부 법률
고문. 1945년 사회민주당 입당. 1945년 튀빙겐 프랑스점령지역 국가사무국 대표.
1946~53년 튀빙겐 대학 공법학 교수. 1947~50년 뷔르템베르크-호엔촐레른 주
행정부 부대표 및 법무부장관. 1947~73년 사회민주당 최고위원, 1958~70년 사회
민주당 대표위원. 1949~72년 연방의원. 1949~66/1969~72년 연방의회 부의장.
1953~66년 프랑크푸르트 대학 정치학 교수. 1963~66년 파리에 있는 서유럽연합
의회(Versammlung der Westeuropäische Union) 의장. 1966~69년 연방 및 연방상
원 담당장관 역임.

슈미트, 헬무트(Helmut Schmidt, 1918~2015)

경제학 전공, 정치인(사회민주당). 1939~45년 참전. 1945~49년 국가학 및 경
제학 전공. 1946년 사회민주당 입당. 1947/48년 독일사회주의학생연합(SDS) 연합
군 지역대표. 1949년 함부르크 시의회 경제교통국 내 경제정책 담당관을 거쳐 책
임자. 1953~61/1965~87년 연방의원. 1958~84년 사회민주당 최고위원, 1968~
84년 사회민주당 부대표. 1961~65년 함부르크 시의원(내무 담당). 1967~69년 연
방의회 사회민주당 원내대표. 1969~72년 연방 국방부장관. 1972~74년 연방 재무
부장관. 1974~82년 연방 총리. 1983년부터 주간지 『시대』(Die Zeit) 편집장 역임.

슈테거발트, 아담(Adam Stegerwald, 1874~1945)

목공, 노동조합 지도자, 정치인(중앙당). 1899년 기독교목재노동자중앙회 발기
인. 1908~28년 기독교노동조합 운동의 국제 담당자. 1919~29년 독일기독교노동
조합연맹(Deutsche Gesamtverband der christlichen Gewerkschaften) 대표. 1919~
21년 프로이센 주의원, 프로이센 주 복지부장관, 1921년 프로이센 주 총리 겸
직. 1920~33년 제국의원. 1929/30년 제국 교통부장관, 1932년 제국 노동부장관.
1933년 공식 활동 중단. 1945년 운터프랑켄 지역 행정 수반 역임.

슈테른베르크, 프리츠(Fritz Sternberg, 1895~1963)

경제학자. 1916년 참전. 1917년 박사학위 취득. 1919년 브레슬라우 병사평의회
평의원, 프란츠 오펜하이머와 함께 '포알레 치온'(Poale Zion, 마르크스주의 시오니

즘 운동) 활동. 1917~33년 마르크스주의 이론가 및 출판인으로 활동. 1931년 새로 창설된 독일사회주의노동자당(SAPD) 입당. 1933년 체코슬로바키아를 거쳐 프랑스로, 1939년 미국으로 이주. 1948년 미국 시민권 취득. 1939~50년 뉴욕 및 로스앤젤레스에서 자유기고가 및 경제학, 사회과학 강사로 활동. 1954년부터 독일과 오스트리아 등에서 출판인으로 활동, 특히 노동조합 문제 및 경제정책 관련 출판물 다수 출간.

슈테펜, 요아힘(Joachim Steffen 또는 슈테펜 요헨Steffen Jochen, 1922~87)
언론인, 정치인(사회민주당). 1946년 사회민주당 입당. 1946년부터 킬 대학에서 정치학, 철학, 사회학 전공. 이어서 정치학 및 정치사 학부 조교. 1950년대에는 사회민주주의 주간지『플렌스부르크 프레스』(Flensburger Presse) 편집. 1958~77년 슐레스비히-홀슈타인 주의원. 1965~75년 사회민주당 슐레스비히-홀슈타인 주대표. 1966~73년 사회민주당 주의회 원내대표. 1968~77년 사회민주당 최고위원. 1979년 사회민주당에서 탈당. 이후 정치저술 및 1인극 활동.

슈퇴커, 아돌프(Adolf Stoecker, 1835~1909)
신학자, 정치인. 1854~57년 신학 전공. 1857~62년 귀족 집안 가정교사. 1863년 알트마르크의 제게레데(Seggerede)에서 목사 활동. 1871년 베를린 제4궁정 설교사. 1877년 '베를린 도시선교단'(Berliner Stadtmission) 책임자, '사회개혁과 종교적·입헌군주제적 기반을 위한 중앙회' 활동. 1878년 기독사회노동자당(Christlich-Soziale Arbeiterpartei) 창당(1881년 기독사회당으로 개명). 1879~98년 독일보수당(Deutschkonservative Partei) 프로이센 시의원, 1880~93/1898~1908년 독일보수당 제국의원. 1880년 반(反)유대주의 단체의 연합인 '베를린 운동'(Berliner Bewegung) 창립. 1883년 제국 제2궁정 설교사. 1890년 궁정 설교사 퇴직. 사회복지 문제의 연구를 위하여 '개신교사회복지총회'(Evangelisch-sozialer Kongress) 창립.

실러, 카를(Karl Schiller, 1911~94)
대학교수, 정치인(사회민주당). 1931~35년 경제학 및 법학 전공, 박사학위 취득. 1935~41년 킬 세계경제연구소 연구 그룹 책임자. 1939년 킬 대학에서 교수자격 취득논문 통과. 1937년 나치당 입당. 1941~45년 참전. 1946년 사회민주당 입당. 1947년 함부르크 대학 교수 겸 대외무역 및 해외경제 연구소 소장. 1948~53년 함부르크 시의원(경제 및 교통 담당). 1961~65년 베를린 시의원(경제 담당). 1964~

72년 사회민주당 최고위원, 1966~72년 사회민주당 대표위원. 1965~72년 연방의원. 1966~71년 대연정과 사민-자유당 연정 아래에서 경제부장관. 1971~72년 연방 경제재정부장관. 1972년 연방정부 내각과 통화·경제정책상의 이견으로 사퇴하고 사회민주당 탈당. 1980년 사회민주당으로 복당.

아가르츠, 빅토르(Viktor Agartz, 1897~1964)

노동조합 간부, 사회민주당 경제정책가. 1928년 사회민주당 입당. 1918~33년 쾰른소비조합 연구원. 1924~33년 독일노동조합전국연맹(ADGB) 학교 교사. 1931~33년 쾰른소비조합 최고위원. 1933년 직위해제. 1934~46년 라인-베스트팔렌 자산재평가 신탁회사 감독. 1946년 영국점령지역 경제 중앙 부서 책임자. 1947년 영-미 공동점령지역 경제 부서 책임자. 1946/47년 노르트라인-베스트팔렌 주의원. 1946~48년 사회민주당 최고위원. 1948~55년 독일노동조합총연맹(DGB) 경제연구소 소장. 독일노동조합총연맹의 경제 전문가로 활동하며 노동조합의 임금확장 정책과 주40시간제를 목표로 하는 노동조합의 활동 프로그램 관철을 위한 정책에 관여. 1955년 노동조합 직위에서 면직. 1958년 사회민주당과 독일노동조합총연맹에서 제명. 1958년 경제학 연구회사 설립. 1958~61년『경제학·사회과학 통신지』편집. 1960년 독일평화연합(Deutsche Friedensunion) 가입.

아벤트로트, 볼프강(Wolfgang Abendroth, 1906~85)

법조인, 정치학자. 1920~28년 공산주의청년단 단원이자 공산당 당원이었으나 사회파시즘 이론에 대한 비판으로 제명. 1928년 공산당 내에서 우파로 간주되던 공산당-재야파(Kommunistische Partei-Opposition, KPO)와 '새로운 시작'(Neu Beginnen)에서 활동. 1933년 나치에 의해 법조인으로서의 직업 활동이 금지됨. 박사과정을 마치기 위해 스위스 체류, 독일 귀환 후에 지하조직 참가. 1937~42년 체포에 이어 국가전복 준비 혐의로 4년 징역형. 징역병 부대원으로 그리스 파견, 탈영과 그리스저항운동(ELAS)에 참여, 영국군 포로가 됨. 1946년 사회민주당 입당. 1947년 브란덴부르크 법무부 고문. 소련점령지역 독일 사법부 고위고문관. 1947년 할레에서 교수자격 취득논문 통과. 1948년 예나 대학 교수. 1948년 12월 영국점령지역으로 탈주. 1948~50년 빌헬름스하펜-뤼슈타질 대학 학장. 1950~72년 마르부르크 대학 정치학부 교수. 1961년 사회민주당으로부터 제명. 기본법의 해석과 파업권, 노동조합 정책과 노동운동의 역사에 대한 연구와 논문들 다수.

아이스너, 쿠르트(Kurt Eisner, 1867~1919)

언론인, 편집자, 정치인(사회민주당). 1893~98년 마르부르크에서 언론인으로 활동. 1897년 국가원수 모독죄로 유죄판결. 1898년 사회민주당 입당. 1899년 『전진』(*Vorwärts*) 편집, 1907년 뉘른베르크 사회민주주의 신문 『프랑켄포스트』(*Frankenpost*) 편집장. 1910~16년 주간지 『노동자 문예』(*Arbeiter Feuilleto*n) 편집인. 1917~19년 바이에른 독립사회민주당(USPD) 대표. 1918년 뮌헨에서의 군수산업 파업조직과 관련하여 9개월 수감. 1918년 11월~1919년 1월 바이에른 임시국민평의회 총리 및 외무부장관. 1919년 2월 새롭게 선출된 지방의회 조직회의에 가는 길에 아르코의 안톤 백작(Anton Graf von Arco)에 의해 암살됨.

아이힐러, 빌리(Willi Eichler, 1896~1971)

상인, 언론인, 정치인(사회민주당). 1922~27년 윤리적 이념에 기반한 교육공동체인 국제청년연맹(Internationaler Jugendbund)을 조직했던(1917년) 철학자 레오나르트 넬존(Leonard Nelson)의 비서. 넬존과 그의 지지자들은 반민주주의적 행위로 인해 1926년 사회민주당으로부터 축출되자 국제사회주의투쟁동맹(Internationaler Sozialistischer Kampfbund, ISK) 결성. 넬존의 사망 이후 1927~45년 국제사회주의투쟁동맹 대표. 1931~33년 신문 『불꽃』(*Der Funk*e)의 편집인. 1933~45년 프랑스와 영국으로 이민, BBC 라디오방송에서 독일 노동자를 위한 방송 참여. 정보지 『유럽은 말한다』(*Europe Speaks*) 편집인. 1941년 영국 내 독일사회주의단체연합(Union deutscher sozialistischer Organisationen in Grossbritannien) 발기인 겸 대표위원. 1946년 독일로 귀국. 1946~51년 쾰른에서 『라인 신문』 편집장, 1946~71년 월간지 『정신과 행동』(*Geist und Tat*) 편집자. 1946~68년 사회민주당 최고위원, 「고데스베르크 강령」 준비위원. 1946~48년 노르트라인-베스트팔렌 주의원. 1949~53년 연방의원. 1958~71년 프리드리히 에버트 재단 최고위원 역임.

아펠, 한스(Apel, Hans, 1932~)

경영학 전공, 정치인(사회민주당). 1955년 사회민주당 입당. 1958~61년 유럽의회 사회주의의원 모임 총무. 1962~65년 유럽의회 교통위원회 및 경제·금융위원회 관료. 1965~90년 연방의원. 1969~72/1983~88년 사회민주당 연방의회 부의장. 1970~88년 사회민주당 최고위원, 1984~86년 사회민주당 대표단. 1972~74년 외무부 국무위원, 유럽 문제 담당. 1974~78년 연방 재무부장관 역임. 1978~82년 국방부장관 역임.

알베르츠, 하인리히(Heinrich Albertz, 1915~93)

신학자, 정치인(사회민주당). 1933~41년 고백교회 교인으로 수차례 체포됨. 1939~41년 브레슬라우 부목사(Vikar). 1941~45년 참전. 1945년 첼레의 탈주자 보호소에서 근무. 1946년 사회민주당 입당. 1947~55년 니더작센 주의원. 1948~ 51년 니더작센 주 탈주자문제장관. 1950~67년 사회민주당 최고위원. 1951~55년 니더작센 주 복지부장관. 1955년 베를린 상원 감독. 1959년 상원 사무국장. 1961년 베를린 내무상원. 1966년 12월 1일 베를린 시장. 1967년 6월 2일 시위 중 경찰의 총에 베노 오네조르크(Benno Ohnesorg)가 사망한 것에 책임을 지고 1967년 9월 26일 시장직에서 사임. 1971~79년 베를린 목사.

에렌베르크, 헤르베르트(Herbert Ehrenberg, 1926~2018)

경찰공무원, 경제학 전공, 정치인(사회민주당). 1947~51년 경찰 근무. 1953~ 56년 괴팅겐 대학에서 사회과학 박사과정을 마친 후 학위 취득. 1955년 사회민주당 입당. 1956~61년 고슬라에 있는 기업에서 근무. 1961~63년 뒤셀도르프 노동자 복지사업을 위한 전문대학 사회과학 강사. 1964~68년 건설·석재·토건산업 노동조합(Industriegewerkschaft Bau-Steine-Erden) 대표위원단 경제 문제 부서장. 1968년 연방 경제 부서장. 1969~71년 연방 총리청 행정 부서장. 1971~72년 연방 노동복지부차관. 1972~90년 연방의원. 1974~76년 사회민주당 연방의회 원내부대표. 1975~84년 사회민주당 최고위원. 1976~82년 연방 노동복지부장관.

에를러, 프리츠(Fritz Erler, 1913~67)

행정공무원, 정치인(사회민주당). 1928년 사회주의노동자청년단(SAJ) 입단. 1931년 사회민주당 입당. 1932~38년 베를린 시 행정공무원으로 있으면서 『법률주보』(*Juristische Wochenschrift*)에 세법 관련 기고. 1932년부터 '새로운 시작'(Neu Beginn) 그룹과 접촉. 1938년 베를린-마리엔호프의 고무공장 영업 담당자로 일하며 지하에서 나치 정부에 대한 저항운동에 참여. 1938~45년 체포와 감금, 이후 여러 수용소와 감호소 전전. 1945년 수감자 이송 중 탈출. 1945년 5월 연합군 점령당국에 의해 뷔르템베르크 비베라흐 지방의원으로 활동, 1946년 1~5월 외국군 병사의 탈주를 도운 혐의로 프랑스점령지역 내 발링겐(Balingen) 수용소에 구금. 투틀링겐(Tuttlingen) 지방의원. 1949~67년 연방의원. 1956~67년 사회민주당 대표위원, 1958~67년 사회민주당 최고위원, 1964~67년 사회민주당 부대표. 1964~67년 사회민주당 연방의회 원내대표 역임.

에버트, 프리드리히(Friedrich Ebert, 1871~1925)

안장 제작공, 정치인(사회민주당). 1889년 사회민주당에 입당해 하노버 안장제작공협회(Sattlerverband)의 편집장으로서 노동조합 활동. 1893년 『브레멘 시민신문』(*Bremer Bürgerzeitung*)의 편집인. 1894년 음식점을 경영하여 노동조합과 정치행사의 중심으로 만듦. 1900~05년 노동자 총무, 브레멘 시의원, 사회민주당 원내대표. 1905~13년 베를린 사회민주당 대표 비서. 1912~18년 제국의원. 1913~19년 사회민주당 대표(1917년까지 후고 하제와, 1917년부터는 필립 샤이데만과 공동으로). 1918년 베를린 1월파업 참가. 1918년 11월 9일 황제 빌헬름 2세의 퇴임 이후 제국 총리로 임명되었으며, (하제와 함께) 인민대표평의회 공동대표. 1919~25년 바이마르 공화국 대통령 역임.

에플러, 에르하르트(Erhard Eppler, 1926~)

고등학교 교사, 정치인(전全독일국민당/사회민주당). 1952~57년 전(全)독일국민당(Gesamtdeutschen Volkspartei) 당원. 1957년 사회민주당 입당. 1961~76년 연방의원. 1968~74년 연방 경제협력부장관. 1970~91년 사회민주당 최고위원. 1973~82/1984~89년 사회민주당 대표위원. 1973~81년 바덴-뷔르템베르크 주 사회민주당 대표. 1976~82년 바덴-뷔르템베르크 주의원. 1976~80년 사회민주당 주의회 원내대표. 1973~92년 사회민주당 기본가치위원회 위원장, 1981~83/1989~91년 개신교교회협의회 대표 역임.

엠케, 호르스트(Horst Ehmke, 1927~2017)

법조인, 대학교수, 정치인(사회민주당). 1947년 사회민주당 입당. 1952년까지 괴팅겐에서 박사과정을 마친 후 학위 취득. 1952~56년 사회민주당의 연방의회 내 계관법학자인 아돌프 아른트의 조교. 1960년 교수자격 취득. 1963년 프라이부르크 대학 공법학 교수. 1967~69년 연방 법무부차관. 1969년 연방 법무부장관. 1969~94년 연방의원. 1969~72년 빌리 브란트 총리의 총리실 실장. 1972~74년 연방 연구기술부장관과 동시에 우편통신부장관. 1973~91년 사회민주당 최고위원. 1974년 장관직 사임. 1977~90년 사회민주당 연방의회 원내부대표 역임.

엥겔스, 프리드리히(Friedrich Engels, 1820~95)

기업가, 편집자, 철학자. 1838~41년 상업 직업교육. 1842년 쾰른에서 『라인 신문』(*Rheinische Zeitung*)을 통해 카를 마르크스와 만남. 1842~44년 맨체스터에 있는 아버지의 방직공장에서 경영수업 지속. 1844년 파리에서 나오는 잡지『독일-프랑스 연보』(Deutsch-Französische Jahrbücher)의 출간을 위한 지원. 1847년 런던의 '정의로운 자 동맹'의 개혁에 동참, 「공산주의의 원리들」(Grundsätze des Kommunismus)을 강령으로 만듦. 마르크스와 브뤼셀에서 독일노동자연합(Deutsche Arbeiterverein) 창립. 1848년 2월 마르크스와 「공산당 선언」 발표. 1848/49년 3월혁명 기간 쾰른에서『신(新)라인 신문』(Neue Rheinische Zeitung) 편집. 1849년 스위스로 탈출. 1850~69년 일단은 대리인으로, 1864년 이후에는 맨체스터에 있는 아버지 회사의 주주로 있으면서 자유기고가로 활동. 1871년부터 국제노동자협회 이사. 제1차 인터내셔널에서 벨기에, 덴마크, 포르투갈, 스페인, 이탈리아 총무. 1890년 사회주의자탄압법 폐지 이후 사회민주주의의 지속적 발전을 위해 적극적으로 활동.

엥홀름, 비외른(Björn Engholm, 1939~)

식자공, 정치학 전공, 정치인(사회민주당). 1962년 사회민주당 입당. 1969~83년 연방의원. 1977~81년 연방 교육학술부 의회 담당관. 1981~82년 연방 교육학술부 장관. 1983~94년 슐레스비히-홀슈타인 주의원. 1984~93년 사회민주당 최고위원, 1988~93년 사회민주당 대표위원, 1991~93년 사회민주당 대표. 1988~93년 슐레스비히-홀슈타인 주 총리. 1993년 5월 바셸 사건(Barschel-Affäre)으로 주 총리 및 사회민주당 대표직 사퇴.

올렌하우어, 에리히(Erich Ollenhauer, 1901~63)

상인, 정치인(사회민주당). 1918년 사회민주당 입당. 1919/20년 마그데부르크에서『민중의 소리』(Volksstimme) 편집. 1920~28년 베를린 사회주의노동자청년단 최고위원 비서. 1921년 사회주의 노동자 인터내셔널 비서. 1928~33년 독일 사회주의노동자청년단 대표. 1933년 4월 사회민주당 최고위원. 1933년 5월 당의 결정에 따라 체코로 이주, 1938년 프랑스로 이주, 1941년 영국으로 이주. 1946년 독일로 귀국. 1949~63년 연방의원. 1952~63년 사회민주당 연방의회 원내대표. 1946~52년 사회민주당 부대표, 1952~63년 사회민주당 대표 역임.

외르첸, 페터 폰(Peter von Oertzen, 1924~2015)

정치학자, 정치인(사회민주당). 1942~45년 참전. 1946~53년 철학, 역사, 사회학 전공, 박사학위 취득. 1946년 사회민주당 입당, 독일사회주의학생연합(SDS)

가입. 1959년 「고데스베르크 강령」 거부. 1962년 괴팅겐 교수자격 취득논문 통과. 1963~82년 하노버 대학 정치학 교수. 1955~59/1967~82년 니더작센 주의원, 사회민주당 교육 전문가. 1970~74년 니더작센 주 문화부장관. 1970~83년 사회민주당 하노버 지구당 대표. 1970~78년 사회민주당 니더작센 주 위원회 대표. 1973~93년 사회민주당 최고위원. 1973~75년 「방향 설정의 틀 1985」(Orientierungsrahmen '85) 위원회 위원장. 1986~96년 재창립된 사회민주당 당학교 교장. 1984~89년 기본강령위원회 위원. 2005년 사회민주당 탈당, 노동과 사회 정의를 위한 선거대안(Arbiet & soziale Gerechtigkeit-Die Wahlalternative, WASG) 당으로 이적.

요기헤스, 레오(Leo Jogiches, 1867~1919)

편집인, 정치인(독일공산당). 리타우엔(Litauen)에서 성장, 초기에는 급진적인 사회주의 노동자 그룹과 접촉. 1885년 차르 러시아에 대항하는 혁명 서클 지도. 1888년 체포 및 4년간의 연금. 1890년 스위스로 탈주, 망명 도중 로자 룩셈부르크와 친교, 이후 그녀의 동반자가 되어 그녀를 따라 폴란드 노동운동에도 참여. 1893년 바르샤바의 비합법 조직인 폴란드 왕국 및 리타우엔 사회민주주의노동자당(SDKPiL) 창립. 1902~14년 폴란드 왕국 및 리타우엔 사회민주주의노동자당 최고위원. 1906년 빌나(Wilna)에서 혁명 참여 혐의로 체포, 8년간 벨라루스 강제노역형 선고. 1907년 베를린으로 탈주. 1916년 비합법 잡지 『스파르타쿠스 편지』(Spartakusbriefe) 편집. 크룸뷔겔(A. Krumbügel) 혹은 크라프트(W. Kraft)라는 가명으로 새로 조직된 스파르타쿠스 그룹을 이끎. 1918년 3월 베를린 탄약 노동자 파업 참가 혐의와 국가반란 혐의로 체포. 1918년 11월 스파르타쿠스 동맹 공동창립. 1918/19년 공산당 창당에 참여하여 당 지도부를 맡음. 3월투쟁 시 체포, 베를린 모아비트(Moabit) 감옥에서 살해됨.

요스, 요제프(Josepf Joos, 1878~1965)

편집자, 정치인(중앙당). 1903년 이후 가톨릭 노동운동 단체의 신문인 『서독일 노동자신문』(Westdeutsche Arbeiterzeitung, 1933~38년에는 『케텔러 파수대』 Ketteler Wacht라는 이름으로 발간) 편집장. 1919/20년 국민의회 의원, 1920~33년 제국의회. 1927~33년 서독일 가톨릭노동자단체협의회(Westdeutsch Verband der katholischen Arbeitervereine) 대표. 1928년부터 가톨릭 노동자 인터내셔널(Katholische Arbeiterinternationale) 대표. 1938년 엘자스(Elsäss) 사람으로서 독일

시민권 박탈. 1940~45년 체포되어 다하우 수용소 구금. 1945~65년 독일가톨릭남
성공동체(Gemeinschaft der katholischen Männer Deutschlands) 대표 역임.

울브리히트, 발터(Walter Ulbricht, 1893~1973)

목공, 정치인(사회민주당/독립사회민주당/공산당/사회주의통일당). 1908년 사
회주의노동자청년단 가입. 1912년 사회민주당 입당. 1915~18년 참전. 1917~19년
독립사회민주당(USPD) 입당, 1919년 1월 라이프치히에서 독일공산당 공동결
성. 1923년 독일공산당 중앙위원. 1924년 모스크바 레닌학교 수학, 이어서 공산주
의 인터내셔널 실행위원회(EKKI)에서 지도원으로 활동. 1926~29년 작센 주의원.
1927~33년 제국의원. 1927년 공산당 정치국에 자원함. 1933년 10월 파리로, 이후
프라하로 이주. 1938년 소련으로 이주. 1945년 4월 30일 독일공산당 중앙위원회 주
도 그룹의 책임자로 독일로 귀국. 1946~73년 독일사회주의통일당(SED) 대표위
원, 중앙위원. 1949~73년 사회주의통일당 정치국원. 1950~73년 인민의회 의원.
1950~53년 사회주의통일당 중앙위원회 사무총장, 1953~71년 동일 직위의 명칭
이 변경되어 제1서기를 맡음. 1949~55년 동독 정부의 부대표, 1955~60년 제1부
대표. 1960~73년 동독 대표 역임.

임부쉬, 하인리히(Heinrich Imbusch, 1878~1945)

광산 노동자, 노동조합 간부, 정치인(중앙당). 1897년 기독교광산노동조합 가입.
1905~19년 기독교 노동자신문『광부』(Der Bergknappe) 편집자. 1919~33년 기독
교광산노동조합 대표. 1920~33년 제국의원. 1929~33년 기독교 성향의 독일노동
조합총연맹(DGB) 대표. 1933년 벨기에로 이주. 1942년 벨기에에서 추방, 3년간 독
일에서 지하생활, 종전 몇 달 전에 폐렴으로 사망.

제베링, 카를(Carl Severing, 1875~1952)

금속공, 정치인(사회민주당). 1892년 독일금속노동자협회(DMV) 가입, 1893년
사회민주당 입당. 1895년 파업 참여 뒤에 스위스로 이주. 1899년 독일로 귀국.
1902~10년 독일금속노동자협회 빌레펠트 지부 사무장. 1907~11년 제국의원.
1912~19년 사회민주주의 신문『국민 파수대』(Volkswacht) 편집,『월간 사회주
의』(Sozialistische Monatshefte) 기자. 1919/20년 국민의회 의원, 프로이센 주의원.
1919년 4월 라인-베스트팔렌 공업지역 제국 및 정부 파견 특별위원, 루르 지역 탄
광 노동자 파업에 대응하는 경찰출동대 대장. 1920~26/1930~32년 프로이센 주

내무부장관. 1928년 제국 내무부장관. 1947~52년 노르트라인-베스트팔렌 주의원 역임.

젤베르트, 엘리자베트(Elisabeth Selbert, 1896~1986, **결혼 전 성은 로데**Rohde)
법조인, 정치인(사회민주당). 1916~21년 보조집배원. 1918년 사회민주당 입당. 1918~33년 사회민주당 카셀 지구당 간부. 1920년 아담 젤베르트(Adam Selbert)와 결혼. 1926~30년 마르부르크 대학과 괴팅겐 대학에서 법학 및 국가학 전공, 박사 학위 취득. 1934~43년 카셀에서 변호사로 활동. 1945년 카셀 법원행정개혁위원회 위원. 1946년 헤센 주의회 헌법자문단 자문위원. 1946~55년 사회민주당 최고위원. 1946~58년 헤센 주의원. 1948/49년 니더작센 연방상원 대표. 1958년 정치 일선에서 물러남.

진츠하이머, 후고(Hugo Sinzheimer, 1875~1945)
법조인, 정치인(사회민주당). 1903년부터 프랑크푸르트에서 변호사로 활동. 1914년 사회민주당 입당. 1919/20년 국민의회 의원. 1920년 노동아카데미 공동창립. 1920~33년 프랑크푸르트 대학 노동법 및 법사회학 교수. 노동법 전문가, 노동자 공동결정권 지지자. 1933년 네덜란드로 이주. 1933~40년 레이던 대학 및 암스테르담 대학 교수. 1940년 테레지엔슈타트 강제수용소로 이송. 1945년 수용소에서 사망.

징거, 파울(Paul Singer, 1844~1911)
판매보조원, 정치인(사회민주당). 1862년 자유주의적인 독일진보당(Deutscher Fortschrittspartei) 입당. 1868년 민주노동자연합(Demokratische Arbeiterverein) 창립. 1869년 사회민주주의노동자당(SDAP) 당원. 1879년 취리히에서 잡지 『사회민주주의자』(Sozialdemokrat) 창간, 비합법 간행을 지휘. 1884~1911년 사회민주당 베를린 시의원 및 대표. 1884~1911년 제국의원, 1886년 베를린에서 추방된 후 드레스덴 정착, 체포된 아우구스트 베벨의 뒤를 이어 비합법 사회민주주의노동자당의 재정총무직을 넘겨받음. 1890~1911년 사회민주주의노동자당이 사회민주당으로 개명한 이후 베벨과 공동대표 역임.

체트킨, 클라라(Zetkin, Clara, 1857~1933, **결혼 전 성은 아이스너**Eißner)
여성 교사, 인권운동가, 정치인(사회민주당/공산당). 1878년 사회주의노동자당

(SAP) 입당. 1882~91년 러시아의 혁명가 오시프 체트킨(Ossip Zetkin, 1889년 사망)과 파리에서 생활. 1889년 파리 제2인터내셔널 창립총회 위원. 1891년 독일로 귀국. 1892년 사회민주주의 여성신문『평등』(*Die Gleichheit*) 발간·편집. 1907년 국제여성비서단 대표. 1917년 독립사회민주당(USPD) 공동창당. 1919년 공산당 입당. 1920~33년 제국의원.

초른, 루돌프(Rudolf Zorn, 1893~1966)

행정공무원, 정치인(사회민주당). 1920년 법학 및 국가학을 전공하여 박사학위 취득, 사회민주당 입당. 1920년 바이에른 주 행정공무원. 1926/27년 리히텐펠스 지방공무원. 1927~33년 팔츠 지역 오파우(Oppau/Pfalz) 시장. 1933~45년 민간 부문에서 경제 활동. 1946년 주 자산관리·보상 부서 책임자. 1946/47년 바이에른 주 경제부장관. 1949/50, 1951~64년 바이에른 은행 은행장. 1950/51년 바이에른 주 재정부장관.

치츠, 루이제(Luise Zietz, 1865~1922, 결혼 전 성은 쾨르너Körner)

여성 노동자, 정치인(사회민주당). 1892년 사회민주당 입당. 1896년 함부르크 부두 노동자 파업 기간에 사회민주당의 공개적 개입을 선언. 1898~1904년 함부르크-장크트게오르크(St. Georg) 공장노동자연합 지부 대표. 1908~17년 사회민주당 최초의 여성 최고위원, 1912년 이후 여성총무. 1917년 독립사회민주당(USPD) 창당 당원. 1917~22년 독립사회민주당 중앙위원. 1919/20년 국민의회 의원. 1920~22년 제국의원, 특히 농촌 노동자 문제나 여성 문제와 관련된 주요한 선전선동 문건들 다수 작성.

카우츠키, 카를(Karl Kautsky, 1854~1938)

편집인, 사회주의 이론가(사회민주당). 1875년 오스트리아 사회민주주의노동자당(SDAP) 입당. 1883~1917년 사회민주주의 이론지『새로운 시대』(*Die Neue Zeit*) 창간 및 대표. 1885년 런던으로 이주해 마르크스주의의 대표적 이론가로 발돋움. 1890년 독일로 이주. 1891년 사회민주당「에르푸르트 강령」기초. 1917~22년 독립사회민주당(USPD) 당원. 1918/19년 외무부차관. 1922년 사회민주당으로 복당. 1924년 오스트리아로 이주. 1925년「하이델베르크 강령」공동작성. 1938년 네덜란드로 망명.

카이저, 야코프(Jakob Kaiser, 1888~1961)

제본공, 정치인(중앙당/기독교민주연합). 1924년 라인란트-베스트팔렌 주 기독교노동조합 사무총장. 1933년 제국의원(중앙당). 1933년 이후 기독교노동조합 저항운동 단체인 쾰른파에서 활동. 1938년 국가반역죄로 수개월 감금. 1944년 7월 20일 사건 이후 도주로 체포 모면. 1945년 기독교민주연합 창당 당원, 기독교민주연합의 베를린 및 소련점령지역 대표. 1946/47년 자유독일노동조합연맹(FDGB) 연방대표. 1946~49년 베를린 시의원총회 의원. 1948~58년 기독교민주연합 사회복지위원장. 1949~57년 연방의원 겸 전(숲)독일문제부장관 역임.

카이젠, 빌헬름(Wilhelm Kaisen, 1887~1979)

언론인, 정치인(사회민주당). 1905년 사회민주당 입당. 1910년 사회민주당 당학교 수학. 1919~26년 언론인 겸 편집자로 여러 당기관지에서 활동. 1927~33년 브레멘 시의원으로 복지 부문 담당. 1933년 국가반역죄로 체포. 1933~45년 브레멘 근교 보르크펠트(Borgfeld)에서 소농생활. 1945년 브레멘 시의원으로 국민복지 부문 담당. 1945년 8월~1965년 브레멘 시장. 1946~50년 사회민주당 최고위원 역임.

케텔러, 빌헬름 에마누엘 프라이헤어 폰(Wilhelm Emanuel Freiherr von Ketteler, 1811~77)

법조인, 신학자, 정치인(중앙당). 법학 및 국가학 전공. 1835~37년 법률 공무원. 1841~43년 신학 전공. 1844년 신부 서품. 1846~48년 노르트라인-베스트팔렌 주 호프슈텐(Hopsten)에서 신부로 재직. 1848/49년 프랑크푸르트 바울 교회에서 열린 국민의회 의원. 1850~77년 마인츠 추기경. 1870년 독일중앙당 발기인. 1871/72년 제국의원 역임.

코슈니크, 한스(Hans Koschnick, 1929~2016)

공무원, 노동조합 간부, 정치인(사회민주당). 1945~51년 브레멘 행정관료. 1950년 사회민주당 입당. 1951~54년 공공서비스·운송·운수노동조합(ÖTV) 지역 총무. 1955~63년 브레멘 복지 부서장. 1955~63년 브레멘 시의원. 1963~65년 시의회 내무위원. 1965~67년 브레멘 부시장. 1967~85년 브레멘 주의회 의장 및 시장. 1970~91년 사회민주당 최고위원. 1975~79년 사회민주당 부대표. 1987~94년 연방의원. 1994~96년 보스니아-헤르체고비나의 모스타르(Mostar) 시 유럽연합 파견 행정관. 1998/99년 보스니아-헤르체고비나 연방 난민귀향 및 재적응, 귀환을 통한 재건 담당관, 2000/01년 남유럽 난민 문제의 안정협정을 위한 위원회 위원장 역임.

코프, 힌리히 빌헬름(Hinrich Wilhelm Kopf, 1893~1961)

법조인, 정치인(사회민주당). 1917년 사법시험 합격. 1918년 쿡스하펜 (Cuxhaven) 병사평의회 평의원. 1919년 사회민주당 입당. 1919/20년 제국의회 전문위원. 1920~23년 프로이센 및 튀링겐 내무부 전문위원, 튀링겐 경찰대장. 1923년 메르쿠르 은행 근무. 1924~28년 부동산회사를 설립하고 여러 보험회사에서 근무. 1928~32년 하델른 지방의원. 1932/33년 오펠른 지방정부 공무원. 1933~45년 개인사업 및 농업에 종사, 1945년 영국 점령당국에 의해 하노버 시 대표로 임명. 1946~55/1959~61년 니더작센 주 총리. 1947~48/1957~59년 니더작센 주 내무부장관 역임.

퀸, 하인츠(Heinz Kühn, 1912~92)

언론인, 정치인(사회민주당). 1930~33년 쾰른 대학에서 경제학 및 국가학 전공. 1930년 사회민주당 입당, '제국의 깃발 흑·적·황'(Reichsbanner Schwarz-Rot-Gold) 가입, 1933년 체코를 거쳐 벨기에로 이주. 1933~45년 브뤼셀의 주간지 『자유독일』(Das Freie Deutschland) 등 여러 신문의 기고자 및 편집자. 1946년 독일로 귀국. 1946~50년 편집인, 1949년 이후 쾰른의 『라인 신문』 주간. 1948~54년 노르트라인-베스트팔렌 주의원. 1953~63년 연방의원. 1962~78년 노르트라인-베스트팔렌 주의원, 1962~66년 사회민주당 원내대표, 1966~78년 노르트라인-베스트팔렌 주 총리. 1962~79년 사회민주당 최고위원, 1966~77년 사회민주당 대표위원, 1973~75년 부대표. 1978~80년 연방정부 대외대표위원. 1979~84년 유럽의회 의원. 1983~87년 프리드리히 에버트 재단 대표 역임.

크뇌링겐, 발트마르 폰(Waldmar von Knoeringen, 1906~71)

정치인(사회민주당). 1926년 사회민주당 입당. 사회주의노동자청년단(SAJ)과 '제국의 깃발'(Reichsbanner, 사회민주당 내 청년 투쟁조직) 가입. 1930년 로젠하임 노동자문화카르텔(Arbieter-Kulturkartell) 대표. 1933년 오스트리아로 도주. 1934년 체코로 도주, 남(南)바이에른 비합법 사회민주당 그룹 국경위원. 좌파 사회민주주의 그룹인 '새로운 시작'(Neu Beginn)에 참가. 1938년 영국으로 이주. 1940~43년 BBC에서 독일어 방송 제작. 1943/44년 북아프리카와 이탈리아 지역에서 독일인 전쟁포로 보호. 1944년 전쟁포로학교 월튼 파크(Wilton Park) 및 BBC

전쟁포로방송 교사. 1946년 독일로 귀국, 바이에른 주 제헌의회 의원. 1946~70년 사회민주당 바이에른 주의원, 1950~58년 사회민주당 주의원 대표. 1947~63년 사회민주당 바이에른 주대표. 1949~51년 연방의원. 1948~68년 사회민주당 최고위원, 1958~62년 사회민주당 부대표 역임.

클로제, 한스-울리히(Hans-Ulrich Klose, 1937~)

법조인, 정치인(사회민주당). 1964년 사회민주당 입당. 1965~70년 함부르크 변호사. 1970~83년 함부르크 시의원. 1972년 사회민주당 함부르크 시의원 원내대표. 1973년 함부르크 시 내무 부서장. 1974~81년 함부르크 제1시장. 1983년부터 연방의원. 1987~91년 사회민주당 재정 담당자. 1991~94년 사회민주당 연방의회 원내대표 역임.

타르노프, 프리츠(Fritz Tarnow, 1880~1951)

목공, 노동조합원, 정치인(사회민주당). 1900년 독일목재노동자협회 회원. 1903년 사회민주당 입당. 1906년부터 독일목재노동자협회 총무. 1908/09년 사회민주당 당학교 수학. 1909~19년 베를린 목재노동자협회 문학 사무실 책임자. 1918년 11월 브란덴부르크-하벨 병사평의회 평의원. 1919~20년 독일목재노동자협회 지도부 총무. 1920~33년 독일목재노동자협회 대표. 1920~29년 국제목재노동자연합(Internationale Holzarbeiterunion) 실행위원, 1929년 7월 이후 총무. 1921~33년 제국경제임시평의회 사회민주당 대표. 1928~33년 독일노동조합전국연맹(ADGB) 연방대표위원. 1928~33년 제국의원. 1933년 일시 구금된 후 덴마크로, 1940년 스웨덴으로 이주. 1938년 독일노동조합 해외대표부 대표. 1946년 독일로 귀국. 1946~47년 뷔르템베르크-바덴 노동조합 총무. 1947~49년 프랑크푸르트의 연합군 지역 노동조합평의회 사무총장 역임.

탈하이머, 아우구스트(August Thalheimer, 1884~1948)

언어학자, 정치인(공산당). 1904년 사회민주당 입당. 1911~16년 『괴핑겐 자유민중신문』(*Göppinger Freie Volkszeitung*), 『브라운슈바이크 민중의 친구』(*Braunschweiger Volksfreund*) 등 편집. 1914년 스파르타쿠스 동맹 가입. 1918/19년 공산당 공동창립, 1924년까지 중앙위원. 1923~28년 모스크바 마르크스-엥겔스 연구소 강사, 1928년 독일로 귀국. 1929년 공산당-재야파(KPO) 공동결성. 1933년 프랑스와 쿠바로 망명.

틸리히, 파울(Paul Tillich, 1886~1965)

신학자, 사회윤리학자. 1904~12년 신학 전공. 1912/13년 베를린에서 목사로 재직. 1914~18년 군종목사로 참전. 1919년 베를린 대학에서 교수자격 취득논문 통과. 1922~25년 마르부르크 대학 교수, 1925~29년 드레스덴 대학 교수, 1929~33년 프랑크푸르트 대학 교수. 1926년 독일종교사회주의자연맹(Bund der Religiösen Sozialisten Deutschlands) 창립회원. 1933년 강의가 금지되고 미국으로 이주. 1938~55년 뉴욕 대학 철학/신학부 교수. 1954~62년 하버드 대학 조직신학 교수. 1962~65년 시카고 대학 교수. 1946년 이후 유럽 내 여러 대학 초빙교수 역임.

페쉬, 하인리히(Heinrich Pesch, 1854~1926)

신학자, 사회철학자, 국민경제학자. 1872~76년 법학 및 국가학 전공. 1876년 예수회 입회. 1888년 신부 서품. 1901년부터 국민경제학 전공. 1903~13년 3권으로 된『국민경제학 개설』(*Lehrbuch der Nationalökonomie*) 출간.

페우스, 하인리히(Heinrich Peus, 1862~1937)

편집인, 정치인(사회민주당). 1890년 사회민주당 입당. 1891~1930년 데사우에서『안할트인을 위한 민중신문』(*Volksblatts für Anhalt*) 편집. 1891~95년 국가원수 모독죄로 1년간 수감, 이후 연설 및 언론 관련법 위반으로 모두 28개월 수감. 1900년 노동자언론연합(Verein Arbeiterpress) 발기인 겸 최고위원. 1902~03년 독일소비자단체중앙회(Zentralverband Deutscher Konsumvereine) 발기인. 1916년 이후 토지개혁 운동 주도. 1918~28년 안할트 주의회 의장. 1925년 바우하우스가 데사우로 이전하는 데 적극 참여.

포겔, 한스-요헨(Vogel, Hans-Jochen, 1926~2016)

법조인, 정치인(사회민주당). 1943~45년 참전. 1946~50년 뮌헨 대학과 마르부르크 대학에서 법학 전공, 박사학위 취득. 1950년 사회민주당 입당. 1952~54년 바이에른 주 법무부에서 사법 연수. 1954/55년 트라운슈타인에서 법무 공무원. 1955~58년 바이에른 주 중앙청 내 바이에른 주법(州法) 집대성을 위한 연구 그룹 책임자. 1958~60년 뮌헨 시의원 및 시 법률 연구 책임자. 1960~72년 뮌헨 시장. 1970~91년 사회민주당 최고위원, 1972~91년 사회민주당 대표위원, 1987~91년 사회민주당 대표. 1972~81/1983~94년 연방의원. 1972~74년 공간계획·건설·도시건설부장관. 1972~77년 사회민주당 바이에른 주대표. 1974~81년 연방 법무부장관. 1981년 베를린 시장, 연방의회 사회민주당 원내대표. 2001~05년 국민윤리 위원회 위원 역임.

폴마르, 게오르크 폰(Georg von Vollmar, 1850~1922, 본명은 벨트하임의 게오르크 리터 폰 폴마르Georg Ritter von Vollmar auf Veldheim)

군인, 편집인, 정치인(사회민주당). 1865~66년 바이에른 사관후보생, 이후 소위 임관. 1866년 참전. 1866~67년 뮌헨 대학 수학. 1868년 로마 교황청 경호대 장교. 1869~71년 바이에른 주 교통관리청 감독관. 1871년 독일-프랑스 전쟁 참전, 전쟁 중 부상을 당함. 1872년 사회민주당 입당. 1877~78년 『드레스덴 민중신문』(*Dresdener Volksboten* 또는 *Dresdener Volkszeitung*) 편집. 1878년 국가원수 모독죄로 12개월 수감. 1879~80년 취리히에서 발간되는 신문 『사회민주주주의자』(*Sozialdemokrat*) 편집. 1881~87/1890~1918년 제국의원. 1883~89년 작센 주의원. 1886년 뮌헨에서 발간되는 『바이에른 민중신문』(*Bayerischen Volksstimme*) 편집인. 1893~1918년 바이에른 주의원, 사회민주당 원내대표 역임.

프랑케, 에곤(Egon Franke, 1913~95)

가구 장인, 정치인(사회민주당). 1929년 사회민주당 입당. 1931년 사회민주당 하노버 지구당 간부. 1933년 사회주의노동자청년단(SAJ) 하노버 지부 대표. 1935년 30개월 보호감호소 구금. 1943~45년 '수감자 대대(Strafbataillon) 999'의 병사로 참전. 1945년 하노버 사회민주당 재창당. 1946/47년 하노버 지방의원. 1947~51년 니더작센 주의원. 1947~52년 사회민주당 유급 최고위원, 1958~73년 사회민주당 최고위원, 1964~73년 사회민주당 대표위원. 1950~70년 사회민주당 하노버 지역 대표, 사회민주당 니더작센 주위원회(Landesausschuss) 대표. 1951~87년 연방의원. 1969~82년 연방 양독관계부장관 역임.

프뢸리히, 로지(Rosi Frölich, 1888~1987, **결혼 전 이름은 알마 로잘리 볼프슈타인**Alma Rosali Wolfstein)

상업, 여성 정치인(사회민주당/공산당). 1908년 사회민주당 입당. 1910년 자유노동조합 소속의 사무직노동자중앙회(Zentralverband der Angestellten, ZdA) 회원. 1912~13년 사회민주당 당학교 입학. 1914년 뒤스부르크(Duisburg) 스파르타쿠스 그룹 회원. 1917년 고타에서 독립사회민주당(USPD) 창당대회에서 스파르타쿠스 동맹 대표로 참가. 1918년 뒤셀도르프 노동자·병사평의회 평의원. 1918/19년 공산당 창당 당원. 1921~23년 공산당 중앙위원, 당 조직 책임자. 1921~25년 프로이센 주의회 부의장 및 공산당 원내부대표. 1924년 루트 피셔와 아르카디 마슬로프 (Arkadij Maslow)를 중심으로 하는 당의 극좌노선에 항의해 당직 사임. 1929년 공산당에서 축출, 공산당-재야파(Kommunistischen Partei-Opposition, KPO) 가담. 1932년 사회주의노동자당(SAP)과 접촉. 1933년 벨기에로, 1936년 프랑스로 망명, 사회주의노동자당(SAP) 망명그룹 회원, 마르타 코흐(Martha Koch)라는 필명으로 서적 출판. 1939~41년 프랑스 감호소에 수감. 1941년 임시비자로 미국으로 망명. 1948년 오랜 동반자 파울 프뢸리히(Paul Frölich)와 결혼. 1951년 독일로 귀국, 사회민주당 재입당, 독일언론인연합(Deutsche Journalistenunion, DJU)에서 활동.

피셔, 루트(Ruth Fischer, 1895~1961, 본명은 엘프리데 아이슬러Elfriede Eisler)

출판인, 여성 정치인(공산당). 1918년 오스트리아 빈의 독일-오스트리아공산당 (Komministische Partei Deutsch-Österreichs, KPDÖ) 공동창립인. 1919년 8월 베를린으로 이주, 이때부터 루트 피셔라는 이름을 씀. 1920년 공산당 이론조직인 '인터내셔널'(Die Internationale) 참가. 1921년 베를린 브란덴부르크 지역 공산당을 정치적으로 지도. 1924~25년 아르카디 마슬로프와 함께 공산당 공동대표를 맡았으며 극좌파 노선을 대표. 1925년 에른스트 텔만(Ernst Thälmann)이 대표 자리를 이어받자, 11월에 공산당 정치국에서 축출됨. 1926년 공산당에서 축출. 1929~33년 베를린에서 교육자 겸 사회사업가로 활동. 1933년 3월 마슬로프와 프랑스로 탈출, 1936년까지 레온 트로츠키(Leon Trotzki)와 파리에서 공동작업. 1939년 8월 트로츠키주의자로서 모스크바에서 열린 궐석재판에서 마슬로프 등 16인과 함께 사형선고를 받음. 쿠바로 탈출(그곳에서 마슬로프는 1941년 11월 거리에서 죽은 채 발견됨), 이후 미국으로 이주. 1944년 스탈린의 행태를 알리는 정보지 『네트워크』(Network) 편집인. 1944~55년 케임브리지 대학에서 공산주의의 역사에 대한 연구 위탁을 받음. 1955년부터 파리에서 정치물 출간.

피크, 빌헬름(Wilhelm Pieck, 1876~1960)

목공, 정치인(사회민주당/공산당/사회주의통일당). 1894년 독일목재노동자협회(Deutscher Holzarbeiter-Verband) 가입. 1895년 사회민주당 입당. 1905~10년 브레멘 시의원. 1906년 사회민주당 브레멘 총비서. 1907/08년 사회민주당 당학교 입교. 1910년 사회민주당 베를린 중앙교육위원회 제2서기. 1917년 반전 선전 활동 혐의로 군법정에 출두, 도주 후 베를린에 불법체류. 1918년 스파르타쿠스 동맹 중앙위원. 1918/19년 독일공산당 발기인, 중앙위원. 1921년 독일공산당 대표 자격으로 모스크바의 공산주의 인터내셔널 실행위원회(Exekutivkomitee der Kommunistischen Internationale, EKKI) 실행위원. 1921~28년 프로이센 주의원. 1922년 국제적색원조(Internationalen Roten Hilfe, IRH) 실행위원회 발기인. 1925년 독일적색원조(Roten Hilfe Deutschlands, RHD) 대표. 1925~29년 공산당 중앙위원회 조직국장. 1928~33년 연방의원. 1929년 공산당 중앙위원회 정치국원. 1931~43년 공산주의 인터내셔널 실행위원회(EKKI) 대표위원 겸 정치국원. 1933년 5월 공산당 중앙위원회의 결정으로 파리 망명. 1935년 에른스트 텔만의 수감으로 중앙위원회 대표위원으로 선출됨, 모스크바로 망명. 1943년 자유독일국민위원회(Nationalkomitee Freies Deutschland) 공동발기인. 1945년 베를린으로 귀국, 공산당 중앙위원회 대표위원. 1946~60년 오토 그로테볼과 함께 독일사회주의통일당 공동대표. 1949~60년 동독 대통령 역임.

하버마스, 위르겐(Jürgen Habermas, 1929~)

철학자, 문화과학자, 사회과학자. 1954~56년 자유언론인. 1956년 테오도르 아도르노(Theodor Adorno)와 프랑크푸르트 사회연구소에서 공동작업, 경험론적인 사회조사 방법론을 접목하여 비판사회학 이론으로 가는 길을 개척함. 1961년 마르부르크에서 볼프강 아벤트로트를 사사하여 교수자격 취득논문(「공공성의 구조변화: 시민사회 카테고리에 대한 연구」) 통과. 1961~64년 하이델베르크 대학 철학 교수. 1964~71년 프랑크푸르트 대학 철학·사회학 교수로 있으면서 프랑크푸르트 학파의 대표적인 학자가 됨. 1971~83년 슈타른베르크에 있는 '학문적·기술적 세계의 생활조건 탐구를 위한 막스 플랑크 연구소' 소장. 1983~94년 프랑크푸르트 대학 철학과에서 사회철학·역사철학 전공 교수 역임.

하이네, 프리츠(Fritz Heine, 1904~2002)

상업 사무직, 사회민주당 간부. 1922년 사회민주당 입당. 1925년 사회민주당 최고위원실 자원봉사, 광고·선전 부문 개척. 1933년 체코슬로바키아로 이주. 1933~36년 사회민주당의 저항 활동 협력. 1938년 파리 『새로운 전진』(Neuer Vorwärts) 편집장. 1939년 망명독일사회민주당(Sopade) 최고위원. 1940년 미국으로의 이주자 보호조직 담당. 1941년 영국으로 탈출. 1946년 독일로 귀국. 1946~58년 사회민주당 상임 최고위원. 1958~74년 콘첸트라치온 유한회사(Konzentration GmbH) 사장. 프리드리히 에버트 재단 최고위원. 1986년 야드 바솀(Yad Vashem,

이스라엘의 홀로코스트 추모박물관)으로부터 '정의로운 세계시민'(Gerechter unter den Völkern)상 수상.

하이네만, 구스타프(Gustav Heinemann, 1899~1976)

법조인, 정치인(기독교민주연합/전全독일국민당/사회민주당). 1926년 에센에서 변호사. 1928~36년 에센의 라인 제철소 법률고문 겸 대리인. 1933~39년 쾰른 대학에서 광산법 및 경제법 강의. 1936~49년 에센의 라인 제철소 사장. 1945년 영국 점령군에 의해 에센 시장으로 임명, 1946~49년 에센 시장. 1945~67년 독일개신교교회평의회(Rat der Evangelischen Kirche in Deutschland) 평의원. 1947~50년 노르트라인-베스트팔렌 주의원, 1947/48년 법무부장관. 1949/50년 제1차 아데나워 내각의 연방 내무부장관. 1952년 기독교민주연합 탈퇴. 전(全)독일국민당(GVP) 창당. 1957년 전(全)독일국민당 해체, 사회민주당 입당. 1957~69년 연방의원. 1966~69년 제1차 대연정에서 연방 법무부장관. 1969~74년 서독 대통령 역임.

하제, 후고(Hugo Haase, 1863~1919)

법조인, 정치인(사회민주당). 1887년 사회민주당 입당. 1888년 쾨니히스베르크에서 변호사 사무실 개소. 동프로이센 유일의 사회민주당 변호사, 특히 노동자, 농민, 사회민주당 간부를 변호. 1894년 쾨니히스베르크 시의회 최초의 사회민주당 의원. 1897~1907/1912~19년 제국의원. 1911~16년 사회민주당 최고위원, 1912년까지 아우구스트 베벨과, 1913년부터는 프리드리히 에버트와 사회민주당 공동대표. 1916년 3월 18명의 다른 사회민주당 의원과 함께 정부의 비상예산(Notetat) 통과에 반대표를 던짐. 사회민주당 최고위원직에서 사임하고 사회민주주의노동공동체(Sozialdemokratische Arbeitsgemeinschaft, SAG) 창립. 1917년 4월 독립사회민주당(USPD) 창당. 1918년 독립사회민주당 대표, 독립사회민주당과 다수파사회민주당(MSPD)으로 구성된 인민대표평의회 대표. 1919년 암살 시도로 중상을 입고 그 여파로 사망.

헬러, 헤르만(Hermann Heller, 1891~1933)

법조인, 국법 전문가. 1920년 킬 대학에서 교수자격 취득논문 통과. 1920년 사회민주당 입당. 1922~26년 라이프치히 대학 강사. 1926~28년 베를린 대학의 카이저 빌헬름 해외공법·국제법 연구소 연구원. 1928~32년 베를린 법대 공법 전공 교수. 1932~33년 프랑크푸르트 대학 공법 교수. 1933년 런던과 마드리드에서 초빙

교수.

홉스봄, 에릭(Eric Hobsbawm, 1917~2012)

영국의 역사가. 이집트의 알렉산드리아에서 태어나 빈과 베를린에서 성장.
1933년 영국으로 이민. 1936~39년 케임브리지 킹스 칼리지 수학. 1936~91년 공
산당 당원. 런던 버크벡 대학에서 1947년부터 강사, 1959~71년 경제사 및 사회사
부교수, 1971~82년 교수. 1949~55년 케임브리지 킹스 칼리지 및 미국, 멕시코, 프
랑스 대학 등의 초빙교수. 1994년『극단의 시대: 세계의 역사 1914~91년』출간.

후베르트, 엘리노르(Elinor Hubert, 1900~73)

여성 의사, 정치인(사회민주당). 1921~26년 그라이프스발트 대학에서 의학 전공.
1944년 괴팅겐 대학에서 박사학위 취득. 1943~45년 브란덴부르크에서, 1945년
이후 괴팅겐에서 의사로 활동함. 1945년 사회민주당 입당. 1947/48년 영국점령지
역 지역평의회(Zonenrat) 부대표. 1949~69년 연방의원, 특히 사회민주당 연방의
회 건강정책 대변인 역임.

힐퍼딩, 루돌프(Rudolf Hilferding, 1877~1941)

의사, 정치인(사회민주당). 1896~1901년 빈의 사회민주주의 학생단체인 자유
학문연합(Freie Wissenschaftliche Vereinigung) 회원. 1901년 오스트리아 사회민주
주의노동자당(SDAP) 입당. 1906/07년 베를린 당학교 경제사 및 국민경제학 교사.
1907~14년『전진』편집장. 1910년 저서로『금융자본』출간. 1917년 독립사회민주
당(USPD) 입당. 1918~22년 독립사회민주당 중앙기관지인『자유』(Freiheit) 주필.
1922년 사회민주당으로 복당. 1923, 1928/29년 제국 재정부장관. 1924~33년 이론
지『사회』(Die Gesellschaft) 편집장. 1924~33년 제국의원. 1924년부터 사회민주당
최고위원. 1933년 스위스로 망명. 1933~36년 카를스바트(Karlsbad)에서 출간된
『사회주의 잡지』(Zeitschrift für Sozialismus) 편집장. 1934~41년 망명독일사회민주
당(Sopade) 최고위원,『프라하 선언』(Prager Manifest) 공저. 1938년 프랑스로 이주.
1941년 비시 정권에 의해 체포, 파리 게슈타포 감옥에서 자살.

간추린 참고 문헌

Allgemeine deutsche Biographie. Auf Veranlassung und mit Unterstützung Seiner Majestät des Königs von Bayern, hg. durch die Historische Commission bei der Königlichen Akademie der Wissenschaften, 56 Bände, Leipzig 1875‑1912 (2. unveränderte Auflage, Neudruck Berlin 1967‑1971).

Neue deutsche Biographie, hg. von der Historischen Kommission bei der Bayerischen Akademie der Wissenschaften, bisher erschienen 22 Bände, Berlin 1953‑1961.

Deutsche Biographische Enzyklopädie, hg. von WALTHER KILLY und RUDOLF VIERHAUS, unter Mitarbeit von Dietrich von Engelhardt, 15 Bände, München 1995‑2000.

Biographisches Handbuch der Mitglieder des Deutschen Bundestages 1949-2002, hg. von RUDOLF VIERHAUS und LUDOLF HERBST unter Mitarbeit von BRUNO JAHN, 3 Bände, München 2002.

50 Jahre Landtag Nordrhein‑Westfalen. Das Land und seine Abgeordneten. Schriften des Landtags Nordrhein‑Westfalen, Band 9, Düsseldorf 1996.

Abgeordnete in Niedersachsen 1946-1994. Biographisches Handbuch, hg. vom Präsidenten des Niedersächsischen Landtages, bearbeitet von BARBARA SIMON, Hannover 1996.

Der Freiheit verpflichtet. Gedenkbuch der deutschen Sozialdemokratie im 20. Jahrhundert, hg. vom Vorstand der Sozialdemokratischen Partei Deutschlands, Redaktion von CHRISTEL WICKERT; Marburg 2000.

400

Munzinger-Archiv GmbH/Internationales Biographisches Archiv.

GREBING, HELGA (Hg.): *Lehrstücke in Solidarität. Briefe und Biographien deutscher Sozialisten 1945–1949.* Unter Mitarbeit von BERND KLEMM, Stuttgart 1983.

NOTZ, GISELA: *Frauen in der Mannschaft. Sozialdemokratinnen im Parlamentarischen Rat und im Deutschen Bundestag 1948/49 bis 1957*, mit 26 Biographien, Bonn 2003.

OSTERROTH, FRANZ: *Biographisches Lexikon des Sozialismus,* Band I: Verstorbene Persönlichkeiten, Hannover 1960.

OSTERROTH, FRANZ/SCHUSTER, DIETER (Hg.): *Chronik der Deutschen Sozialdemokratie. Daten–Fakten–Hintergründe*, 4 Bände, neu bearb. und ergänzte Auflage, Bonn 2005.

SCHRÖDER, WILHELM: *Sozialdemokratische Parlamentarier in den deutschen Reichs- und Landtagen 1867–1933. Biographien, Chronik, Wahldokumentation* (Handbücher zur Geschichte des Parlamentarismus und der politischen Parteien, Band 7), Düsseldorf 1995.

웹(WEB) 주소

http://www.dhm.de/lemo/suche/index.html

LeMO steht als Abkürzung für *Lebendiges virtuelles Museum Online* und ist ein gemeinsames Projekt des Deutschen Historischen Museums (DHM), des Hauses der Geschichte der Bundesrepublik Deutschland (HdG) und des Fraunhofer-Instituts für Software- und Systemtechnik (ISST).

http://biosop.zhsf.uni-koelen.de/

BIOSOP-Online-Biografien sozialdemokratischer Parlamentarier in den deutschen Reichs- und Landtagen 1867-1933.

http://www.gdw-berlin.de/index.php

Gedenkstätte Deutscher Widerstand

http://www.dasrotewien.at/

Weblexikon der Wiener Sozialdemokratie

약어표

ADAV   Allgemeiner Deutscher Arbeiterverein: 독일노동자전국연합

ADGB   Allgemeiner Deutscher Gewerkschaftsbund: 독일노동조합전국연맹

AfA   Arbeitsgemeinschaft für Arbeitnehmerfragen: 노동문제연구회

AfS   Archiv für Sozialgeschichte: 『사회사 문서보관소』(잡지명)

ASF   Arbeitsgemeinschaft Sozialdemokratischer Frauen: 사회민주주의 여성노동
공동체

BASF   Badische Anilin- & Soda-Fabrik AG: BASF(바디셰 아닐린·소다 파브릭)
주식회사

BBC   British Broadcasting Company: 영국 공영방송 BBC

BBI   Bayerische Braunkohlen-Industrie AG: 바이에른 갈탄공업 주식회사

BDM   Bund Deutscher Mädel: 독일여학생연맹

CDU   Christlich Demokratische Union: 기독교민주연합

CSU   Christlich-Soziale Union: 기독교사회연합

DAG   Deutsche Angestellten-Gewerkschaft: 독일사무직노동조합

DDR   Deutsche Demokratische Republik: 독일민주공화국(동독)

dd-vg   Deutsche Druck- und Verlagsgesellschaft: 독일인쇄출판협회

DGB   Deutscher Gewerkschaftsbund: 독일노동조합총연맹(서독)

DKP   Deutsche Kommunistische Partei: 독일공산당

DM   Deutsche Mark: 독일 마르크(화폐)

DNVP   Deutschnationale Volkspartei: 독일민족국민당

DVP   Deutsche Volkspartei: 독일국민당

EU   Europäische Union: 유럽연합

FDGB   Freier Deutscher Gewerkschaftsbund: 자유독일노동조합연맹(동독)

FDP   Freie Demokratische Partei: 자유민주당

FU   Freie Universität: 자유대학

Gestapo Geheime Staatspolizei: 게슈타포(나치 정권의 비밀경찰)

GEW   Gewerkschaft Erziehung und Wissenschaft: 교육·학문노동조합

GmbH   Gesellschaft mit beschränkter Haftung: 유한회사

GP   Gewerkschaft der Polizei: 경찰노동조합

GuG   Geschichte und Gesellschaft: 『역사와 사회』(잡지명)

GVP   Gesamtdeutsche Volkspartei: 전(全)독일국민당

HBV   Gewerkschaft Handel, Banken und Versicherungen: 판매·은행·보험노동조합

HJ   Hitler-Jugend: 히틀러 청년단

IAH   Internationale Arbeiterhilfe: 국제노동자원조

IG Bau   Industriegewerkschaft Bau-Agrar-Umwelt: 건설·농업·환경산업노동조합

IG BCE   Industriegewerkschaft Bergbau, Chemie und Energie: 광산·화학·에너지
         산업노동조합

IGM   Industriegewerkschaft Metall: 금속산업노동조합

ISK   Internationaler Sozialistischer Kampfbund: 국제사회주의투쟁동맹

ITF   Internationale Transportarbeiter-Föderation: 국제운송노동자연맹

IWK   Internationale wissenschaftliche Korrespondenz zur Geschichte der deutschen
         Arbeiterbewegung: 『독일 노동운동사에 대한 국제 학술통신』(잡지명)

Juso(s) Jungsozialisten: 청년사회주의자

Komintern Kommunistische Internationale: 공산주의 인터내셔널

KPD   Kommunistische Partei Deutschlands: 독일공산당

KPO   Kommunistische Partei-Opposition: 공산당-재야파

KZ   Konzentrationslager: 강제수용소

LADAV   Lassalle'scher Allgemeiner Deutscher Arbeiterverein: 라살의 독일노동자전
         국연합

MdB   Mitglied des Bundestages: 연방의원

MdEP   Mitglied des Europäischen Parlamentes: 유럽의회 의원

MdL   Mitglied des Landtages: 주의원

MdR	Mitglied des Reichstages: 제국의원
MSPD	Mehrheitssozialdemokratische Partei Deutschlands: 다수파사회민주당
NATO	North Atlantic Treaty Organisation: 북대서양조약기구
NGG	Gewerkschaft Nahrung-Genuss-Gaststätten: 생필품·식품·음식점노동조합
NRW	Nordrhein-Westfalen: 노르트라인-베스트팔렌
NS	Nationalsozialismus: 민족사회주의
NSBO	Nationalsozialistische Betriebszellenorganisation: 민족사회주의 공장조직
NSDAP	Nationalsozialistische Deutsche Arbeiterpartei: 독일 민족사회주의노동자당(나치당)
ÖTV	Gewerkschaft Öffentliche Dienste, Transport und Verkehr: 공공서비스·운송·운수노동조합
PDS	Partei des Demokratischen Sozialismus: 민주사회주의당
RGO	Revolutionäre Gewerkschafts-Opposition: 혁명노동조합-재야파
SA	Sturmabteilung: 나치 돌격대
SAG	Sozialdemokratische Arbeitsgemeinschaft: 사회민주주의노동공동체
SAI	Sozialistische Arbeiterinternationale: 사회주의 노동자 인터내셔널
SAJ	Sozialistische Arbeiterjugend: 사회주의노동자청년단
SAP(D)	Sozialistische Arbeiterpartei Deutschlands: 독일사회주의노동자당
SBZ	Sowjetische Besatzungszone: 소련점령지역
SDP	Sozialdemokratische Partei in der DDR: 동독사회민주당
SDS	Sozialistischer Deutscher Studentenbund: 독일사회주의학생연합
SED	Sozialistische Einheitspartei Deutschlands: 독일사회주의통일당
SI	Sozialistische Internationale: 사회주의 인터내셔널
SM	Sozialistische Mitteilungen: 『사회주의 통지문』(잡지명)
Sopade	Sozialdemokratische Partei Deutschlands (im Exil): 망명독일사회민주당
SPD	Sozialdemokratische Partei Deutschlands: 독일사회민주당
spw	Zeitschrift für sozialistische Politik und Wirtschaft: 『사회주의 정치경제지』(잡지명)
SS	Schutzstaffel: 나치 친위대
SWI	Sozialdemokratische Wählerinitiative: 사회민주주의선거인단
USA	United States of America: 아메리카합중국(미국)
USPD	Unabhängige Sozialdemokratische Partei Deutschlands: 독립사회민주당

ver.di   Vereinte Dienstleistungsgewerkschaft e. V.: 서비스노동조합연합회

WASG   Wahl-Alternative Arbeit und Soziale Gerechtigkeit: 노동과 사회정의를 위한 선거대안

ZdA   Zentralverband der Angestellten: 사무직노동자중앙회

ZK   Zentralkomitee: 중앙위원회

추가 약어표

AAUE   Die Allgemeine Arbeiter-Union-Einheitsorganisation: 전국노동조합통합기구

AfA-Bund Allgemeiner freier Angestelltenbund: 자유사무직노동자전국연맹

APO   Ausserparlamentarische Opposition: 원외 반대파

Butib Bund der technisch-industriellen Beamten: 기술·산업공무원연맹

CGB   Christliche Gewerkschaftsbund Deutschlands: 독일기독교노동조합연맹

DMV   Deutscher Metallarbeiterverband: 독일금속노동자협회

DJU   Deutsche Journalistenunion: 독일언론인연합

DPG   Deutsche Postgewerkschaft: 독일우편노동조합

EKKI   Exekutivkomitee der Kommunistischen Internationale: 공산주의 인터내셔널 실행위원회

GHK   Gewerkschaft Holz und Kunststoff: 목재·플라스틱노동조합

GTB   Gewerkschaft Textil und Bekleidung: 직물·의상노동조합

IAA   Internationalen Arbeitsamts: 국제노동기구

IBFG   Internationaler Bund Freier Gewerkschaften: 국제자유노동조합연맹

IRH   Internationalen Roten Hilfe: 국제적색원조

KAG   Kommunistische Arbeitsgemeinschaft: 공산주의노동공동체

Kostufra Kommunistische Studentenfraktion: 공산주의학생회

RAF   Rote Armee Fraktion: 적군파

RHD   Roten Hilfe Deutschlands: 독일적색원조

SDAP   Sozialdemokratische Arbeiterpartei: 사회민주주의노동자당

SDAPR Sozialdemokratische Arbeiterpartei Russlands: 러시아 사회민주주의노동자당

SHB   Sozialsitsicher Hochschulbund: 사회주의대학연맹

사진 출처

Bundesarchiv: Bild Seite 148

AdsD: 22, 27, 47, 49, 51, 64, 85, 94, 98, 103, 109, 114, 127, 171, 177, 191, 232, 261, 264

Freundeskreis Willy-Brandt-Haus e.V.: 323

Josef H. Darchinger: Cover-Abbildung sowie 201, 215, 243, 299, 321

picture alliance/dpa, Fotograf: Werner Baum: 246

ullstein bild: 276

왜 오늘날 노동운동의 역사를 다시 보아야 하는가

19세기 중반, 다양한 출신의 노동자들이 스스로를 조직해 자신들의 권리를 찾기 위해 벌여온 지난한 투쟁을 생각한다면, 지난 세기 노동운동이 이뤄낸 성과들은 오늘날 전 지구적으로 무장한 자본 앞에 점차 형해화되는 위기에 처해 있는 듯 보인다. 자본과 노동 간의 관계에서 불평등과 종속은 더 구조화되고 빈부 간의 격차는 더 벌어지고 있음에도, 더 이상은 노동운동이 과거처럼 사회 안에서 긴급함을 요하지 않는 시대가 되었다. 고도로 기능이 분화된 현대 자본주의 사회에서 다양한 이해관계로 갈라진 노동자 조직을 단일한 정치집단으로 조직하는 일은 이제 가능하지 않다. 이러한 변화와 함께 노동조합적 사고와 노동운동은 지난 수십 년 사이 독일을 포함한 선진 국가들에서 점차 설득력을 상실해가고 있는 듯 보인다.

돌이켜보면 1970년대 후반부터 이미 고전적 노동운동의 종말은 논의되어왔다. 즉 현실사회주의의 몰락 이후 새롭게 나타난 현상이 아니다. 1970년대 후반은 유럽에서 전후 급성장 붐이 제2차 석유파동으로 제동이 걸리고 테러리즘과 환경운동의 대두 등 진보에 대한 고전적 믿음이 사라지기 시작하는 시기이며, 제2차 세계대전을 겪지 않은 새로운 세대들이 사회 내 모든 분야에서 실질적 역할을 수행하기 시작하던 때이다.

유럽에서 사회민주당이 국민정당으로 변화하기 시작한 것은 1945년 이후지만, 68운동을 계기로 서구에서는 다양한 사회운동들이 생겨나면서 사회민주주의는 더 이상 노동자정당으로서의 설득력을 상실하게 된다. 노동조합이 사회민주당과 연합하는 것도 더 이상 당연한 일로 받아들여지지 않게 된 것이다. 프롤레타리아 계급이라 부를 수 있는, 계급의식에 바탕한 노동자계층은 사라지게 되며, 균질적이던 노동자 사회는 점차 다양한 계층으로 분화된다. 제2차 세계대전 이전부터 고유한 동질성을 유지해오던 '노동자 문화' 혹은 사회민주주의적 공동체도 침식되어간다. 사회민주주의적 정책 또한 더 이상 전적으로 노동자계급만을 지향하지 않게 된 것이다.

어쩌면 그런 것들은 노동운동이 만들어낸 실질적 성과와 성공의 결과일 수 있다. 전후 독일 노동조합은 임금협상에서 확실하게 자율성을 확보할 수 있었고, 노동자평의회(Arbeiterräte)나 노동자 경영 참여 등을 통해 노동조건과 관련해 공장과 회사에서 분명한 목소리를 낼 수 있었다. 현저한 임금상승을 이루었으며, 긴 휴가와 짧은 노동시간을 확보할 수 있었고, 많은 노동환경의 개선을 이루어냈다. 거의 모든 정치 영역에서 독일노동조합총연맹(DGB)은 기업가들과 동등한 자격을 갖고 함께 국정을 논하는 세력으로 성장한 것이다. 이는 사회민주당 정권에서만이 아니라 보수당 정권에서도 마찬가지였다. 역설적이게도 많은 것들을 이룬 후 다수의 조합원들이 떨어져 나갔으며, 그러는 사이 세상은 전 지구적 네트워크를 갖춘 디지털화된 일터로 바뀌고 있었다. 사회적 연대는 약화되었고, 새로운 노동 형태가 조직 노동운동의 구조적 힘을 발휘하기 어려운 쪽으로 진행되고 있다. 투쟁을 통해 쟁취해낸 노동운동의 지난 성과들이 미래로 나아가는 길을 가로막고 있는 특권인 양 인식되고 공격받는 현상이 벌어지고 있는 것이다.

오늘날 독일에서의 노동조합 활동 또한 과거에 비해 현격하게 축소되고 있다. 전 지구화의 거센 조류는 개별 직종들이 만들어왔던 고유한 운동적 특성마저 획일화하고 있다. 직종별 단위노동조합들이 독자적 확장의 한계와 재정상의 이유로 보다 큰 우산 아래 통합되면서, 노동조합 조직 내 다양한 층들을 겨냥하던 수많은 전문 간행물들이 하나하나 사라져갔고, 마침내 독일노동조합총연맹은 전후 자신들의 가장 대표적 기관지이면서 정책 토론과 노동운동사 연구의 플랫폼 역할을 해오던『월간 노동조합』(Gewerkschaftliche Monatsheft)에 대해 지난 2004년 12월로 종간(終刊)을 결정한다.

한 학자는 그 종간호에서 다음과 같이 노동조합의 변화된 환경에 대한 안타까움을 토로한다. "이 간행물이 — 그 모든 사회적 갈등에도 불구하고 — 광범위한 사회적 합의의 구성을 통해 자본주의적 동력을 제어하는 역할을 시대에 맞게 해왔으며, 또 이는 사회적 민주주의의 한 요소로서 노동조합의 가치에 합당한 일이었다. 이런 맥락에서『월간 노동조합』은 정치, 학문, 노동자 조직들 사이에서 비판적 의견 교환 기관으로서의 역할을 해왔다. 어느 사이 이 모든 것들이 더 이상 전혀 들어맞지 않는 이야기가 되었으며, 앞에서 언급했던 광범위한 사회적 합의라는 것도 더 이상 존재하지 않게 되었고, 노동조합이 당연하게 받아들여지는 것도 더 이상 생각할 수 없게 되었다"(Arno Klöne, 2004).

"그렇다면 도대체 무엇 때문에 독일 노동운동의 역사를, 그것도 낯설고 이미 몰락한 세계의 역사를 서술해야 하는가?" 저자 헬가 그레빙은 스스로 묻고 답한다. "이제는 옛 노동운동이 획득했던 해방적 힘에 대한 기억으로부터 그 내용물들과 그것의 추동력이 무엇이었는지를 점검해볼 시간이 되었고, 이는 21세기에도 유용하기 때문이라고 답할 수 있다"(머리말).

그레빙은 평생에 걸쳐 독일 노동운동의 역사를 주제로 다양한 글과 저서들을 쓰고 출판했다. 1966년『독일 노동운동사: 개관』(Geschichte *der deutschen Arbeiterbewegung: ein Überblick, München*)(우리말 번역본은 『독일 노동운동사』, 박경서 옮김, 한벗 1984)을 시작으로, 1985년에는 『노동운동: 1914년까지의 사회적 저항과 집단적 이해 대변』(*Arbeiterbewegung: Sozialer Protest und kollektive Interessenvertretung bis 1914*, München, 1985)을, 1993년에는 『독일노동운동: 혁명과 개혁, 국가중심주의 사이에서』(*Die deutsche Arbeiterbewegung: zwischen Revolution, Reform und Etatismus*, Mannheim, 1993)를 집필했다. 2000년에는 『독일 사회사상사: 사회주의–가톨릭 사회교리–개신교 사회윤리』(*Geschichte der sozialen Ideen in Deutschland: Sozialismus Katholische Soziallehre Protestanstische Sozialethik*, Essen, 2000)를 편찬하면서, 1934년에서 2000년까지의 독일 노동운동사를 정리한 바 있다. 그리고 다시 2007년, 40년 전의 책과 제목은 같지만 완전히 다른 내용으로 기술된 『독일 노동운동사: 1848년 혁명에서 21세기까지』라는 이 책을 출간하기에 이른다.

1966년 간행된 그녀의 『독일 노동운동사: 개관』은 전후 서독에서 독일 노동운동사를 전체적으로 조망한 최초의 책이기도 했다. 노동운동사를 다룬 책으로서는 드물게도 10만 부 이상의 판매를 기록한 독일 노동운동 역사의 총정리였다. 그래서 역사학자 카르스텐 루돌프(Karsten Rudolph)는 그녀의 1966년판 『독일 노동운동사』를 독일 노동운동사의 '고전'이라고 칭한 바 있다.

이 40년 사이 그레빙은 독일 노동운동의 역사를 주제로 한 저술들을 지속적으로 출간하면서 연구상의 새로운 논의와 그때까지 합의된 단계들을 성실히 추적하였고, 노동운동 구성원의 변화나 문화운동의 역할과 같은, 노동운동사에서의 새로운 해석과 관점들을 지속적으로 추가한다. 당연하게도 1960년대의 독일 노동운동에 대한 연구 상황이나 접근 방식은 2000년대의 그것들과 완전히 달랐으며, 그런 의미에서 2007년에 새롭게 쓰인 이 책은 저자가 반세기를 연구하고 발전시켜온 자기 학문의 결정판적 성격을 갖고 있다.

어떻든지 한 학자가 평생에 걸쳐 같은 제목의 서로 다른 책을 출간하는 일은 흔치 않은 일이다. 그 40년의 흐름 속에는 저자 자신이 '독일'과 '노동운동'과 '역사'를 바라보는 시각의 변화가 고스란히 들어 있다. 먼저의 책이 동독의 노동운동도 염두에 두고 함께 포함시켜 서술했다면, 이 책의 1945년 이후 부분에서는 전적으로 서독의 노동운동만 언급하고 있다. 같은 제목의 두 권의 책이 태어난 사이에 냉전이라는 심연이 자리하고 있었고, 동서독 간의 이념적 경쟁 상황에서 상대방에 대한 냉정한 평가가 조심스러웠다면, 이제는 노동운동에서의 사상과 이념의 문제, 역사적 경험들을 냉정하게 평가할 수 있는 여유와 시간적 간격이 확보되었기 때문일 것이다. 그런 만큼 이 책을 통해 독일 노동운동사 주류의 흐름에 대해서는 비교적 상세히 알 수 있지만, 그만큼의 밀도로 급진적 입장의 공산주의 노동운동이 서술되지는 못하였다. 이는 오히려 그녀의 1966판 『독일 노동운동사』에 더 상세히 서술되어 있다.

무엇을 위해 그레빙은 이처럼 반복해서 다양한 독일 노동운동사를 기술하려 했는가? 37세에 쓴 『독일 노동운동사: 개관』 머리말에서 그녀는 다음과 같이 그 처음의 동기를 설명하고 있다. "현재에 대한 모든 분석은 이 지금을 규정하고 있는 것의 뿌리가 어디에 있는지, 과거에 어떤 방식으로 질문과 문제점들에 대해 받아들일 수 있는 해결책을 끌어갔었는지, 무엇이 여전히 유용하게 남아 있고, 어떻게, 또 왜 해결의 시도가 무산되었었는지, 나아가 왜 (나치즘에 의한) 대파국이라는 결과까지 가져왔는지에 대한 총괄적 해명을 내놓는 작업에서부터 시작해야만 한다."

궁극적으로 그녀의 문제의식은 우리가 노동운동사를 왜 알아야 하며, 그중에서도 특히 독일의 경험을 기억해둘 필요성에 대한 문제로 이어진다. 우리는 역사를 통해 지금의 상황을 과거와의 연속성 속에서 판단하거나, 당대에 내려졌던 결정의 적절성을 검토할 수 있다. 역사는 우리로 하여금 당면한 문제를 긴 호흡을 갖고 검토할 수 있게 해준다. 과거에 대한 성찰은 오늘 우리의 결정과 행위에 정당성을 부여하고, 놓여 있는 길에 대한 대안을 제시한다. 노동운동의 역사를 공부함은 오늘날의 방향 설정을 위한 자원이 될 수 있을 뿐만 아니라, 스스로의 결정에 확신을 갖게끔 만드는 중요한 원천이 되기도 하다.

하지만 이러한 실용적 용도 외에도 노동운동의 역사에 대한 공부는 우리에게 연대와 평등, 민주주의의 소중함을 일깨워준다. 역사는 노동운동의 발전이 민주주의를 공고화하는 역할을 해왔음을 알려준다. 우리는 노동운동의 역사 안에 있는 다양한 흐름과 사상과 대응 방식을 통해 사회 현실이 그저 스스로 존재하는 것이 아니라, 지속적으로 그 사회 안에 포함되어 있는, 그리고 그 사회로 인해 영향을 받는 인간들의 인식과 대응에 의해서만 존속한다는 것을 알 수 있다. 즉, 시장과 경쟁이라는 '자연적 질서'에 맡기는 것이 아니라, 적극적 개입과 조정을 통해서만이 연대와 정의에 기반한 인간다운 사회를 만들 수 있음을 배운다.

하지만 그렇다고 역사로부터 우리가 당면한 문제의 구체적 해결책까지 끌어낼 수 있으리라 성급하게 기대해서는 안 될 것이다. 역사서는 실용서도 자기계발서도 아니다. 역사로부터 과제 해결을 위한 구체적 조언을 찾아내기에는 현실은 언제나 보다 복합적이다. 우리는 그저 다양하게 펼쳐지는 인간의 삶과 생각, 결정들을 들여다보면서, 이를 비판적으로 이해하고 우리 나름의 길을 만들어가고자 시도할 뿐이다.

이런 한계를 인정하면서, 그레빙은 2004년『월간 노동조합』의 마지막 호에서 다음과 같이 노동운동에 대한 역사적 연구의 필요성을 강조한다. "역사는 더 이상 강력한 해석의 힘을 인정받지 못하고 있다. 이와 함께 노동조합 같은 기관이 그 어떤 지역과 관련된 혹은 주제상의 부분적으로 제한된 연구를 반복해서 제시하더라도 그것이 정치적으로 관철되지 못했음을 인정해야만 한다. 새로운 것들에서 오래된 것들을 일반적으로 다시 발견하는 것, 그것이야말로 흥미롭고 동시에 꼭 필요한 것이다." 그래서 그녀는 역사적 경험에 대한 해석과 현재의 상황에 대한 합리적 극복, 그리고 미래의 세상을 바라보는 시선, 이 세 가지야말로 오늘날 노동운동의 과제를 새롭게 숙고하고 형성해 나가며 행동하는 데에 요구되는 것이라고 전한다.

또한 노동운동의 역사를 통해 우리는 다른 배경 속에서 다른 형식의 발전을 이루었던 낯선 노동운동의 진행과 비교할 수 있고, 그 유사성이나 다름을 통해 보다 현재의 상황을 객관적으로 판단할 수 있다. 세상의 모든 나라가 저마다 독특한 역사적 발전의 길을 걸어왔듯이, 노동운동 또한 저마다의 역사 발전에 조응하는 독특한 전개 양상을 보여왔다. 독일의 노동운동은 영국의 노동운동과 달랐고, 프랑스 노동운동의 역사는 이들과 또 달랐다. 그중에서도 독일에서의 노동운동은 유럽 다른 국가들의 노동운동이 걸었던 길과 특히 달랐다. 시민사회의 지배를 관철하고 자본주의적 생산양식을 구성해 나가는 데에서 독일은 영국이나 프랑스와 같은 서구 국가들과 달리 (독일은 제2차 세계대전에서의 패전 이후에야 비로서 서구 국가에 합류했다고 그들 스스로도 판단한다), 권위주의적 전통과 신분제적 의식이 강했고, 연방제적 구조는 민족국가로서의 자의식이나 제도적 통일성을 만들어내기 어렵게 만들었다. 그곳에서의 노동운동은 답답하고 묶여 있는 사회와 의식에 충격을 가하는 방식으로 개인을 해방하고 사회를 변화시켜 시민사회의 자율적 역량을 키워 나갔다. 영국의 경우 시작에서부터 노동조합이 노동자들의 사회적 이해를 대변했고 정당은 정치적 이해의 대변을 맡았다면, 독일에서는 19세기 국가체제가 갖고 있던 권위주의적 성격으로 인해 노동자 조직이 국가 구성의 일부로 인정받지 못했고, 그래서 노동조합과 정당은 시작부터 함께 진행되었다.

우리는 다양한 노동운동의 역사를 통해 자본주의와 산업화의 발전이 언제나 노동운동의 진전이나 프롤레타리아 계급의 단결을 가져온 것도 아니고, 그렇게 될 수밖에 없는 그 어떤 필연적 결과가 만들어지는 것도 아님을 배운다. 노동운동은 그 구체적 형태에서 언제나 그 역사적 전제들에 강력하게 종속되어왔음을 우리는 역사를 통해 확인한다. 결정의 주체는 역사적 법칙도, 처해진 현실도 아니라, 그 상황에서 행동하는 사람들이었다. 노동운동은 노동조합의 운동이 아니라 노동자의 운동이다.

독일 노동운동의 역사를 기술하는 이 책만의 특징

노동운동의 역사에서 독일 노동운동이 지녔던 여러 특별함만큼이나 이 역사서는 내용에서 자기만의 여러 특징을 갖고 있다. 세상의 모든 좋은 저술들이 그러하듯이, 기존 해석에 얽매이지 않는 그녀만의 해석이 곳곳에서 반짝이며, 일치하지 않는 여러 견해들이 충돌하는 곳에서는 그동안의 연구들이 내놓은 다양한 견해들을 두루 종합하면서 자신의 해석을 제시한다. 이는 아마도 학계 내 합의가 어느 정도 이루어진 후 정리된 글을 내놓는 후대의 연구자만이 누릴 수 있는 특권일 것이다. 특히 40년이 넘는 동서독 간의 이데올로기적 각축과 체제 경쟁으로부터 놓여나, 이제는 정치적 의지와 학문적 실천의 부담 없이 어느 정도의 거리감을 두고 관조할 수 있는 지점에 도달했다는 점이 이를 가능하게 만들 수 있었다.

그녀는 노동운동의 역사서술에 남겨진 최고의 서술 방식은 "마르크스에 대한 비판적 이론사와 그런 이론사를 실제에서도 통용되는 문제지평과 연결해 더욱 발전시킨 사상사 속에서 찾을 수 있을 것"이라고 설명한다. 그런 의미에서 이 책은 사회주의 운동사도, 노동조합 운동사도 아니다. 노동운동의 궁극적 목표와 그것의 현실적 적용 사이에서의 다양한 길 찾기의 역사이며, 이에 대한 문제의식의 역사에 대한 해석이다. 그래서 그레빙 스스로도 이 책을 기존의 노동운동사 서술들과 구별되는 '해석사'(Deutungsgeschichte)라고 표현하고 있다. 처음부터 사건사나 진행사, 혹은 역사적 맥락 없는 이념사나 이론사가 아닌, "문제와 연결된 해석을 중심으로, 역사적 진행에 따라 놓인 대로의 파노라마와 같은 지향성"(Eberhard Kolb)을 추구했음을 우리는 이 책을 통해 확인할 수 있다.

이 책은 1848년 혁명에서 시작해 2000년 슈뢰더 총리의 개혁안으로 끝난다. 분량의 절반이 전후, 즉 1945년 이후부터 현재까지의 시기를 다루고 있다. 분량은 비슷하지만, 1966년의 저서가 독일 노동운동의 역사를 조직과 구체적 운동, 정치사적 진행에 중점을 두고, 사료와 통계 자료를 동원해 전체를 조망하고자 했던, 교과서적이고 어쩌면 정치의식의 고양을 위한 계몽적 성격이 짙었다면, 이 책에서는 노동운동 조직들의 역사적 전개보다는 독일 노동운동사의 핵심적 문제들을 중심으로 현실에서의 충돌과 변용, 분열과 대안 제시, 계급의식의 변화, 프롤레타리아 계급의 소멸과 전통적 운동 방식의 쇠락까지 운동의 변화와 새로운 적응이 중심에 놓인다. 진행과 발전보다는 위기에 더 많은 관심과 방점을 두고 있는 것이다. 그럼으로써 새로운 노동운동사는 전통적으로 독일 노동운동사 연구가 보여온 정치사 혹은 이념사 중심의 서술에서 벗어나, 새로운 테마나 방법론적 방향 제시를 통해 다변화되고 확대된 풍경을 드러내 보인다.

무엇보다 이 책의 가장 큰 특징이자 장점은 냉전과 분단의 시대가 끝난 후, 노동운동 역사에서의 다양했던 학문적 쟁점들을 하나하나 불러내면서 어떻게 정리되었고, 이를 어떻게 해석할 수 있는지를 보여준다는 것이다. 20세기 전반 독일 가톨릭 노동자와 개신교 노동자가 어떻게 생각이 달랐는지 명쾌히 설명하고 있으며, 1918/19년 혁명에 대한 해석의 문제, 독일에서의 노동계급의 분리나 소멸 시점, 나치 아래의 저항의 개념과 저항의 가능성에 대한 평가, 전후 독일 노동자들 내의 정서공동체에 대한 평가, 독일 노동운동이 전후 급진민주주의적 시민 해방운동과 너무 일찍 단절된 것이 아닌가의 문제를 두고 진행된 논쟁, 통일 이후 슈뢰더/블레어 총리에 의해 제기되었던 '제3의 길'에 대한 평가,

현재의 독일 '좌파당'(Die Linke)에 대한 평가까지 그녀는 자신만의 독특한 시각들을 제시한다. 특히 그레빙이 이 책에서 세 가지 중요한 쟁점의 해명에 큰 힘을 쏟고 있음을 볼 수 있는데, 첫째는 독일에서 이른바 '수정주의 논쟁'에 대한 새로운 해석, 둘째로는 나치의 집권이라는 현실 앞에서 노동 측에 어떤 대응과 대안의 가능성이 있었는가의 문제, 그리고 마지막으로 현실사회주의의 몰락 이후 노동운동의 대응과 대안들이 그것이다.

그녀는 '수정주의 논쟁'이라 불리었던, 마르크스주의적 해석과 이의 현실에서의 접합을 둘러싸고 벌어지는 논쟁을 혁명과 개혁, 이론과 실천이라는 '이중주의'(Dualismus)로만 설명할 필요가 없다고 주장한다. 현실을 제대로 반영하지 못하는 해석 틀이라는 것이다. 실제 현실에서는 그보다 훨씬 다양한 사회민주주의적 실천 안들이 있었으며, '이중주의'라는 표현 자체가 현실을 제대로 담아내지 못하는 틀이라는 것이다. 베른슈타인이 "목표가 의미 있는 것이 아니라 운동이 가장 중요하다"라고 했을 때, 이것이 마르크스주의적 이념과 목표를 부정한 것이 아님에도 불구하고, 부당하게 그에게 '수정주의'라는 딱지가 붙었음을 지적한다. 즉, 기존의 이론에 따르면 독일의 사회주의적 노동운동의 전통 속에서 이론과 실천의 이중주의 문제는 여전히 극복되지 못했고, 혁명적 이론을 개혁적 실천에 적응시키거나 개혁적 실천을 혁명적 이론과 일치시키고자 노력했어야 했지만 그렇게 못했던 것에 이중주의의 뿌리가 있다지만, 그에 반해 저자는 독일 노동운동이 그 시작에서부터 언제나 이중적 성격, 즉 한편으로 봉건주의와 가부장적 국가에 대항하고 시민적 자유와 참정권 획득을 위한 민족운동의 성격을 지녔으며, 다른 한편으로는 부르주아-자본주의적 사회에 대항하는 노동계급의 급진민주주의적 해방운동이라는 성격을 동시에 간직했다는 것이다. 그래서 마르크스주의적 교리에 대한 새로운 해석도 점차 산업자본주의적으로 구조화되는 사회환경에 대한 노동자들의 반응이고, 점진적인 의회민주주의적 헌법체제에 대한 적용이라고 본다. 동화와 억압이라는 지속적인 모순적 조건 아래에서 이른바 혁명적 이론과 개혁적 실천이라는 이중주의의 뿌리가 만들어졌지만, 이를 접점 없는 양 갈래의 노선으로가 아닌, 동전의 양면처럼 통일적으로 볼 문제라는 것이다.

기본적으로 그레빙은 역사와 운동의 법칙이 먼저라고 생각하는 사람이 아니었다. 현실에 입각한 실천을 중시했으며, 그래서 그 어떤 이데올로기적 도그마에도 종속되지 않는 모습을 보인다. 독일에서의 사회민주주의 운동과 노동운동 조직 간의 관계는 시대변화에 따라 멀어지기도 하고 친밀해지기도 하지만, 그 시작부터 양자가 프롤레타리아 계급의 사회적 해방이라는 근본적 목표를 공유하면서 서로 끊을 수 없는 연결된 관계 속에 발전해왔다고 그레빙은 본다. 그녀는 자유와 평등, 연대의 사회를 지향하는 사회민주주의와 노동운동의 지향은 다르지 않다고 생각하며, 사회민주주의나 노동운동이 모두 민주주의를 안정화하는 역할을 수행했다고 판단한다. 사회민주당이 그 시작부터 바이마르 공화국까지 전적으로 노동자 계급정당을 표방했고, 1945년 이후 늦어도 고데스베르크(Godesberg) 강령을 결정하기까지는 '노동하는 국민계층의 정당'(K. Schumacher)을 표방했던 만큼, 사회민주당과 노동운동을 함께 서술하는 작업이 가능하다는 생각이다. 특히 이 책에서는 전후 사회민주당의 변화에 주목하면서 사회민주당 좌파의 입장을 정당화하는 서술을 감지할 수 있다. 역사서술 자체가 이미 운동에 대한 이론적 분석이고 정치적 증거제시이며, 행위를 정당화하는 기능이 있지 않겠는가?

노동운동이 특정 계급이나 특별한 계층에 의해서만 주도된 적은 역사에서 없었다. 노동운동은 19세기 중반의 그 시작부터 수공업자, 직인, 장인, 공장 노동자뿐만 아니라 지식인, 자영업자, 언론인, 정치인, 일반 시민계층 등이 함께 참여한 운동이었으며, 그런 의미에서 노동자의 역사와 노동운동의 역사가 항상 일치하는 것은 아니었다. 즉, 노동운동의 역사는 늘 시민사회의 역사의 한 부분이었으며, 시민사회의 전개와 변화에 기여해왔다. 그런 의미에서 노동운동의 역사를 단지 노동조합의 역사로 축소하지 않기 위해서는 궁극적으로 사회주의 운동 혹은 사회민주당의 역사를 함께 엮어 나가지 않을 수 없다.

그레빙은 누구였나

그레빙은 1930년 베를린의 가톨릭 노동자 가정에서 태어나, 다섯 살에 아버지의 죽음을 맞았고, 이후 어려운 가정 형편 속에서 상업학교(Handelsschule)에 진학한다. 전쟁 직후 소련 점령 아래 있던 베를린에서는 인문고등학교를 졸업하지 못한 학생들이 예비과정을 거쳐 동베를린 소재 훔볼트(Humboldt) 대학에 입학할 수 있는 제도가 있었다. 그레빙은 이 과정을 통해 1947/48년 17세의 나이에 훔볼트 대학에 갈 수 있었다. 그곳에서 철학과 역사, 독일문학을 배우지만, 점차 동서 베를린의 경계가 분명해지면서 1949년 베를린 자유대학으로 적을 옮긴다.

유년 시절 히틀러를 경험한 세대로서 어쩌면 자연스럽게 그녀는, 독일인들이 어떻게 그렇게 나치즘과 히틀러에 쉽게 빠져들어가게 되었나에 관심을 가졌고, 그래서 1953년 베를린 자유대학에서 바이마르 시대 말기 가톨릭중앙당과 가톨릭 노동자 정서공동체에 관한 박사 논문을 제출한다. 이어 1959년『민족사회주의: 기원과 형태』라는 책을 발간했고, 이후 그레빙은 나치 체제의 문제와 역사를 다룬 다양한 글들을 출간한다. 박사 학위 이후 그녀는 출판사와 비스바덴(Wiedbaden)의 '연방정치교육센터'에서 일을 했고, 성인 교육기관에 관여하기도 하였다. 저명한 정치학자 이링 펫처(Iring Fetscher)를 알게 되면서 그의 문하에 들어가 1970년 프랑크푸르트(Frankfurt am Main) 대학 정치학부에서 교수자격취득논문(Habilitation)을 제출하게 된다. 그녀의 주제는 1945년 이후 서독 보수주의의 민주주의 인식이었다. 그녀에게서 정치학과 현대사는 궁극적으로 '민주주의를 다루는 학문'으로서의 의미였다고 역사가 베른트 파울렌바흐(Bernd Faulenbach)는 평가한다. 학위를 마친 그녀는 1972년 괴팅겐 대학 역사학부에 자리를 잡을 수 있었고, 다시 1988년에는 보훔(Bochum) 대학 내 유럽 노동운동 연구소(Institut zur Erforschung der europäischen Arbeiterbewegung, 지금은 사회운동연구소Institut für soziale Bewegungen로 바뀌었다)의 지휘를 맡으면서 그곳에서 정년을 맞이한다.

시대의 맥락과 공공의 지적 욕구를 잘 파악할 줄 알았던 그녀는 대중적 글쓰기에도 성공적이어서, 다수의 책들이 학술 서적으로서는 드물게 높은 판수(版數)를 기록했다. 전후 나치즘을 학문적 대상으로 삼은 첫 세대이기도 했던 그레빙이 이미 1950년대에 발간한『나치즘: 근원과 본질』(*Nationalsozialismus: Ursprung und Wesen*)은 총 18판을 거듭하며 약 10만 부가 팔려 나갔다. 2000년대 들어와서도 10권짜리 빌리 브란트 전집의 편집을 맡거나,『베를린 노동운동: 역사여행 안내서』(*Arbeiterbewegung in Berlin: Der historische Reiseführer*, 2012)를 출간하는 등 대학 밖에서의 연구나 활동에도 꾸준히 참여한다. 2012년에 그레빙은 자신이 베를린에 머물렀던 1950년대까지의 삶을 중심으로『내가 생각하는 자유: 베를린에 대한 기억』이라는 자서전을 남겼다. 나치 시대와 전후, 1953년 박사과정을 마치고 베를린을 떠나기까지의 이야기가 중심이 되지만, 책의 후반부에는 정년을 맞아 다시 베를린으로 돌아오기까지 삶 전체의 여정이 압축적으로 서술되어 있다.

그레빙은 사회민주주의적 이념의 재구성을 통해 자본주의가 극복되는 사회의 가능성을 믿었던, 철저한 사회민주주의 역사가였다. 그녀에게 노동운동은 역사적 연구 대상일 뿐만 아니라 현재의 현상이면서 정치적 과제이기도 했다. 대학에서의 연구와 함께 주로 당과 노동조합의 정책위원회에서 활동했던 그레빙의 중심 주제는 언제나 노동운동과 그것의 역사였다. 즉 역사가로서의 작업과 민주적 사회주의자로서의 정치적 참여는 결코 상충하는 과제가 아니었다. 냉전기에 보수주의자들은 침묵하고 공산주의자들은 이데올로기적 경직성에 함몰된 상황에서 그녀는 사회민주주의에 기반한 독일 노동운동사의 흐름을 지속적으로 밝혀내고 알리고 정정하며, 새롭게 길을 제시하고자 노력했다. 학문적 관심과 정치적 참여의 양 세계 사이에서 균형을 잡으며 비판적 참여를 유지하고자 했고, 대학에서 새롭게 노동운동을 주제로 연구나 활동을 하고자 하는 이들에게 참여할 동기를 부여했다. 그녀는 정치적 문제에 대해 입장을 분명히 드러내거나 논평하는 일도 망설이지 않았고, 그 논조들은 기본적으로 사회민주당 내 진보적 흐름과 맥을 같이했다.

그렇다고 그녀가 자신의 노동운동사를 정치사나 이데올로기의 역사, 혹은 사회민주당 당사(黨史) 안에 가둔 것은 결코 아니다. 단지 학술적 결과물의 생산을 목표로 한 것이 아니라 자신의 서술이 민주시민 교육과 정치적 실천의 한 부분으로서 유용성을 획득하기를 원했다. 독일 노동운동의 역사와 관련해 누구보다 많은 업적을 남긴 위르겐 코카(Jürgen Kocka)는 그런 면에서 그레빙의 노동운동사 서술이 독일에서 어떤 특정한 타입의 연구 형태를 대표하고 있다고 평가한다. 즉, 노동운동과 사회민주당에 대한 역사 연구와 함께, 노동자와 노동운동이 추구하는 바의 달성을 위한 명확한 정치적 참여를 동시에 진행시켜 나가는 학자였다는 점에서 그레빙은 독일 학자들 가운데 특별한 위치를 차지한다는 것이다. 이 양자의 결합은 꼭 필요한 일도 아니며, 또 이 양 세계의 결합이 늘 학문적 성과에 긍정적 역할을 해온 것도 아니다. 오히려 독일의 학문 분위기에서는 이런 결합이 운동에도 학문에도 부정적 영향을 끼친다고 보는 시각이 더 일반적이라고 할 수 있다. 그레빙은 이 양 세계를 명확한 동기를 갖고 열정적으로 연결하면서 진행시킨 드문 예라고 할 수 있다. 그런 면에서 그녀는 역사가이면서 동시에 철저한 사회민주주의자이자 교육자였으며, 동시대의 증인이기도 했다.

이들 세대가 한창 활동하던 1960~70년대는 더 평등하고 자유로운 사회를 만든다는 희망이 사회적 연대를 만들었고, 노동자가 그러한 작업의 주축이 되어 밀고 나갈 수 있다는 변혁적 사고가 충만하던 시절이 었으며, 많은 인문·사회과학자들이 이에 동조해 함께 시대를 고민하던 시대였다. 이 결합은 이후 지속적으로 느슨해져왔다. 그 이유는 여럿이 겠지만, 무엇보다 노동자계급이나 노동운동을 통한 미래와 진보에 대한 확신이 오늘의 세대에서는 훨씬 미약해졌다는 것이 중요한 요인일 것이다. 오늘날의 사회운동은 다른 문제들, 즉 환경이나 페미니즘, 원자력의 폐기, 전쟁과 난민 등의 문제들로 분열되어 있다. 이 세대 이후 다시 어떤 세대가 등장할 것인가? 지금으로서는 그 모습이 분명치 않지만, 유럽이건 한국이건, 오늘날 연구자들의 조용함을 생각한다면, 적어도 지난 세대가 갖고 있던, 충돌을 두려워하지 않는 치열한 문제의식과 삶 자체에 대한 열정만큼은 다음 세대가 따라가기 힘든 일이 된 듯하다.

옮긴이는 2001년 9월에 오스트리아 린츠(Linz)에서 열린 국제 노동운동사 학술회의에서 저자 그레빙을 만날 기회가 있었다. '노동: 역사-현재-미래'라는 주제로 열린 학술회의였고, 그녀는 이 학술회의의 주제 강연을 맡았다. 매년 가을 열리는 이 학술회의는 이미 냉전 시기부터 노동운동사를 전공하는 동·서유럽의 학자들이 함께 모여 토론할 수 있는 확고한 장이었고, 현재까지도 노동운동사 연구를 위한 세계적 모임으로서 그 전통을 이어가고 있다. 옮긴이는 1990년대 학위과정 중 정기적으로 이 학회에 참석하면서 그레빙 외에도 에릭 홉스봄(Eric Hobsbawm), 단 디너(Dan Diner), 알프 뤼트케(Alf Lüdtke), 귄터 벤저 (Günter Benser, 1931~), 주자네 밀러(Susanne Miller, 1915~2008), 클라우스 텐펠데(Klaus Tenfelde), 카르스텐 루돌프, 미하엘 슈나이더(Michael Schneider), 베른트 파울렌바흐(Bernd Faulenbach), 이토 나리히코(伊藤成彦, 1931~2017) 등을 만날 수 있었다. 그들 중에서도 특히 한국의 민주화운동과 깊은 연대를 나누던 이토 나리히코와 여든이 넘은 나이에도 참석해 마치 손주같이 대해주던 주자네 밀러, 온화한 할아버지 같던 동독학자 귄터 벤저 등의 모습은 생생하게 기억에 남아 있다. 이 세계적

학자들은 대부분 겸손하고 온화했으며, 훨씬 나이 어린 옮긴이에게도 긴 시간을 내주며 동료로서 대화를 이끌어줄 만큼 너그러웠다. 마음씨 푸근한 아주머니 같은 인상의 그레빙도 그런 이들 가운데 한 사람이었다.

무엇을 할 것인가

사실 독일 근·현대사에서 노동운동의 역사만큼 체계적으로 잘 연구된 분야는 없다. 1960년대 후반 독일 역사학에서 사회사가 주된 흐름으로 자리잡기 시작한 이래 노동운동이나 노동자 문화와 관련된 수많은 자료와 연구서, 잡지, 서지 자료들이 출간되었다.

1965년 『독일 노동운동사 국제 학술통신』(Die Internationale wissenschaftliche Korrespondenz zur Geschichte der deutschen Arbeiterbewegung, IWK)지(誌)가 발간되고, 1969년 사회민주당의 '사회민주주의 문서고'(Archiv der sozialen Demokratie, AdsD)가 본(Bonn)에 세워지며, 또 같은 해 보훔 대학에 '노동운동사 연구소 도서관'(Bibliothek des Institus zur Geschichte der Arbeiterbewegung)이 설립되는 등 노동운동과 관련된 중요한 자료들을 모으고 편집하고 정기간행물을 만들어 새로운 연구 성과들을 발표하는 플랫폼들이 만들어지기 시작한다. 이러한 기반이 1970년대 독일 역사학을 사회사로 대표하도록 이끌었고, 노동자의 삶이나 노동운동뿐만 아니라 이들의 경제적·사회적·문화적 배경이나 존재 형태와 관련된 수많은 연구물들이 쏟아져 나왔다. 노동자와 노동운동의 역사에 대한 서술을 통해 사람들은 지역에서의 노동운동, 수공업자와 산업 노동자의 노동운동, 개별 노동조합 단체들의 활동, 당과 노동조합 간의 관계, 여성과 청소년, 봉급 생활자들의 노동운동, 노동자의 의식과 정서, 이들의 변화, 노동자로서의 정체성, 삶과 운동에 대한 회고, 노동자들의 일상생활과 노동자 문화, 노동운동의 문화, 노동운동의 유럽 차원에서의 비교, 노동자와 부르주아 시민계급과의 관계 등에 대해 상세히 알게 되었다. 1980년대에 들어서는 독일 각 지역과 중소도시에서의 개별 노동운동과 업종별 노동운동에 대한 자료집과 역사서들이 주로 지역 사학자들에 의해 집중적으로 출간되었다. 그 결과 19, 20세기 사회운동 가운데 노동운동만큼 역사가들이 잘 알게 된 분야도 찾기 힘들어진 것이다.

그래서 독일 노동운동과 관련된 모든 역사들이 거의 다 파헤쳐지고 논의되고 정리되었는가? 아니다, 이제 노동의 시대는 모두 지나갔고 새삼 무엇을 더 하겠는가라고 추측한다면 오산이다. 물론 사회과학에서 진행되고 있는 오늘날의 노동과 노동운동에 대한 연구는 전적으로 그것이 갖는 역사성을 망각한 채 숫자와 통계에 의존한 도구적 실증주의의 연구상만 보여주고 있지만, 일반의 예상과 달리 최근 유럽에서의 노동과 노동운동에 대한 연구와 논의들은 대단히 활발하다. 1970년대 초반 동독에서의 공산당 중심의 독일 노동운동사 정리에 맞서, 그동안의 노동운동사에 관한 다양한 연구들을 종합하고 노동운동의 역사를 보편사의 한 부분으로 서술하고자 하는 의도로 기획된 『18세기 말 이후 독일의 노동자 및 노동운동의 역사』(*Geschichte der Arbeiter und der Arbeiterbewegung in Deutschland seit dem Ende des 18. Jahrhunderts*)가 여전히 2020년 15권의 최종 출간을 목표로 진행 중이며 (기획 중간에 독일이 통일되면서 동독 노동운동사가 두 권 새로 기획되었고, 현재 조제프 모저Josef Mooser가 서독의 전후 노동운동사를 집필 중이다), 지금까지 모두 12권이 출간되었다. 1971년 게르하르트 리터(Gerhard R. Ritter)가 기획하고, 1984년 빙클러(H. A. Winkler)가 2,500쪽이 넘는 세 권짜리 『바이마르 노동운동사』를 처음 출간한 이래 장장 50년에 걸친 프로젝트가 여전히 진행 중인 것이다.

이들의 다음 세대에 해당하는 위르겐 슈미트와 안드레아스 에케르트 등에 의한 새로운 연구들 (Jürgen Schmidt, *Arbeiter in der Moderne:*

Arbeitsbedingungen, Lebenswelten, Organisationen, Frankfurt/M., 2015; Andreas Eckert, *Global History of Work*, München 2018)도 활발히 진행되고 있다. 또한 이들이 중심이 되어 훔볼트 대학에는 '지구사 속의 노동과 삶'(Arbeit und Lebenslauf in globalgeschichtlicher Perspektive) 연구소가 2010년 설립되어 지구사적 관점에서 노동의 역사를 탐구하는 기획이 진행 중이다. 이들은 또 베를린과 보덴제(Bodensee)에 '노동의 역사와 미래 연구소' (Institut für die Geschichte und Zukunft der Arbeit)를 세우고 노동과 기술의 발전을 매개로 역사가 미래의 영역으로까지 뻗어 나가는 행로를 모색하고 있다. 1990년대부터 시작된 마르셀 판 더르 린덴(Marcel van der Linden)에 의해 주도된 노동의 트랜스내셔널(trans-national)한 측면을 주제로 한 비교사 연구(*Workers of the World: Essays toward a global labor history*, London 2010)는 그사이 많은 국제적 동조자들을 얻었고, 특히 제3세계 국가들의 활발한 운동사와 그들 간의 비교, 노동운동 간의 전이에 대한 활발한 국제적 연구들이 진행되고 있다(오늘날 유럽의 노동운동 연구 상황에 관해서는 J. Kocka & J. Schmidt, "Arbeitergeschichte — global und national", *Geschichte und Gesellschaft*, 2017, 43, 2, S. 181-196 참조).

그래서 이제 우리는 지난 세기 노동운동으로부터 무엇을 배우고 이룩했던가? 이제는 더 이상 노동운동이 반자본주의나 민주사회주의를 지향하지 않는다. 독일뿐만 아니라 이탈리아, 스웨덴, 네덜란드, 프랑스, 영국 등 전통적으로 사회민주주의가 강세를 보였던 거의 모든 나라에서 공통적으로 사회민주당은 자신들의 존립 자체를 위해 싸우는 처지가 되었다. 더 이상은 노동운동이 갖는 보편적 목표를 일반화해서 이야기하기 어려운 시대가 되었다. 과거의 분명했던 노동운동의 목표가 다양한 시민사회 집단과 정당들 속에 녹아들어가는 시대를 맞았다. 이와 함께 지난 노동운동의 대의가 모두 흔들리는 시대가 되었다. 노동운동이 이제 더 이상 19세기의 목표였던 궁핍과 억압, 사회적 불평등으로부터의 해방을 목표로 삼지 않아도 되었다고, 노동운동이 추구해온 역사적 사명도 이미 종료되었다고 말할 수 있는가?

그레빙은 1970년대 초반을 고전적 노동운동이 최종적으로 종식되는 시대로 본다. 이 시기를 '새로운 사회운동'이 시작되는 시기로 파악하면서, 그 후 더 이상 '고전적' 모델의 노동자가 없다면 또한 '고전적' 모델의 노동운동도 있을 수 없다는 것이다. 그리고 21세기를 맞아 이제 그녀는 더 이상 '노동자계급'은 존재하지 않으며, "더도 덜도 없이 일반적 의미에서의 노동운동에 대한 이해는 이제 종말을 고했다"라고 명쾌하게 이야기한다. 이처럼 계급으로서의 노동자와 고전적 노동운동의 미래에 대한 부정에도 불구하고, 그녀의 미래에 대한 전망은 긍정적으로 끝난다. "노동운동이 사회적 이념으로서 사회주의에 속할 수 있는 그런 가치 지향성, 상상력의 지평, 가치 모델 등이 생생히 살아 있는 한, 노동운동은 21세기에도 영향력을 발휘할 것이다."

비록 현단계에서 전통적 노동운동은 끝이 났지만, 그럼에도 사회민주당과 노동조합으로 이루어진 이 운동은 지속되어야 하며, 그런 의미에서 노동운동은 여전히 미래를 향해 열린 과정이라는 것이다. 이제는 지난 시대의 다양했던 노동운동 경험을 바탕으로 지구화되고 디지털화되어가는 노동환경에 상응하는 새로운 문제 설정과 동기를 제시해야 할 때이다. 인간다운 삶을 이루고자 하는 오래된 노동운동의 목표는 디지털화된 오늘날의 사회에서도 여전히 유효하며, 역사적 경험에 기반해 새롭게 그 근거를 제시해야 한다. 노동운동이 지금까지 축적해온 구체적 내용물들과 과거 노동운동으로부터 이어져 내려온 해방적 힘이 여전히 21세기에도 인간적 가치를 함유한 정의로운 세계를 만드는 데 기반이 될 수 있는지 검토해볼 수 있는 적절한 시기이다. 그레빙은 묻는다. "그렇다면 노동조합의 운동적 특성에서 무엇이 남았는가?" 그것은 역사 속에서 지속적으로 보여온 노동조합의 대안적 사고 능력이라고 그녀는 말한다. 노동운동은 일찍이 정당정책이나 교회의 간섭으로부터 독립해 국가와 기업가 사이에서 독자적인 법적 기반을 만들고자 노력해왔다. 이러한 자기 주도적 전통과 노력의 결과로서 노동운동이 지키고자 했던 대의와 정체성에 기반한 자기 이해가 있지 않겠는가? 노동자의 집단적 이해를 대변하고 중재할 조직은 여전히 필요하다. 물론 노동운동 자체를 민주화운동과 동일시하던 시대는 지나갔다. 그럼에도 한 사회 내에서 민주주의를 지켜내는 불편한 파트너로서의 역할은 사라지지 않았다. 민주주의는 역사의식을 필요로 한다. 과거에 대한 지식 없이는 미래 또한 없다. 역사는 과거에 대한 해석과 오늘날에 대한 이해, 미래에 대한 전망, 이 셋으로 이루어지기 때문이다.

노동이 변하고 있다. 무엇보다 육체적 노동 자체가 점점 사라지고 있다. 노동과 노동 세계의 변화에 맞서 노동운동이 어떻게 변화해가야 할 것인가를 판단하기 위해서는 노동운동의 역사가 갖는 전 지구적 차원과 자국 안에서의 노동관계를 접목하는 작업이 필요하다. 주유(周遊)하는 직인(職人)들의 모임에서 출발한 노동운동은 그 시작부터 언제나 국민국가의 국경을 넘어서는 운동이었고, 국민국가적 사고의 한계를 극복하고자 하는 트랜스내셔널한 운동이었다. 노동운동의 국제적 교류와 정보의 상호 전이가 필요하다. 노동운동의 국제적 전통을 회복해 고립과 국민국가적 틀에서 벗어남으로써 운동의 돌파구를 찾아야 한다. 자본이 더 낮은 임금을 좇아 주변부 국가로 이동한다면, 운동도 함께 이동해 공동으로 대처할 수 있다.

오늘날 폭발적으로 증가하고 있는 난민과 이주민의 월경은 곧 사회 하층부를 구성하는 노동력의 이동과 대체를 의미한다. 전 지구적 범위에서 펼쳐지는 이러한 노동력의 이동과 인구의 섞임은 구조적 변화이며, 이들에 대한 포용과 연대 없는 미래는 상상하기 힘들어졌다. 또한 다른 사회운동 범주들과 경계를 넘어 소통을 확대해가야 한다. 여성운동과 환경운동, 소수자 등이 그 대상이다.

이러한 도전들은 노동운동의 역사를 전 지구적 관계 안에서, 그리고 이를 다시 자국 내 노동운동사와 접목해 작업하도록 유도한다. 각국의

노동운동의 경험을 비교하는 작업이 중요하다. 그래야 자국의 노동과 노동운동의 형태가 얼마나 정상적인, 혹은 특별한 경우인지 인식하게 되며, 노동 세계의 비교를 통해 노동의 미래를 추측하거나 역사적 흐름 속에 스스로를 위치시킬 좌표나 능력을 얻게 된다. 그때에야 비로서 우리가 지금 어디에 서 있는지 분명해지며, 우리 사회의 미래 모습도 구체적으로 상상할 수 있다. 변화와 불안의 시대일수록 사람들은 보다 자신의 정체성을 찾게 되며, 그 가장 확실한 방법은 자신의 역사를 통해 확인하는 방식이다. 역사가 무기이다.

1948년 SPD 베를린 지부에 입당한 이래 그레빙은 평생을 사회민주당 당원으로 살았다. 특히 1981년 독일사회민주당 역사위원회(Historischen Kommission)가 설립되자 이 위원회의 창립 멤버로 활동했고, 이 역할은 그녀가 세상을 떠나기 전까지 지속했던 일이었다. 그런데 바로 2018년 7월 독일사회민주당은 이 유서 깊은 역사위원회의 해체를 결정한다. 표면적 이유는 당의 재정상의 어려움이었지만, 이는 현재의 독일사회민주당 지도부가 자신들의 역사를 어떻게 생각하고 취급하는지를 상징적으로 드러낸 사건이다. 점점 줄어드는 정치적·사회적 영향력 속에서 사회민주당은 자신들의 역사 연구에 대한 투자마저 낭비라고 생각할 만큼 무기력한 존재로 후퇴하고 있는 것이다.

동시에 이는 한 세대의 몰락 및 그들과 이어지는 다음 세대와의 사고의 단절을 의미한다. 1930년대에 태어나 유년 시절에 히틀러를 겪고 전후 서독의 부흥을 함께 지켜봤던 세대들이 사라지고 있다. 이러한 단절은 이 책의 부록에 담긴 주요 인물들의 생몰 연대를 확인하는 과정에서도 확인할 수 있었다. 이 책이 출간될 때(2007)만 해도 생존해 있던, 이 책에 언급된 인물들 대부분이 지난 10년 사이에 거의 세상을 떠난 것이다. 이제 이 책의 저자도 그런 사람이 되었다. 전후 노동운동을 다시 일으켜 세웠던 세대와 그 운동의 역사를 기술했던 첫 세대가 고스란히 사라지고 있는 것이다.

그레빙은 삶의 마지막 순간까지 노동운동을 잊지 않았다. 2017년 「독일 노동운동은 유토피아가 필요하지 않다: 새로운 지향의 시도」라는 글을 거의 완성하는 단계에서 그녀에게 죽음의 신호가 왔고, 자신의 마지막을 예감하면서 어렵게 글을 마칠 수 있었다. 그래서 그녀는 마지막이 될 자신의 글의 부족함을 인정하면서도, "그럼에도 어쩌면 이미 다 낡고 먼지 덮인 해석들을 오래된 옛 사료들로부터 건져낸 새로운 생각들로 대체함으로써 자극을 줄 수 있을 것"이라고 기대한다.

이 책은 그녀의 바로 그런, 오래되고 이미 다 밝혀낸 듯한 것들, 원전과 선언문과 강령들, 충돌하고 서로 얽혔던, 노동운동의 다양했던 지향들을 통해 생산된 각종 자료들을 새롭게 읽어가면서 그동안의 논쟁을 다시 정리하고, 과거와는 다른 새로운 의미를 부여하고자 했던 작업의 소산이다. 그것이 또한 노동운동의 역사를 새롭게 공부하고 새롭게 써야 할 이유이기도 하다. 옮긴이가 처음 원본을 받아 든 후, 지나도 너무 많은 시간이 지나갔다. 그 시간들을 기다려준 도서출판 길의 이승우 편집장에게는 고마움보다도 미안한 마음이 훨씬 크다. 또한 여러 차례 세심한 교정과 편집을 통해 가능한 한 원서의 의도에 가깝게 다가가도록 받쳐준 편집자 권나명 님의 노고가 컸다. 그럼에도 미처 알지 못했거나 생각지 못했던 번역상의 오류가 있을 것이고, 이는 전적으로 옮긴이의 부족함 때문이다.

2020년 1월

이진일

찾아보기